몽골 제국과 고려 ②

혼혈 왕, 충선왕
- 그 경계인의 삶과 시대 -

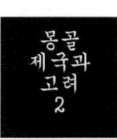

그 경계인의
삶과
시대

혼혈 왕, 충선왕

| 이승한 |

프롤로그
충선왕 연보

고려 26대 충선왕忠宣王의 일대기를 연대별로 나열해 보았다. 충선왕은 유년 시절을 제외하면 일생의 대부분을 원 제국에서 보냈음을 알 수 있다. 관례를 치른 15세 이후부터 51세로 죽기까지 36년 동안 순수하게 고려에 머문 기간은 2년 반 정도밖에 안 된다. 고려 왕위에 있으면서도 줄곧 원에 있었다.

이 점 한 가지만 보더라도 충선왕의 삶과 그가 살았던 시대는 궁금한 문제가 한두 가지가 아니다. 게다가 원에 의해 폐위당했다가 다시 즉위하는 특이한 왕위의 중조重祚가 이루어지고, 마침내 티벳으로 유배까지 당했다는 사실은 우리의 호기심을 더욱 자극한다.

'몽골 제국과 고려' 시리즈의 이번 두 번째 책은 이런 충선왕의 삶을 통해서 당시의 정치 사회를 들여다볼 것이다. 충선왕의 삶에는 국왕으로서나 개인으로서나, 제국의 변경으로 전락한 고려 왕조의 처지와 당시 정치 사회의 모습이 응축되어 있다. 초점을 잘 맞추면 바늘구멍으로도 온 세상을 들여다볼 수 있고, 탁 트인 눈앞에 사물을 놓고도 문제의식이 없으면 아무 것도 볼 수 없다.

1275년(충렬왕 1년) 9월
부왕 충렬왕과 원 세조 쿠빌라이 칸의 딸인 제국대장공주 사이에서 장남으로 출생. 처음 이름은 왕원王諶, 후에 왕장王璋으로 개명. 몽골식 이름은 익지례보화益智禮普化(이지리부카).

1277년(충렬왕 3년, 3세) 1월
세자로 책봉됨.

1278년(충렬왕 4년, 4세) 4월
부왕과 공주를 따라 처음으로 원에 들어갔다가 9월에 환국.

1284년(충렬왕 10년, 10세) 4월
부왕과 공주를 따라 두 번째로 원에 들어갔다가 9월에 환국.

1289년(충렬왕 15년, 15세) 2월
관례冠禮를 하고 서원후 영의 딸을 세자비로 들임.
11월, 부왕 공주와 함께 세 번째로 원에 들어갔다가 이듬해 3월 환국.

1290년(충렬왕 16년, 16세) 8월
다시 홍문계의 딸을 세자비로 들임. 11월, 정가신·민지 등과 함께 네 번째로 원에 들어갔다가 2년 후인 1292년 5월에 환국.

1291년(충렬왕 17년, 17세) 9월
원에 체류하는 동안 세조 쿠빌라이에 의해 고려국 왕세자를 제수받음.

1292년(충렬왕 18년, 18세) 7월
조인규의 딸을 세 번째 세자비로 들임. 7월, 쿠빌라이의 생일을 축하하는 성절사로 다섯 번째 원에 들어갔다가 3년 후인 1295년(충렬왕 21년) 8월에 환국.

1294년(충렬왕 20년, 20세) 1월
세조 쿠빌라이 죽음. 4월, 원에 체류하면서 부왕·공주와 함께 성종成宗의 황제 즉위식에 참석. 8월, 세자는 원에 남고 부왕과 공주만 환국.

1295년(충렬왕 21년, 21세) 5월
원에 사신을 보내 세자의 혼인 요청. 8월, 세자 환국하여 판도첨의, 밀직감찰사사에 임명받고, 이어서 9월 판중군사에 임명받음. 12월, 다시 원에 들어감.

1296년(충렬왕 22년, 22세) 1월
다시 원에 사신을 보내 세자의 혼인 요청. 11월 원에서 세자와 원의 진왕晋王 카말라甘麻剌의 딸 보탑실련寶塔實憐(부타시리) 공주와 결혼.

1297년(충렬왕 23년, 23세) 5월
세자는 원에 남고 부왕과 공주만 환국. 환국한 지 보름 만에 모후 제국대장공주 병으로 죽음. 6월, 세자 환국하여 모후의 상을 치르고 7월, 세자의 명으로 부왕의 측근 세력 40여 명 유배 보냄. 그리고 10월, 세자 다시 원으로 들어감. 바로 뒤이어 부왕 충렬왕은 사신을 원에 보내 세자에게 전위할 것을 요청.

1298년(충렬왕 24년, 24세) 1월
세자 환국. 뒤이어 세자비 보탑실련 공주도 들어오고, 환국한 지 10일 만에 세자 강안전에서 즉위함(26대 충선왕). 하지만 그 해 8월 원 황제의 명을 받은 사신에 의해 전격적으로 국왕인을 빼앗기고 원으로 들어감. 이에 부왕 충렬왕이 다시 복위하고 충선왕은 10년간 원에서 숙위 생활.

1307년(충렬왕 33년, 33세) 6월
원에서 성종이 죽고(1월) 황제 계승전에서 인종과 함께 무종武宗을 옹립한 공으로 심양왕瀋陽王에 책봉.

1308년(충렬왕 34년, 34세) 8월
부왕의 죽음(7월)으로 10년 만에 환국하여 고려 왕위에 다시 복위. 11월 다시 원으로 들어감. 이후 아들 충숙왕에게 양위할 때(1313년)까지 계속 원에 체류하면서 전지傳旨를 통해 고려 왕권 행사.

1310년(충선왕 2년, 36세) 1월
원에 체류 중 고려 왕위를 양위하려다 주변 인물들의 저지로 실패. 5월, 장자인 세자 감鑑을 죽임.

1313년(충선왕 5년, 39세) 3월
죽은 세자 감의 동생 강릉대군 도江陵大君 燾를 인종에게 보이고 고려 왕위를 양위할 것을 요청. 또한 조카 연안군 고延安君 暠를 고려 왕세자로 삼음. 이에 충선왕은 심왕위만 지님. 6월, 보탑실련 공주, 충숙왕과 함께 5년 만에 환국.

1314년(충숙왕 1년, 40세) 1월
공주는 남겨두고 다시 원으로 들어감.

■ 1315년(충숙왕 2년, 41세) 9월
보탑실련 공주 원으로 들어감. 12월, 원에서 공주 죽음.

■ 1316년(충숙왕 3년, 42세) 3월
심왕위를 고려 세자 고에게 양위함.

■ 1319년(충숙왕 6년, 45세) 3월
어향御香을 명목으로 강소성·절강성 지역을 유람하고 보타산에 이름. 이때 이제현·권한공 등이 충선왕을 따름.

■ 1320년(충숙왕 7년, 46세) 1월
원에서 인종이 죽고, 3월 영종英宗이 즉위. 4월, 정세의 위급함을 알고 다시 어향을 명목으로 강남행을 요청하여, 6월 금산사에 이르렀으나 황제의 소환을 받음. 10월, 원의 형부에 하옥되었다가 삭발 후 석불사에 안치. 12월, 토번(티벳) 살사결撒思結 땅으로 유배됨.

■ 1321년(충숙왕 8년, 47세) 11월
유배지에 10월 6일 도착했다고 고려에 알려옴. 아울러 최유엄 등에게 자신의 방면을 원 조정에 요청하라고 부탁함.

■ 1323년(충숙왕 10년, 49세) 8월
원에서 영종이 죽고 태정제泰定帝 즉위하여 대사면령이 내려지고 11월, 대도(북경)로 소환.

■ 1325년(충숙왕 12년, 51세) 5월
대도에서 죽음.

〈고려 왕실 세계〉

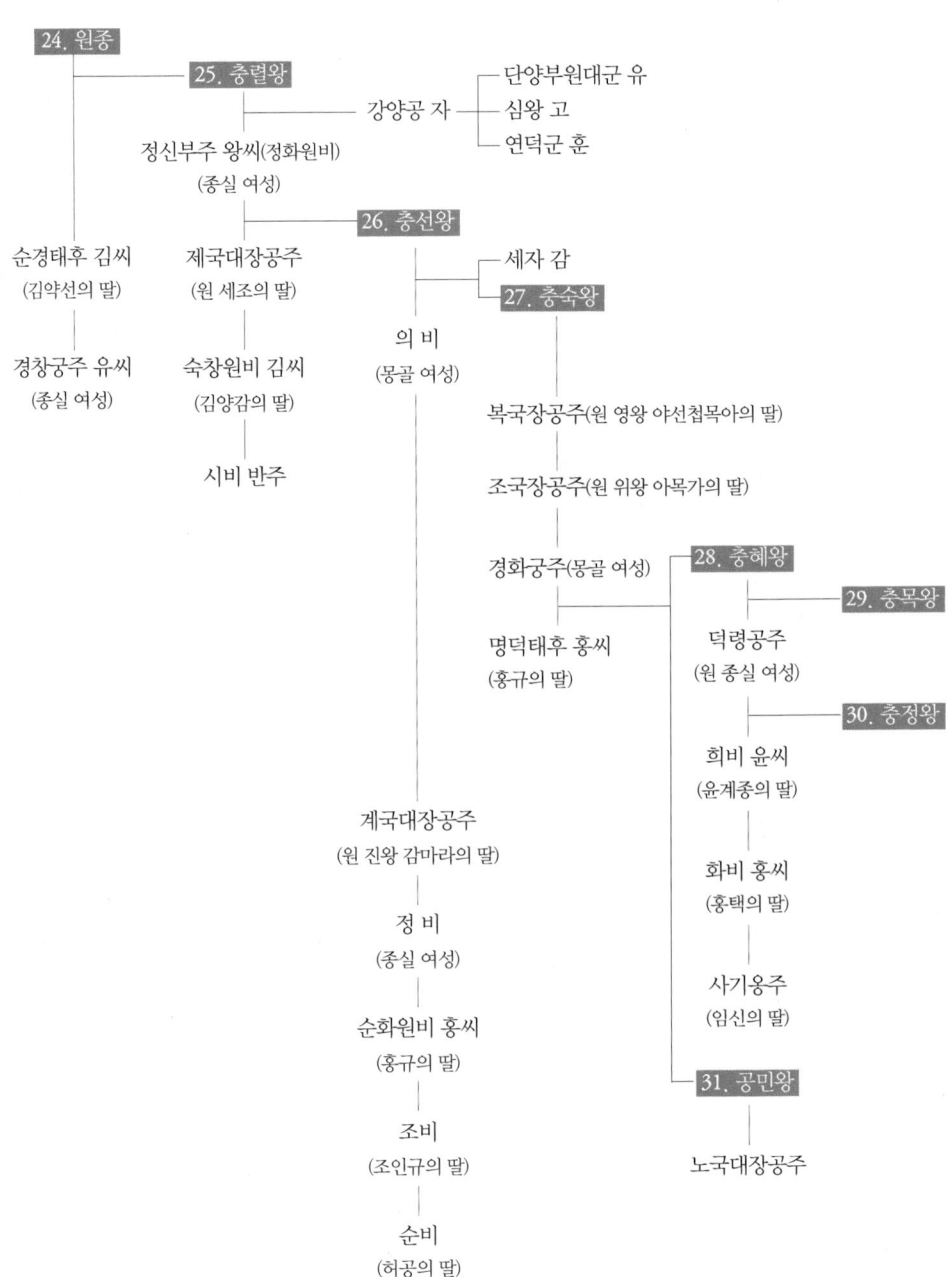

〈몽골 황실 세계〉

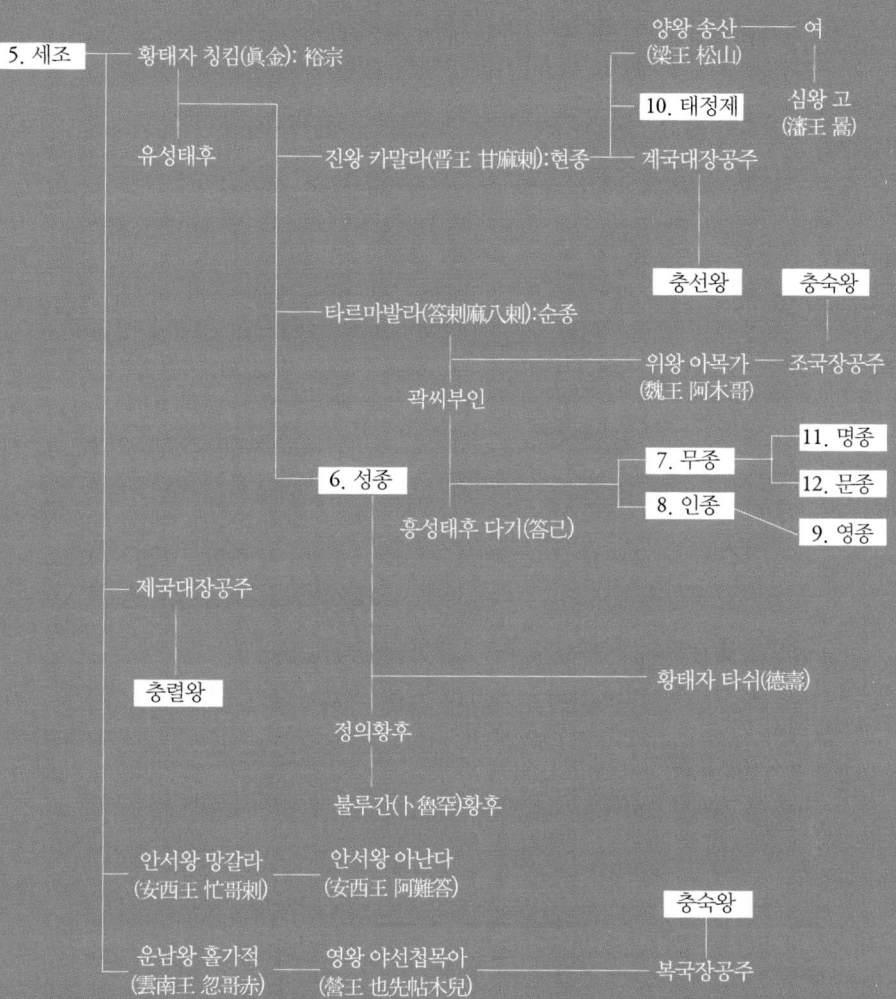

차례

- 프롤로그_충선왕 연보 _5
- 고려 왕실 세계 _10
- 몽골 왕실 세계 _11

제1장_부마 국왕과 세자

1. 부마국 체제의 성립 _18
충렬왕의 콤플렉스 | 충렬왕과 원 공주의 결혼 | 부마국 체제 | 혼혈 왕자의 탄생 |
부마국 체제의 첨병, 원 공주의 수행원 |

2. 충렬왕의 측근 정치 _36
군사 시위, 사냥에 동원된 응방 | 국왕 친위대, 기쁨조 홀치 |
국왕을 비판하다 파직당한 이승휴 | 필도적과 신문색 | 국왕의 수족들, 내료 |
내관 고종수, 충렬왕의 정치적 경호관 | 숨은 실력자, 환관 | 드러난 실력자, 역관 |
국제어, 몽골어보다는 한어 | 몽골어 실력으로 출세한 조인규 |
그 밖의 특별한 사람들 | 군공으로 출세한 사람들 | 실권 없는 수상들 |

3. 충선왕의 세자 시절 _85
세자, 이지리부카 | 소년 시절의 세자 | 제국으로 향하는 행렬 | 세자의 결혼 |
세자와 쿠빌라이의 대면 | 세자의 진정한 후견인, 정가신 | 세조 쿠빌라이의 죽음 |
새로운 황제 성종과 충렬왕 그리고 세자 |

제2장 _ 중조, 폐위와 복위

1. 떠오르는 세자 _122
세자의 정치 입문 | 세자의 정치 | 세자, 원 공주와 결혼 | 깊어가는 부마국 체제 | 충렬왕비, 제국대장공주의 죽음 | 왕위를 가로챈 충선왕 |

2. 충선왕의 개혁 정치 _146
충선왕의 즉위, 개혁 교서 반포 | 인사행정을 바로잡아라 | 백성 착취를 금하라 | 권세가의 대토지 소유 | 농장으로 흘러들어가는 유망 농민 | 기타 사회 악폐 문제 | 개혁의 시작, 핵심 참모 4학사 | 새로운 권력 기구, 사림원 | 관제 개혁 | 개혁의 첫 작품, 인사발령 |

3. 충선왕 폐위, 갈등의 시작 _184
미묘한 사건, 개혁에 대한 저항 | 충선왕 소환령 | 강제 폐위, 고약하고 나쁜 선례 | 충선왕의 개혁, 어떻게 볼 것인가 | 개혁, 다시 원점으로 |

제3장 _ 책략, 혼미한 정치

1. 깊어지는 갈등 _204
한희유 무고사건 | 충렬왕과 쌍화점곡 | 정동행성 강화, 내정 간섭 | 노비제도를 개혁하라 | 활리길사 파면 | 국정쇄신 요구 | 무분별한 관리 인사 | 오잠 사건, 이상한 쿠데타 |

2. 혼미한 정치 _241
음모의 서막 | 충선왕을 음해하는 송씨 일족 | 백지 밀서 사건 | 궁지에 몰린 충렬왕 | 정치 일신, 유학의 진흥을 꾀하다 | 환관 이복수 | 충렬왕의 마지막 입원 |

3. 성종 테무르 시대의 정치 _269
　성종의 집권과 카이두 정벌 | 성종과 황태후, 그리고 충선왕 |
　성종과 불루간 황후, 우승상 하루가순 | 성종 말년의 후계 구도 |

4. 공주 개가 책동 _286
　왕 부자의 만남 | 다시 시작되는 이간질 | 신주 문제가 마음에 걸린 충렬왕 |
　벽에 부딪힌 공주 개가 책동 | 한희유와 홍자번의 죽음 | 환국을 거부하는 충렬왕 |
　다시 반전 | 독살 실패, 충선왕의 승리 |

제4장 _ 복위, 원격 통치

1. 충선왕의 원 무종 옹립 _316
　충선왕의 입원 숙위 | 카이산 형제와 충선왕 | 충선왕과 아유르바르와다 |
　충선왕의 행적 | 카이산을 황제로 | 충선왕은 어떤 기여를 했을까 |
　정책 제일 공신 | 심양왕으로 책봉 | 무종의 치세 |

2. 복위 _348
　충선왕의 고려 국정 장악 | 허수아비 충렬왕 | 10년 만의 환국, 복위 |
　복위 직후 야릇한 일들 | 뒤늦은 복위 교서 | 갈팡질팡 관직 개편 |
　반복되는 측근 챙기기 | 충선왕에 대한 살해 기도 | 충선왕의 복심 박경량 |
　왕실과 통혼할 수 있는 가문 | 전농사 설치 |

3. 원격 통치 _391
　다시 원으로 | 소금 전매제도 | 수시로 행해지는 인사발령 | 득세하는 환관들 |
　방만한 불교 행사 | 충선왕의 여자, 숙비와 순비 | 세자를 죽이다 |
　충선왕의 환국 문제 | 고려 왕위를 벗어 던진 충선왕 |

제5장 _ 충선왕과 만권당

1. 상왕 충선왕 _434
충선왕과 충숙왕 | 불교에 빠진 상왕 | 다시 원으로 |
방치할 수 없는 고려 국정 | 다시 토지 문제 |

2. 만권당 _453
만권당의 설치 | 만권당과 제미기덕당 | 만권당과 한중 문화 교류 |
만권당에 참여한 원대의 명사들 | 충선왕과 인종 그리고 만권당 |
원의 과거제 도입 | 제사 파스파와 라마교 | 파스파의 사당 건립 문제 |
제국의 수상을 제의받다 | 충선왕의 대도 3인방 |
그 밖에 만권당에 참여한 사람들 | 충선왕의 자긍심 이제현 |
제과 응시자와 만권당 |

3. 티벳 유배 _501
보타산 기행 | 인종의 죽음과 그의 치세 | 영종의 즉위와 충선왕 |
환국 거부, 티벳 유배 | 고난의 유배 길 | 감형, 도스마 | 도스마로 향하는 이제현 |
방환, 다시 대도로 | 죽어서야 고려에 돌아오다 |

- 에필로그- 충선왕 약전 _535
- 참고문헌 _548
- 찾아보기 _551

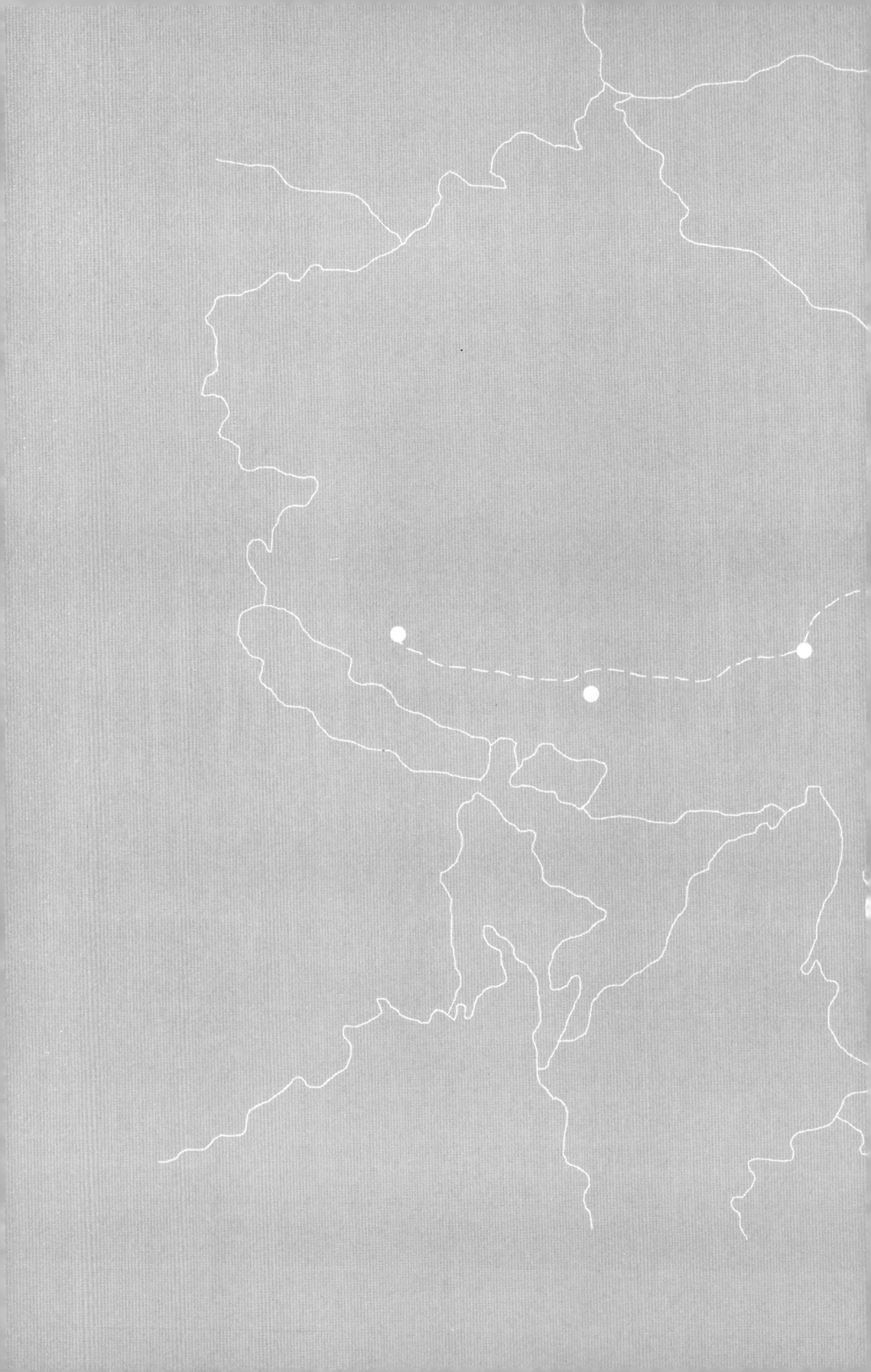

제1장

부마 국왕과 세자

무인정권을 경험한 충렬왕에게 왕실의 안정과
왕권 확립은 가장 중요한 숙제였다.
불가항력적인 원 제국의 간섭 속에서 이 문제를 해결하는 방법은
원에 의탁하는 수밖에 없었다. 그 결과 나타난 충렬왕과 원 공주의 결혼은
하나의 역사적 사건이었다. 중국과 한반도의 관계에서 역사상
전례가 없던 일이기도 했지만, 이는 원 제국과 고려의 관계를 아주 특별하게
규정지었다. 이름하여 부마국 체제로서 충렬왕은 원 제국의 5대 황제 쿠빌라이의
부마가 되었고 제국의 황제와 변경의 국왕이 장인과 사위라는
인척관계로 결합한 것이다. 이어서 그 충렬왕과 원 공주 사이에
충선왕이 태어나면서 부마국 체제는 더욱 깊어지고
그 그림자 또한 짙어진다.

1. 부마국 체제의 성립

충렬왕의 콤플렉스

고려 25대 충렬왕忠烈王은 무인정권(1170~1270)이 극성이던 1236년(고종 23년)에 태어났다. 이때는 최씨 정권이 정권 안보를 위해 강화도로 천도한 직후로, 최씨 정권의 전성기인 최이崔怡가 집권할 때였고, 무인 집권 100년 동안 왕권이 가장 미약한 때였다.

1258년(고종 45년), 충렬왕은 22세의 장성한 나이로 왕실의 무력감을 느끼면서 최씨 정권의 붕괴를 지켜보았다. 하지만 최씨 정권의 붕괴로 끝나리라 생각했던 무인정권은 몽골과의 항쟁을 내세운 김준金俊 정권과 임연林衍 정권으로 이어져 왕정복고는 요원한 일이었다.

김준 정권에서는 몽골에 입조하는 부왕 원종元宗을 대신하여 세자로서 왕권을 대행한 적도 있었지만 무인 집권자에 눌려 운신할 수 없었고 무력하기는 마찬가지였다. 몽골의 압박으로 마지막 무인정권이 타도되고 개경 환도가 이루어진 1270년(원종 11년)에는 35세의 원숙한 나이로 급박한 정국 속에서 왕조의 위기도 지켜보았다. 이런 충렬왕이 원종의 뒤를 이어 왕위에 오른 것은 1274년, 40세가 다 된 중년의 나이였다.

충렬왕은 왕위에 오르기 전부터 오랫동안 무인정권 아래의 나약한 왕권을 지켜보고 경험했던 것이다. 나약한 왕권은 국왕 위에 군림하는 무인 집권자들 때문이었지만, 힘이 없는 국왕은 신료들을 결집시킬 수도 없고 충성심을 이끌어낼 수도 없다는 점을 절감했다. 이 문제를 극복하는 것이 세자 시절부터 충렬왕이 가슴속에 품고 있었던 한 맺힌 숙제였다.

그런가 하면 충렬왕은 무인정권에서 관료집단에 대한 불신과 배신감도 키웠다. 인사권과 군사권을 확보하지 못한 국왕에게는 당연한 결과였지만, 왕실에 몸 바쳐 충성할 관리들이 국왕보다는 무인 집권자에게만 복무한 탓이었다. 이로 인해 정통 관료집단은 별로 신뢰할 수 없고 오히려 왕권 확립에 걸림돌이 될 뿐이라는 생각이 자리 잡았다.

충렬왕은 관료집단이 현실적인 이해득실에 따라 실제로 국왕을 내치고 무인 집권자를 추종하는 경우도 직접 목도했다. 바로 1269년(원종 10년) 6월에 있었던 임연 정권에 의한 '원종元宗 폐립 사건'이다. 이 사건 직전 충렬왕은 세자로서 몽골에 들어가 있었는데, 그 사이 부왕 원종이 임연 정권에 의해 폭력적으로 왕위에서 쫓겨났던 것이다. 임연은 당시 재상회의를 소집하여 국왕의 시해도 불사하겠다는 의지를 천명하고 폐위의 가부를 물었다. 그때 회의에 참석한 재상들 가운데 그 누구도 임연의 뜻을 거스르지 못하고 입을 다물었다.

1269년(원종 10년) 7월, 환국 도중에 부왕의 폐위 소식을 접한 충렬왕은 임연 정권의 폭압에 놀라 환국을 포기하고 어쩔 수 없이 다시 원으로 들어갈 수밖에 없었다. 이후 원과 고려 양국 사이에 긴박하게 사신이 왕래하면서 우여곡절 끝에 원종이 다시 복위하고 몽골 군대의 압박을 받으며 개경 환도가 단행되었지만, 이 '원종 폐립 사건'은 충렬왕의 가슴속에 깊게 각인되어 후일 그의 정치 운용에 가장 큰 영향을 미쳤다.

사건 당시, 그 재상회의가 임연이 군사를 동원한 위협적인 분위기에서 열렸다고는 하지만 목숨을 내놓고 국왕을 지키는 재상은 없었다. 당시 수상으로 있던 이장용李藏用이 불측한 변을 막기 위해 차라리 양위할 것을 건의하여 원종의 폐위가 결정되었다. 이런 이장용의 건의도 불측한 변을 예방했다고 하는 왕실에 대한 공로보다는, 국왕 폐립을 결정해주고 말았다는 점에서 임연 정권에 대한 기여가 더 컸다.

충렬왕에게는 부왕 폐립 사건 자체가 충격적이었지만, 재상들 가운데 누구도 국왕을 지켜낼 의지가 없다는 사실을 확인했다는 점에서 관료집단에 대한 불신과 배신감은 더 컸다. 이때 받은 피해의식, '세상에 믿을 자는 아무도 없다'는 생각은 충렬왕에게 어떤 공허감마저 안겨주었을 것이다. 충렬왕이 이후 원에 지나치게 의존적인 태도를 보인 것도 이 사건으로부터 얻은 교훈, 바로 국내 관료집단에 대한 불신과 피해의식에 기반한 것으로 보인다.

이런 잠재된 피해의식 때문인지 충렬왕은 왕위에 오른 후에도 믿을 만한 측근이 아니면 신뢰하지 못했다. 정치 운용에서도 공적인 시스템에 의한 정치보다는 사적인 관계를 이용한 정치를 선호하였다. 그래서 충렬왕은 가문이나 학식이 뛰어난 정통 관료보다는 그동안 관료집단에서 소외되었던 천계 출신 인물들을 측근으로 등용하거나 사적으로 긴밀한 복심腹心으로 활용했다. 이들은 저돌적인 충성심에서 정통 관료들보다 더 신뢰할 수 있었고, 신속하고 정확한 왕명 수행에서도 효율적이었다.

왕정 시대에는 어떤 왕이나 왕권을 확립하고 강화하는 것을 목표로 했겠지만 그건 기본이었고, 충렬왕의 경우는 그것이 지상 목표였다. 왕권을 확립하고 강화하려면 가장 중요한 것이 인사권과 군사권을 확보하는 것이었다. 인사권은 관료집단의 충성심을 이끌어낼 수 있는 가장 효과적인 수단이었고, 군사권은 국왕 신변을 물리적으로 지켜낼 수 있는 실질적인 힘이었다. 충렬왕은 왕위에 오른 후 이 두 가지를 확보하고 유지, 강화하기 위해 모든 힘을 기울인다.

충렬왕과 원 공주의 결혼

충렬왕의 왕권 확립에 대한 의지는 강렬했지만 이것은 쉽사리 해결할 수 있는 문제가 아니었다. 왕권을 확립하려면 내정뿐만 아니라 대외적인 문제에서도 자주적으로 대처해야 했는데, 고려를 압박하고 있는 눈앞의 대원제국이라는 외세는 불가항력적인 상대였다. 게다가 일본 원정을 전후로 원의 군대가 주둔하면서 고려의 군대는 철저한 통제를 받았으니 국왕으로서 군사권마저 행사할 수 없었다.

여기서 충렬왕은 원에 접근하여 의탁하는 길을 생각하였다. 불가항력적인 외세라면 사대하고 복종하는 방법 외에 다른 길이 없다고 판단했던 것이다. 원 공주와의 결혼은 그래서 생각한 것이었다. 이 일이 성사된다면 그것은 가장 확실한 방법으로 제국의 권위를 빌려 왕권의 확립을 이룰 수 있는 길이라고 판단한 것이다.

충렬왕과 원 공주의 결혼은 원과 고려 양국의 이해관계가 맞아떨어져 성사되었지만 보다 적극적이었던 쪽은 충렬왕이었다. 결혼 얘기가 오가던 그때 세자인 충렬왕에게는 임연 정권이 부왕 원종을 폐립한 직후여서 왕실의 안정이 절실히 필요한 상태였고, 쿠빌라이 칸은 일본원정을 계획하고 있었지만 고려의 소극적 자세로 준비 과정이 순조롭지 못했다. 그래서 당시 세자였던 충렬왕은 원에 의존하는 길을 찾았고, 원 공주와의 결혼만이 가장 든든한 왕실의 후원자를 얻는 길이라고 생각한 것이다. 원 공주와의 결혼 문제는 충렬왕이 왕위에 오르기 훨씬 전부터 거론되어 성사되기까지 수년이 걸렸는데, 그 긴 과정에 대해서는 앞서 이 시리즈의 첫 번째 책인 《쿠빌라이 칸의 일본원정과 충렬왕》에서 자세히 언급했으니 생략한다.

결혼 문제가 거론되는 가운데 원에 들어갔다가 환국하던 충렬왕은 몽골식의 변발과 호복을 하고 고려에 들어온 적이 있었다. 1272년(원종 13년) 2월의 일로, 이를 본 사람들이 모두 탄식하였으며 통곡하는 사람까지 있었다고 한다. 이때까지만 해도 몽골에 대한 거부감이나 저항감이 강하게 남아 있었다는 얘기인데, 충렬왕은 세자 시절부터 이렇게 몽골에 심하게 경도되어 있었다.

충렬왕이 여론의 비난을 무릅쓰고 그런 처신을 했던 것은 몽골에 좀 더 적극적으로 다가가기 위한 의도적인 행동이었다. 이는 두말할 것도 없이 원 공주와의 결혼을 염두에 둔 것이었다. 원 공주와 결혼하기 위해서는 몽골에 우호적인 모습을 행동으로 드러낼 필요가 있다고 생각했던 것이다.

마침내 1274년(원종 15년) 5월, 세자로 있던 충렬왕은 대원제국의 5대 황제 세조 쿠빌라이의 딸인 홀도노게리미실忽都魯揭里迷失(쿠툴룩켈미쉬) 공주와 결혼한다. 세자인 충렬왕이 결혼을 위해 당시 원의 대도(북경)에 체류하고 있는 가운데 이루어졌다. 이때 충렬왕은 39세였고 공주는 16세였는데, 이 공주가 제국대장공주齊國大長公主이다.

제국대장공주의 모후는 아속진가돈阿速眞可敦(야수진)이라는 이름으로 《고려사高麗史》에 전하고 있지만 《원사元史》나 《신원사新元史》에는 아무런 기록이 없다. 세조 쿠빌라이의 여러 황후 중에서 정비가 아닌 쿠빌라이 말년에 들인 후비나 첩실로 보인다. 이에 비해 그 딸인 제국대장공주는 원측 기록에도 충렬왕에게 시집갔다는 사실이 분명하게 언급되어 있다.

세자가 결혼한 그 해 6월 부왕 원종이 죽고, 세자는 8월 공주를 원에 남겨두고 환국하여 고려 왕위에 올랐다. 공주는 그 해 11월에야 서경(평양)까지 마중나간 충렬왕과 함께 개경에 들어오는데, 이때도 충렬왕은 몽골식으로 변발호복을 하였으며 따르는 신하들에게까지 그것을 강요하였다. 몇몇 신하는 충렬왕에게 변발호복을 고려 예복으로 바꿔 입을 것을 요청했으나 듣지 않았다.

충렬왕과 공주가 함께 가마를 타고 입경할 때 왕실의 비빈과 궁주 그리고 재상급 부인들은 모두 궐 밖으로 나가 맞이했으며, 문무백관 역시 개경 교외까지 나가 맞이해야 했다. 그 의례 절차가 화려하고 장엄하기 이를 데 없어 구경나온 사람들로 인산인해를 이루었다고 한다. 역사상 전례가 없는 원 황제의 딸, 제국의 공주가 변경으로 시집오는 길이었으니 그럴 만했으리라.

그런데 국왕과 공주 내외가 함께 개경에 들어오는 것을 구경나온 당시 사람들은 태평시절이 다시 왔다고 반겼다 한다. 이를 보면 당시 사람들이 몽골에 대한 거부감은 있었지만 대원제국의 힘은 현실적으로 인정하고 있었던 모양이다. 왕실의 안정과 왕권 확립을 위해 이국 왕비를 맞아들여야 하는 충렬왕의 내면까지 이해했는지는 모르겠지만.

이제 충렬왕은 원 세조 쿠빌라이의 부마(사위)가 되고, 쿠빌라이는 충렬왕의 장인이 되었다. 고려와 원 제국의 최고 통치자가 사위와 장인이라는 사적인 인척관계로 결합하여 고려는 이제 원 제국의 부마국 駙馬國이 된 것이다. 이후부터 원 간섭기 내내 고려 국왕은 제국의 황실에서 왕비를 들이는 것이 상례가 되었다.

부마국 체제

충렬왕과 쿠빌라이의 딸이 결혼한 것은 하나의 역사적 사건이다. 양국관계를 봐서도 그렇고, 단군 이래 우리 역사 전개 과정에서도 그랬다. 뿐만 아니라 그 결혼은 고려와 원 제국 양국의 관계를 독특하게 규정하는 핵심 요소로 작용한다. 원 간섭기 이전이나 이후에도 우리 역사는 중국과 불가분의 관계에 있었다. 하지만 고려와 원 제국의 관계는 그 이전이나 이후 시대와는 전혀 성격이 다른 특수한 관계를 유지하는데, 이게 모두 양국의 결혼관계에서 기인하는 것이다.

양국의 이런 특수한 관계는 외교 문제뿐만 아니라 고려 국왕의 위상이나 국가로서의 성격을 규정했고, 고려 내정에 대한 통제나 규제로도 작용했다. 이를 '부마국 체제'라고 부른다. 부마국 체제 아래에서 고려는 독립국의 위상을 겨우 유지하기는 했지만, 반대로 그 독립국의 위상에 손상을 입거나 흔들릴 때도 많았다. 부마국 체제는 충렬왕이 원에 의탁하여 왕권을 확립하고 독립국을 유지하는 데 중요한 버팀목이 되기도 했지만, 다른 한편으로는 왕권의 추락이나 자주권에 손상을 입기도 했다는 뜻이다.

그런 부마국 체제의 의미를 양국관계에서 몇 가지 짚고 넘어갈 필요가 있다.

우선, 충렬왕이 원 황제의 부마가 된 것은 원 제국의 입장에서는 시혜적인 조치일 수 있었다. 몽골 제국에 복속된 여러 부족이나 국가 중에서 부마국이 된 경우는 고려가 유일한 예는 아니었다. 부마국인 나라들은 모두 칭기즈 칸 시절 스스로 복속했거나 정복 전쟁 과정에서 군사적 지원을 했던 국가들이었다. 그러나 고려는 기나긴 항몽전쟁을 치렀는데도 부마국이 된 것이다. 여기에는 일본원정에 고려를 끌어들이려는 쿠빌라이의 현실적인 외교 전략이 작용하고 있었지만 아무튼 좀 특별한 경우라고 할 수 있다.

이로 인해 부마국 체제는 고려 국왕의 위상을 높이거나 왕실의 안정에 도움 주는 측면도 분명 있었다. 《원사》에는 〈제왕표諸王表〉라는 편목이 있는데, 역대 황제의 종친들이나 공신, 부마들을 'ㅇㅇ왕'으로 책봉하여 표로 작성한 것이다. 그런 '제왕'이 100여 명이 넘는데 대부분 세조 쿠빌라이에 의해 책봉되었으며 여러 '제왕' 사이에는 위계 서열이 있었다. 그 서열은 황제와의 혈연상 원근이나 공로의 대소로 결정되었고, 부마인 경우에는 그 배필인 공주의 혈통으로 결정되었다. 당연히 충렬왕도 쿠빌라이의 부마로서 '고려 왕'이라 하여 그런 수많은 제왕 가운데 하나에 속했다. 여기서 황제의 친딸을 맞이한 충렬왕은 어떤 제왕보다도 원 제국 내에서 서열이 대단히 높았다.

그런데 이 문제는 꼭 긍정적으로만 볼 수 있는 것이 아니었다. 왜냐하면 고려 국왕을 원 제국의 '제왕체계' 속에 편입시키고 고려 왕조를 분봉지의 제후국이나 번국藩國 정도로 격하시키는 측면이 있기 때문이다. 하지만 원 제국 내에서 고려 국왕이나 고려 왕조의 위상이 높아진 측면도 있었다. 부마였기 때문에 고려 국왕이나 고려 왕조가 원제국과 매우 독특한 우호관계를 유지할 수 있었기 때문이다. 다시 말해서 양국의 관계를 완전 독립국으로 대등하게 상정한다면 부마국 대우는 격하이고 종속적인 것일 수 있지만, 현실적인 힘의 우열에서 복속관계나 사대 조공관계를 부정하지 못한다면 부마국 대우는 격상이고 위상 제고일 수 있다는 얘기다.

충렬왕은 재위 중에 부마로서 여러 차례 원에 친조하여 조빙朝聘의 예를 다했다. 친조 때마다 성대한 환영을 받았고 매번 원에 머무르는 기간도 몇 달 이상이었다. 원에 체류하는 동안에는 원 조정의 정치나 황실의 연회에도 참여할 수 있었는데, 특히 세조 쿠빌라이 칸의 재위 중에 그랬다.

친조는 부왕인 원종 때부터 있어 왔지만 성대한 환영이나 장기간의 체류, 정치 참여는 분명 부마로서 충렬왕 때부터 생겨난 일이었다. 특히 원 조정에서 정치 참여는 충렬왕보다는 다음의 충선왕忠宣王 때에 더욱 활발해지는데, 이 문제는 이 책의 주제이기도 하니 앞으로 자세히 살필 것이다.

또한 황제의 부마로서 충렬왕은 원 황실로부터 막대한 상사賞賜를 받았고, 부마국 고려에 재난이나 흉년이 닥치면 구휼을 받기도 했다. 물론 고려 왕이 입조할 때도 고려의 특산물 등 많은 선물을 가지고 갔고, 이는 중국과 일반적인 사대 조공관계에서도 나타나는 현상이었다. 하지만 고려에 대한 구휼 정책은 원 제국이 부마국에 내리는 특별한 시혜였다.

부마로서 고려 국왕에 대한 원의 통제나 제약도 많았다. 가장 중요한 것이 고려 국왕은 원 황제의 책봉을 받아야 했다는 사실이다. 이것은 일반적으로 중국과의 사대관계에서도 나타난 일이었지만 그 과정이 달랐다. 일반적인 사대관계에서의 책봉은 사후 승인에 가까운 의례적이고 형식적인 것이었다. 하지만 부마국 체제 아래의 고려 국왕은 사전에 원 황제의 승인을 받아야 왕위를 계승할 수 있었다. 그러했으니 당연히 재위 중인 고려 왕을 원 황제가 폐위시킬 수도 있었다. 사실상 고려 왕에 대한 임면권을 원 제국이 행사했던 것이다.

고려 왕에 대한 임면권은 부마국 체제가 불러온 가장 큰 폐단이었고, 이로 인해 양국 사이에는 수많은 정치적 사건이 야기된다. 고려 내정의 정치적 사건은 바로 원 조정으로 비화되고, 원 조정의 결정이 고려 국정을 좌우하는 일이 비일비재하게 일어난다. 원 제국과 고려 양국의 관계가 마치 중앙과 지방의 관계처럼, 혹은 하나의 정치체인 것처럼 작동했던 것이다.

  부마국 체제로 양국의 관계를 모두 설명할 수는 없지만, 양국관계를 규정하는 핵심 요소가 부마국 체제라는 사실은 부인할 수 없다. 이러한 양국의 특수한 관계는 역대 한중관계사의 측면에서도 아주 특별한 시기였다고 할 수 있다. 부마국 체제에 대한 위와 같은 규정은 앞으로 등장하는 여러 사례를 통해서 계속 살펴볼 것이다.

혼혈 왕자의 탄생

쿠빌라이의 딸과 결혼한 충렬왕은 왕자 생산에 매우 적극적이었다. 충렬왕과 제국대장공주 사이에서 왕자가 태어난 것은 결혼한 바로 이듬해 1275년(충렬왕 1년) 9월이었다. 공주가 이 전년 11월에 입국했으니까 정확히 허니문 베이비였다는 것을 알 수 있다. 왕자 생산 이후 충렬왕과 원 공주 사이의 금슬이 별로 좋지 않았다는 사실을 감안하면 이는 이국 왕비에 대한 충렬왕의 왕자 생산 의지가 매우 강렬했음을 보여주는 일이다.

  충렬왕이 그렇게 왕자 생산에 적극적이었던 것은 다음 세대까지 장기적으로 왕실의 안정을 생각하고 있었다는 뜻이다. 이는 또한 원 제국의 막강한 힘을 인정하고 양국관계의 판도가 당대에 끝나지 않으리라는 현실적인 판단도 작용했음이 분명하다. 만약 자신 당대만의 왕권 확립을 생각했다면 오히려 왕자 생산을 회피했을지도 모를 일이기 때문이다.

이렇게 태어난 왕자는 세 살 때인 1277년(충렬왕 3년) 1월 바로 세자로 책봉되었다. 충렬왕의 뒤를 이어 고려 26대 충선왕이 된 세자인데, 이때 세자의 어린 나이로 보아 이것도 평범치 않은 사건이었다. 더구나 당시 충렬왕은 세자 시절 종실에서 맞이했던 왕비 정화원비貞和院妃와의 사이에서 태어난 강양공 자江陽公 滋가 이미 맏이로 있었고, 그의 나이 또한 장성한 상태였다. 이때 강양공의 나이를 정확히는 모르겠지만 20세 전후로 생각하는데, 그럼에도 강양공이 아닌 나이 어린 왕자를 세자로 책봉했던 것이다.

　어린 왕자를 세자로 책봉할 때 겉으로는 반대가 없었고, 장자 강양공을 세자로 책봉해야 한다는 의견도 결코 나오지 않았다. 어쩌면 몽골의 혼혈 왕자에 대한 거부감이나 저항감이 조금은 있었을 법도 한데 그렇지 않았다. 충렬왕이 몽골식 변발호복을 했던 것을 보고 사람들이 탄식하며 울었다는 이전의 사회 분위기와는 좀 달랐다. 이는 조야를 막론하고 다음 세자는 반드시 원 공주의 소생이어야 한다는 여론이나 공감대가 이미 형성되었던 탓으로 보인다.

　세자 책봉이 끝난 후에 조그만 일이 하나 있긴 했다. 1279년(충렬왕 5년) 4월 장자인 강양공을 충청도 아산의 어느 사찰로 보내 세자를 회피하게 한 일이 그것이다. 이미 세자가 책봉된 2년 뒤에야 왜 이런 조치가 내려졌는지 궁금한데, 장성한 강양공이 있음에도 원 공주 소생의 어린 왕자를 세자로 책봉한 것에 대한 충렬왕의 정치적 부담은 분명 있었던 것 같다. 어쩌면 관료집단 일부에서 드러내지는 않았지만 원 공주 소생의 세자 책봉에 대한 약간의 저항감이 있었을지도 모른다.

　그런 저항감을 품을 수 있는 인물로 강양공 자신과 그의 어머니인

정화원비를 예상할 수 있다. 하지만 정화원비는 원 공주가 시집오면서 이미 의기소침해 있었고, 정식 왕비이면서도 별궁에 거처해야 했다. 원 공주가 왕자를 생산했을 때의 축하연에서는 공주와 동등하게 좌정하지도 못했으며 꿇어 앉아 공주에게 술잔을 올려야 했다. 이를 보면 정화원비는 세자 책봉에 불만은 있었을지 몰라도 원 공주에게 이미 제압당해 정식 왕비로서 정치적 위상이나 발언권을 상실했을 것이다.

강양공도 세자 책봉에 불만은 있었겠지만 크게 반발한 흔적은 없다. 그럼에도 강양공을 충청도 아산으로 보냈던 것은 세자 책봉에 대한 반발이 꼭 있어서가 아니라, 세자 책봉을 기정 사실로 확정하기 위한 것으로 오히려 강양공에 대한 충렬왕의 배려가 아니었을까 싶다. 아무튼 원 공주 소생의 왕자가 다음 왕위를 이을 세자가 된다는 것은 당시 누구도 거스를 수 없는 정치 사회 분위기였다.

충렬왕은 이제 확실하게 왕실의 후원자를 확보하여 왕권의 확립을 기할 수 있게 되었다. 왕비는 세계를 지배하는 원 세조 쿠빌라이의 딸이고, 다음 왕위를 이을 자는 그 공주의 아들이자 쿠빌라이의 외손자였으니 이런 왕실을 누가 감히 넘볼 수 있었겠는가. 이제는 거칠것없는 탄탄대로였다. 하지만 한쪽 문이 열리면 다른 한쪽 문이 닫히고, 양지가 있으면 음지가 있는 법.

부마국 체제의 첨병, 원 공주의 수행원

충렬왕과 원 세조 쿠빌라이의 딸이 결혼한 사건은 고려의 내정에도 중요한 변화를 가져왔다. 원 황제의 딸이 고려에 시집와 상주한다는 것 자체가 새로운 권력의 성립을 의미했다. 원 공주가 일약 고려 왕실의 정점에 서면서, 국왕은 그녀의 뜻을 거스르기 힘들었고 일상생활에서조차 여러 제약을 받기도 했다.

원 공주의 영향력은 왕실 내에서만 머문 것이 아니고 정치 사회 전반에 미쳤다. 여기에는 원 공주가 시집올 때 데리고 온 사적인 수행원들이 단단히 한몫을 했다. 이 수행원들을 몽골어로 겁령구怯怜口라고 불렀는데 사속인私屬人이라는 뜻이다.

이 공주 수행원들을 잠깐 살펴보자. 이들은 본래 몽골식 이름이 있었지만 고려에 들어와 귀화하면서 고려식으로 새로운 성명을 갖게 되었는데, 인후印侯·장순룡張舜龍·차신車信·노영盧英 등이 그들이다.

인후는 몽골인으로 그가 몽골에서 어떤 신분이었는지는 알려져 있지 않다. 25세 때 공주를 따라 들어와 고려에서 결혼하고 자식까지 두었다. 그는 고려에 들어와 처음에 중랑장(정5품)을 제수받고 이어서 장군(정4품)으로 승진하였으며, 원에서도 무관직과 함께 지휘권을 상징하는 호부虎符를 받아 진변만호부鎭邊萬戶府의 만호萬戶에 임명되기도 했다.

또한 인후는 왕과 공주가 원에 입조할 때마다 항상 수행한 역할로 공신호를 받고 재상에까지 올랐다. 그 후 권세가 커지고 정치의 중심에 있으면서 여러 정치적 사건에 휘말리기도 했다. 서경 부근의 땅을 원에서 관할했던 동녕부를 반환받는 과정에서는 그의 외교적 노력이 큰 힘이 되기도 하는 등 공로도 없지 않았다. 하지만 공주의 위세를 업고 불법적으로 남의 토지를 약탈하거나 치부를 일삼아 백성들의 원성을 사기도 했다. 인후는 1311년(충선왕 3년) 62세로 죽을 때까지 승승장구하고 그의 두 아들 인승광印承光·인승단印承旦도 후대에 활발한 정치 활동을 한다.

장순룡은 회회인(이슬람인)인데, 그의 아비는 세조 쿠빌라이를 섬기는 서기였다고 하니 궁중 관리의 아들로 보인다. 21세 때 공주를 따라 들어와 역시 고려에서 결혼하고 자식까지 두었다. 그는 고려에 들어와 처음에 낭장(정6품)을 제수받고 이어 장군으로 승진하였으며 재상에까지 올랐다. 장순룡도 인후와 마찬가지로 원으로부터 무관직을 제수받고 사치와 치부로 말썽이 많았는데, 1297년(충렬 23년) 44세로 일찍 죽어 인후에 비해 활동 기간이 짧았다. 장순룡의 후손은 조선 시대에 들어와 더러 정치 활동을 했다고 하며 현재 덕수 장씨의 시조가 된다.

차신은 본래 고려인이었다. 그 어미가 원으로 잡혀가 공주의 유모가 된 인연으로 원의 궁중에 머물다 고려에 다시 오게 된 것이다. 그도 고려에 들어와 낭장에 이어 장군을 제수받았으며 종국에는 재상에까지 올랐다. 차신은 앞의 인후나 장순룡보다는 활동이 덜했고 치부 행위로 인한 말썽도 적었다. 아마 공주 수행원 중에서 유일하게 고려인 출신이라는 이유 때문이었는지도 모르겠다.

노영은 하서河西, 즉 탕구트 사람이다. 그는 성품이 온후하고 총명해 글을 알았다고 하니 앞의 인후나 장순룡과는 달랐던 모양이다. 하지만 아깝게도 원에 사신으로 갔다가 돌아오지 못하고 그곳에서 일찍 죽어 눈에 띄는 활동이 없었다.

이상과 같은 원 공주의 수행원들은 몽골에서 갑자기 들어와 관료집단에서 한참 벗어나 있는데도 국정에 대한 영향력이 갈수록 커져갔다. 현실적 잇속이나 출세를 갈구하는 자들은 이들에게 빌붙어 아첨하고, 비리나 불법을 저지르는 경우가 허다했다. 그럼에도 감찰 관서에서는 이들을 거의 탄핵하지 못했으니 치외법권을 누리는 자들처럼 보이기도 했다.

말할 필요도 없이 이들은 원 공주를 위한 사적인 존재들이었기 때문에 충렬왕보다는 원 공주를 위해 봉사했다. 그러면서 또한 양국의 이해관계가 충돌할 때는 당연히 원 제국의 이익을 우선했다. 일본원정 문제에서도 이들은 쿠빌라이의 뜻을 확실하게 대변했다.

두 차례의 일본원정이 실패로 끝난 후에도 쿠빌라이는 일본원정을 포기하지 않았는데, 다시 원정 문제가 논의되면서 충렬왕은 이를 매우 불편해했다. 고려 정부가 져야 할 부담이 상상을 초월하는 것이어서 원정을 회피하려고 한 것이다. 여러 이유를 들어 그 무익함을 주장할 때도 인후와 장순룡은 원 조정의 큰일이고 쿠빌라이의 의지임을 들어 이를 저지했다. 그래서 원 공주의 수행원들은 원 간섭기의 초기 단계에서 부마국 체제를 실질적으로 지탱하고 뒷받침하는 존재였다고 말할 수 있다.

충렬왕이 이들에게 고려의 벼슬을 내렸던 것은 이들에 대한 배려이면서 통제를 겸한 것이었다. 이들의 영향력을 결코 무시할 수 없다는 현실적 판단과, 이들을 방치하는 것보다는 고려의 관료체계 안으로 끌어들여 통제하는 것이 더 편하다고 생각했을 것이다.

원 조정에서는 이들을 양국 사이의 연락관이나 고려 내정에 대한 감시자로도 활용했다. 인후와 장순룡이 사신으로 양국을 빈번하게 왕래했던 것이나, 이들에게 내려졌던 원의 무관직과 군사 지휘권이 그

점을 말해준다. 이들이 불법이나 비리를 밥 먹듯이 자행했던 것도 이런 직책과 무관치 않았다.

원 공주의 수행원들이 통제하기 곤란한 존재들이었지만, 충렬왕의 처지에서 보면 이들에게 한 가지 중요한 쓸모가 있었다. 고려 정부에서 중요한 사안이 생겨 원 조정의 처결이 필요할 때는 이들을 특사로 활용했다. 이들이 중국어와 몽골어에 능통했고 원 조정의 신뢰까지 받고 있어 외교관으로는 적격이었기 때문이다. 인후와 장순룡이 여기에 자주 동원되었고, 이들은 수없이 원 조정을 드나들었다.

그런데 정작 중요한 점은 충렬왕도 이들 원 공주의 수행원들을 국내 정치에 이용하지 않았나 하는 점이다. 그것은 이들이 고려의 전통적인 관료집단을 견제하는 데 가장 효과적인 세력이었기 때문이다.

그 좋은 사례가 하나 있다. 1283년(충렬왕 9년) 5월, 충렬왕은 갑자기 재상회의를 열어 응방鷹坊의 폐지와 함께 시정의 잘잘못을 말하라는 주문을 하였다. 응방은 매를 잡아 원에 공물로 바치는 관청인데 그 폐해가 중앙과 지방을 막론하고 이만저만한 게 아니었다. 여기에는 응방을 비호하여 세력 기반으로 활용하려는 충렬왕의 비호가 있었기 때문인데, 이 점은 조금 뒤에 자세히 살필 것이다.

응방의 횡포나 폐단이 극심하니 이를 바로잡기 위해 재상들이나 감찰사에서는 그 점을 자주 지적하여 충렬왕을 불편하게 만들었다. 충렬왕은 응방을 폐지할 생각이 추호도 없었지만 응방에 대한 비판은 날이 갈수록 많아지고 원성도 높아갔다. 이에 충렬왕은 어쩔 수 없이 재상회의를 소집하여 그 가부를 물은 것이었다.

이날 재상회의에서 인후는 "응방은 황제께 청하여 설치한 것인데 어찌 갑자기 폐지할 수 있겠습니까?"라고 하여 재상들의 불만을 저지하는 데 앞장섰다. 응방의 횡포나 폐단을 들어 국왕을 비판했던 재상들의 움직임을 일거에 잠재운 것이다. 만약 인후의 발언을 다른 고려인 재상이 했다면 그에 대한 반론이 만만치 않았을 것이다. 인후는 그렇게 결정적인 순간에 충렬왕을 도운 것이다.

원 공주의 수행원들은 이 점에서 충렬왕에게도 정치적 효용성이 컸다. 매사에 왕권을 견제하려드는 재상들, 이들은 정통 관료집단으로 충렬왕에게는 매우 불편한 존재였다. 무인 집권 시대의 교훈으로 충렬왕은 이들을 크게 신뢰하지도 않았지만 그렇다고 이들의 여론을 무시할 수도 없는 노릇이었는데, 이들을 견제할 수 있는 세력으로 원 공주의 수행원들은 적격이었다.

하지만 이들은 본질적으로 원 제국의 이익을 대변하는 자들이었고 국왕보다는 공주를 위한 존재들이었다. 즉, 부마국 체제의 수호자로서 그런 체제를 상징하는 인물들이었다. 당연히 고려 왕조에도 충성을 다할 수 없었고 충렬왕의 왕권 확립에도 온전히 투신할 수 없는 존재들이었다. 충렬왕이 왕권을 확립하려면 정통 관료집단을 견제하는 데 이들을 이용하는 것만으로는 부족했다. 자신만의 측근 세력이 따로 필요했다.

2. 충렬왕의 측근 정치

군사 시위, 사냥에 동원된 응방

충렬왕의 정치는 한마디로 말해서 측근 정치라고 할 수 있다. 그의 재위 34년(1275~1308) 동안 줄곧 그랬는데 특히 2차 일본원정(1281년)이 끝난 이후에 더욱 두드러졌다. 측근 정치는 정통 관료집단이 아닌, 관료 신분상에 하자가 있는 계층의 인물들을 가까이하고 중용하는 것으로 총신寵臣 정치라고 부르기도 한다. 이런 측근 정치는 정치·경제·사회 각 분야에서 많은 폐단을 드러냈다.

   충렬왕은 무인정권을 반면교사로 삼아 국왕으로서 군사권 확보를 절감했다. 하지만 그가 즉위한 때는 이미 원의 군사적 통제 속에 있어 군사권 확보가 쉽지 않았다. 게다가 일본원정을 준비하면서 사소한 군사 문제까지 원의 간섭과 통제를 받아야 했기 때문에, 이런 현실적인 한계 속에서 자신의 신변을 호위할 군대의 확보를 고민했다.

그런 목적으로 활용한 집단이 응방이다. 응방은 응방도감鷹坊都監이라고도 불렸는데, 원 황제의 요구에 부응하기 위해 매를 잡아서 기르고 이를 원에 공물로 바치는 관청이다. 이런 기능을 수행하려면 응방은 최소한의 군사를 보유해야 했고, 이 때문에 응방은 자연스레 군사집단의 성격도 띠게 되었다. 그래서 충렬왕이 응방을 적극적으로 양성했던 것은 황제의 승인 하에 합법적으로 자신의 군사 기반을 확보할 수 있어 안성맞춤이었다고 할 수 있다.

이런 응방과 관련된 충렬왕의 측근 인물로는 윤수尹秀·이정李貞·원경元卿·박의朴義 등이 있었다. 이들은 국왕의 비호를 받으면서 응방을 관장하였고, 여기에 원과 긴밀한 관계까지 맺고 있어 그 위세가 나라를 뒤흔들 정도로 대단했다. 이들 외에도 응방 관련 인물들은 많지만 이들을 우선 살펴보자.

윤수는 평민 출신으로 보인다. 그는 개경으로 환도할 때 그의 장인과 함께 고려를 배반하고 원으로 도망쳤던 인물이다. 그런 그가 출세 기회를 잡은 것은 충렬왕이 세자로서 대도(북경)에 머물고 있을 때 매와 개를 이용한 사냥으로 총애를 받으면서부터였다. 충렬왕이 즉위하자 윤수는 식솔을 거느리고 다시 고려에 들어와 응방을 맡아 국왕의 측근 세력으로 부상했다. 그가 군부판서軍簿判書 겸 응양군鷹揚軍 상장군이 되어 무반 서열 1위까지 오른 것을 보면 충렬왕의 총애가 얼마나 깊었는지 알 수 있다. 윤수는 1283년(충렬왕 9년) 일찍 죽었고, 그의 아들은 윤길손尹吉孫·윤길보尹吉甫인데, 특히 윤길보는 원의 환관에까지 접근하여 충선왕도 무시 못하는 존재였다.

이정, 그는 개잡는 일을 업으로 삼았던 천민 출신이었다. 그가 출세

할 수 있었던 것은 충렬왕 유모의 딸에게 장가들어 이를 계기로 응방을 관장하면서였다. 그는 국왕을 놀이와 사냥으로 이끄는 데 일조를 했고, 이로 인해 무반에 나아간 지 불과 수년 만에 부지밀직사사(정3품)에까지 올랐다. 충렬왕대에 천민으로서 그처럼 고속 승진한 경우는 없었다고 한다. 이정의 아들은 원 공주의 수행원인 장순룡의 사위가 되어 권세가끼리 혼인으로 연결된다.

원경은 과거에 급제하여 수상에까지 올랐던 원부元傅의 아들로, 앞의 두 사람과 달리 정통 사대부 가문 출신이었다. 하지만 그는 유학에는 관심이 없고 말 타고 활 쏘는 일을 좋아하여 일찍부터 무반의 길을 걸었다. 그가 응방을 맡아 충렬왕의 측근으로 성장할 수 있었던 것은, 어려서 몽골어를 익혀 원에 입조하는 국왕을 수행한 덕분이었다. 관직은 재상급인 동지밀직사사(종2품)까지 올랐고, 여러 차례 입조하여 원 세조 쿠빌라이도 그의 얼굴과 성향을 익힐 정도였다. 원경의 아들은 공주 수행원인 인후의 딸에게 장가드니 앞서 이정과 함께 권세가끼리 혼인으로 얽혔다.

박의는 평민 출신인데, 그는 매와 사냥을 좋아하다가 윤수의 천거로 충렬왕에게 발탁되었다. 그는 깃털이 희귀한 매를 잡아 황제에 바치고 대장군(종3품)을 제수받기도 했는데, 한때 원 공주의 뜻을 거스르다가 유배되고 가산이 적몰되기도 했지만 곧바로 재기에 성공한다. 이런 것도 충렬왕의 측근으로서 총애가 두터웠기 때문이다. 박의는 한때 충선왕에게 미움을 받기도 했지만 첨의찬성사僉議贊成事를 제수받아 재상에까지 이르렀다.

이들 4인은 응방을 주관하면서 충렬왕의 중요한 측근 세력으로 성장했다. 가히 응방 4인방이라 부를 만했다. 이들은 본래 임무가 매를 잡아 기르고 이를 황제에게 공물로 바치는 일이었지만, 원에 자주 왕래하다 보니 황제와도 친근해져서 충렬왕은 때로는 이들을 사신으로 활용하기도 했다. 그러다 보니 이들의 위세는 더욱 커졌고 불법적인 행위 또한 심해졌다.

응방 4인방은 착응별감捉鷹別監이라고 하여 자신들의 수하를 각 지방에 파견하였다. 이들은 매를 잡아 기르면서 백성 소유의 닭이나 개 등 가축을 마음대로 잡아 매를 먹이는데 그 침탈이 이만저만한 것이 아니었다. 이로 인해 착응별감을 사칭하고 백성들을 착취하는 자들이 전국 각지에서 횡행하여 원성이 자자했다. 각 지방에서 일어나는 응방의 폐해는 여기서부터 시작되었다.

1279년(충렬왕 5년) 3월, 응방 4인방은 왕지사용별감王旨使用別監이라는 직함을 띠고 전라·경상·충청·서해도에 파견되었다. 지방 각도에는 매를 잡아 기르는 응방 소속의 취락이 따로 지정되어 있고, 이를 관리 운영하기 위한 것이 앞서 착응별감이었다. 왕지사용별감은 국왕의 특명을 수행하는 특별직인데, 바로 착응별감의 횡포를 막는 것이 주된 임무였다.

응방에 소속된 취락은 매를 잡아 기르는 일에만 매달렸고 대신에 조세나 부역이 면제되었다. 그러다 보니 이것도 특혜가 되어 서로 다투어 응방에 소속되기를 원했다. 여기에는 응방에 소속된 취락이 지방 수령의 간섭을 받지 않고 인근 취락에 여러 행패를 자행할 수 있었던 사회적 배경이 작용하고 있었다.

왕지사용별감의 임무는 이런 폐단도 막기 위한 것이었다. 하지만

제1장 _ 부마 국왕과 세자 • 39

착응별감이나 응방에 소속된 취락의 행패를 막기는커녕 이들이 앞장서 민호民戶를 강점하는 등 더 큰 악폐를 저지르고, 각도를 순행하는 안찰사나 지방 수령이 조금만 비위에 거슬려도 무고하여 죄를 주었다. 이는 국왕의 비호가 있었기 때문인데, 충렬왕은 어쩌면 이들 응방 관리들을 활용하여 각 지방에 대한 감시나 통제까지 감안했다는 생각도 든다.

국왕의 비호를 받는 응방 4인방은 그 위세를 이용하여 불법적으로 백성의 토지를 탈점하거나 뇌물을 받고 인사 청탁을 하며 심지어는 정사에까지 간여하였다. 이들의 위세는 재상들도 건드리지 못할 정도였고 불법적인 착취와 치부를 일삼아 재산이 거만이나 되었다. 응방의 우두머리격인 윤수가 대표적이었다.

한번은 이런 일도 있었다. 궁중 연회에서 응방 4인방 가운데 윤수가 술에 취해 왕좌에 올라가 희롱하며 춤을 추기도 했다. 윤수는 응양군 상장군으로서 국왕의 비호를 받으며 그 위세가 절정에 이르고 있었다. 이에 두려울 게 없었는지 술에 취하자 왕좌도 우습게 보였던 모양이다.

응방은 사냥을 즐겼던 충렬왕의 의도에도 정확히 부합되었다. 충렬왕이 응방을 비호하고 응방 4인방을 측근으로 가까이했던 것은 어쩌면 사냥도 중요하게 작용했다. 국왕을 사냥으로 이끄는 주범은 바로 응방 4인방이었고 충렬왕의 사냥대회는 도를 넘고 있었다. 그로 인한 민폐가 적지 않았고 이 때문에 감찰사에서나 재상들은 여러 차례 간언을 하지만 충렬왕은 막무가내였다.

그런데 중요한 사실은 충렬왕의 빈번한 사냥대회가 단순히 그의 취향 때문만은 아니라는 점이다. 1287년(충렬왕 13년) 4월의 서해도 사냥대회에서는 기마가 1,500명이나 동원되었고 보름 동안 계속되었다. 이런 대규모 사냥대회는 몽골 풍습의 영향을 받은 것이기도 했지만 군사적 시위와 다름없었다. 충렬왕은 이런 대규모의 사냥대회를 통해 자신의 군사적 기반을 대내외에 과시하고 싶었을 것이다. 이렇게 응방은 군사적 시위인 사냥에도 줄곧 동원되었으니 국왕의 친위대라고 봐도 크게 틀리지 않다.

충렬왕은 자신의 빈번한 사냥에 대해 변명조로 이런 말을 한 적이 있다. "내가 굳이 사냥을 좋아해서 그런 것이 아니라 호랑이를 쫓으려는 것이다." 이게 무슨 뜻일까? 호랑이를 쫓으려고 사냥을 한다니. 혹시 충렬왕이 말한 호랑이는 무인정권 시대의 집권 무인을 은유하는 것이 아닐까. 다시는 국왕 위에 군림하는 무인 집권자가 나와서는 아니 된다는 뜻에서 말이다.

국왕 친위대, 기쁨조 홀치

응방보다 친위대의 성격을 더 강하게 띤 것으로 홀적忽赤(홀치)이 또 있다. 홀적은 몽골의 제도에서 유래된 것으로, 국왕이나 세자가 원에 입조할 때 의관자제衣冠子弟를 선발하여 함께 볼모(인질)로 보냈었는데, 환국한 후 이들에게 대궐 숙위를 맡기면서 이를 홀적이라고 불렀다. 이런 인질을 몽골어로 독노화禿魯化(똘루케)라고 했다.

독노화로서 의관자제들을 선발하여 원 조정에 보냈던 것은 인질의 성격도 있었지만 그들의 활동은 대개 숙위宿衛였다. 아마 독노화가 파견된 초기에는 몽골과 전쟁 중이었기 때문에 인질의 성격이 강했지만 종전이 되고 강화가 이루어진 후에는 숙위 활동이 중심이었을 것이다. 그 숙위 기간 동안 그들은 원 조정의 관습이나 사회 문화를 배우고 익혔다. 더불어 운이 좋으면 중원의 명사들과 교유할 수 있는 기회를 잡기도 했으니, 독노화는 지금으로 말해서 선진국에 파견하는 국비 유학생쯤으로 이해하면 쉬울 것이다. 잘은 모르겠지만 원 조정에는 고려뿐만 아니라 주변 여러 복속 국가에서 이러한 독노화, 즉 숙위생들이 수시로 왕래했을 것이다.

독노화가 의관자제들 중에서 선발되었다는 것을 감안하면 이들 대부분은 고위 관료들의 자제로 명문 출신이었을 것으로 보인다. 또한 나이도 장년 이하의 2, 30대의 젊은 층이었다. 독노화의 출신 성분이 그랬다면 그들로 구성된 홀치도 이와 다를 바 없을 것이다. 따라서 홀치는 앞서 응방 관련자들과는 그 출신이 달랐음을 알 수 있다.

홀치가 처음 설치된 것은 1274년(충렬왕 즉위년) 8월로 충렬왕이 즉위한 직후였다. 이때 홀치에 참여했던 자들의 숫자나 그 얼굴이 드러나 있지 않아 구체적인 면모를 파악할 수 없지만, 충렬왕이 세자로서 원에 입조했을 때 독노화로서 따라갔던 사람들이라는 점은 분명하다.

충렬왕은 세자 시절 다섯 차례나 원에 들어갔었다. 그 가운데 네 번째로 들어갔던 1271년(원종 12년) 6월의 행차가 주목되는데, 세자인 충렬왕 자신이 인질, 즉 독노화로서 들어간 것이었다. 당시 원 조정에서는 일본원정이 원활하게 추진되지 못한다는 불만이 있었고, 고려 정부 처지에서는 충렬왕과 원 공주의 결혼 문제가 별 진척이 없다는 어려움이 있었다. 충렬왕의 이때 입원은 이와 같은 여러 현안에 대한 원 조정의 요구였고 고려 정부의 대응이었다.

그런데 이때 입원한 인물들은 고위 관리 20명과, 독노화로서 세자를 비롯한 의관자제 20명, 아내衙內 직원이 100명이나 함께했었다. 충렬왕이 즉위하자마자 설치했던 홀치는 바로 이들 중에서 선발하여 구성되었다고 할 수 있다. 여기서 특히 눈길을 끄는 인물들이 '아내 직원'이라 표현한 100명의 인원이다. 이들은 세자부를 비롯한 여러 관청의 하급 관리로 조직된 것으로 보이는데, 세자인 충렬왕의 재원 생활을 지원할 인적 구성으로 판단된다.

따라서 이들은 인질로 들어간 의관자제 20명보다 충렬왕과 긴밀한 관계였을 것이다. 충렬왕과 머나먼 이국에서 생사고락을 같이하며 친밀해졌음은 틀림없으니, 이들은 충렬왕의 측근 세력으로 성장할 수 있는 조건을 충분히 갖추고 있었다. 그래서 충렬왕이 즉위하자마자 설치한 홀치에는 이들이 포함되었을 것이고, 이렇게 보면 충렬왕대의 홀치는 반드시 의관자제, 즉 고위 관리의 자제들만으로 구성된 것은 아니라고 할 수 있다.

홀치는 3번 혹은 4번으로 나누어 교대로 대궐에서 숙위를 섰다. 이는 더 설명할 것도 없이 홀치가 국왕의 친위대였다는 것을 말해준다. 홀치가 국왕의 친위대였다면 당연히 국왕의 신임 속에서 이들의 위세도 컸을 것이다. 그런 예를 하나 들어보겠다.

홀치에 속한 최숭崔崇이란 자가 있었다. 그가 의관자제 출신이라면 그의 아버지 이름이나 경력 등이 드러날 텐데 역사 기록에는 이에 대해 전혀 언급이 없다. 1278년(충렬왕 4년) 4월, 충렬왕은 홀치 최숭을

시켜 백문절白文節을 비롯한 첨의부僉議府의 관리들을 모두 잡아들이라고 명령했다. 한밤중에 느닷없는 일이었고 일개 홀치가 중견관리를 체포한다는 것도 있을 수 없는 일이었다.

　백문절은 성리학 도입의 선구자였던 백이정白頤正의 아버지로 당대에 학문과 문장이 뛰어난 유명한 인물이다. 첨의부는 옛날 중서문하성中書門下省으로 중앙 관청의 으뜸인데 원의 간섭을 받게 되면서 관제가 격하되어 첨의부라 부르게 되었다. 백문절과 첨의부의 관리들은 국왕의 인사명령에 동의해주는 서경권書經權을 행사하는 관리들로써, 본래 이들 중서문하성의 3품 이하 관리들을 낭사郞舍라고 불렀다.

　충렬왕은 자신의 측근 세력을 양성하면서 신분상 하자가 있는 관리들을 자주 관직에 임명하였다. 이에 인사권을 행사하는 낭사들이 국왕의 관리 임명장인 고신告身에 서명을 거부하곤 했던 것이다. 그러니까 이 사건은 국왕의 인사권에 제동을 거는 관리들을 괘씸하게 여겨 폭력적으로 잡아들인 것이었다. 그런 일에 홀치 최승을 동원하였다는 것은 국왕과 홀치의 관계를 엿볼 수 있는 대목이다.

　그런데 주목할 점은 1282년(충렬왕 8년)에는 홀치에 몽골인도 소속되어 숙위를 섰다는 사실이다. 홀치에 몽골인을 포함시킨 것이 원의 요구였는지 아니면 충렬왕의 자청이었는지는 잘 분간할 수 없지만, 2차 일본원정이 끝난 직후라는 시점으로 볼 때 원의 요구가 아니었나 싶다. 국왕에 대한 감시나 동정 파악을 위해서 말이다. 더욱 중요한 사실은 1287년(충렬왕 13년)에는 응방도 홀치와 함께 대궐 숙위에 참여하고 있다는 점이다. 여기서도 응방이 친위대의 성격을 띠고 있었다는 것을 확인할 수 있다. 이때 숙위하는 응방과 홀치는 활과 화살을 소지하고 대궐의 건물 주위를 돌면서 입직하도록 했다. 아마 어떤 대외 사정으로 대궐의 경호를 강화한 것으로 보인다.

충렬왕은 항상 홀치를 끼고 돌았다. 그것을 보여주는 것이 홀치가 베푸는 빈번한 궁중 향연이나 연회이다. 충렬왕은 사냥과 함께 연회를 빈번하게 개최하기로도 유명했는데, 궁중 연회에는 홀치와 함께 앞서 응방도 함께 참여하는 경우가 많았다. 응방과 홀치가 앞다투어 연회를 개최하기도 했다. 앞서 사냥대회도 마찬가지였지만, 충렬왕의 궁중 연회는 그 도가 지나쳐 원 공주도 가끔 제지할 정도였으니 충렬왕이 여기에 얼마나 탐닉했었나 알 수 있다. 충렬왕은 연회 중에 기분이 고조되면 일어나 춤을 추기도 했다. 잔치를 벌여 궁중 연회를 즐긴다는 것은 심리적으로 안정되었을 때 가능한 일이니 충렬왕은 왕권 확립에 만족했는지도 모르겠다.

국왕을 비판하다 파직당한 이승휴

응방과 홀치를 동원한 충렬왕의 빈번한 사냥대회나 연회는 관료들의 비판을 받기도 했다. 그런 비판의 중심에 감찰사監察司라는 관부가 있다. 감찰사는 문무백관에 대한 감독이 주된 임무로 본래 어사대御史臺라고 불렸는데 원의 간섭으로 관제가 격하되면서 감찰사로 개칭한 것이다. 이 감찰사와 앞서 언급한 중서문하성의 낭사를 합해 대간臺諫이라고 했다.

대간의 기능은 문무백관을 감독하는 감찰사의 기능과, 국왕의 인사

권에 대한 동의(서경권)와 간쟁을 주로 하는 낭사의 기능이 합해져 행사되었다. 대간은 정통 관료집단의 아성으로 그 본래 기능이 왕권을 견제하는 것이었다. 하지만 원 간섭기에 이르면 낭사나 대간이라는 용어도 잘 나타나지 않는 것으로 보아 그 기능이 크게 축소되었거나 유명무실해진 것 같다. 여기에는 충렬왕의 왕권 확립에 대한 의지도 작용했다고 판단된다.

충렬왕 초기에는 감찰사의 기능이 어느 정도 살아 있었다. 국왕의 빈번한 사냥대회와 궁중 연회를 감찰사에서 비판하는 모습이 가끔 보이기 때문이다. 1280년(충렬왕 6년) 3월, 감찰사에서 충렬왕에게 다음과 같은 상소를 올렸다.

"나라의 형편이 매우 어렵고 가뭄이 들어 백성들은 굶주리고 있으니 사냥하고 유흥할 때가 아닙니다. 전하께서는 어찌하여 놀고 사냥하시는 것만 마음을 쓰시고 백성들을 돌보지 않습니까? 또 홀치와 응방이 다투어가며 궁중 잔치를 베푸는데 그 사치가 극에 달하여 말로 형언할 수 없습니다. 상장군 윤수는 궁중에서 베푸는 연회에서 주상을 모시다가 술에 취해 왕좌에 올라가 희롱하며 춤을 추었으니 이는 예를 범한 불경한 짓입니다. 또한 대선사 조영祖英은 행실이 음험하고 추잡해서 예를 잃고 대전에까지 출입하여 여러 사람들을 놀라게 하였으니 몰아내고 문책해서 여러 사람으로 하여금 경계하도록 하십시오."

감찰사에서 윤수와 조영 두 사람을 지목하여 국왕을 비판한 것은 조금 이례적인 일이었다. 국왕에 대한 직언이야 이전에도 가끔 있는 일이었지만 특정한 인물을 지목하지는 않았다. 아마 비판 대상이 되는 인물들이 대부분 국왕의 측근으로 권세를 부리고 있어 조심스러웠을 것이다. 그래서 이번 비판은 윤수와 조영을 지목했다는 점에서 맘먹고 감찰사가 나선 것이었다.

윤수는 앞서 언급한 인물이니 생략하고, 조영은 동복현(전남 화순) 출신의 승려로, 충렬왕의 측근으로 부상하여 위세를 부렸는데 어떻게 국왕에게 접근했는지는 나타나 있지 않다. 다만 조영이 과거 급제자의 선발에까지 간여했다는 것으로 보아 충렬왕의 총애 속에서 그 위세가 남달랐다는 것은 분명하다.

충렬왕은 과거 급제자를 국왕이 직접 면접하여 그 등급을 매기고 최종 선발하는 전시殿試제도를 실시하기도 했다. 이는 자신의 세력을 양성하기 위한 조치로 흔히 왕권 강화를 노리는 국왕들이 가끔 활용하는 수단이었다. 전시제도는 국왕 자신이 관리 선발을 주도하겠다는 의지의 표현이고 여기에는 국왕 측근들의 입김이 개입될 소지가 많았다. 조영이 자신의 조카나 친한 자를 전시에 응하게 하는 등 그런 역기능을 했다.

이에 전시는 전통 법제가 아니라는 이유를 들어 반대하는 사람이 많았지만 충렬왕은 조영의 말을 듣고 전시를 계속 유지하였다. 조영은 대전에서 전시의 실무까지 맡아 시험 답안지인 시고試藁를 국왕 앞에서 뜯어 등수를 매기는 일도 주관하여 자신의 조카를 수석으로 뽑기도 했다. 나중에 고시관들이 개입하여 이는 시정되었지만 조영의 영향력은 그 정도였고, 위 감찰사의 상소는 이를 지적한 것이었다.

그런데 위 감찰사의 상소 내용은 바로 당사자인 윤수와 조영의 귀에 들어가고 만다. 이는 당시 궁중에 국왕의 측근인 내관들이 포진하고 있어 새어나가지 않을 수 없는 사정이 있었다. 내관이나 그들의 위세에 대해서는 조금 뒤에 상세히 언급하겠지만, 상소 내용을 국왕 비서관인 승지承旨가 보기 전에 내관들이 먼저 보는 월권이 빈번했던 탓이다. 상소 내용을 알아챈 윤수와 조영이 가만있을 리 없었다. 국왕에게 감찰사의 관리들을 음해하여 충렬왕을 분노케 만들었던 것이다.

충렬왕은 내관들에게 명령하여 당장 감찰시사(종5품)로 있는 심양沈暘을 잡아들이게 하고 국문을 하여 감찰사에서 먼저 그런 발설을 한 자를 불도록 했다. 심양이 끝내 입을 다물자 의심되는 감찰사의 관리 두 명을 잡아 섬으로 귀양 보내고 만다. 이때부터 국왕에 대한 언로가 막히고 말았다고 《고려사》에 전하고 있다.

그때 감찰사의 전중시사(정6품)로 있던 이승휴李承休도 발설자의 한 사람으로 지목되어 파직당하고 말았다. 귀양 갔던 사람들은 얼마 후 충렬왕의 노여움이 풀려 돌아왔지만, 파직당한 이승휴는 속세에 대한 염증이 컸는지 삼척(강원)의 두타산에 칩거하여 중앙 정치를 아예 떠나버린다.

이승휴는 경산부(대구) 출신으로 고종 때 과거에 급제하였지만 외가인 삼척에서 노모를 봉양하다 관직에는 원종 때에야 뒤늦게 나아갔다. 문장으로 이름이 높아 원의 태자를 축하하는 사절단의 서장관이 되어 원에 간 적이 있었는데, 그 축하 하례표의 문장이 너무 유려하여 원의 문사들까지 칭찬을 아끼지 않았다고 한다. 원종이 죽자 다시 국왕의 죽음을 알리는 서장관으로 원에 들어갔다가 먼저 들어와 체류하고 있던 세자(충렬왕)를 만난다. 그 인연으로 충렬왕에 의해 감찰사의 관리로 등용되었던 것이다.

파직당한 이승휴는 두타산에 칩거하면서 스스로 동안거사動安居士라 칭하며 유명한《제왕운기帝王韻紀》를 저술하였다. 그는 측근들에 둘러싸여 눈이 먼 국왕에 대한 서운함을 저술로 삭히며 10여 년을 보낸다. 후에 충선왕의 부름을 받지만 관직에 오래 있지 못하고 다시 두타산으로 돌아와 1300년(충렬왕 26년) 향년 77세로 생을 마감했다.

필도적과 신문색

충렬왕은 왕권 강화를 위해 필도적必闍赤(비자치)과 신문색申聞色을 설치하기도 했다. 필도적과 신문색은 몽골어에서 유래한 말로 이를 한자식으로 표현한 것인데, 필도적은 문사文士나 서기書記를 뜻한다고 하나 신문색은 무슨 뜻인지 잘 모르겠다. 하지만 그 기능은 왕권 강화를 위한 것이 분명했다.

필도적과 신문색은 당시 우부승지(정3품)로 있던 김주정金周鼎이 건의하여 1278년(충렬왕 4년) 10월에 설치하는데 이게 좀 엉뚱했다. 고려 전통 법제에는 전혀 없던 것이기 때문이다.

김주정은 광주 출신으로 과거에 급제하여 관직에 나왔고, 응방 4인방의 우두머리인 윤수와 사돈관계에 있었다. 김주정은 필도치 설치 이후 국왕의 신임을 크게 받는데, 한때 응방도감의 장관을 맡기도 했으며, 1284년(충렬왕 10년) 5월에는 인후의 뒤를 이어 진변만호부의 만호에 임명되기도 했다. 필도적의 설치를 주장한 김주정이 충렬왕의 마음에 들었기 때문에 그랬을 것이다.

필도적은 국가 정사를 의논하는 재상의 수가 너무 많다는 이유로 설치되었다. 국가 정사를 의논하는 재상이라면 도병마사都兵馬使의 구성원이다. 도병마사는 2품 이상의 재상들이 참여하는 국가 최고 회의 기구로 도당都堂이라고도 했다. 그래서 필도적을 설치한 표면적인 이유는 도당에 참여하는 재상의 수가 너무 많아 새로이 국가 정사를 의논할 기구가 필요하다는 것이었다. 이는 도당에 대한 분명한 견제로 보인다.

2품 이상의 고위 관료들인 재상은 귀족적 성향이 강한 정통 관료집단의 핵심이고, 그들이 참여하는 도당은 그 지휘부와 같은 기구였다. 그래서 도당은 본래부터 왕권을 제약하는 요소가 있었다. 이런 점을 감안하면 국가 정책을 의논할 최고 기구인 도당이 이미 있는데도, 그와 똑같은 기능을 하는 새로운 필도적의 설치를 주장했다는 것은 정통 관료집단에 대한 견제와 더불어 도당을 약화시키겠다는 노림수가 있었던 것이다.

우연찮게 필도적이 설치된 1년 후인 1279년(충렬왕 5년) 3월, 도병마사는 도평의사사都評議使司로 명칭이 변경된다. 정치 기구의 명칭을 변경한다는 것은 그 기능의 변화와도 관련이 깊다. 그래서 도당의 명칭을 도평의사사로 바꿨다는 것은 그 기능의 약화를 말하는 것이고, 이는 필도적의 설치에 기인한다고 볼 수 있다. 그렇다면 이제 도당은 명칭만 바뀐 것이 아니라 그 권한도 축소되어 별 힘이 없게 되었다고 판단할 수 있다. 아울러 그 도당에 참여하는 재상들의 국정에 대한 영향력이 크게 줄어들 수밖에 없다는 것도 당연하다.

새로 설치된 필도적에 참여하는 인물들은 김주정을 포함하여 모두

14명인데, 2품 이상의 재상급 2명을 비롯해 정9품의 말단관리까지 관품상으로 골고루 분포되어 있다. 뿐만 아니라 문반과 함께 무반도 있었다. 이렇게 필도적에 중급이나 하급관리, 무반까지 다양하게 포섭한 것은 충렬왕이 장차 자신의 세력 기반 양성을 염두에 두고 미리 대비하려는 것으로 보인다. 그런데 정작 중요한 점은 이 필도적이 인사행정의 권한을 행사했다는 사실이다. 당시 인사행정 기구로는 최씨 정권 때 설치된 정방政房이 없어지지 않고 국가 기구로 전환하여 존속하고 있었다. 그렇다면 새로운 인사행정 기능을 한 필도적과 정방은 어떤 관련이 있는지 궁금해진다.

 필도적은 다름 아닌, 정방이라는 기구 안에 설치된 것으로 보인다. 쉽게 말하자면 정방이라는 인사행정 기구에 참여하는 관리를 새로이 선발하여 필도적이라고 했다는 뜻이다. 이는 정방의 구성원을 대폭 교체하고 그 내부 구조까지 개편한 것으로, 충렬왕이 자신의 측근 세력을 동원해 정방을 장악하기 위한 것이었다.

 충렬왕은 지난 무인정권에서 얻은 교훈으로 국왕에게 인사권이 얼마나 중요한지를 몸소 체험했었다. 그것이 없이는 관료집단을 통제할 수도, 충성심을 이끌어낼 수도 없었다. 필도적을 설치한 진정한 목적은 바로 이것, 충렬왕이 인사권을 장악하기 위한 것이었다. 더불어 도당의 기능까지 겸하게 하였으니 필도적은 충렬왕의 왕권 강화를 위한 전위 기구라고 할 수 있다.

 필도적이 재상급 고위 관료들에 대한 견제나 인사권을 장악하기 위해 설치했다면, 신문색은 필도적에서 결정된 국가 정책을 국왕에게 보고하는 기능을 위해 설치했다. 전통 법제에 의하면 도당에서 결정

제1장 _ 부마 국왕과 세자 • 51

된 국가 정책은 승지承旨에 의해 국왕에게 보고되었다. 필도적이 도당의 기능을 대신함에 따라 그에 맞춰 승지의 기능을 대신할 신문색이 따로 필요했던 것이다. 이런 신문색도 정방이라는 기구 안에 둔 것으로, 그 구성원을 가리키는 이름으로 보인다.

승지는 국왕의 상명하달과 신료들의 하의상달을 담당하는 국왕과 신하 사이의 창구 구실을 하는 막중한 직책으로 정통 사대부 관료들의 필수코스였다. 지금으로 말하자면 대통령 비서관과 비슷한데 본래는 승선承宣이라 칭했지만 이것도 관제가 격하되면서 승지라고 불렸다. 그런 승지의 기능을 신문색이 대신하게 되었으니 이렇게 되면 승지도 유명무실해지고 만다.

그런데 주목할 사실은 이 신문색을 모두 내료內僚들로 구성하였다는 점이다. 내료는 궁중에서 잡무나 처리하는 신분이 낮은 사람들로 국왕을 지근거리에서 모시는 사람들이었다. 이들 내료들이 정통 사대부 관료들이 담당했던 승지의 기능을 대신한 것이다. 이렇게 볼 때, 필도적과 신문색의 설치는 충렬왕이 측근들을 이용하여 국정을 장악하고 왕권을 강화하는 데 성공했다는 신호였다.

국왕의 수족들, 내료

내료들은 국왕의 측근 세력 중에서도 가장 핵심이라고 할 수 있다. 현대 민주국가에서도 가끔 나타나는 현상이지만 권력 행사는 최고 통치자와의 물리적 거리에 비례하는 경우가 많다. 왕정 시대에는 더욱 그랬다. 국왕을 얼마나 가까이에서 모시느냐에 따라 권력의 강약이 결정되는 경우가 허다했다. 바꿔 말하자면 국왕은 자신의 지근거리에 있는 자들에게만 믿음과 신뢰를 준다는 뜻이다. 내료가 그런 사람들이었다.

내료는 궁중에서 근무하는 속료로서 나인內人 혹은 내관內官이라고도 했는데, 궁중에서 환관과 함께 국왕 주변의 잡무를 처리하며 국왕의 수발을 드는 자들이다. 이들이 환관과 다른 점은 성 불구자가 아니라는 것뿐이고 하는 일은 환관이나 별반 다를 게 없었다. 이들은 문반인 동반東班, 무반인 서반西班에 대칭해서 만들어진 남반南班에 속했는데, 환관처럼 신분이 낮은 사람들이 주로 진출하여 천시되는 경향이 있었다. 그래서 내료는 승진에 제한을 받아 남반 7품에 한정하였다.

충렬왕은 이런 내관들을 중용하고 측근 세력으로 활용했는데 정통 관료집단에 대한 신뢰가 부족했던 탓에 이들에 대한 애착은 더욱 컸다. 그래서 내관은 충렬왕에게 복심과 같은 존재였다고 할 수 있다. 충렬왕대에 눈에 띄게 활동한 내관으로는 이지저李之氐·김의광金義光·차득규車得珪·김자정金子廷·정승오鄭承伍·최중경崔仲卿 등을 들 수 있다.

이들 내관들은 모두 평민 이하의 비천한 신분이라는 공통점이 있는데, 또 한 가지 공통점이 있었다. 그것은 이들 모두가 앞에서 언급한 '원종 폐립 사건'으로 당시 세자였던 충렬왕이 환국하려다 원으로 다시 들어갈 때 충렬왕을 따른 인물들이라는 점이다. 이들은 충렬왕을 따라 원에 들어갔다가 귀로에서 국왕 폐립이라는 사건에 맞닥뜨리게 되자 생사의 기로에서 충렬왕을 끝까지 시종한 것이다.

그런데 충렬왕은 이 사건이 있은 지 10여 년이 지난 1282년(충렬왕 8년) 5월 특별한 조치를 내린다. 사건 당시 자신을 따랐던 이 사람들을 공신으로 책정한 것이다. 이들을 '시종 보좌 공신'이라고 하는데 충렬왕은 1등 공신 6명, 2등 공신 11명을 비롯한 20여 명을 공신으로 책정하여 토지를 하사하고 그 자손들에게 벼슬길을 열어주었다.

이들 시종 보좌 공신들은 원종 폐립 사건 당시에도 대부분 궁중의 내관이나 낮은 무관직에 있어 정통 관료집단에서는 한참이나 벗어난 사람들이었다. 충렬왕은 왕위에 오른 후 이 사람들을 계속 중용하고 마침내 공신으로까지 책봉하여 특별 우대한 것이다.

이렇게 보면 이들 내관들은 충렬왕의 측근 중의 측근이라 할 수 있다. 내관이라는 직분으로 평소에도 충렬왕을 항상 지근에서 모시는데다, 그 어려운 상황에서 끝까지 충렬왕을 따랐으니 그 신임과 총애가 남달랐다는 것은 말할 필요가 없다. 그 가운데에서도 이지저가 으뜸이었다. 충렬왕은 이들에게 무분별한 총애와 관직 제수를 남발하여 많은 비난을 받았고 이 때문에 인사행정이 무너질 정도였다.

이지저는 내관으로 장군을 겸하고 필도적에도 참여했다. 내관으로 필도적에 참여한 것은 그가 유일했다. 그는 시종 보좌 1등 공신에 책정되어 1284년(충렬왕 10년) 무렵에는 대장군에 오른다. 여기까지만 해도 전통 법제에 따르자면 내관으로서는 불가능한 승진이었다. 그는 또한 충렬왕의 추천을 받아 원으로부터도 진변만호부의 부만호副萬戶라는 군사직을 받기도 했다. 충렬왕대에 만호나 부만호라는 원의 군사직을 띤 자들이 더러 있는데 이들은 그것 하나만 가지고도 대단한 위세를 부릴 수 있었으니 권력의 상징이기도 했다.

이지저가 내관으로 있는 동안에는 왕명 전달 계통도 어긋나고 있었다. 이건 앞서 언급한 필도적과 신문색의 설치와 직접 관련되어 있다. 특히 신문색이 승지의 기능을 대신했으니 승지의 직무를 일개 내관들이 가로챈 것이나 다름없게 되어 승지는 허수아비로 전락한 것이다.

이지저는 다음 충선왕대까지 버림받지 않고 승승장구하여 결국 재상에까지 오르는데 아마 변신에 능한 처세 때문으로 보인다. 이지저는 1317년(충숙왕 4년)에 죽고, 그의 아들 이실李實은 아비의 위세를 믿고 그 난폭함이 미친개보다 심했다고 한다.

김의광은 충주의 관노 출신이었다니 볼 것 없는 천민이었다. 그는 최이 정권 때 내관으로 들어갔는데 충렬왕의 눈에 띄어 무반직을 받고, 낭장을 겸하고서 앞서 말한 신문색에 참여했다. 여기에 시종 보좌 1등 공신이 되면서 밀직부사(정3품)에까지 올랐다. 밀직부사(종3품)도 내관으로서는 도저히 승진할 수 없는 것으로 앞의 이지저와 함께 역시 세간에서 비난의 대상이었다.

차득규는 내관들 중에서 나이가 많아 김자정과 함께 우두머리 위치에 있었다. 그 때문인지 일찍부터 장군에까지 올랐고 그 역시 시종 보좌 1등 공신이 되었다. 그는 김자정과 함께 궁중의 재화나 미곡 등 재산의 세입 세출을 관장하는 부서인 대부시大府寺의 별감을 맡은 적이 있었는데, 여기에는 충렬왕대에 내관들이 득세하고 있었던 사정과 관련이 있다.

대부시에서 재정 지출의 실무를 맡은 자로 본래 주부(종7품)라는 하급관리가 있었다. 그런데 충렬왕대에는 내관들이 득세하면서 이 실무자가 내관들의 무리한 지출 요청을 거절하지 못해 재정 관리가 허술해

제1장 _ 부마 국왕과 세자 • 55

지고 창고가 고갈되어 갔다. 이에 내관들의 우두머리격인 차득규와 김자정으로 하여금 그 실무를 맡아 지출을 절제토록 한 것이었다.

결과는 어떻게 되었을까? 오히려 내관들의 지출 요청이 경쟁적으로 이루어져 재정 관리는 더욱 방만해졌다고 한다. 그 과정에서 사리사욕도 채웠을 것이니 내관들의 득세에 따른 필연적인 결과였다. 고양이에게 생선가게를 맡긴 격이라고나 할까.

김자정은 노비 출신인데, 임연이 김준을 제거할 때 궁중의 내관으로 크게 협조하여 원종 때부터 국왕의 신임을 얻은 자였다. 그는 이를 계기로 많은 토지와 함께 관직을 제수받았으며 지방의 사신으로 나가기도 했다. 내관이 지방의 사신으로 나간 것은 그로부터 시작되었다고 한다.

김자정은 충렬왕 초에 대장군에 오르고, 1285년(충렬왕 11년) 8월에는 내관으로 상장군(정3품)을 겸하여 동경부사로 임명받았다. 동경東京은 지금의 경주인데, 고려 시대 개경·서경(평양)과 함께 3경의 하나로 고려 초에 비하면 비중이 떨어졌지만 왕실에서 중요하게 여기는 도시였다. 그런데 경주는 충렬왕과 인연이 깊은 도시였다. 충렬왕의 어머니는 김약선金若先의 딸 순경태후順敬太后였고, 그 김약선의 고향이 경주였으니 경주는 충렬왕에게 외가였던 것이다.

자신의 외가에 노비 출신의 지방관을 임명하니 충렬왕의 왕비인 제국대장공주도 이를 문제삼았다.《고려사절요高麗史節要》에 있는 기록을 그대로 옮겨보겠다.

공주 : 내가 들으니 동경은 전하의 외가라는데 사실입니까?

충렬왕 : 그렇소.

공주 : 노비 출신이 그런 고을의 장관을 맡을 수 있습니까? 남반 출신들이 중앙과 지방의 요직에 나간 것이 언제 부텁니까?

충렬왕 : 선왕(원종) 때부터입니다.

공주 : 전하는 참으로 선왕의 아들이십니다.

충렬왕이 내관들을 신임하여 총애하고 요직에 중용하는 것에 대해 그 이국 왕비마저 못마땅해 비꼬고 있으니 정통 관료집단에서는 더 말할 나위가 없었다.

다음, 정승오와 최중경도 1등 공신은 아니었지만 시종 보좌 공로를 인정받아 내관의 승진 제한에서 풀렸다. 정승오는 앞의 김의광과 함께 낭장을 겸하고 신문색에도 참여했으며, 이지저와 더불어 토지 탈점 등 불법적인 치부로 비난이 많았다. 최중경은 앞의 김자정처럼 왕명을 받고 지방의 사신으로 나가기도 했다. 충렬왕의 총애를 받는 측근들이니 왕명을 전달하는 사신으로도 적격이었을 것이다.

특히 최중경은 1287년(충렬왕 13년) 12월 충렬왕에게 미녀를 바치려다 원 공주에게 들켜 곤욕을 치르기도 했다. 이를 보면 궁중 연회를 좋아했던 충렬왕에게 이들 내관들은 적극적으로 주색을 제공하는 데도 일조를 했을 것으로 보인다. 그럴수록 충렬왕은 내관들에게 사적인 총애를 주고 내관들도 충렬왕의 은밀한 심복을 마다하지 않았을 것이다.

내관 고종수, 충렬왕의 정치적 경호관

고종수高宗秀라는 인물도 내관으로 유명했다. 그는 시종 보좌 공신은 아니었지만, 피리를 잘 부는 재주로 충렬왕의 총애를 받아 득세하였다. 그는 충렬왕의 추천으로 앞서 이지저처럼 원의 무관직도 가졌는데 1282년(충렬왕 8년) 무략장군 순마천호巡馬千戶라는 직함과 지휘권을 상징하는 금패를 받았다.

순마천호는 왕도 개경의 방어와 치안을 담당하는 순마소巡馬所의 사령관을 말하는데, 이 순마소가 1293년(충렬왕 19년) 왕경만호부로 발전하면서 고종수는 천호에서 만호로 승진했다. 순마소나 왕경만호부는 왕경의 치안뿐만 아니라 왕도 주변의 군사 지휘권과도 관련된 것으로 충렬왕이 다른 내관들을 중용한 것과는 질적으로 다른 신임이었다. 그래서 고종수는 국왕의 침실에까지 무시로 출입할 수 있었다. 그러한 고종수와 충렬왕의 관계를 엿볼 수 있는 일화가 있다.

1295년(충렬왕 21년) 12월 감찰사의 관리 허유전許有全이라는 사람이 무고한 참소를 받아 순마소의 감옥에 갇혀 심한 매질을 당했다. 감찰사의 관리들은 국왕의 일탈 행위에 대해 자주 직언을 하면서 충렬왕에게는 눈엣가시와 같은 존재였고, 그러다 봉변을 당한 것도 한두 번이 아니었다.

봉변을 당한 허유전은 김해(경남)의 사대부 가문 출신으로 과거를 통해 관직에 나왔다. 허유전이 그런 인물이라 비천한 신분으로 국왕 측근에서 득세한 자들을 반겨했을 리 없고 그가 무고를 받은 것도 그런 사정이 있었다. 허유전이 저잣거리에서 매질을 당하는데도 국왕의 심기를 건드린 탓에 구원하는 자가 아무도 없었다. 이에 고종수가 국왕의 침전으로 들어가 충렬왕의 감정을 누그러뜨리고 해명을 하여 허유전을 구원할 수 있었다. 이 허유전은 후에 충선왕에 의해 크게 중용된다.

이 일화는 여러 가지를 말해준다. 순마소는 국왕의 심기를 건드린 자를 잡아들이기도 한다는 것, 이는 순마소가 정치적인 무력 집단이라는 것을 말해준다. 그렇다면 그 사령관인 고종수는 국왕의 정치적 경호관과 같은 역할을 했다는 것도 짐작할 수 있다. 실제 그런 예를 하나 들어보겠다.

1296년(충렬왕 22년) 2월 동지밀직사사(종2품)로 있던 이혼李混이 파면당한 일이 있었다. 재상급에 해당하는 최고위 관료가 파면당했으니 보통 일이 아니었는데 사정은 이러했다.

이 사건 역시 국왕 측근에 있는 내관들의 횡포와 관련된 일이었다. 당시 내관들은 왕명을 사칭하고 지방의 사신으로 나가는 경우가 많았다. 여기에는 각 지방을 순회하며 얻을 수 있는 조세 수취상의 이권 개입이나 불법적인 향응 접대 등의 치부 행위와 관련이 있었다. 이런 일이 빈번해지니 각 지방의 공무 수행을 지원하는 역驛에서는 왕명을 받고 내려온 내관이 번거로워 도망하기도 했으며 백성들에게도 민폐가 심했다. 그래서 도당에서는 국왕에게 건의를 올렸다.

도당에서 올린 건의는, 왕명을 직접 내관들에게 빈번하게 내려 그 폐단이 많으니 앞으로는 도당을 거쳐 왕명을 내리고, 그런 다음 도당은 각 지방 장관에게 이첩하여 시행하라는 것이었다. 아울러 각 지방에 파견되는 사신도 너무 빈번하여 역의 공무 수행이 번잡하니 도당의 문서를 발급받아 역을 이용하게 하라는 것이었다. 애긴즉슨 왕명을 내릴 때나 지방에 사신을 파견할 때는 도당을 경유해서 시행하라는 뜻으로, 바로 국왕 측근의 내관들을 견제하려는 것이었다.

도당에서 충렬왕에게 이렇게 상소한 것은 앞서 필도적의 설치로 그 권한과 위상이 약화되는 것에 대한 반발로도 읽힌다. 내관들의 횡포를 들어 거론한 것도 앞서의 신문색과 무관치 않아 보인다. 도당의 이런 상소는 충렬왕의 처지에서 왕권에 대한 도전으로 비쳤을 것이다.

충렬왕은 당장 순마소의 무관에게 명하여 도당의 서기를 잡아들이게 하고, 그런 발언을 한 자를 불도록 심한 매질을 하였다. 그 도당의 서기가 끝내 발설을 하지 않자 충렬왕은 분노하여 다시 만호 고종수를 시켜 고문하도록 했다. 심한 고문을 못 견딘 그 서기가 결국 이혼을 지목하였으며, 이에 이혼은 순마소의 감옥에 갇히고 파면당했던 것이다.

도당은 왕권을 견제하는 기능이 있었는데, 이런 기회에 도당의 기를 꺾기 위해 이혼은 충렬왕의 시범 표적이 되어 곤욕을 치렀다. 그에게 잘못이 없다는 것은 충렬왕 자신이 너무나 잘 알고 있었을 것이다. 이혼은 사대부 가문 출신으로 과거에 급제하여 관직에 나왔는데, 파면당한 후에 다시 기용되어 인사행정을 맡기도 했다. 여기 이혼도 앞의 허유전과 함께 후에 충선왕에게 크게 중용된다.

순마소나 그 사령관인 고종수는 그런 역할을 했다. 그 고종수가 충렬왕의 가장 지근거리에 있는 내관이기도 했으니 내관의 위력을 짐작할 수 있을 것이다. 어떤 어려운 일도 내관을 통하면 모두 해결되었다고 하니 가히 내관들의 세상이었다. 하지만 위세가 크면 불법이나 비리도 많아지는 법, 내관들은 앞서의 응방 4인방과 함께 부정축재에서도 이름을 날렸다.

숨은 실력자, 환관

환관宦官은 앞의 내관과 함께 궁중에서 잡일을 수행했다. 그래서 때로는 환관을 내관이라 부르기도 하지만 분명히 다르다. 환관은 내관과 달리 왕비를 비롯한 궁중의 여성들과 자유롭게 대면할 수 있었다.

왕정 시대에 궁중에 기거하는 대부분의 여성은 국왕의 성적 대상이 될 가능성이 많았다. 그래서 왕비뿐만 아니라 궁중에 거처하는 여성이 회임 출산을 하게 되면 이는 모두 국왕의 생산으로 본다. 이것은 왕손의 혈통을 보존하고 널리 퍼뜨리기 위한 제도적 장치였다. 왕실의 안정은 왕손이 많이 번성할수록 좋다고 본 것이다. 그러니 여성들이 거처하는 궁중에는 생식력을 가진 정상적인 남성의 숙식은 절대 안 되고 성 불구자가 필요했던 것이다. 그게 환관이다.

충렬왕대 환관으로 유명한 자는 최세연崔世延과 도성기陶成器였다. 이들은 주로 원 공주의 편전에서 잡무에 종사했는데, 공주를 동반한 국왕의 대궐 밖 나들이를 주로 수행했고 가끔 국왕과 공주를 위해 연회를 베풀기도 했다. 충렬왕은 이런 환관들도 총애하여 무관직을 내렸다. 게다가 국정에 참여할 수 있는 참직參職까지 제수하려다 반대에 부딪힌 경우도 있었다.

최세연은 아내가 사납고 질투가 심해 스스로 거세하여 환관이 된

자로 장군을 거쳐 상장군에까지 이르렀다. 도성기는 원 공주의 사랑을 받아 장군에 올랐으며 충렬왕에 의해 품관들만 찰 수 있는 가죽 혁대인 홍정紅鞓을 하사받기도 했다. 최세연은 처음에 도성기에게 의탁하여 궁중에 들어왔으나 그 방자함은 도성기를 능가하였다.

최세연은 국왕이 외출할 때 말을 탄 채로 의장대를 휘젓고 다니기도 하고, 자신의 대저택을 궁궐 가까이 지어 옥에 갇히기도 했지만 곧 풀려나 그때뿐이었다. 그는 무반의 요직을 불법으로 제수받고 남의 노비를 약탈하는 것도 예사였지만 감찰사에서는 탄핵하지도 못했다. 또한 그는 원 공주의 수행원인 인후를 아비로 섬겨 가까이 지내기도 했으니 처세에도 능했던 모양이다.

최세연과 도성기는 국왕과 공주의 총애 속에서 뇌물을 받으면서 관리의 승진이나 파면이 이들의 입에서 나온다고 할 정도로 권세를 부렸다. 종실이나 재상들도 이들의 뜻을 거스르지 못했다고 하니 그 위세를 짐작할 만할 것이다. 이런 문제로 1288년(충렬왕 14년) 7월 세자였던 충선왕이 부왕에게 요청하여 이 두 환관을 섬으로 귀양 보내지만 인후의 도움으로 곧 풀려나 복귀하고 만다. 이들은 그 위세가 너무 등등하여 억울한 일이나 부당한 일을 당한 자들이 그들을 모범으로 삼아 스스로 거세하는 일도 있었다고 한다.

환관은 충렬왕대 이후 원과의 관계가 긴밀해지면서 더욱 번성하였고 그 위세도 더 커졌다. 그것은 고려의 환관이 원의 궁정에까지 진출하여 황제와 황후를 모시는 환관까지 생겨났기 때문이다. 이런 환관은 고려 국정을 뒤흔들 정도로 영향력이 컸고, 고려 국왕도 이들의 눈치를 보지 않을 수 없었다. 눈치를 보는 정도가 아니라 고려 국왕은 이들의 등살에 맥도 못 추는 경우가 허다했으니, 이럴 때는 국왕으로서 체면이고 뭐고 가릴 수도 없었다.

　원 조정에서 활동하는 환관의 득세는 고려 내정에 대한 간섭이 커지고, 고려 국왕이 원에 의탁하는 정도가 심할수록 나타나는 피할 수 없는 당연한 추세였다. 이와 같은 환관에 대해서는 그때그때 해당 사건에서 자세히 언급할 것이다.

드러난 실력자, 역관

역관譯官은 원과의 외교에서 통역을 담당하는 통역관을 말한다. 조선 시대에도 그랬지만 고려 시대의 역관은 양반 사대부 가문에서는 기피하는 직종이었다. 지금이야 외교관이 대접받는 직업으로 대부분 스스로 통역관을 겸하고 있지만 왕정 시대의 외교는 학문이나 문장이 뛰어난 문한관文翰官이 주로 맡고 역관은 실무적인 통역이나 잡무를 담당하였다. 또한 중국과 동일한 한자문화권에서는 웬만한 대화는 필답으로도 가능하여 역관의 필요성이나 중요성도 그리 크지 않았다. 그런데 원과의 관계가 시작되면서 몽골어의 통역관이 절실해졌다. 양국 관계가 긴밀해져 왕래가 빈번할수록 그 수요가 늘어나고 중요성도 커졌다. 하지만 준비된 역관이 없어 초기에는 개인적으로 몽골어를 습득한 사람들에게 의존할 수밖에 없었다.

　원의 지배를 받으면서 몽골어는 출세나 권력 행사에서 대단히 중요한 수단이었다. 그런데 초기의 역관들은 대부분 몽골과의 기나긴 전쟁 과정에서 몽골어를 익힌 자들이었다. 몽골 군대가 점령한 지역에서 그에 협조한 자, 포로로 잡혀가 억류되었다가 풀려난 자 등이었다. 이들은 대부분 낮은 신분의 사람들이었지만 전문적인 몽골어 통역관이 없는 초기에는 이들의 역할은 중요했고 그 희귀성으로 존재 가치도 컸다.

그 대표적인 인물로 강수형康守衡이 있다. 그는 진주(경남) 사람인데 전쟁통에 포로로 잡혀갔다가 몽골어를 익혔다. 그는 돌아오지 않고 주로 원에서 활동하는데, 원종이 세자 시절 쿠빌라이를 중원에서 만났을 때의 통역을 그가 맡았다. 그런 위력으로 강수형은 충렬왕이 즉위하자마자 추밀원부사(정3품)를 제수받았고, 원에서 주로 활동하지만 고려와 원에서 모두 벼슬을 받았다. 그는 고려측 사신보다는 원측 사신으로 역할을 더 많이 했는데, 충렬왕 즉위 초에 고려에서 재상급에 올랐으며, 원에서는 대녕총관과 동경총관을 역임하였고 1289년(충렬왕 15년)에 첨의찬성사(정2품)로 죽는다.

그런데 충렬왕대의 역관은 여러 방면에서 공급받게 된다. 우선 원 공주의 수행원으로 앞서 언급했던 인후나 장순룡 등이 사신으로 기용되어 역관의 역할을 했고, 응방 4인방도 몽골어를 익혀 사신으로 발탁되기도 했다. 또한 원과 왕래가 빈번해지면서 사적으로 몽골어를 익힌 자들도 많았는데, 이런 사람들은 주로 사절단의 호위를 맡는 하급무관이나 말단관리들로서 이들도 역관으로 활용할 수 있었다.

그럼에도 고려에서는 1276년(충렬왕 2년) 5월, 역관 양성을 위한 기관으로 통문관通文館을 설치하였다. 여기에는 지금까지 통역하는 자들이 미천한 출신으로 통역 과정에서 사실에 어긋나는 경우가 많았고,

심하면 간사한 마음으로 사리사욕을 채우는 등 이들에 대한 불신이 작용하고 있었다. 충분히 그럴 소지가 있었고 실제 그런 일도 많았다.

이들은 원 조정의 고관이나 황제에 접근하여 고려의 특산품이나 진귀한 물품을 바치겠다는 구실을 들어 특사 자격으로 고려에 들어와 지방민들을 착취하고 관청을 괴롭혔다. 응방 4인방이 그 대표적인 예다. 또한 양국간의 빈번한 왕래를 이용하여 이권을 챙기기도 하고, 평소 사감 있는 자를 무고하여 죄를 주기도 했다. 통문관의 설치는 이런 저급한 역관들의 행패를 막고 공식적인 역관을 양성하기 위한 것이었다.

그런데 통문관 설치에는 또 다른 의도도 있었다. 그것은 미천한 사람들이 사사로이 몽골어를 익혀 충렬왕의 측근 세력으로 성장하는 것을 정통 관료집단의 인물들이 견제하려는 것이었다. 이는 통문관 설치를 주장했던 김구金坵라는 인물을 통해 짐작할 수 있다. 그는 과거를 우수한 성적으로 합격하여 관직에 나온 인물로 원에도 자주 왕래했으며, 대원 외교의 초기에 모든 외교 문서가 그의 손을 거쳤을 정도로 문장력이 뛰어났다. 김구는 정통 외교관이기도 했으니 그가 통문관 설치를 주장했던 것은 신분 낮은 역관들이 국왕의 측근 세력으로 성장하는 것을 저지하려는 의도가 작용했다고 보인다.

통문관은 나이 40세 이하로 문한직文翰職에 있는 7품 이하의 하급관리를 모집하여 몽골어와 한어漢語를 익히게 하였다. 문한직은 국가 중요 문서 작성이나 학술을 담당하는 벼슬을 말하는데, 이들이 본래 외교 문서를 담당하기도 했으니 역관으로는 적격이었을 것이다.

국제어, 몽골어보다는 한어

그런데 통문관에서는 몽골어와 함께 한어도 중요하게 다뤘다. 사실 중국쪽 사람들과의 일상 대화에서는 몽골어보다도 한어가 더 널리 사용되었고 보편적인 언어였다. 원 제국의 정치 중심지는 한어를 사용하는 화북 지역으로 몽골족 또한 한어를 쉽게 익혀 구사했기 때문이다.

본래 몽골족은 몽골어로 말하고, 고유 문자가 없어 위구르 문자를 사용했다. 하지만 이는 순수 몽골족 사회에서나 그러했고, 한족이 인구의 절대 다수를 차지하는 화북이나 북경 지역에서는 한어가 일반적인 공용어였다. 그래서 몽골족은 원 제국 대부분의 지역을 한어를 사용하여 통치했다고 보인다.

잘은 모르겠지만, 고려에서 원 제국으로 파견된 사신이 원 조정의 일반 관리들을 만날 때도 한어를 더 보편적으로 사용했다고 여겨진다. 이렇게 보면 몽골어나 위구르 문자는 황실이나 궁정 내의 몽골족 사이에서만 주로 사용하는 고급언어였을 것이다. 당연히 한어와 함께 몽골어도 능숙하게 구사하는 역관이 최상의 통역관으로 대접을 받았다. 그런데 몽골족은 공문서에도 한어를 많이 채택했다. 이전 한족 왕조에서는 문어인 한문을 사용했지만 몽골족은 한어를 말할 뿐이고 쓰는 데는 서툴러 문서를 작성할 때도 구어체인 한어를 사용했다고 한다. 이때 약간의 문어투가 가미되었는데 이를 한문과 구별하여 이문吏文이라고 한다.

원 제국에서 고려에 보내온 공문서는 대부분 한문으로 고려측 사서에 남아 있다. 이는 이문으로 보내온 것을 다시 한문으로 고쳐 기록했는지, 아니면 처음부터 한문이었는지는 잘 모르겠다. 처음부터 제국의 공문서가 대부분 이문이었다면 아마 당시 고려 관리들은 한어와 이문을 충분히 익혀야 했을 것이다.

《고려사》에는 드물지만 그런 한어가 몇 군데 그대로 남아 있다. 예를 들면 충렬왕 4년(1278년) 7월 갑신조에, "哈伯以奏 帝曰 "安用達魯花赤 爲抑郞哥歹么麽人也"라는 대화체의 기록이 있다. 충렬왕이 원에 들어가 원의 승상 합백과 동석한 자리에서 쿠빌라이와의 대화 속에서 나온 말이다. 이를 번역하면 "합백이 황제께 아뢰니, 황제가 말하기를 "어찌 달로화적(다루가치)을 쓰겠느냐. 그런데 낭가대는 어떤 인물이냐?"라는 뜻이다. 여기 '么麽'가 한문이 아닌 바로 이문이다.

《고려사》에 몇 군데 기록된 이런 한어는 모두 대화체에서 나타나고 있다. 여기서 쿠빌라이의 대화가 한어로 기록되었다는 것은 황제도 고려인을 대할 때는 몽골어보다는 한어를 주로 사용했다는 것을 말해준다. 그렇다면 당시 몽골 사회에서 일상회화는 한어가 주류였음이 분명해 보인다. 고려인을 만나는 특별한 경우이긴 하지만 황제까지 한어를 사용했다는 것은 당시 한어가 궁중에서도 널리 사용되었음을 말해준다.

통역관을 양성하기 위해 설치한 통문관에서 몽골어와 함께 한어를 필수로 익히도록 했다는 것은 당시 고려 관리들에게 한어가 대단히 중요했기 때문이다. 이는 한어가 특별한 외국어가 아니라 행정이나 일상생활에서 늘 사용하는 언어였다는 뜻이다. 몽골족이 천하를 통일하면서 역설적이게도 몽골어보다는 한어가 국제어로 보편화되었던 것이다. 당연히 한어 구사력이 개인의 사회적 진출이나 출세에 중요하게 작용했다. 원 제국과의 관계가 깊어질수록 한어에 대한 관심이 높아지고 이에 따라 한어를 유창하게 구사하는 사람도 많아졌다.

후에 조선에서 역관들의 한어 화화 교재로 널리 쓰인《노걸대老乞大》나《박통사朴通事》도 이 시기에 출현하였다. '노걸대'는 '한어를 말하는 중국인'을 뜻하고, '박통사'는 '박씨 성의 통역관' 정도의 뜻이다. 노걸대가 초·중급회화 교재라면 박통사는 고급회화 교재였다.

《노걸대》의 내용은 고려 상인이 중국을 돌아다니며 장사하고 귀국길에 오르는 여정을 106개 장면의 상황을 설정하여 생생하게 구성하고 있다. 예를 들면 싼 값으로 물건을 사서 비싸게 되파는 장면이나, 말을 샀는데 콧물을 흘리니 물러달라는 장면, 물건을 사고팔면서 에누리를 요구하는 장면 등은 한편의 잘 짜인 시트콤 같은 흥미진진한 상황 설정이다. 이를 보면 고려인이 중국인과 무역이나 상거래 할 때를 상정하여 교재를 만들었음을 알 수 있다. 이는 원 제국이 세계 제국으로 발전하면서 중국과의 무역이나 상거래가 대단히 활발했음을 말해준다. 예나 지금이나 외국어는 통상에서 가장 중요하고 절실했던 모양이다.

《노걸대》가 상거래를 대화의 주 내용으로 한 반면,《박통사》는 매우 구체적인 일상 대화를 상정하여 내용을 구성하고 있는데, 원에 체류하고 있는 고려인의 생활 안내 지침서 같은 회화 교재였다. 이를 보면 아마 원에서 생활하는 고려인들에게 인기 있는 회화 교재였을 것이다. 재미있게도《박통사》에는 전세 계약서나 소송 서류 작성 방법 등 중요한 생활 정보도 들어 있고, 심지어 심한 욕설이나 여자를 유혹하는 내용도 들어 있다. 한창일 때 원의 대도에는 수만 명의 고려인이 거주했다니 그런 교재가 꼭 필요했을 것이고, 당시 대도에 체류하는 고려인들의 일상도 엿볼 수 있어 주목된다.

그 무렵 원나라를 왕래했던 고려 관리들은 역관이 아니더라도 그런 한어 몇 마디쯤은 충분히 구사했을 것이다. 그러니 장기 체류하는 고려인은 말할 필요도 없고, 특히 유능한 역관이나 사신은 한어뿐만 아니라 몽골어도 동시에 구사할 수 있었다. 이 책의 주제인 충선왕은 수십 년간 대도에서 생활했으니 당연히 한어와 몽골어에 모두 능통했다고 봐야 한다.

몽골어 실력으로 출세한 조인규

충렬왕대에 활동한 대표적 역관으로 정인경鄭仁卿이 있다. 정인경은 서주(충남 서산) 출신으로 앞서 언급했던 시종 보좌 1등 공신에 들었던 인물이다. 이 공로로 그는 장군을 거쳐 상장군에까지 오른다. 시종 보좌 공신에다가 몽골어까지 익혔으니 충렬왕의 신임이 컸을 것이다.

정인경은 역관으로서 주로 하정사賀正使나 성절사聖節使로 주로 원에 파견되었다. 하정사는 신년을 축하하기 위한 사절단이고 성절사는 원 황제의 생일을 축하하기 위한 사절단이다. 이런 사신은 격조와 품위가 있는 사행이었으니 역관이라고 아무나 맡는 것은 아니었다. 정인경이 과거에 급제하지는 않았지만 기본적인 학문이나 인품은 갖췄음을 말해준다.

정인경은 외교관으로서 공로도 있었다. 1290년(충렬왕 16년) 원으로

부터 동녕부를 반환받을 때는 쿠빌라이에게 그 사정을 자세히 설명하여 기여를 했다. 이 공으로 밀직부사(정3품)로서 서북면 도지휘사를 겸하게 된다. 그는 동지밀직사사(종2품)를 받아 재상에 올랐으나 금혼령을 어겼다는 공녀 문제로 국왕의 미움을 사 한때 유배되기도 했다. 하지만 다시 복귀하여 찬성사(정2품)에 오르고 마지막에는 공신호와 함께 그 형상이 벽상에 도형되는 영광을 누리다 1305년(충렬왕 31년) 69세로 죽는다.

역관으로 이름을 날린 인물로는 조인규趙仁規를 빼놓을 수 없다. 조인규는 상원군(평양) 출신으로 그 어머니가 임신해서 해가 품 안으로 들어오는 꿈을 꾸고 낳았다고 하는데, 과거에 급제하지는 않았지만 어려서부터 영민하여 학문을 좋아했다. 그는 정부에서 학생들을 선발하여 몽골어를 학습시킬 때 참여하였지만 성적에 진척이 없자 3년 동안 두문불출하고 몽골어를 익혀 이름이 알려졌다.

조인규는 충렬왕 재위 전반기에 주로 활동했지만 원과의 외교관계가 시작되어 끝나기까지 1세기 동안 가장 탁월한 외교관이었다. 그는 원 세조 쿠빌라이도 인정해주는 역관이었으니 재미있는 일화가 하나 있다. 그가 언젠가 사신으로 가서 쿠빌라이에게 금입사金入絲 고려자기를 바쳤을 때 쿠빌라이와 직접 나눴던 대화이다.

쿠빌라이 : 금으로 자기에 그림을 그린 것은 자기를 굳게 함인가?
조인규 : 다만 문양으로 하였을 뿐입니다.
쿠빌라이 : 그러면 그 금은 다시 쓸 수 있는가?
조인규 : 자기는 쉽게 파손되는 것이고 자기가 파손되면 금도 따라서 훼손

되는 것이니 어찌 다시 쓸 수 있겠습니까?

쿠빌라이 : 그러면 귀한 금을 어찌 파손되는 자기에 쓰는가?

조인규 : 그것은 자기를 더욱 아름답게 장식하기 위한 것이고, 이는 고려의 뛰어난 세공 기술을 보여주는 것입니다.

주제에서 벗어난 이야기지만, 당시에는 금입사한 자기도 있었던 모양이다. 금이나 은을 이용한 입사는 보통 청동 제품에 그림을 새겨 넣는 방법이었는데 자기에도 그런 방법을 썼던 것이다. 이것은 일종의 상감象嵌 기법으로 상감청자의 무늬토 대신에 금을 이용한 것으로 보인다. 금입사한 자기는 현재 남아 있는 작품이 없는 것으로 보아 아마 제작상에 문제가 있어 널리 보급되지는 않은 것 같다. 조인규가 쿠빌라이에게 그런 희귀한 금입사 자기를 바쳤던 것이다.

특별할 것 없는 평범한 일상 대화이지만 쿠빌라이는 조인규의 간명하고 조리 있는 대답에 감탄했다고 한다. 쿠빌라이는 고려인으로서 이렇게 몽골어를 잘하는 사람이 있는 줄 몰랐다고 하면서 앞으로는 강수형을 시켜 통역하지 말고 조인규로 대신하라고 했다. 그러니까 조인규는 새로운 통역관으로 쿠빌라이에게 발탁되어 인정받은 셈이다.

충렬왕 초기에는 역관들의 실력이 많이 부족했다고 보인다. 고려 국왕이 원으로 들어가면 당연히 역관을 대동했지만 황제를 직접 대면한 자리에서의 섬세한 대화나 부연적인 설명에 대한 통역은 미흡했다. 특히 민감한 정치적 사안이나 양국의 이해관계가 충돌하는 문제에서는 정확한 통역이 필수인데 그렇지 못했다. 그래서 황제를 대면할 때는 반드시 강수형을 불러 동석시켰는데 이제는 조인규가 그를

제1장 _ 부마 국왕과 세자 ● 71

대신할 수 있게 된 것이다. 조인규에 대한 충렬왕의 신임이 두터웠으리라는 것은 말할 필요가 없다.

조인규는 앞서 언급한 재상회의를 대신한 필도적에도 무관으로서 참여했고, 2차 일본원정을 앞두고서는 원의 황제로부터 양국의 공식 연락관으로 임명받기도 했다. 이는 그가 충렬왕뿐만 아니라 원 황제의 신임도 받고 있었다는 것을 말해준다. 이후 충렬왕은 원의 황제나 조정에 요청할 사항이 있으면 반드시 조인규를 보냈다.

조인규는 1308년(충렬왕 34년) 72세로 죽을 때까지 역관 겸 외교관으로서 30여 차례나 원을 왕래하면서 많은 공을 세워 1295년(충렬왕 21년) 마침내 수상에까지 올랐다. 그에 따라 치부도 하고 권세도 커졌음은 당연하다. 그의 자식들도 모두 재상급에 올라 크게 현달하였으니 조인규의 평양 조씨 가문은 일개 역관에서 일약 여러 명의 재상을 배출한 당대의 명문가로 자리 잡았다. 조선 왕조 개창의 1등 공신인 조준趙浚은 바로 조인규의 증손이다.

그렇다고 조인규에게 영화만 따른 것은 아니었다. 충렬왕은 1292년(충렬왕 18년)에 이 조인규의 딸을 맞아 세자빈(충선왕 비)으로 삼는데, 이는 조인규에게 큰 화를 불러오는 단서가 된다. 1298년(충렬왕 24년)에 일어나 고려 국정을 뒤흔들고 원 조정에까지 비화된 유명한 '조비 무고 사건'이다. 이에 대해서는 뒤에 자세히 얘기할 기회가 있을 것이다.

이 사건으로 조인규가 거세되고 그 뒤를 이은 대표적인 역관이 유청신柳淸臣이다. 유청신은 천민 집단인 고이 부곡(전남 고흥) 출신으로 어려서부터 영특하여 몽골어를 익혔다고 한다. 그는 처음에 조인규를 보조하는 역관으로 시작했는데 임기응변에 탁월하여 충렬왕의 눈에 들었고 이런 인연으로 처음에 낭장을 제수받았다. 아울러 충렬왕은 부곡 출신에게 주어지는 5품의 승진 제한을 풀어 그에 한하여 3품까지 승진하도록 길을 열어 주었으며, 그의 출신지 고이 부곡을 고흥현으로 승격하고 장군(정4품)을 주었다. 이후 유청신은 다음 왕대까지 승승장구하면서 재상급에 올랐다.

조인규가 충렬왕대 전반기의 역관을 대표했다면 유청신은 그 뒤 후반기를 계승한 역관이라고 볼 수 있다. 하지만 유청신은 조인규와 달리 여러 사건의 주역이 되어 고려 왕조를 곤혹스럽게 만들기도 했다. 유청신이라는 이름을 기억해두고 이 부분도 해당 사건에서 다시 자세히 언급할 것이다.

그 밖의 특별한 사람들

이상에서 언급한 인물들 외에도 충렬왕의 측근으로서 힘깨나 쓴 인물들은 많다. 그 가운데 특이한 몇 사람만 더 언급하고 넘어가자.

오윤부(伍允孚)라는 사람이 있다. 그의 선조는 대대로 천문역법을 담당하는 관리였고, 오윤부 역시 충렬왕대 천문역법의 담당 관서인 관후서觀候署의 책임자가 되었다. 그는 천문뿐만 아니라 점술에도 능통하였는데 충렬왕의 신임뿐만 아니라 세조 쿠빌라이에게까지 알려져 인정받았다.

오윤부와 같은 일관日官들은 권세가라고는 볼 수 없지만 국정에 대한 영향력은 의외로 컸다. 국가의 중요한 행사나 의례, 토목 공사 등의 일정을 이들이 잡기 때문이다. 진행 중인 행사나 의례도 하늘의 이상한 변화를 들어 중지시킬 수도 있었다. 국왕은 특별한 사유가 없는 한 대부분 이를 좇아야 했다. 게다가 오윤부는 성품이 강직하여 천문에 어긋나는 국왕의 행동을 간절하게 제지하는 경우가 많아 충렬왕도 꺼려했다고 한다. 원 공주마저도 그의 천문에 근거한 건의는 거절하지 못했으니 그의 영향력을 과소평가할 수는 없을 것이다. 그가 그린 천문도天文圖는 다음 후학들이 공부하는 교재였다고 하니까 그의 천문학 실력은 대단했다고 보인다.

한편, 설경성薛景成은 의술에 뛰어난 자였다. 그는 경주 출신으로 자칭 설총의 후예라 하면서 의술을 생업으로 하여 그 방면에 정통했고, 충렬왕의 질병을 치료하면서 유명해져 마침내 재상에까지 올랐다. 그의 의술은 원 조정에까지 알려져 고려 의학의 탁월함을 증명하기도 했다. 여기에는 세조 쿠빌라이의 질병을 치료한 것이 계기가 되었다. 《동방견문록》에는 쿠빌라이가 지병으로 통풍痛風을 앓았다는 얘기가 있다. 설경성은 세조 쿠빌라이의 그런 지병을 고치기 위해 1285년(충렬왕 11년) 3월 원에 파견되었고, 이때 그의 처방으로 쿠빌라이가 큰 효험을 보자 많은 상금과 함께 무시로 궁중에 출입할 수 있는 특권까지 얻었다. 설경성은 이 일로 쿠빌라이의 총애를 얼마나 받았던지 그 후 2년이나 원에 더 체류했고, 환국하려 하자 쿠빌라이가 가족을 데리고 와서 머무르라고 할 정도였다. 이후 수시로 원에 왕래하면서 후한 대접을 받았으며 이런 총애를 바탕으로 충렬왕의 특사로 기용되기도 했다.

설경성은 충렬왕의 신임과 황제의 총애까지 받았지만 성격이 근면하고 담백하여 전혀 사리사욕을 취하지 않았다고 한다. 앞의 오윤부도 그랬지만, 그 당시 권세 있고 조금만 비빌 언덕이 있으면 사욕을 채우는 숱한 사람들에 비하면 그래서 돋보인다.

반대로, 염승익廉承益이라는 인물은 사리사욕의 화신이었다. 그는 전통 사대부 가문 출신이었지만 불교와 주술을 공부하여 의술을 터득한 인물이다. 그는 내관 이지저의 추천으로 입궐하여 충렬왕을 불력으로 치료하면서 술사術士로서 이름이 났다. 그런 술사의 자질에다가 임기응변에 능하여 왕과 공주의 비위를 잘 맞추었으며, 까다롭고 괴팍한 성격의 공주도 아부성이 강한 그의 말재간에는 화를 내지 못했다.

염승익은 충렬왕과 공주의 총애를 동시에 받았다는 점에서 보기 드문 특별한 인물이었다. 이런 배경으로 그는 뇌물을 받고 인사 청탁을 하거나 무고한 사람 죄주기를 능사로 하였다. 국왕 측근들 중에서 불법적으로 남의 토지를 빼앗고 치부를 한 것에서 그를 따를 자가 없었다고 한다. 염승익의 권세가 나라를 기울일 정도였다는 역사 기록까지 남아 있다.

염승익은 조인규와 사돈관계에 있었고 앞서 필도적에도 참여했다. 그는 불법을 들어 충렬왕의 사냥 행사를 억제하기도 했으니 그나마 하는 일 중 다행이었고, 마침내 재상에까지 올랐으나 1302년(충렬왕 28년) 승려가 되었다.

이영주李英柱란 인물도 처음에 승려였지만 그는 충렬왕과 특이한 관계로 총애를 받는다. 충렬왕이 세자 시절 어떤 장인匠人의 처가 빼어난 미모라는 소문을 듣고 들인 적이 있었다. 그때 그 여성은 이미 임신하고 있었으며 충렬왕도 이를 알고 있었는데, 그 여성이 낳은 딸과

이영주가 결혼한 것이다. 이런 관계로 이영주는 자칭 국서國壻임을 자랑으로 내세웠다. 이후 궁중을 무시로 출입하는데 충렬왕도 사위로 대접했던 모양이다.

이로 인해 이영주는 권세가 날로 성했고 치부를 위해 밥 먹듯이 비리를 저질렀다. 재미있게도 그런 그가 충렬왕의 신임 속에 불법적인 비리나 축재를 단속하는 직책인 인물추고별감人物推考別監에 임명받았다. 이영주는 그때 별감으로서 염승익을 비롯한 국왕 측근들의 치부를 문제삼다가 당사자의 반발에 부딪혀 국왕의 눈 밖에 나고, 그 일은 중도하차하고 말았다. 측근으로서 측근들의 부정축재를 막으려는 충렬왕의 의지가 성공할 리 없었다. 그래도 이영주는 충렬왕에게 끝까지 사위 대접을 받았는지 나중에 복귀하여 군부판서 겸 응양군 상장군에까지 올랐다.

예나 지금이나 국가에서 어떤 제도를 만들 때는 다 그만한 이유가 있다. 고려 시대 관리들의 부정축재나 비리를 막기 위해 만든 것이 바로 감찰사(어사대)이고, 조선 시대에는 이를 사헌부司憲府라 했다. 국왕은 이런 공적인 시스템을 잘 작동시켜 정치를 하면 된다. 이 점은 예나 지금이나 같다. 통치자의 능력은 좋은 시스템을 만들어내고, 혹은 만들지는 못할망정 기존의 좋은 시스템을 얼마나 잘 가동시키느냐에 달려 있는 것이다.

충렬왕은 시스템이 아니라 측근을 동원한 통치를 했다. 그건 아마 전통적인 관료들을 신뢰하지 못한 자신감의 부족에서 오는 문제였을 것이다. 지난 무인정권에서 받은 콤플렉스가 너무 컸던 것일까? 하기야 늑대 떠난 고을에 호랑이가 들어왔으니 달리 방법도 없었을지 모르겠지만.

군공으로 출세한 사람들

한편, 삼별초난과 일본원정이라는 내란과 전쟁을 겪으면서 군공軍功을 세워 출세한 사람도 많았다. 이들을 충렬왕의 측근 세력으로 보기는 어렵지만 당시 권세를 누린 사람들임에는 분명하다.

대표적인 인물로 김방경金方慶을 들 수 있다. 김방경은 정통 사대부 가문 출신이었지만 무장으로 이름을 날렸다. 김방경은 몽골과의 전쟁 초기부터 시작하여 삼별초난의 진압과 두 차례의 일본원정 때까지, 평안도에서, 진도와 제주도에서 그리고 일본 규슈에서 육지와 바다를 가리지 않고 동아시아 전장을 누빈 인물이다. 그는 이런 군공으로 원종대 말에 수상에 올라 10년 동안이나 그 자리를 지켰다. 김방경에 대해서는 1권에서 자세히 언급했으니 생략한다.

또한 필도적 설치를 주도했던 김주정도 2차 일본원정에 참전하여 군공을 세웠다. 그는 김방경과 함께 사령관을 맡으면서 원으로부터 만호직과 호두금패虎頭金牌를 제수받기도 했다. 하지만 이후 그는 무관보다는 문관으로 활동을 하다가 1290년(충렬왕 16년)에 일찍 죽는다. 대신 그의 아들 김심金深이 군공은 없었지만 독노화로서 원에 들어가 숙위에 참여했고, 아버지의 만호직과 호두금패를 세습받아 활발한 활동을 한다.

다음으로 한희유韓希愈를 들 수 있다. 그는 향리 출신으로 말 타고

활 쏘는 재능이 뛰어나 말단장교에서 출발하여 출세한 인물이다. 그 역시 삼별초난과 일본원정에서 김방경과 함께 참전하여 주로 선봉장을 맡아 군공을 세우고 상장군에 오른 인물이다.

한희유는 원에서 일어났던 내안乃顔(나얀) 반란을 진압하기 위해 1287년(충렬왕 13년) 7월 충렬왕과 함께 원으로 출전하기도 했다. 이 때 그는 충렬왕의 신임을 받아 원으로부터 만호직과 함께 호두금패를 받아 군사 지휘권을 인정받았다. 이어서 1291년(충렬왕 17년) 5월 내안 반란의 잔당인 합단哈丹(카다안) 세력이 고려에 침입하자 또 출전하여 많은 군공을 세우고 재상에까지 올랐다. 그의 빠른 출세는 여러 사람의 시기를 받았던지 무고사건에 휘말리기도 했다.

나유羅裕라는 사람도 사대부 가문 출신으로 군공을 통해 현달한 인물이다. 그 역시 삼별초난과 일본원정에 참전하여 공을 세우고, 원으로부터 호두금패와 만호직을 수여받기도 했으니 앞의 한희유와 거의 비슷한 경로로 출세의 길을 걷는다. 그도 재상급에 오르기는 했지만 1292년(충렬왕 18년)에 일찍 죽어 출세 가도를 계속 이어가지 못했다.

김흔金忻은 김방경의 아들인데, 역시 군공으로 출세했다. 그는 20대 초반의 나이에 아버지를 따라 제주 삼별초 진압에 참전하여 대장군에 오르고, 1279년(충렬왕 5년)에는 독노화(인질)로 명문가 자제들과 함께 원에 들어가 잠시 있기도 했다. 이어서 아버지의 만호직과 호두금패를 세습 받았으며 재상에까지 오른다. 그는 아버지를 따라 일본원정까지 참전했고, 원에서 해도海都(카이두)의 반란이 일어나자 이를 진압하기 위해 충렬왕에게 발탁되어 요양까지 출전하기도 했다. 또한 그는 앞의 한희유·나유와 함께 합단적을 물리치는 데도 공을 세워 충렬왕의 신임을 받았다.

그런데 이상과 같이 군공을 세워 출세한 인물들은 충렬왕의 측근 인물로 보기는 어려울 듯하다. 그래서 이들의 정치적 영향력이나 발언권은 의외로 크지 않았다. 하지만 원 공주의 수행원이었던 인후나 장순룡, 내관인 고종수나 이지저, 역관인 조인규 등은 무장으로서 특별한 군공이 없었지만 측근으로서 만호직과 금패를 받았고, 이들의 정치적 영향력은 앞의 군공을 세운 자들과 비교할 수 없이 컸다. 충렬왕의 측근이 되는데 군사적 공로는 크게 중요하지 않았다는 뜻이다.

군공을 세운 사람들도 모두 만호직과 호두금패를 받아 권세를 누렸음은 분명한데, 이상하게도 충렬왕은 이런 군사 지휘관들을 크게 신임하여 측근으로 활용하지는 않았다. 한희유는 그 가운데 조금 예외로 볼 수도 있지만 그 역시 다른 가까운 측근 인물들에 비하면 측근이라 할 수는 없었다.

충렬왕은 군사 지휘권에 대해 예민하게 반응했다. 군사 지휘권을 상징하는 부표가 원 황제가 내려주는 호두금패였고 그 사령관직이 바로 만호였다. 만호나 호두금패는 원의 황제가 직접 주는 경우도 있었고, 충렬왕이 황제에게 천거해서 받기도 했다. 이렇게 충렬왕은 자신의 추천으로 무장들에게 만호를 수여받게 했지만, 한편으로는 이들을 견제하면서 경계의 눈초리도 거두지 않았다. 무인 집권 시대의 악몽 때문에 그랬으리라.

실권 없는 수상들

왕권 강화를 목표로 한 충렬왕에게는 당연한 노릇이겠지만 수상에게는 큰 권한을 주지 않았다. 고려 시대 수상은 중서문하성의 장관인 문하시중門下侍中이 맡았는데 충렬왕 초기 원의 간섭으로 관제가 격하되어 중서문하성이 첨의부로 개칭되면서 첨의중찬僉議中贊으로 불렸다. 가끔 공석인 경우도 있었고, 좌우 중찬을 두어 수상이 두 명인 경우도 있었다.

충렬왕은 34년간 재위하는데 그 전반기에 수상직에 있었던 인물들은 별 정치적 영향력이 없었다. 이는 충렬왕의 측근 정치 때문에 소외된 것으로 보인다. 먼저 앞서의 김방경이 그랬다. 그는 1273년(원종 14년)부터 1283년(충렬왕 9년)까지 10년 동안 수상직에 있었지만 국정에서는 큰 힘을 발휘하지 못했다. 이것은 자신에 대한 '무고사건' 때문에 위축된 탓이 크지만 충렬왕의 측근 정치도 한몫을 했다. 그의 장기간 수상 재임은 삼별초난의 진압과 1차 일본원정을 치르면서 쿠빌라이의 큰 신임을 받게 되자 충렬왕이 2차 일본원정을 위한 수단으로 이용했을 뿐이다. 그는 여러 차례 은퇴하려고 했지만 충렬왕은 2차 일본원정을 위해 억지로 눌러앉히고 만다.

게다가 김방경은 1278년(충렬왕 4년) 1월, 무고사건에 휘말려 곤욕을 치른 후 정치에서 완전히 손을 떼고 지냈는데, 이 동안 1281년(충렬왕 7년) 2차 일본원정에 참전한 것이 전부였다. 김방경이 수상에 있지 않더라도 혁혁한 무공을 세운 그가 충렬왕에게는 경계의 대상이었는지도 모른다. 그는 2차 일본원정이 끝나자 곧바로 은퇴하여 야인으로 지내다, 1300년(충렬왕 26년)에 89세로 굴곡 많은 삶을 마친다.

김방경 다음으로 수상을 맡은 인물이 유경柳璥이다. 유경은 과거에 급제하여 관직을 시작한 정통 사대부 가문 출신으로 관직 승진으로 보면 앞의 김방경보다는 서열이 앞서 있었다. 그는 김준과 함께 최씨 정권을 타도하는 데 공을 세워 한때 잘나가기도 했지만 국왕 원종의 뜻에 어긋나 유배를 당하는 등 곡절도 겪었다. 그는 충렬왕대에 오면서 국가 원로로 대접받아 앞의 김방경보다는 좀 더 발언권이 있었다. 여기에는 유경이 과거 시험관을 여러 차례 맡으면서 그의 제자들이 관직에 많았던 때문으로 보인다. 그는 1289년(충렬왕 15년) 79세로 죽는다.

그 다음 수상은 원부元傅였다. 원부는 응방 4인방 중의 한 사람인 원경의 아버지로 과거 급제를 통해 관직에 나온 정통 사대부 가문 출신이었다. 그런데 원부는 언제 수상에 임명되었는지 분명하게 드러나지 않고 1287년(충렬왕 13년)에 첨의중찬으로 죽었다는 기록만 있다. 이를 보면 충렬왕대의 수상은 관직 사회에서 큰 관심의 대상이 아니었다는 생각이 든다.

앞서 유경의 수상 임명도 그가 은퇴하면서 승진하여 주어진 것으로 실제 수상으로 직임을 수행한 것은 아니었다. 이를 치사직致仕職이라고 한다. 이렇게 보면 김방경이 수상에서 물러난 충렬왕 9년 이후의 수상은 그나마도 유명무실한 것이 아니었나 싶다. 이를 보여주는 원부와 관련된 재미있는 일화가 있다.

원부가 어느 날 퇴청하여 집에 있는데 그의 문생門生 4, 5명이 찾아왔다. 여기서 문생이란 원부가 과거 시험관으로 있을 때 선발된 문하생들을 말한다. 이럴 때 원부와 같은 시험관을 좌주座主라 하고 그 좌주 밑에서 선발된 합격생을 문생이라 부른다. 좌주와 문생은 스승과 제자관계만큼이나 인간적 유대가 돈독하였다. 그러니까 원부에게 문생이 찾아온 것은 스승에 대한 공경과 예의였다.

원부가 자신을 찾아온 문생들에게 이런 말을 던진다.

"내가 외람되게 수상이 되어 재능이 미치지 못하는데 여론이 어떠한가?"

자신에 대한 세간의 평을 듣고자 하는 말인지라 쉽게 응답할 수 없는 질문이었다. 모두들 대답을 꺼리고 있는데 말석에 앉아 있던 방우선方于宣이라는 문생 하나가 이렇게 대답한다.

"사람들이 이르기를 공께서는 일을 보시는 것이 공의 성姓 자와 같다고 합니다."

이는 원부를 놀리는 세간의 여론을 전하는 말이었다. 원부의 성씨인 원元을 원圓으로 보고 일을 원만하게만 처리한다는 은유였다. 실권이 없는 수상이었으니 무슨 일이든 결단력을 가지고 할 수 없었을 것이다. 원부 스스로도 이 정도는 자기 자신을 인식하고 있었던 모양이다. 그래서 그랬는지 비위가 상했을 법도 한데 이 말을 들은 원부는 웃으면서 이렇게 되받아친다.

"나는 내 성씨대로 둥글게 돌아서 수상의 지위에 이르렀으나 너는 너의 성씨方대로 모로만 가면 어디로 가겠느냐?"

이제현李齊賢이 쓴 《역옹패설櫟翁稗說》에 나오는 이야기로, 실권이 없었던 시절의 수상에 대한 풍자였다.

원부의 뒤를 이은 수상은 허공許珙이었다. 허공 역시 과거를 통해 관직에 나온 정통 사대부 가문 출신이었다. 그는 순탄한 관직 생활을 하다가 원부가 죽은 1287년(충렬왕 13년)에 수상에 임명되어 1291년(충렬왕 17년) 59세로 죽을 때까지 수상에 있었다. 하지만 그 역시 국정에 별 영향력이 없기는 앞서의 수상들과 다를 바가 없었다. 한 가지 색다른 일화가 있기는 하다.

원의 합단적이 고려에 쳐들어온 1290년(충렬왕 16년) 일이다. 합단적이 철령을 넘어 이미 강원도를 침범하고, 민심이 동요하면서 개경 근방까지 쳐들어왔다는 소문이 퍼졌다. 당시 충렬왕은 원에 들어가 있었는데, 재상들은 모두 강화도로 피난을 가야 한다는 논의가 일어났다. 이때 허공은 온갖 비난을 받으면서까지 중론을 따르지 않고 개경을 지키겠다고 나섰다.

후에 이 사실을 알게 된 쿠빌라이가 강화 천도를 주장한 자를 잡아들이라는 명령을 받고서야 사람들은 허공의 지혜에 감탄했다고 한다. 쿠빌라이의 그런 명령은 강화를 근거로 몽골에 저항했던 지난 무인정권의 일을 연상하고 그랬던 것이다. 나중에 쿠빌라이의 승인을 받고서야 강화로 옮기고 이 문제는 별 탈 없이 끝나는데, 이를테면 허공이 수상으로 있으면서 했던 유일한 일이었다.

허공 다음의 수상은 홍자번洪子藩이었다. 홍자번은 정통 사대부 가문 출신으로 학문을 좋아했지만 과거에 급제하지는 못했고 유경의 추천을 받아 관직에 나온 인물이다. 그는 1294년(충렬왕 20년) 12월 수상에 임명되는데, 허공이 죽은 이후부터 이때까지는 수상이 공석이었던 것 같다. 그런데 홍자번은 수상에 임명된 후 다음 해 1월 바로 조인규로 수상이 교체되고, 그 해 9월 은퇴하고 만다. 그리고 다음해 조인규

와 함께 좌·우 중찬을 맡아 다시 수상에 복귀한다. 여기에는 무슨 곡절이 있을 듯한데, 아마 이 무렵부터 세자 충선왕이 국정에 참여한다는 사실과 관련이 있을 듯하다.

홍자번이 수상으로 복귀하면서부터 그 정치적 영향력이 조금씩 살아나기 시작했다. 이 점을 보여주는 것이 그가 충렬왕에게 올린 '편민 18사便民十八事'라는 건의 사항이다. '편민 18사'는 당시 정치 사회의 폐단을 지적한 것으로 백성을 편안히 할 민생 안정책이었다. 홍자번은 충렬왕대의 최초 수상다운 수상이라고 할 수 있었다.

홍자번이 그런 정치력을 발휘할 수 있었던 것은 그 무렵 원에서 쿠빌라이가 죽고 새 황제가 즉위하는 황제 교체와, 아울러 세자 충선왕이 정치에 개입하기 시작했다는 변화와 관련이 있었다. 이에 대해서는 다음 장에서 자세히 살펴볼 것이다.

2. 충선왕의 세자 시절

세자, 이지리부카

1277년(충렬왕 3년) 세 살의 어린 나이로 일찌감치 세자로 책봉된 충선왕은 이듬해 4월 부왕 충렬왕과 모후를 따라 처음으로 원에 들어간다. 두 달 만인 6월에 황도에 들어가 쿠빌라이를 만나는데 그 도착 과정에서 원의 황실이 보여준 태도가 극히 이례적이었다.

  쿠빌라이를 대면하기 며칠 전에 충렬왕 부자와 공주는 먼저 향하香何에 도착하였다. 향하는 상도上都 교외에 있는 지명으로 보인다. 쿠빌라이는 제국의 수도를 두 곳에 두고 있었는데, 하나는 대도大都로 지금의 북경이고, 또 하나는 상도(개평부)로 북경 바로 북방에 있었다. 대도는 주도인데 주로 동절기에 거주했고 상도는 하절기에 주로 휴양지로 이용했다. 당시 쿠빌라이는 상도에 있었던 것으로 보인다.

  상도 교외의 향하는 수목이 울창하여 짐승들이 마음대로 뛰노는 곳으로, 원의 황실에서 자연공원으로 지정하여 보호하는 금단 구역이었다. 그래서 향하는 황제 외에는 누구도 마음대로 출입할 수 없는 곳으로 주로 쿠빌라이의 하절기 휴식과 사냥터로 이용되는 곳이었다. 그런데 충렬왕 부자와 공주가 이곳에서 하룻밤을 유숙하였던 것이다. 쿠빌라이의 깊은 배려가 아니고서는 불가능한 일이었다.

이튿날 쿠빌라이와 황후는 상도 30리 밖에까지 종친을 보내 고려 국왕 일행을 마중나왔다. 쿠빌라이는 황자를 보내왔고 황후는 황녀와 왕후를 보내 맞이하게 했다. 충렬왕 부자와 공주가 황실의 종친들과 함께 상도의 동문 밖에 이르자 여기에는 대궁려大穹廬가 설치되어 기다리고 있었다.

대궁려는 몽골 전통의 이동 주거 시설인 게르Ger를 말하는데, 규모가 가장 큰 것으로 황실에서 국빈용으로만 쓰는 것이었다. 이곳에서 충렬왕 일행은 성대한 도착 환영연을 받았다. 이것도 예상하지 못했던 특별한 환대가 아닐 수 없었다. 세조 쿠빌라이는 충렬왕 부자와 공주를 왜 그렇게 환대했을까?

쿠빌라이의 이런 환대는 단순히 고려 국왕 부자와 그 왕비에 대한 환대가 아니었다. 사위와 딸 그리고 외손자에 대한 환대였다. 이번 행차는 충렬왕이 원 공주와 결혼한 이후 처음 있는 일이었고 그래서 공주에게는 최초의 친정 나들이이기도 했다. 원의 황실은 사적으로 말하자면 충렬왕에게는 처가요 세자에게는 외가였으니 넘치는 환대는 당연할 수도 있었다. 그래서 황실의 친족들까지 마중보냈던 것이다.

상도에 체류하는 동안, 충렬왕은 쿠빌라이를 여러 차례 대면하면서 고려의 당면한 현안 문제들을 제기하고 건의한다. 고려에 주둔하고 있던 원의 군대 철수나 군사권 문제 등 주로 2차 일본원정과 관련된 군사적인 문제들이었다. 쿠빌라이는 사위 충렬왕을 신뢰했던지 그 건의를 전폭적으로 수용해주었다. 그러는 동안 공주는 어린 세자를 데리고 주로 황후와 태자비를 만나면서 시간을 보냈다.

공주가 어느 날 태자비에게 아들 세자를 보여주는데, 태자비가 기뻐하며 손뼉을 치면서 세자를 부르자 어린 세자가 아장아장 걸어 태자비에게 안겼다는 역사 기록이 남아 있다. 그 자리에서 태자비는 세자에게 '익지례보화益智禮普化(이지리부카)' 라는 몽골식 이름을 지어주기도 했다. 이름을 지어준다는 것은 그만큼 애정을 가지고 있다는 표시일 것이다. 여기 태자비는 황태자 진금眞金의 부인으로 세자에게는 외숙모가 되는데, 진금 태자는 1286년(충렬왕 12년)에 부황 쿠빌라이보다 먼저 죽어 황제위에 오르지는 못한다.

세자는 당시 세 살로 겨우 걸음마를 뗄 정도였다. 그가 성년이 된 후 이 일을 기억할지 모르겠지만 주변 사람들은 세자의 앞날에 대한 서광으로도 생각했을 법하다. 다만 세자의 외숙에 해당하는 여기 진금 태자가 일찍 죽어 황제위에 오르지 못했다는 것은 장차 고려 왕위를 계승할 세자에게는 큰 손실이었다.

충렬왕 부자와 원 공주는 약 한 달간 상도에 체류하면서 수차례 쿠빌라이를 대면하고 성대한 연회도 여러 차례 받았다. 그리고 그 해 9월에 환국하여 개경에 도착했는데, 이번 행차는 고려 왕실에 대한 쿠빌라이의 지극한 관심을 그대로 드러낸 하나의 사건이었다. 여기에 사위 충렬왕의 정치 군사적 요구 사항을 쿠빌라이가 대부분 수용하면서 국왕으로서 충렬왕의 권위도 한껏 높아졌음은 물론이다.

소년 시절의 세자

소년 시절부터 세자는 어쩐 일인지 부왕 충렬왕과 자주 마찰을 일으켰다. 특히 충렬왕의 빈번한 사냥과 궁중 연회에 대해서 매우 못마땅해 했다. 이와 관련해서 일화가 많다.

1283년(충렬왕 9년) 2월 어느날, 응방 4인방이 국왕을 부추겨 충청도로 사냥을 떠나는 날이었는데 갑자기 세자가 눈물을 흘리며 울고 있었다. 유모가 그 이유를 물으니 당시 아홉 살의 세자가 이런 대답을 한다.

"지금 백성들이 곤궁하고 또 봄철 농사철이 시작되었는데 부왕께서는 어찌하여 멀리 사냥을 가시는가?"

충렬왕이 이 말을 듣고 대꾸하기를, "어린애가 참 괴이하구나. 그러나 이미 사냥할 날짜를 잡아두었으니 그 말을 들어줄 수 없다"고 하였다. 그때 응방 4인방 중의 한 사람인 박의가 곁에 있었는데, 세자는 그 박의를 보고 다음과 같은 말로 일침을 날린다.

"항상 매와 사냥개로 우리 임금을 따라다니며 아첨하는 자는 바로 이 늙은 개다."

박의는 세자로부터 이 말을 듣자 얼굴을 붉히며 물러나고 말았다. 그 자리에 있기가 어려웠을 것이다. 그런데 이날 사냥은 공주의 병으로 결국 실행에 옮겨지지 못했다.

아홉 살의 어린 세자가 부왕의 사냥 행사에 대해 불만을 드러낸 것은 모후인 원 공주의 영향이 컸다고 보인다. 2차 일본원정 이후 충렬왕은 왕권 확립에 자만했는지 사냥과 연회가 갈수록 빈번해지고 있었고, 여기에 원 공주도 가끔 동반해서 따라간 적은 있었지만 여러 차례 불만을 드러냈었다. 하지만 세자 스스로의 판단도 작용했다고 보인다. 당시 충렬왕의 사냥 행사는 조야를 막론하고 비난의 대상이었기 때문이다.

또한 세자는 어려서부터 가난한 백성들을 보고 불편해 한 적이 많았다. 자신의 의복과 백성들의 누추한 의복을 비교하여 부끄럽게 여겨 마음 아파했다고 한다. 언젠가는 대궐의 노비가 동네 아이들의 연을 빼앗아 바치니 화를 내면서 다시 돌려주기도 했다. 세자는 유년 시절부터 어진 군주로서의 기본 자질을 갖추고 있었던 모양이다.

세자는 사냥뿐만 아니라 부왕이 개최하는 연회에 대해서도 불만이 많았다. 1288년(충렬왕 14년) 8월, 쿠빌라이의 생일임을 빙자하여 충렬왕은 대전에서 성대한 연회를 베푼 적이 있었다. 중국의 광대까지 불러들여 벌이는 창극을 겸한 연회였다. 이때 충렬왕은 연회장에 세자가 보이지 않자 불러오라 명했지만 세자는 끝내 연회장에 들어가지 않았다. 세자 나이 열네 살 때의 일로 부왕의 행동에 대한 불만에서 나온 분명한 스스로의 처신이었다.

그런가 하면 세자는 자신의 눈에 거슬리는 인물을 지목하여 쫓아내기도 했다. 앞의 일이 있기 한 달 전에는 세자의 요청으로 환관인 최세연과 도성기를 귀양 보낸 적이 있었다. 최세연과 도성기는 앞서 언급했지만 환관으로 권세를 부리며 뇌물을 받고 모든 관리들의 승진과 파면이 그들의 입에서 나온다고 할 정도로 많은 비난을 받은 인물이었다. 마침 비리의 꼬투리가 잡히자 세자가 부왕에게 건의하여 귀양 보낸 것이었다. 충렬왕도 이들의 불법이나 비리를 알고는 있었던 모양이지만 얼마나 총애했는지 곧 풀려나고 만다.

또 하나, 세자의 유년 시절에 있었던 일인데 어느 내관이 세자를 무릎에 앉히고 이런 말을 했다.

"임금은 너무 밝게 살피는 것이 좋지 않은 것인데 전하는 총명이 너무 지나치시니 마땅히 조금 관용하셔야 할 것입니다."

이 말을 들은 어린 세자가 안색을 바꾸며 이렇게 대꾸한다.

"너희들이 나를 어리석게 만들어 손바닥에 떡 주무르듯이 하려는 것이냐?"

그 내관은 세자의 범상치 않음을 느끼고 두려워했다고 한다. 당시 내관들의 전횡을 어린 세자도 막연하게나마 느끼고 있었다는 얘기다. 어린 세자가 그것을 느끼고 있었을 때 충렬왕의 측근 정치에 대한 불만은 조야를 막론하고 넓게 퍼져 있었다고 보인다.

이런 일도 있었다. 1289년(충렬왕 15년) 5월, 충렬왕의 측근에서 불교와 술사로서 국왕의 병을 고치는 강후康煦라는 사람이 죽었다. 이 사람의 죽음을 듣고 주변 사람들이 애석해 하자 세자는 이렇게 묻는다.

"그 사람이 머리를 불태우고 팔뚝을 불태워[燃頭燃臂] 전하의 병을 고치는 자인가?"

주변에서 그렇다고 하자, 세자는 다음과 같이 자신의 생각을 얘기한다.

"무릇 신하로서 임금을 섬기는 도리는 충성스럽고 성실하게 직분을 다하는 것이다. 머리를 태우고 팔뚝을 태우는 것은 중들이 하는 일이지 군자가 할 일이 아니다. 그 자가 임금에 아첨하려고 감히 예가 아닌 일을 했으니 죽은들 무엇이 아깝단 말인가?"

주변에 있던 사람들이 그 말을 듣고 깜짝 놀랐다고 한다. 세자 나이 열다섯 때이니 이제 결코 어린 나이도 아니었지만 상당히 조숙한 발언이었다. 이 말은 부왕의 측근 인물들에 대한 경고를 담고 있는 세자의 정치적인 메시지로도 읽힌다. 국왕 측근에는 충성을 가장한 그런 부류의 사람들이 많았기 때문이다. 앞서 언급했던 술사 염승익이 그런 대표적인 인물이었다. 그 자리에 염승익이 있었다면 등골이 서늘했을 것이다.

《고려사절요》에는 세자의 성품에 대해, 어려서부터 총명하며 굳세고 결단력이 있었다고 한다. 그런가 하면《고려사》에는, 세자의 성품이 어진 이를 좋아하고 악한 자를 미워했으며, 총명하고 기억력이 좋아 모든 일을 한 번 보고 들으면 평생 잊지 않았다고 한다.

술사로 유명했던 염승익이 언젠가 관상 보는 사람을 시켜 세자의 관상을 보인 적이 있었다. 관상 보는 자가 세자를 보고, "인자한 눈을 가져 매와 개를 좋아하지 않을 것이다"고 하였다. 왜 하필 매와 개를 좋아하지 않는단 말인가. 매와 개는 당시 세상을 어지럽히던 응방을 상징하는 동물이다. 이 말은 응방(매와 개)을 비호하고 이를 통해 사냥을 좋아했던 부왕 충렬왕과 세자의 갈등을 예고하는 말이 아니었을까.

제국으로 향하는 행렬

세자가 두 번째로 원에 들어간 것은 1284년(충렬왕 10년) 4월이었다. 이때 역시 부왕과 공주가 함께한 입원으로 그 해 9월에 환국하는데, 왕복

기간을 빼면 순수하게 원에 체류한 기간은 50여 일 정도 되었다. 특별한 내용이 없는 행차였지만 한 가지 사실만은 그냥 지나칠 수 없다.

당시 충렬왕 부자와 공주를 따라 함께 원에 간 관리들이 1,200명이나 되었다는 점이다. 게다가 가지고 간 재화가 은 630여 근에 저포紵布(모시) 2,440여 필, 저폐楮幣(지폐) 1,800여 정이나 되었다. 이게 무엇을 의미할까? 왜 이렇게 많은 사람들이 따라가고 그 많은 재정이 필요했을까?

우선 1,000명이 넘는 관리가 함께 따라갔다는 것이 매우 흥미롭다. 고려 시대 전체 관리 수는 기존 연구에 의하면, 중앙의 경직京職만 계산해서 문반과 무반을 합해 대강 5,380여 명이다. 이것은 정원이 다 찼을 때의 최대 수치니까 그렇지 못했을 때는 훨씬 줄어든다. 그런가 하면 고려 내정을 감독하기 위해 왔던 원의 감독관이 1301년(충렬왕 27년) 귀국하면서 원 조정에 보고했던 고려의 전체 관리 수도 참고할 만하다. 그는 고려의 중앙과 지방의 전체 관청 수는 358개소이고, 대소 관리 총원은 4,355명이라고 하였다. 양자가 상당한 차이가 나는데, 제도사 측면에서 후대에 연구한 전자보다는 당대의 보고 기록인 후자 쪽이 더 신뢰할 만하다.

이렇게 볼 때 원에 함께 따라간 관리들은 전체 문무 관리의 4분의 1 이상이나 된다. 물론 이런 1,000명이 넘는 인원 중에는 관리의 가족이나 상인 등도 포함되지 않았나 싶은데, 역사 기록에는 분명히 '신료臣僚'라고 하여 모두 관리 신분이었음을 밝히고 있다. 그 많은 신료들이 왜 따라갔는지 그래서 궁금한 것이다.

먼저 생각나는 것은, 앞서 첫 번째 입원에서 충렬왕 일행이 원 황실의 대단한 환대를 받은 것에서 영향 받지 않았나 싶다. 원 황실의 지극한 환대는 충렬왕과 원 공주의 결혼으로 양국이 일가一家를 이루었다는 데서 비롯된 것이지만, 충렬왕 일행이 환국한 후 그런 환대에 대한 소문은 조야에 특별한 얘깃거리로 퍼졌을 것이다. 이러한 조야의 분위기는 그런 환대에 대한 기대와 함께 원 제국을 선망하게 만들었을지도 모른다. 여기에는 양국이 혼인관계로 더욱 밀접해지고 그런 혼인의 결과로 세자까지 태어났다는 사실이 중요하게 작용했을 것이다.

다음으로는, 국왕 일행을 시종한 관리들이 그에 대한 포상이나 승진을 기대하고 그랬을 것이다. 이는 매우 현실적인 문제로 그런 전례도 많다. 충렬왕은 세자 시절부터 자신을 따라 원에 들어갔던 관리들에게 포상과 함께 여러 특전을 베풀곤 했었다. 앞서 언급했던 시종 보좌 공신이 그 대표적인 예다. 원에 들어가는 국왕을 시종한다는 것은 출세의 지름길이라 해도 결코 지나치지 않았다. 충렬왕대에 권세를 누렸던 측근들 중에는 그런 사람들이 한 둘이 아니었다.

그러면 그 많은 재화는 또 무엇을 의미하는 걸까? 일단 원에 체류하는 경비라는 생각이 드는데 이 대목에서 궁금한 점이 너무 많다. 국왕 일행이 원에 체류하는 경비에 대해서 이를 모두 고려측에서 부담했는지 궁금한 것이다. 1,200명이 넘는 인원과 두 달 가까이나 되는 체류 경비를 모두 원측에서 부담하지는 않았을 것 같다. 혹은 국왕과 왕비 등 왕실 가족에 대해서만 원 측에서 부담하고 나머지 따르는 관리들의 체류 경비는 고려측에서 부담했을까? 또한 고려측에서 부담했다면 고려 정부에서 국고로 지원했는지, 아니면 관리들의 개인 부담이었는지도 궁금한 문제다.

본래 공적인 사신의 체류 경비는 체류하는 해당 국가에서 부담했다. 가령 원의 사신이 고려에 오면 그 사신 일행의 체류 경비는 고려에서 부담한 것이다. 그 체류 경비가 대부분 숙식비인데 고려측 기록에 '사신미使臣米'라는 용어가 보이는 것을 감안하면 그렇게 판단할 수 있다. 그렇다면 마찬가지로 고려의 사신이 원에 파견되면 원에서 그 체류 경비를 제공했을 것이다.

그런데 국왕 일행의 입원은 사신 행차와는 성격이 다른 것이다. 이렇게 보면 그 체류 경비를 모두 고려측에서 부담했다고 할 수 있다. 하지만 국왕과 왕비 그리고 세자는 원 공주와의 결혼으로 원 황실의 일원이기도 했다. 이렇게 보면 원에서 그 체류 경비를 부담했다고 생각할 수도 있다. 그래서 이 문제를 어떻게 판단해야 할지 조금 망설여진다.

충렬왕 이후의 왕들도 여러 차례 원에 들어가는데 그 체류 경비는 분명히 고려 정부에서 부담했었다. 특히 이번 책의 주제인 충선왕은 성년 시절의 대부분을 원에서 보냈고 재위 중에도 원에 있었는데, 그 체류 경비 때문에 고려 정부의 재정이 악화될 정도였다는 기록이 있다. 이것으로 보면 국왕의 경우도 원에 체류하는 경우 그 경비를 고려 정부에서 부담한 것은 분명하다.

그런데 국왕의 체류 경비를 고려에서 부담한 것은 체류 기간이 비정상적으로 길어져서 생긴 일이었다. 재위 중인 고려 국왕이 원에 들어간다는 것 자체가 사실은 특별한 일이었다. 그 최초의 국왕이 충렬왕의 부왕인 원종이었다. 원종은 세자 시절에 한 차례 재위 중에 두 차례, 모두 세 차례 원에 들어가는데, 재위 중의 처음 입조는 우리 역사상 그 전례가 없었던 매우 특별한 사건이었다.

그런 원종 때만 해도 입원하여 원에 체류하는 기간이 길지 않았다. 첫 번째 입원에서는 10여 일도 체류하지 않았고 두 번째는 출륙 문제와 폐립 사건이라는 복잡한 사안이 있었지만 보름 정도밖에 체류하지 않았다. 즉 원종 때의 국왕 입조는 양국간의 현안이나 극히 현실적인 문제 때문이었고 그 체류 기간도 용무가 끝나면 곧 바로 환국하여 극히 짧았던 것이다. 이때는 국왕이 원에 체류하는 경비를 원측에서 부담했다고 보인다. 양국의 현안 문제를 해결하기 위한 것으로 국왕의 입조는 공적인 사신과 다를 바 없었기 때문이다.

그런데 충렬왕이 원 공주와 결혼하고 그 사이에서 세자까지 태어나면서 이런 형태가 완전히 바뀌고 만다. 특별한 사안이 없이도 입원하고 체류하는 기간도 몇 달씩 늘어났던 것이다. 원으로 들어간 고려 국왕이 한 달 이상 장기간 머문다는 것은 결코 정상이 아니었다. 국왕이 원에 체류하는 경비를 가져간 것은 이런 장기간의 체류가 당연한 것으로 굳어진 이후, 즉 충렬왕 때부터 생겨난 일이었을 것이다. 그래서 세자가 부왕·공주와 함께 두 번째로 원에 들어갈 때 가지고 간 은 630여 근 등의 재물은 국왕 일행의 체류 경비라고 할 수 있다.

은 630여 근이 얼마만한 가치인지 정확히 모르겠지만 참고할 만한 기록이 있다. 무인정권 때의 일인데, 어떤 장군 계급의 무관이 개경의 집을 사는 데 은 35근으로 계약했다는 기록이 있다. 당시 개경의 집 한 채 값이 그 정도였다면 은 630여 근의 가치를 대략 짐작할 수 있을 것이다.

이렇게 보면 은 630여 근의 재산 가치도 적은 것이 결코 아닌데, 여

제1장 _ 부마 국왕과 세자 • 95

기에 저포 수천 필과 지폐까지 합하면 이를 한두 달 정도의 단순한 체류 경비라고만 볼 수가 없다. 이러한 과다한 체류 경비는 원 조정에 대한 뇌물이나 선물 비용이 포함되었기 때문으로 보인다. 조금 후대의 일이지만 원과의 관계가 밀착될수록 고려 내정에 대한 중요한 사안이 원 조정에서 결정되는 수가 많았다. 이로 인해 입원하는 고려 국왕은 황실의 친족이나 원 조정의 실력자에게 줄 뇌물이나 선물을 꼭 준비해 갔다. 중요한 현안 문제가 있을 때는 더욱 그랬다.

또 하나, 이는 추측에 불과하지만, 과다한 체류 경비는 앞으로 빈번한 입원과 장기 체류를 염두에 두고 대도에 생활 근거를 마련하기 위한 것이 아니었을까 하는 생각도 든다. 저택 마련이나 재정 기반을 위한 토지 매입, 혹은 무역이나 상 행위를 위한 자금 같은 것 말이다.

그리고 국왕 일행을 따랐던 1,200여 명의 관리들은 그 체류 경비를 자신들이 사적으로 부담했을 것으로 보인다. 관리들이 그것을 마련해 간다는 것도 만만치 않았을 텐데 이를 무릅쓰고 국왕 일행을 따른 것은 그만한 이득이 있었기 때문이다. 앞서 말한 승진이나 출세의 기회로 이용하려는 의도가 중요하게 작용했겠지만, 상 행위나 사적인 무역 같은 것도 이들이 암암리에 노리는 이득이 아니었을까.

세자가 세 번째로 원에 들어간 것은 1289년(충렬왕 15년) 11월이었다. 세자 나이 열다섯 살 때인데, 이때 역시 부왕과 공주가 함께한 행차였다. 당시 합단적이 고려를 향하고 있어 군사 지원을 요청하기 위한 것이었는지 모르겠지만, 그 어려운 시기에 고려를 떠나 원으로 들어간 것이었다. 이보다 2년 전에는 나얀 반란으로 군사를 이끌고 먼저 원으로 들어갔던 충렬왕이 공주와 세자를 불러들였는데, 공주와 세자는 원으로 향했다가 요동 지역의 반란으로 서경(평양)에서 되돌아오고 말았었다.

그런데 이 세 번째 행차에서 재미있는 일이 벌어진다. 관리들이 국왕 일행을 따르려고 서로 다투면서 몰려들어 그 수를 책정하지 못했다는 것이다. 모두 공로를 노리는 자들이었다고 한다. 또 하나 주목할 점은 이때부터 사관史官이 국왕의 입원 행차를 따르지 못했다는 사실이다. 사관은 국왕이 가는 곳이면 어디나 따라가야 하고 국왕의 언행을 기록으로 남겨야 한다. 그런데 그런 사관을 행차에서 배제해버린 것이다.

국왕의 입원 행차에서 사관을 배제한 것은 충렬왕이 원에 체류하는 동안 뭔가 드러내고 싶지 않은 일이 있었기 때문이 아닐까. 그래서 그런지는 몰라도, 이때 원에 들어가 체류한 기간이 두 달 가까이나 되었지만 그곳에서의 행적이나 무슨 일이 있었는지 전혀 기록이 없다. 처음부터 특별한 용무가 없는 행차였지만.

아무튼 충렬왕이 원 공주와 결혼하고 그 사이에 세자가 태어나면서 고려 왕조와 원 제국은 그렇게 밀착되어 갔다. 원의 황실은 고려 왕실의 가장 든든한 후원자요 수호신 같은 존재가 되었다. 그래서 충렬왕은 그곳을 편안한 안식처쯤으로 여겼을지 모른다. 세자 역시 부왕과 공주를 따라 어려서부터 제국을 드나들면서 그런 정서를 학습했을 것이다. 충렬왕 부자와 공주를 따라 수많은 고려 관리들이 제국으로 향했던 것은 어쩌면 당연한 일이었다.

세자의 결혼

세자는 1289년(충렬왕 15년) 2월, 열다섯의 나이로 관례冠禮를 치르고 종실인 서원후 영西原候 瑛의 딸을 맞아 처음 결혼한다. 이 종실 여성과의 첫 결혼은 선대 왕들이 대부분 그랬듯이 통상적인 예에 따른 것으로 보인다. 그런데 이 서원후의 딸은 결혼하기 2년 전, 한때 원에 공녀貢女로 바쳐질 위기에 있었다. 공녀로 징발당할 위기에서 그 종실 여성을 구해준 사람이 세자였고 그 방법이 결혼이었다. 세자는 자신이 결혼 상대로 생각했던 여성을 공녀로 보내려 하자 이를 구해주고 결혼한 것이다. 이 여성은 후에 정비靜妃로 책봉된다.

여기서 좀 이상한 점이 있다. 세자가 결혼 상대로까지 생각한 종실 여성이 공녀로 징발당할 수가 있었을까 하는 점이다. 세자의 결혼 상대를 충렬왕이나 원 공주가 알고 있었다면 그 여성이 공녀로 징발당하지는 않았을 것이다. 그렇다면 이 결혼은 처음부터 세자가 혼자 스스로 결정하여 마음먹고 있었다는 얘기가 된다. 이 대목에서도, 아직은 어린 세자가 결혼 상대를 혼자 결정할 수 있었을까 하는 의문이 드는데, 어쩌면 공녀로 징발당할 위기의 그 여성을 순전히 구해주기 위해서 결혼하지 않았을까 하는 판단도 할 수 있다.

공녀에 대해서는 다시 거론할 기회가 있겠지만, 종실 여성까지 그 대상에서 예외가 아니었다는 사실에서 의외로 그 정치 사회적 문제가 컸다는 것을 알 수 있다. 특히 원의 황실에서 요구하는 공녀인 경우에는 종친을 막론하고 예외가 없었다. 그럴진대 일반 평민 여성들이야 말할 나위 없었을 것이다. 이 또한 부마국 체제가 불러온 고려 사회의 큰 정치적 부담이었다.

　세자는 1년 후 또 결혼한다. 1290년(충렬왕 16년) 8월, 홍규洪奎의 딸을 세자비로 들이는데, 후에 순화원비順和院妃로 책봉된 여성이다. 홍규는 사대부 가문 출신으로 무인 집권자 임연林衍의 사위였지만, 임연의 아들 임유무林惟茂를 죽이고 무인정권을 종식시킨 인물이다. 그 공을 인정받아 나중에야 공신으로 책봉되지만, 그는 충렬왕대 내내 조용하게 지내다 한참 뒤인 충선왕이 복위한 후에야 잠시 수상직을 맡는다. 그래서 그의 딸이 세자비가 된 것은 조금 뜻밖이다.

　홍규는 앞서 언급했던 홍자번과 종형제 사이인 남양 홍씨로 당대 명문임에는 분명하지만 홍규 자신은 충렬왕대에 별다른 영향력이 없었다. 게다가 홍규는 딸의 이 결혼이 있기 2년 전에 정치적으로 큰 상처를 입기도 했으니, 다름아닌 바로 그 공녀 문제 때문이었다.

　그때 충렬왕과 원 공주는 양가의 미녀를 선발하여 황제에게 바치려고 했는데 여기에 홍규의 딸이 포함되었다. 홍규는 이를 피하고자 주위의 만류를 무릅쓰고 그 딸을 출가시키려고 삭발시켜버렸다. 이 소문을 들은 원 공주는 노하여 홍규와 그 딸을 잡아 가두고 혹형을 가하며 그 연유를 캐물었다. 그 딸이, 아버지는 모르는 일이고 스스로 머리를 깎은 것이라 대답하니, 공주는 대노하여 그 딸의 머리채를 끌고 채찍으로 난타하여 온 몸이 성한 데 없게 만들어버렸다. 그래도 그 딸은 승복하지 않았다.

　이 일로 1288년(충렬왕 14년) 11월, 홍규는 섬으로 유배를 가고 가산을 몰수당했다. 나중에 김방경·홍자번 등의 신하들이 홍규의 왕실에 대한 공로를 들어 사면을 요청했지만 가산만 돌려주고 그 딸을 원

의 사신에게 주어버린다. 그리고 홍규는 다음해 3월에야 유배에서 풀려 돌아오는데, 그 다음해 8월 그의 또 다른 딸이 세자비로 들어간 것이다.

이 결혼에도 의문점이 많다. 충렬왕이나 세자의 모후인 원 공주가 그런 홍규의 딸을 세자비로 들였다는 점에서 말이다. 괜한 곤욕을 치른 홍규를 달래려고 그랬을까, 아니면 홍규가 공녀 징발에 반발하기는 했지만 그의 가문이나 그 여식이 세자비로 가장 최적이라고 생각해서 그랬을까? 어느 쪽으로 생각해도 대답이 명쾌하지 않다.

혹시 이 결혼은 충렬왕이나 원 공주의 판단보다는 세자 자신의 의지가 강하게 반영된 결혼이 아니었을까. 그렇다면 이 결혼도 앞서 첫 결혼처럼 공녀 징발에 대한 세자의 불만이 계기가 되었을 가능성이 많다. 이 경우도 시원한 답은 못 되지만, 아무튼 세자는 무차별적인 공녀 징발에 대해 불만을 가지고 나름대로 저항하지 않았을까 하는 생각이 든다.

세자는 홍규의 딸과 결혼한 2년 후인 1292년(충렬왕 18년) 7월, 조인규의 딸을 다시 세자비로 맞는다. 이게 세 번째 결혼이었다. 조인규는 역관으로서 능력을 인정받아 입신하였고, 당시 이미 재상급에 올라 조정에서 그 영향력을 무시할 수 없었다. 그는 단순한 역관이 아니라 원과의 관계를 유지하는 데 가장 중요한 외교관이었다. 그의 딸을 세자비로 들인 것은 이런 조인규의 위상을 고려했다고 판단된다.

그런데 세자에게는 또 한번의 결혼이 있었다. 이게 언제 이루어졌는지 드러나 있지 않지만, 결혼 상대는 몽골 여성이었고 결혼도 세자가 몽골에 체류하던 중에 이루어진 것으로 보인다. 그 여성의 이름은 야속진也速眞(예수진)으로 죽은 후에야 의비懿妃로 추증되었다.

야속진은 그 가계에 대한 언급이나 결혼 사실이 역사 기록에 없는 것으로 보아 몽골의 평범한 여성이었고, 정식 결혼이라기보다는 세자가 이국 만리에 있으면서 적적하여 그냥 가까이했던 여성이 아닌가 싶다. 그런데 이 여성과의 사이에 난 아들이 둘 있었는데 그중 둘째가 충선왕의 뒤를 이은 충숙왕忠肅王이다. 그렇다면 이 여성과의 결혼관계를 그냥 가벼이 넘길 수 없다.

충숙왕은 충렬왕 20년 7월에 태어났으니까 세자와 야속진의 결혼은 그 이전 어느 시점에 이루어졌을 것이다. 세자는 충렬왕 16년 11월 원으로 들어갔다가 동왕 18년 5월에 환국했고, 다시 동왕 18년 7월 원으로 들어갔다가 동왕 21년 8월 환국했다. 야속진과 세자의 결혼은 이 두 기간 중 어느 시기에 이루어졌을 것인데 전자일 가능성이 많다.

그런데 흥미로운 사실은, 세자가 위와 같은 여러 차례의 결혼관계에서 유일하게 후손을 생산한 여성이 여기 야속진뿐이라는 점이다. 더욱 중요한 사실은 이 여성이 고려 땅을 밟은 적이 없었다는 점이다. 충선왕은 왕위에 있으면서도 대부분의 시간을 원에서 보냈으니까 그때는 그렇다 쳐도, 그녀의 아들 충숙왕이 왕위에 오른 후에도 그녀가 고려에 오지 않았다는 점은 뭔가 석연치 않은 내막이 있는 듯하다. 그게 뭔지 시원스레 밝힐 수는 없지만 세자 충선왕의 재원 활동과 관련이 있다는 점만은 분명하다. 이 문제는 일단 머릿속에 남겨두고 뒤에 다시 살펴볼 기회가 있을 것이다.

세자 시절 충선왕의 결혼관계를 살펴보았는데 정작 궁금한 점은 따로 있다. 여러 차례 결혼하면서 왜 부왕처럼 원 공주나 황실 여성과의 결혼을 생각하지 않았을까 하는 점이다. 세자는 결국 1296년(충렬왕 22년) 원 황실의 여성과 결혼을 하는데, 왜 처음부터 이 결혼을 추진하지 않았을까 하는 의문이다.

세자가 부왕 충렬왕처럼 원 황실의 여성과 결혼을 하려면 쿠빌라이로부터 뭔가 결단을 기다려야 했을 것이다. 이제 이 문제를 살펴볼 것이다.

세자와 쿠빌라이의 대면

세자는 1290년(충렬왕 16년) 11월 네 번째로 원에 들어간다. 이때는 홍규의 딸과 결혼한 직후로 부왕과 공주는 가지 않고 정가신鄭可臣과 민지閔漬 등 유학자를 동반하고 갔다. 부왕과 공주가 함께하지 않은 입원은 이것이 처음이었다. 그래서 조금 특별하다고 볼 수도 있는데, 정가신과 민지라는 유학자를 대동한 것도 주목할 만한 점이다.

정가신은 나주(전남)의 향리 출신인데 어려서부터 영특하여 학문과 문장으로 이름을 날렸다. 과거를 통해 관직에 나왔으며 성품이 엄정하고 정직하여 출세에 얽매이지 않았다고 한다. 정가신은 후에 홍자번 다음으로 수상을 역임하기도 했고, 태조 왕건부터 원종 때까지의 역사를 담은 《천추금경록千秋金鏡錄》을 저술했으니 고려 역사에 통달한 뛰어난 역사가이기도 했다.

민지는 정통 사대부 가문 출신인 여흥 민씨로 과거에 합격하여 관직에 나왔는데, 그 역시 역사가로서 후에 《세대편년절요世代編年節要》

라는 역사서를 남길 정도로 뛰어난 학자였다. 이 사서는 앞서 정가신의 《천추금경록》을 증보 개수한 고려 역사서였다. 이 두 사서는 현재 남아 있지 않아 아쉽지만 정가신과 민지는 당대를 대표하는 학자요 역사가였던 것이다. 두 학자가 입원하는 세자를 따른 것은 바로 그런 자질 때문이었다.

세자는 이때 입원하여 1년 남짓 숙위하면서 세조 쿠빌라이를 직접 대면했다. 사적으로는 외조부와 외손자 관계였다. 그런 돈독한 사이를 확인하기 위해서 그랬는지 어느날 세자는 쿠빌라이의 부름을 받고 황제의 편전인 자단전紫檀殿에 들어가 대화를 나눈다.

그때 쿠빌라이는 안석에 기대어 비스듬히 누워서 세자에게 물었다.

"네가 요즘 읽는 책이 무엇이냐?"

"스승인 정가신과 민지가 함께 들어와 있어 숙위하는 여가에 《효경》·《논어》·《맹자》 등을 읽으면서 질문하고 있습니다."

쿠빌라이는 크게 기뻐하면서 "정가신을 불러오라" 하였다. 외손자가 공부를 열심히 한다고 믿어 기뻐한 모양이다. 이때 쿠빌라이는 76세, 세자는 16세였으니 마치 할아버지가 귀여운 손자를 대하는 느낌이었을 것이다.

세자가 정가신을 인도하여 편전에 드니 쿠빌라이는 황급히 안석에서 일어나 앉아 의관을 갖추면서 이렇게 세자를 책망한다.

"너는 비록 세자라 하더라도 나의 외손자요, 저 사람은 제후의 신하지만 유학자다. 어찌 의관을 갖추지 않고 대하게 한단 말이냐?"

쿠빌라이도 세자를 자신의 외손자로 확실하게 인식하고 있었던 모양이다. 그런 사적인 인척관계로 비스듬히 누워 편하게 세자를 대했

지만 정가신은 유학자이니 그럴 수 없다고 생각한 것이다. 세계를 지배하는 통치자였지만 변방의 이름 없는 한 유학자에 대해 예를 갖추어 대하는 모습에서 쿠빌라이의 성품의 한 단면을 엿볼 수도 있겠다.

이날 쿠빌라이는 정가신에게 고려의 역사와 풍속, 역대 정치의 잘잘못에 대해 끝없이 질문했다. 아침부터 저녁까지 지칠 줄 모르는 호기심으로 쿠빌라이는 묻고, 정가신은 온 힘을 다해서 답했다. 세자는 양인의 대화를 곁에서 조용히 지켜보았다.

쿠빌라이는 왜 그리 고려의 역사에 대해 관심이 많았을까? 정가신의 고려 역사학 특강을 듣고 쿠빌라이는 고려를 어떻게 판단했을까? 변방의 한 줌도 안 되는 나라가 보통이 아니구나 생각했을까. 아니면 여차하면 집어 삼켜버려도 별 문제 없겠구나 생각했을까.

예나 지금이나 진정한 통치자라면 역사에 관심을 갖지 않을 수 없다. 전통 시대에 역사학은 통치술의 핵심으로 지금의 정치학에 더 가까운 학문이었다. 그래서 역사를 현재의 정치를 비춰주는 거울로 보았던 것인데 이를 감계주의鑑戒主義라고 한다. 우리나 중국의 사서에서 끝에 '감' (거울 鑑 자) 자가 들어가는 역사서는 모두 그러한 목적으로 편찬된 것이다. 《자치통감資治通鑑》이 그런 대표적인 예이다.

쿠빌라이는 문자를 모를 정도로 무식하다고 자신을 말한 적이 있었다. 언젠가 충렬왕이 입조하여 그와 대면하면서 나눈 대화에서 그런 언급이 나오는데, 아마 유학을 공부하지 않은 자신을 겸손하게 낮춘 과장된 표현일 것이다. 하지만 쿠빌라이의 역사에 대한 관심만은 강렬했다. 세계를 지배하는 인물이 그 정복 지역의 역사에 무관심했다면 말이 안 되는 것이다. 정복 지역을 통치하기 위해서라도 그것은 반드시 필요했기 때문이다. 위의 정가신과의 대화는 그 점을 잘 보여주고 있다.

쿠빌라이는 정가신에게 고려가 몽골에 귀부한 연대를 묻기도 했다. 정가신은 태조 칭기스 칸 시절 몽골군에 쫓긴 거란군이 강동성(평남)에 은거하자 여몽연합군이 이를 물리친 1218년(고종 5년)의 일을 언급하며 그 관계의 역사가 오래되었음을 설명하였다. 사실 이 사건은 몽골과 고려의 첫 대면으로 복속의 시작은 아니었지만 정가신은 그것을 귀부한 것으로 말한 것이다.

쿠빌라이는 황제에 오르기 전부터 이미 고려 역사에 대해 관심을 갖고 있었다. 막강한 당 태종의 침략을 막아낸 고구려의 후손이라는 사실을 분명하게 인식하고 있었다. 원종이 세자 시절 장강에서 북상 중이던 쿠빌라이를 만나 친조할 때도 제일 먼저 그 말을 하며 기뻐했고, 합단적이 고려에 쳐들어온다는 소문으로 세자가 구원병을 요청할 때도 그 말을 언급하며 안심시켰다.

쿠빌라이에게는 고려가 강력한 고구려의 후손이라는 사실로 깊게 각인되었던 모양이다. 변방의 조그만 나라가 어떻게 그런 침략을 막아냈는지 궁금했을 것이고, 그래서 고려 역사에 대해 깊은 관심을 드러냈을 것이다. 그렇다면 고려를 정복하여 멸망시키는 일은 예전에 이미 어렵다고 판단했을지도 모른다.

그런데 이때 세자와 쿠빌라이의 대면은, 실은 다음 고려 국왕으로서 세자의 자질을 시험하기 위한 면접이나 다름없었다. 정가신과 민지는 그런 세자의 면접 시험에서 후견인 역할을 한 것이다. 세자가 입원할 때부터 두 학자를 대동한 것도 그런 사정을 염두에 둔 것이었다.

제1장 _ 부마 국왕과 세자 • 105

과연 세자는 1291년(충렬왕 17년) 9월, 쿠빌라이로부터 고려 국왕 세자로 임명받고 금인金印과 함께 많은 선물까지 하사받았다. 고려에서야 이미 세자로 책봉되었지만 쿠빌라이로부터 세자로 인정받았다는 것은 그 의미가 달랐다. 충렬왕 다음의 국왕으로 확실하게 인정받고 자리를 굳힌 것이기 때문이다. 세자의 정치적 위상이 높아졌음은 다시 말할 필요가 없다.

세자의 진정한 후견인 정가신

세자를 따라 원으로 들어갔던 정가신과 민지는 세자의 후견인 역할을 충실히 했을 뿐만 아니라 자신들의 학문과 식견을 쿠빌라이에게 유감없이 보여주었다. 이는 세자에 대한 쿠빌라이의 신뢰도를 높이는 데도 기여를 했고, 그래서 세자를 쿠빌라이의 마음속에 다음 고려 국왕으로 확실하게 자리를 잡게 하는 데도 일조를 했다.

 쿠빌라이는 국정을 논의하는 자리에도 정가신과 민지를 참여시켰다. 교지국交趾國 정벌 문제를 논의하는 자리에 원 조정의 대신들과 함께 정가신과 민지를 참석시킨 것이 그 좋은 예다. 교지국은 인도차이나 반도 남단에 있는 국가로 지금의 캄보디아다. 쿠빌라이는 남송을 정벌하는 과정에서 인도차이나 반도 북부의 안남(베트남)이나 운남성과 접하고 있는 면국緬國(미얀마)까지는 섭렵을 했지만 반도 남단에는 미치지를 못했었다.

 쿠빌라이는 그게 아쉬움으로 남았던지 그 교지국 정벌에 대해 정가신과 민지의 의견을 물은 것이다. 두 사람은 쿠빌라이에게 다음과 같은 의견을 내놓았다.

"교지국은 먼 곳에 있는 오랑캐이니 군사를 괴롭혀 정복하기보다는 사신을 보내 불러들이고, 만약 그들이 복종하지 않거든 그 죄를 성토한 후 이들을 정벌한다면 일거에 안전한 성과를 얻을 것입니다."

이런 방안은 쿠빌라이의 생각에도 부합된 것이었다. 일본원정도 아직 성공하지 못해 부담이 되고 있는데 다시 군사를 일으켜 교지국을 정벌한다는 것은 쿠빌라이도 무리라고 판단했을 법하다. 정가신과 민지의 답변에 만족했는지 쿠빌라이는 두 사람에게 원의 벼슬까지 내려주었다.

세자 또한 원에 체류하면서 제국 내의 합단적 토벌을 강력하게 주장하기도 했고, 그들이 고려를 향하고 있는 침략에 대해서도 자신의 생각을 개진하여 고려에 원병을 보내는 데 기여를 했다. 그런가 하면 흉년으로 고려의 백성들이 굶주리는 것을 구제하기 위해 1291년(충렬왕 17년) 6월 강남미 10만 석을 고려에 원조한 것도 세자의 건의를 받아들인 것이었다. 모두가 쿠빌라이의 세자에 대한 신뢰와 지원 속에서 가능한 일이었다.

그런데 세자는 원에 체류하는 동안 쿠빌라이를 대면하러 입궐할 때마다 반드시 정가신을 동반했다. 세자가 민지보다는 정가신을 더 신뢰했는지 모르겠지만 정가신은 세자 곁을 떠나지 않았다. 쿠빌라이가 고려 국왕 세자를 제수하는 그 자리에도 정가신은 곁에 있었다. 세자에게 많은 하사품을 내린 후 쿠빌라이는 세자와 정가신을 함께 자단전으로 불러들였다.

그때 편전의 쿠빌라이 안석 앞에는 처음 보는 이상한 물건이 놓여 있었다. 키가 1척 5촌쯤 되고, 둥그렇게 큰 타원형인데 하얀 빛깔의 정갈하고 단단한 것이었다. 마가발국摩訶鉢國에서 진상한 타조 알이었다. 여기 마가발국이 어디인지 잘 모르겠는데, 아마 명칭으로 보아 인도 서쪽의 어느 불교 국가가 아닌가 싶다. 혜초慧超의《왕오천축국전》에는 항하恒河(갠지즈 강)의 북안에 마가타국摩揭陀國이 있다는 언급이 나오는데, 같은 계통의 국가라면 지금의 방글라데시 북방 어디쯤의 국가로 보인다.

쿠빌라이는 이 타조 알을 세자와 정가신에게 보이고 술을 따라주며 정가신에게 즉석에서 시를 지어보라 하였다. 이에 정가신이 다음과 같은 시를 지어 올린다.

    알은 크기는 항아리만한데有卵大如甕
    그 속에는 불로향이 담겼어라中藏不老春
    원컨대 천년 수를 누리시어願將千歲壽
    그 향기 고려인에 미치게 하소서釀及海東人

특별할 것 없이 황제 쿠빌라이를 찬양하면서 은근히 고려에 대한 애정과 관심을 주문한 평범한 시인데, 쿠빌라이는 기분이 좋아 다시 술을 내렸다. 정가신은 쿠빌라이로부터 많은 선물과 옷까지 하사받을 정도로 총애를 받았다. 세자보다 정가신이 더 마음에 들었는지 모르겠다.

정가신은 쿠빌라이로부터 한때 특별한 직무까지 제의받는다. 그것은 다름아닌 수역水驛 설치와 관련된 것이었는데, 수역은 육로가 아닌 해로 상의 요충지에 설치하는 역참을 말한다. 쿠빌라이가 정가신에게 한 제의는 이런 것이었다.

"그대 나라는 산물이 적고 오직 쌀과 베만 생산되는데, 이를 육로로 수송하려면 길이 멀고 험하여 그 비용이 더 많이 들 것이다. 그대에게 강남행성 승상을 제수하여 해상 운수를 맡기고 싶은데 어떠한가? 그러면 쌀과 베의 운송이 쉬워져 국가의 경비를 보충할 수 있고, 대도에 거주하는 고려인들의 자금에도 충족할 것이다."

쿠빌라이의 생각은 고려와 원 제국 사이의 물자 수송을 육로가 아닌 해로를 이용해보자는 뜻으로 지극히 현실적이고 쿠빌라이다운 기발한 발상이었다. 개경에서 대도까지 물자 운송은 육로보다 해로가 더 편리할 수 있었다. 예성강 하구에서 서해를 횡단하여 발해만의 톈진에 이르면 대도, 즉 북경은 바로 코앞이었다.

쿠빌라이는 이를 위해 요동수정도遼東水程圖라는 일종의 해상 지도까지 준비하여 정가신을 설득했다. 요동수정도는 요동 반도 부근, 즉 발해만 연안 일대의 해로를 표시한 지도로 생각되는데, 쿠빌라이의 관심사가 매우 다양하고 실용적이었음을 보여준다. 하지만 정가신의 답변은 부정적이었다.

"고려는 산과 숲이 전 국토의 7할이나 되어 농사짓고 길쌈하여 겨우 먹고 입는 정도이고, 더구나 고려 사람들은 바닷길에 익숙하지 못하니 신의 생각으로는 아마 그게 더 불편할 듯합니다."

정가신의 이 말은 온당한 설명이 아니다. 생산물이 적다는 것은 이해가 되지만 고려 사람들이 바닷길에 익숙하지 못하다는 것은 사실이 아니다. 정가신이 이렇게 말한 것은 수역 설치로 인해 고려에 어떤 해가 미치지 않을까 하는 우려에서 나온 말이라고 보인다. 분명 그럴 소지가 있었다. 물자 운송이 편해지면 제국의 고려에 대한 착취나 공물 징수도 쉬워질 것이기 때문이다.

그런데 쿠빌라이는 정가신의 이 답변에 수긍하고 만다. 정가신을 너무 신뢰한 탓이었는지도 모르겠다. 하지만 《원사》에는 이보다 몇 년 뒤인 1293년(충렬왕 19년) 2월에 수역을 설치했다는 기록이 나온다. 탐라에서부터 압록강 하구에 이르기까지 11개소의 수역을 설치하고 이를 관리하도록 했다는 것이다. 아마 기존의 서해안에 있는 해로 요충지를 정하여 관리하도록 했는데 크게 활성화되지는 못했던 것 같다.

아무튼 쿠빌라이가 정가신을 신뢰한다는 것은 세자에게도 전혀 나쁘지 않았다. 정가신은 세자의 후견인으로서 활동 영역이 넓어지고, 그만큼 쿠빌라이의 세자에 대한 신뢰나 정가신의 후견인 역할도 커질 것이기 때문이다. 뒤에 살피겠지만 정가신은 결국 세자를 위해 온 몸을 던진다.

쿠빌라이로부터 다음 왕위 계승자로 인정받은 세자는 1292년(충렬왕 18년) 4월 대도를 출발하여 다음 달 5월 개경으로 돌아오는데, 그 과정에서 좀 미묘한 일이 발생한다. 대도를 출발한 세자가 측근 장수를 먼저 출발시켜 충렬왕에게 귀국 보고를 하면서 전하는 말이 문제가 된 것이다.

"듣자오니 흉년이 들고 백성이 굶주린다고 하니 전하께서는 멀리 국경까지 출영하지 마시옵소서. 어가가 행차하는 곳에 준비나 경비가 많고 번거로울 것입니다. 아버지는 아들에게 굽히실 필요가 없사옵니다. 관리들도 개경 교외까지만 나오도록 하십시오."

충렬왕은 이 말을 전해 듣고 노여움을 드러내었다. "세자의 말이 어찌 이럴 수가 있단 말이냐?" 하면서 주변 사람들에게 탄식했다고 한다. 세자의 말인즉슨 틀린 말은 아니었지만 부왕을 매우 서운하게 했던 것이다. 자신을 마중나오는 일은 세자가 걱정할 일이 아니었고, 게다가 부왕의 출영까지 왈가왈부하는 것은 분명 지나친 언행이었다. 충렬왕이 충분히 노여움을 드러낼 만한 말이 분명했다.

그런데 그냥 지나칠 수 없는 사실은 세자가 왜 그런 말을 했을까 하는 점이다. 굶주리는 백성들을 생각해서 그랬다는 것은 핵심이 아니고, 중요한 것은 세자의 정치적 위상이 그만큼 높아진 데서 나온 언행이라는 점이다. 이는 말할 필요도 없이 쿠빌라이로부터 충렬왕 다음의 고려 국왕으로 확실하게 인정받은 데서 기인한 것이 분명했다.

충렬왕은 이때 56세로 한창 나이는 아니었지만 아직 젊었다. 벌써 왕위를 물려줄 나이도 아니었고 시기도 아니었다. 하지만 세자의 부상으로 조금 긴장되었을 것이라고 본다면 지나친 판단일까.

세조 쿠빌라이의 죽음

세자는 원에서 환국하자마자 그 해 1292년(충렬왕 18년) 6월 조인규의 딸을 세자비로 맞아들였다. 그리고 같은 해 7월 곧바로 다시 원으로 들어간다. 이게 다섯 번째 입원인데 환국한 지 한 달도 못 되었고, 새로 세자비를 들인 지 보름 남짓밖에 지나지 않은 때였다.

이때 세자의 입원은 쿠빌라이의 생일을 축하하기 위한 성절사라는 분명한 목적 사행이었지만 평범치 않은 일이었다. 환국한 지 얼마 안 된 세자 대신 얼마든지 다른 인물이 갈 수도 있었기 때문이다. 이때 원으로 들어간 세자는 무려 3년 동안이나 체류한 것으로 보아 숙위를 위한 입원이었다고 생각되지만 좀 더 살펴볼 필요가 있다.

세자는 원에 체류하는 동안 이때도 여러 차례 쿠빌라이를 대면한다. 쿠빌라이는 세자에게 고려의 정치에 대해 자주 물었고, 세자는 이에 대해 상세히 답변했다. 세자는 고려의 정치에 대해 답변하면서 부왕의 측근 정치로 인한 문제를 거론했을 가능성이 많다. 세자의 후견인이었던 정가신도 그에 동조했을 테고.

그런데 세자가 쿠빌라이를 대면하면서 다시 일본원정 문제가 거론된다. 이건 마치 부왕 충렬왕이 세자 시절 입원하여 일본원정을 자신이 주도하겠다고 나서면서 더불어 국정을 주도했던 과거의 상황과 비슷하다. 그때 지지부진하던 충렬왕과 원 공주의 결혼이 비로소 이루어졌고, 그래서 1차 일본원정은 충렬왕에 의해 단행되었던 것이다.

이때 세자가 자신이 일본원정을 다시 준비해 보겠다는 말은 없다. 하지만 세자가 쿠빌라이를 대면한 그 자리에 원 조정의 대신들과 정가신도 동석하고 있었으며 그때 일본원정 문제가 다시 거론된 것은 분명하다. 다시 말해서 세자가 일본원정을 직접 자청하지는 않았다 쳐도, 원 조정에서는 세자를 일본원정에 끌어들이려는 의도가 분명 있었던 것이다. 그 자리에 배석한 홍군상洪君祥이 원정 문제는 고려의 뜻을 물어 준비하는 것이 옳다고 하여 당장 결정되지는 않았다.

여기 홍군상은 몽골과의 전쟁 초기에 고려를 배반하고 몽골로 도망친 홍복원洪福源의 아들이자, 두 차례의 일본원정에서 선봉에 섰던 홍다구洪茶丘의 동생이다. 이들 부자는 고려 왕실에 대한 반감으로 고려를 대대로 괴롭혀온 자들인데, 홍군상은 이들 부자와 좀 다른 면모를 드러낸다. 세자가 이전에 원에 체류할 때는 이 홍군상의 집에 유숙한 것으로 보아 그 관계가 예전보다 좋아진 것으로 보인다.

쿠빌라이의 명을 받은 홍군상은 바로 고려에 들어와 충렬왕에게 일본원정의 뜻을 물었다. 충렬왕은 자신이 일본을 직접 토벌하여 공을 세우겠다는 의지를 보인다. 하지만 충렬왕의 이 말은 본심과 다른 것이었다. 만약 일본원정을 거부하면 쿠빌라이의 의지에 반하는 일이 되고, 그 순간 자신의 국정 주도권은 놓치고 말기 때문이다.

쿠빌라이는 끝내 일본원정을 포기할 수 없었던지 1293년(충렬왕 19년) 8월 홍군상의 조카인 홍중희洪重喜를 고려에 파견하여 전함 조성과 군량을 준비하도록 하였다. 홍중희는 원정 준비로 고려를 괴롭히는 악역이 싫어 고려 관리들을 대하는 태도가 공손했다고 한다. 하지만 쿠빌라이의 일본원정 의지는 누구도 꺾을 수가 없었다.

충렬왕은 그 해 10월, 세자가 원에 체류하고 있는 가운데 병환 중인 공주와 함께 원으로 달려갔다. 쿠빌라이를 직접 대면하고 일본원정을 중단시키려는 것이었다. 그 해 12월 대도에 도착한 충렬왕은 홍군상의 집에 거처를 정해놓고 쿠빌라이와의 알현을 신청했다. 하지만 쿠빌라이는 많은 선물을 하사해주면서도 좀체 부르지 않았다. 그때 쿠빌라이는 병석에 있었기 때문이다.

1294년(충렬왕 20년) 1월, 쿠빌라이는 결국 그 병석에서 일어나지 못하고 세상을 뜬다. 그가 죽으면서 비로소 일본원정은 완전히 포기되었으니 충렬왕은 이제 더 이상 애쓸 필요가 없게 되었다. 공교롭게도 그 쿠빌라이의 사위와 딸 그리고 외손자가 모두 대도에 머무는 동안 쿠빌라이는 죽었다. 향년 80세, 재위 35년, 천수를 누린 긴 통치였다.

　세자는 쿠빌라이가 죽기 1년여 전에 그의 부름을 받고 편전에 든 적이 있었다. 마지막으로 외손자를 보고 싶었던 것일까? 팔순이 다 된 할아버지와 열여덟 손자의 대화를 역사 기록 그대로 옮겨보겠다.

　　쿠빌라이 : 요즘은 무슨 책을 읽고 있느냐?
　　세자 : 《자치통감》을 읽고 있습니다.
　　쿠빌라이 : 역대 제왕 중 누가 제일 훌륭하더냐?
　　세자 : 한 고조漢 高祖와 당 태종唐 太宗이라 생각합니다.
　　쿠빌라이 : 한 고조와 당 태종은 나와 비교해서 어떠하냐?
　　세자 : 신이 나이가 어리니 어찌 알겠습니까?

　강력한 통치자가 대부분 그렇듯이 말년에 쿠빌라이의 최대 관심사는 자신에 대한 평가였다. 온 세상을 다 지배하고, 원하는 것은 뭐든지 다 얻을 수 있을 것 같았던 그에게도 한 가지 못한 것이 있었으니 멀리 있지도 않은 일본을 정복하는 일이었다. 쿠빌라이가 눈을 감는 순간까지 마지막 한으로 남았으리라.

새로운 황제 성종과 충렬왕 그리고 세자

쿠빌라이의 죽음은 누구보다도 충렬왕에게 충격이었다. 사적으로는 장인이었지만 자신뿐 아니라 고려 왕실의 가장 큰 후원자가 사라졌기 때문이다. 충렬왕은 공주와 함께 쿠빌라이 빈전殯殿에 참여하여 정가신으로 하여금 제문祭文을 읽도록 하였으나, 원 조정의 대신들이 제후로서 천자의 빈전에 참여할 수 없다 하여 성사되지 못했다.

충렬왕의 쿠빌라이에 대한 애모哀慕의 정은 깊었다. 이를 알고 있는 원 조정에서는 충렬왕이나 공주뿐만 아니라 고려인 누구도 상제喪制에 참여하는 것을 막지 않았다. 몽골 황실의 전통 상제에는 몽골인이 아니면 누구도 참석할 수 없었는데 고려인만은 예외였다고 한다. 쿠빌라이와의 관계를 감안한 파격적인 대우였다.

하지만 충렬왕은 죽은 황제를 붙들고 슬퍼할 수만은 없었다. 새로운 황제와의 관계가 어쩌면 더 중요했다. 새로운 황제와의 관계를 어떻게 풀어가느냐의 문제는 국정을 계속 장악할 수 있느냐 없느냐를 좌우할 수 있기 때문이다. 충렬왕의 처지에서는 매우 긴박하고 중요한 순간이었던 것이다. 어쩌면 그 중요한 시기에 대도에 머물고 있었다는 사실이 행운으로 느껴질 정도였다.

쿠빌라이가 죽은 그 해 4월, 충렬왕은 공주를 대동하고 원 조정의 대신들과 함께 상도로 가서 새 황제를 맞이하고 즉위식에 참여했다. 이 사람이 대원 제국 6대 황제 성종成宗 테무르鐵穆耳이다. 당년 40세인 성종은 쿠빌라이의 아들이 아닌 손자였다. 쿠빌라이의 아들 황태자 진금眞金은 쿠빌라이보다 먼저 죽어 손자가 황제위를 계승한 것이다.

이어서 충렬왕은 공주와 함께 금은진보와 표피(표범 가죽)·수뢰피(수달 가죽) 등의 후한 선물을 새 황제에게 바치고 즉위 하례표를 올렸다. 이에 만족했는지 새로운 황제 성종은 즉위 축하연에 참석하도록 허락하는데, 충렬왕의 좌석 서열이 황실의 여러 제왕諸王과 부마 가운데 7위였다. 하지만 충렬왕은 이런 의례적인 대우에 만족할 수 없었다. 새로운 황제 성종과의 관계 설정이 무엇보다 중요한 관심사였다.

대원제국에 비하면 작은 변경의 국왕에 불과했지만 충렬왕의 정치적 감각은 결코 아둔하지 않았다. 세자 시절부터 지켜본 무인정권, 지금까지 이룩해온 왕권 확립 과정, 그리고 무엇보다도 세계를 통치하고 있던 쿠빌라이를 나름대로 수십 년 동안 상대해왔던 경험 등은 충렬왕에게 큰 정치적 자산이었다. 그 과정에서 터득한 정치 외교적 감각은 새로운 황제 정도는 일단 시험해볼 여유가 있었던 것이다. 게다가 새 황제는 황실의 인척관계로 보면 제국대장공주의 조카에 해당하니 충렬왕에게도 조카뻘이었다. 이런 점에서도 충렬왕은 약간의 심리적인 여유를 갖지 않았을까.

충렬왕은 새 황제에게 네 가지 건의 사항을 올렸다. 첫째, 탐라(제주)를 반환해줄 것. 둘째, 포로가 되어 끌려간 백성들을 돌려줄 것. 셋째, 공주를 다시 책봉해줄 것. 넷째, 자신에 대한 작명爵名을 추가해줄 것, 등이었다. 즉위한 지 한 달도 안 된 새 황제에게 이런 건의를 올린다는 것은 좀 과도한 요구로 볼 수도 있지만 충렬왕에게는 새 황제를 가늠하기 위해 꼭 필요한 일이었다.

첫째와 둘째 사항은 고려 정부 차원의 국가적인 요구이고, 셋째와 넷째 사항은 왕실 차원의 개인적인 요구이다. 전자는 새로운 황제 성종의 고려 정책을 가늠해볼 수 있는 것이고, 후자는 충렬왕 자신에 대한 신임도를 측정해볼 수 있는 것이었다. 그런데 새로운 황제는 전자에 대해서는 아주 긍정적인 답변을 준 반면, 후자에 대해서는 미온적인 답변을 주었다. 그리고 전자에 대해서는 그 후 바로 후속 조치가 이루어진다.

이 정도라면 새 황제와의 관계 설정이나 주도권에서 절반은 성공을 한 셈이다. 하지만 후자에 대해 미온적인 점은 충렬왕에게 약간의 불안을 안겨주었다. 그것은 대원제국의 새로운 황제 성종과 변방의 국왕인 충렬왕과의 관계 정립이 아직은 유동적이라는 것을 뜻하기 때문이다. 새로운 황제 성종도 녹록한 인물은 아니었던 모양이다.

충렬왕은 기대 반 우려 반을 안고 성종이 즉위한 그 해 5월 상도를 출발해 8월에 개경으로 돌아왔다. 그런데 세자는 환국할 생각을 않고 그대로 원에 계속 머무르고 있었다.

세자가 원에 계속 체류한 이유는 원 황실과의 결혼 문제 때문이었다. 앞서 1292년(충렬왕 18년) 7월, 원에서 환국한 지 한 달도 못 된 세자가 다시 원에 들어갈 때부터 사실은 결혼 문제를 염두에 두고 간 것이었다. 그런데 그 사이 쿠빌라이가 죽음으로써 미처 그 문제를 결정하지 못했고, 새 황제가 즉위한 직후에는 선뜻 그 문제를 거론할 기회도 주어지지 않았다.

어쩌면 세자의 결혼 문제는 이전 황제 쿠빌라이와 이미 묵시적으로 합의를 보았을 수 있다. 쿠빌라이와 세자는 여러 차례 대면을 하였고, 그 자리에 정가신과 민지가 참여하여 세자의 후견인 역할도 보여주었었다. 그런 후에 쿠빌라이로부터 세자 책봉을 인정받았으며, 세자는

다시 입원하여 재검도 통과했기 때문이다. 그렇게 세자와 원 황실의 결혼 문제는 최종 승인만 남은 상태였는데 갑자기 쿠빌라이가 죽음으로써 원점으로 돌아갔다고 보아야 옳을 것 같다.

그래서 새로운 황제 성종이 세자의 결혼 문제를 승낙하려면 아마 시간이 좀 걸릴 것이다. 왜냐하면 원의 황실에서 세자에게 황녀를 시집보낸다는 것은 양국관계에 대한 확실한 전망이 서야만 가능했고, 게다가 새로운 황제 성종이 세자를 어떻게 판단하는가도 중요한 문제이기 때문이다. 쿠빌라이가 결정했던 충렬왕과 원 공주의 결혼 과정이 그랬었다. 충렬왕이 새 황제 성종에게 건의 사항을 개진할 때 섣불리 세자의 결혼 문제를 거론하지 못했던 것은 그 때문이었다.

물론 새로운 황제 성종은 쿠빌라이의 고려 정책을 그대로 답습할 가능성이 크고, 또한 이미 쿠빌라이로부터 인정받은 세자 책봉을 부정하기도 어렵다. 하지만 아무리 세습되는 황제라도 사람이 바뀌면 달라지는 것이 한두 가지가 아니다. 원 조정에서 여러 고위 정책 담당자가 바뀔 것은 당연하고, 이에 따른 대외 정책 역시 유동적으로 변하기 십상이다.

원에 계속 체류하고 있는 세자의 결혼 문제가 어떻게 진행될지 다음 장에서 살펴보겠다.

忠宣宣王

제 2 장

중조, 폐위와 복위

중조重祚는 한 임금이 중복해서 두 번씩 왕위에 오르는 것을 말한다. 충렬왕과 충선왕 부자는 시간 간격을 두고 두 차례나 왕위에 오르는 우리 역사상 특이한 사례를 남겼다. 재위 순서와 기간을 열거하면 이렇게 된다. 충렬왕(1274.6~1298.1)→충선왕(1298.1~1298.8)→충렬왕(1298.8~1308.7)→충선왕(1308.7~1313.3). 충렬왕은 앞뒤로 34년간 재위했고 충선왕은 5년 재위했는데, 충렬왕의 34년 재위 기간에 부왕이 물러나고 아들 충선왕이 중간에 잠깐 끼어들어 반년 이상 왕위에 있었던 것이다. 이어서 충선왕이 강제 퇴위당하고 다시 충렬왕이 복위하는 중조가 있었는데, 이런 일이 왜 일어났을까?

1. 떠오르는 세자

세자의 정치 입문

세조 쿠빌라이가 죽고 대원제국의 황제가 성종 테무르로 교체되면서 충렬왕의 대원 외교는 약간의 차질이 생겼다. 일본원정은 이제 완전히 포기되어 문제가 아니었지만 세자의 결혼 문제는 새로운 황제 성종과 해결해야 했기 때문이다.

　세자를 원에 남겨두고 귀국한 충렬왕은 1295년(충렬왕 21년) 5월 인후를 원에 보내 세자의 혼인을 공식적으로 요청한다. 인후는 제국대장공주의 수행원으로서 그러한 목적의 사신으로는 가장 적격이라 판단했을 것이다. 그래서 인후를 발탁한 것은 세자의 혼인에 충렬왕뿐만 아니라 세자의 모후인 제국대장공주의 의지도 반영되었음을 말해준다.

　그런데 뭔가 사정이 있었는지 세자는 인후가 혼인 사절로 파견된 그 해 8월 갑자기 환국하고 말았다. 이때 《원사》에 의하면 성종 테무르는 세자를 환국시키면서 고려 국왕 세자로 다시 책봉하고 은인銀印을 하사하였으며, 아울러 영도첨의사사領都僉議使事라는 관직을 제수하였다. 쿠빌라이가 책봉한 세자를 다시 책봉한 것인데, 이는 새 황제 성종이 세자 책봉 절차를 다시 밟으려는 것으로 보인다.

세자에게 제수된 '영도첨의사사'라는 관직도 궁금한 부분이다. 고려의 관직이 분명한데 지금까지는 없었던 것으로 이때 처음 보인다. 이 무렵 첨의부가 도첨의사사로 개칭되면서 만들어진 임시 수상직으로 짐작되지만, 그렇다면 수상인 첨의부 중찬과는 어떻게 다른지도 궁금하다.

더욱 궁금한 것은 새 황제 성종이 세자에게 왜 이런 직책을 제수했을까 하는 점이다. 이는 세자가 이 직책을 띠고 환국하여 활동한 다음의 내용을 보면 알겠지만, 세자를 고려 국정에 임시로 참여시켜 정치를 견습시키려는 새 황제의 의지가 반영된 것이었다. 그래서 '영도첨의사사'는 임시 별정 수상직으로 보면 크게 틀리지 않을 것이다.

새 황제 성종은 황실 여성과 세자의 혼인을 요청 받았지만 곧바로 승낙하지 않았다. 다음 고려 왕위를 이을 세자로서 다시 검증이 필요하다고 생각했을 것이다. 인후가 세자의 혼인을 요청하러 입원하자마자 세자를 환국시켰던 것은 바로 그런 사정이 있었기 때문이다.

새 황제 성종이 세자에게 그런 특별직을 제수하여 환국하도록 한데에는 또 다른 의도도 있었다. 그것은 다름 아닌 충렬왕에 대한 견제였다. 충렬왕은 20년 이상 쿠빌라이의 변방 파트너로서, 혹은 사위로서 선황제를 상대해온 백전노장이었다. 쿠빌라이 역시 충렬왕의 웬만한 요구는 모두 수용할 정도로 신임을 주었었다. 이런 충렬왕이 새 황

제 성종에게는 정치적으로 좀 부담스럽지 않았을까. 그래서 견제할 이유가 충분히 있었다고 볼 수 있다.

세자는 환국하자마자 '판도첨의·밀직·감찰사사判都僉議密直監察司事'라는 긴 직함을 부여받는다. 이는 첨의부와 밀직사, 그리고 감찰사라는 중앙의 핵심 세 부처를 총괄하는 직책이다. 첨의부는 앞서 언급했듯이 중서문하성을 고친 것으로 중앙 행정의 중심 관청이고, 밀직사는 추밀원을 고친 것인데 군국기무를 관장했으며, 감찰사는 어사대를 고친 것으로 관료집단에 대한 감독을 하는 기구였다. 세자에게 내려진 이 직함은 원의 성종이 제수한 영도첨의사사를 실질적인 권한을 갖도록 다시 부여한 것으로 보인다.

이제 스물한 살의 세자가 정치 견습을 위해 이 세 부처를 총괄하게 되었다. 이와 함께 홍자번을 지도첨의사사, 홍군상을 도첨의중찬, 즉 수상으로 임명했다. 이들은 세자의 임시 자문역이라 할 수 있다. 귀화하여 원의 관직을 지니고 있는 홍군상을 특별히 수상으로 임명한 것은 세자의 결혼 문제 등 앞으로 전개될 원과의 관계를 염두에 둔 발탁으로 보인다.

홍자번의 발탁은 석연치 않은 점이 많다. 홍자번은 앞서 한번 언급했던 인물인데, 이번 임명이 있기 전년 12월에 수상에 임명된 적이 있었으나 한 달 뒤 바로 조인규로 교체되었고, 또한 이번 임명이 있은 지 10여 일 만에 다시 물러나고 말기 때문이다. 왜 이렇게 홍자번의 관직 제수는 부침과 번복이 심했는지 궁금한 것이다.

그런데 세자가 정치에 입문하면서 제일 먼저 한 일은 한희유를 내친 것이었다. 발단은 세자가 대도에 있을 때 세자에게 충성하는 인물들을 한희유가 핍박했다는 데 있었다. 그 사실을 알아차린 세자가 이 일을 마음에 두고 있다가 국정을 맡으면서 손을 본 것이었다. 내막은 별 것이 아니었지만 중요한 사실은 세자가 정치적으로 부상하면서 이 일이 터졌다는 점이다.

충렬왕은 전장에서 무공을 세우거나 만호직을 띤 무장들을 측근으로 활용하지는 않았는데, 한희유는 조금 예외로 충렬왕의 측근에 가까운 인물이었다. 그런 한희유가 갑자기 정치적으로 부상하는 세자에게 당한 사건이었다. 세자의 첫 번째 표적이 된 것인데, 한희유는 후술하겠지만 정권 교체에도 철저하게 충렬왕을 따른 인물이다.

세자의 정치

세자는 환국하자마자 1295년(충렬왕 21년) 9월 처음으로 첨의부에 나아가 국사를 주관하였다. 세자는 남쪽을 향해 앉고 그 좌우에 재상들이 배열해 앉았는데, 왼쪽 배열에는 수상이 혼자 서향을 해서 앉았고, 오른쪽 배열에는 그 다음 재상들이 서열 순서로 동향을 해서 앉았다. 이런 좌석 배치로 보면 세자는 완전히 국왕을 대행하는 위치에 있었다.

당일 사무가 끝나고 세자가 첨의부를 나와 자신의 처소로 행차하는 모습을 충렬왕과 제국대장공주는 먼발치에서 조용히 지켜보고 있었다. 그리고 백관들은 세자의 처소로 나아가 하례를 올렸다. 충렬왕은 세자를 지켜보며 무슨 생각을 했을까? 자신의 안정된 후계자로 생각하여 가슴 뿌듯했을까, 아니면 자신의 자리를 빼앗을 경쟁자로 생각하여 경계했을까? 어쩌면 이런 양면이 복잡하게 교차했을지도 모른다.

세자는 국정을 주관하면서 비록 한시적인 임시 권한이었지만 당연히 인사 문제에도 간여했다. 그러면서 제일 먼저 한 일이 홍규를 수상으로 승진시켜 퇴임하도록 한 것이다. 홍규는 관직을 통한 영달에 욕심이 없는 인물로 그 딸을 세자비로 들였으니 장인에 대한 우대로 보아 그럴 만했다. 홍규는 그 해 12월 신년을 축하하는 하정사賀正使로 원에 파견되었는데 역시 세자가 발탁한 것으로 보인다.

세자는 김방경에 대해서도 후한 예우를 갖춰 그에게 상락군 개국공上洛郡 開國公이라는 작위를 수여하고 아울러 식읍食邑 3,000호를 하사하였다. 김방경 역시 앞서 홍규와 마찬가지로 전통적인 관료집단에 속하는 인물이었고 국가에 공로가 많은 원로였지만 충렬왕의 측근 정치로 인해 정치에서 소외되었다. 세자는 잠시 국정을 맡으면서 그들을 껴안았던 것이다.

또한, 이때 세자는 민지를 파면시키는데 이 부분은 언뜻 이해가 되지 않는다. 앞에서 언급했지만, 민지는 정가신과 함께 세자를 모시고 입원하여 쿠빌라이를 대면하면서 세자의 후견인 역할을 했던 인물이다. 그런 그가 세자에 의해 파면당한 것이다. 여기에는 민지가 세자의 인사권 행사에 반발했다는 분명한 계기가 있었지만 그것은 표면적인 이유이고, 진짜 중요한 이유는 세자와 민지의 당시 정치 현실에 대한 판단에 근본적인 차이가 있었다는 점이다.

민지는 정가신과 함께 세자를 따라 입원하기는 했지만 그의 행적이나 활동은 정가신과 좀 달랐다. 적극적으로 세자를 위해 발언하지도 않았고 정가신에 비해 그 활동도 미약했다. 민지가 그랬던 것은 충렬왕의 측근 정치를 통한 왕권 강화에 적극 동조하고 있었기 때문으로 보인다. 반면 세자는, 정가신도 마찬가지였지만 충렬왕의 측근 정치에 비판적인 입장을 취하고 있었다. 세자가 쿠빌라이를 대면할 때 민지가 아닌 정가신과 항상 함께했다는 것은 양자의 그런 차이 때문이었고, 민지의 파면은 근본적으로 이 문제와 관련 있었다.

세자가 국정을 담당하는 동안 이런 일도 있었다. 세자가 어느날 부왕에게 아침 문안을 드리러 가는 도중에 선비와 일반 서민들이 한데 어울려 길을 막고 세자가 타고 있던 말을 붙잡았다. 세자에게 억울함을 호소하려는 것으로 말이 앞으로 나아가지 못할 정도였다. 이때 세자는 올라온 모든 상소문을 다 받아주었는데, 대부분 충렬왕 측근들의 토지 탈점에 대한 호소였다. 관계 당국에서 토지 문제를 해결해주지 못하니 세자에게 호소하려는 것이었다. 세자의 정치가 여러 사람들의 기대와 함께 주목받고 있었음을 보여주는 대목이다.

잠시 국정을 담당했던 세자는 1295년(충렬왕 21년) 12월 다시 원으로 들어갔다. 이것으로 세자의 견습 정치는 4개월도 채 안 된 짧은 기간으로 끝나는데, 여기에는 기득권 세력들의 반발이 작용했을 수도 있다. 그렇게 세자의 정치는 비록 짧은 국정 경험이었지만 고려 내정에 어떤 변화의 조짐을 던져주었다. 충렬왕의 측근 인물들은 경계의 눈초리로 세자의 정치를 지켜보았고, 반면 지금까지 소외되었던 전통적인 관료집단에서는 기대감을 가지고 지켜보았다.

세자가 정치 입문을 일찍 끝내고 다시 원으로 들어가자 충렬왕은 지금까지와는 좀 다른 면을 보인다. 죄인들을 사면하기도 하고, 지방의 공물 징수를 3년 동안 면제하는가 하면 빈민을 구제하는 조치도 내린다. 그러면서도 이와 반대로 이 전년에 원으로 들어갈 때 시종한 관리들을 네 등급씩 특진시켰으며, 내관들의 벼슬 제한을 풀어 열어 주기도 했다.

충렬왕의 이런 시혜 조치에는 세자의 정치가 영향을 끼친 것으로 보이는데, 잠시 세자에게 쏠렸던 시선을 다시 다잡으려는 것이었다. 충렬왕은 세자의 정치 입문 기간에 일어났던 미묘한 변화를 감지했음이 분명했다. 측근 정치에 대한 반발도 일시적이지만 다시 일어나는데 충렬왕은 이것도 여지없이 억눌러버린다.

앞서 측근 정치에서 언급했던 감찰사의 관리 허유전을 순마소에 가두고 곤장을 친 것도 바로 이 무렵 세자가 원으로 들어간 직후이다. 또한 왕명을 내릴 때 내관들을 통하지 말고 도당을 반드시 거치라는 상소를 묵살하고, 그런 건의를 올린 동지밀직사사 이혼을 파면한 것도 이 무렵이다. 순마소에 갇혀 곤욕을 치른 허유전이나 파면당한 이혼은 세자의 정치에서 조금 숨통이 트였다고 생각하여 앞서가다 변을 당한 것이었다.

그러면서 충렬왕은 사냥과 연회도 계속하고 있었다. 주변에서 국왕의 나이 금년이 환갑이니 사냥을 자제할 것을 당부했지만 끄떡도 하지 않았다. 이런 충렬왕의 행동은 사냥을 핑계 삼아 애첩을 가까이 하려는 것이었다. 빈번한 연회 또한 절제 없이 도를 넘고 있었다. 이 무렵에는 향각香閣에서 연회를 자주 열었는데, 향각은 수녕궁壽寧宮에 딸린 불교 건물이었다.

1296년(충렬왕 22년) 5월에는 향각에서 밤에 연회를 개최하는데, 마침 벽상에 '당현종야연도唐玄宗夜宴圖'가 걸려 있는 것을 보고 충렬왕은 주변 사람들에게 이런 말을 던진다. "과인이 비록 소국의 군주이지만 그 놀고 즐김에 있어서는 어찌 당 현종만 못하겠느냐?" 이런 기회는 다시 올 수 없다는 듯 충렬왕의 기묘한 놀이와 음란함은 끝이 없었다. 향각은 비단과 꽃으로 화려하게 장식되었다가 다시 며칠이 못 되어 바꾸게 하였다. 이 무렵 세자의 혼인 문제가 매듭지어지고 있어 한층 여유가 생겼던 것일까.

그러면서 홍자번을 우중찬, 조인규를 좌중찬으로 삼아 양두 체제를 만든다. 홍자번은 이전에 수상에 임명되었다가 한 달 만에 조인규로 교체되었고, 몇 개월 뒤에는 수상으로 치사하여 바로 퇴임했던 인물인데, 또다시 수상으로 들어온 것이다. 충렬왕은 홍자번 같은 인물이 다시 필요했는지도 모르겠다.

홍자번은 수상에 복귀한 지 한 달 만에 앞서 언급했던 '편민 18사'라는 건의 사항을 올린다. 충렬왕은 홍자번의 이 건의를 수용하지만 마음속은 편치 않았을 것 같다. 백성을 편안하게 할 건의 사항이라면 결코 충렬왕의 정치를 칭송한 것은 아닐 것이고, 오히려 충렬왕 주변의 측근 인물들이 거론되지 않을 수 없기 때문이다.

그럼에도 충렬왕이 그런 건의 사항을 수용할 수밖에 없었던 것은 점차 표출되는 정치 사회적 불만을 감지했기 때문으로 보인다. 비록 짧은 기간이었지만 세자가 국정을 맡으면서 그 계기가 마련되었던 것이다. 어쩌면 충렬왕은 세자가 국정을 맡은 동안 드러났던 정치 사회적 불만을 일시적으로 잠재우기 위해 홍자번을 기용했을 수 있다.

세자, 원 공주와 결혼

세자가 정치 입문을 끝내고 다시 원에 들어간 것은 분명 혼인 문제 때문이었다. 원 황제가 불러서 갔는지, 충렬왕이 세자의 정치 입문을 일찍 끝내고 보낸 것인지는 명확하지 않지만 원 황실 여성과 결혼을 위해 입원한 것은 틀림없다. 이것은 세자가 원으로 들어간 다음해 1월 바로 유청신을 원에 보내 다시 세자의 혼인을 요청한 데서 확인된다.

그 해 1296년(충렬왕 22년) 4월에는 세자의 혼례를 위해 고려에서 전폐錢幣를 원의 세자 처소로 보냈다. 세자의 혼례를 위한 비용과 폐백으로 7품 이상 관리들에게 백금을 할당하여 징수했고, 충청·전라도의 백성들에게는 삼베를 강제 징수하여 이를 화폐로 바꿔 마련한 것이었다. 그리고 8월에는 원에서 세자의 혼례 기일을 알려왔으며, 아울러 국왕의 입조를 재촉하였다. 이젠 세자와 황실 여성의 결혼이 확정되었다고 할 수 있다.

그런데 세자와 혼인할 황실의 상대 여성이 누구인지는 아직 드러나지 않았다. 이를 보면 세자와 혼인할 상대 여성을 간택하는 것은 순전히 원 황실에서 결정한 것으로 보인다. 사실 충렬왕에게 세자비가 될 여성이 누구인지는 관심사가 아닐 수도 있었다. 어차피 부마국 체제 아래의 정략결혼이니 신분상으로 황실의 여성이면 그것만으로도 충분했기 때문이다.

이어서 그 해 9월에는 충렬왕과 제국대장공주가 세자의 혼례를 위해 원으로 들어갔다. 이때 충렬왕 부부를 따라 원에 들어간 관리가 243인이었고, 또 여기에 동반하여 함께 간 사람들이 590명이나 되었다. 또다시 1,000명 가까이나 되는 인원이 원으로 향했던 것이다. 이전과 마찬가지로 시종 공로를 인정받아 출세의 기회를 잡으려는 자들이 많았기 때문이지만, 세자의 혼례식에 필요한 부속 인원들이 추가된 탓도 컸다.

두 달 후인 그 해 11월 충렬왕 부부는 대도 근교에까지 마중나온 세자의 영접을 받으며 홍군상의 집에 거처를 정했다. 아마 세자도 홍군상의 집에 유숙하고 있었던 것 같은데, 고려 왕실에서 입원할 때마다 매번 홍군상의 집에 숙식을 의탁한 것도 흥미롭다. 홍군상의 고려 내정에 대한 영향력도 그에 따라 커질 것은 자명한 일이다.

충렬왕 부부가 홍군상의 집에 거처를 정하자, 황태후는 사신을 보내 충렬왕 부부의 먼 길을 위로하였고, 황실의 제왕, 공주나 원 조정의 대신들까지 다투어 방문하였다. 여기 황태후는 성종 테무르 황제의 모후로, 네 살의 어린 세자를 처음 동반하고 입원했을 때 세자에게 몽골식 이름까지 지어준 여성이다. 이번도 그때에 버금가는 환대였다.

충렬왕 부부는 성종 황제에게 금은진보와 수뢰피·호피·표피 등 많은 선물을 바치고 장조전長朝殿에서 성대한 환영연을 받았다. 환영연 자리에는 황실의 제왕들이 모두 모였는데 충렬왕은 좌석 서열이 이전과 마찬가지로 7위였다. 그런데 제국대장공주의 옆자리에는 아무도 감히 앉지를 못했다. 공주는 성종 황제의 고모뻘이 되니 원 황실에서 황태후에 버금가는 서열로 그 위상이 대단했던 모양이다.

충렬왕 부부는 사적으로 황태후를 만나기도 하고, 환영에 대한 보답으로 장조전에서 답례 환영연을 이틀간이나 계속하기도 했다. 정말 돈독하기 그지없는 양국 종친들의 환영과 대면이었다.

마침내 세자는 대원제국의 궁궐에서 결혼식을 올린다. 충렬왕과 제국대장공주가 대도에 도착한 지 10일 만인 1296년(충렬왕 22년) 11월이었다. 세자의 결혼 상대는 성종 황제의 큰 형인 진왕晉王 감마랄甘麻剌(카말라)의 딸 보탑실련寶塔實憐(부타시리) 공주였다(몽골 황실 세계 참조). 이 여성이 충선왕비인 계국대장공주薊國大長公主이다.

세자의 결혼 직후 또 한바탕 축하를 겸한 연회가 대도의 궁궐을 물들였다. 세자는 폐백으로 황제와 황태후, 진왕에게 각각 고려에서 가져간 백마를 81필씩 바쳤다. 황태후는 답례로 양 700마리와 술 500독을 내어 세자에게 연회를 베풀었고, 또 진왕은 양 400마리와 술 300독을 내어 연회를 베풀었다. 연회는 황제가 베푸는 연회가 먼저 있었고, 이어서 황태후와 진왕이 따로 잇달아 베풀었다.

연회에서는 고려에서 가져간 유밀과油蜜果가 올라 인기를 끌었으며, 술이 취하면 고려에서 데리고 간 악관樂官들이 궁중악인 감황은感皇恩을 연주했다. 이런 자리는 원과 고려의 양국 문화 교류에도 일조를 했음이 분명하다. '감황은'은《고려사》〈악지樂志〉에 그 가사가 실려 있는데 그 일부분만 잠깐 옮겨보겠다.

말 타고 홍진 밟아 장안에 다시 오니騎馬踏紅塵長安重到
사람들의 얼굴 여전하여 꽃같이 고운데人面依前似花好
옛날의 기쁨 찾으려다 또 다른 시름으로 나뉘어舊懽才展又被新愁分
운우의 꿈 나누지 못하고 무산에 날이 새어버렸네了未成雲雨夢巫山曉
천리에 뻗친 애끊는 관산 가는 옛길에千里斷腸關山古道
고개를 돌려보니 높은 성은 하늘같이 아득하다回首高城似天杳

가슴에 찬 이별의 한은 낙화로 우는 새에 붙여도滿懷離恨付與洛花啼鳥

옛 친구는 어디에 있는가 청춘은 늙어가는데故人何處也靑春老

(후략)

　장부가 큰일을 위해 변방으로 떠나는 심정을 노래한 가사로, 이게 원의 궁정에서 어떤 악기로 어떻게 연주되었는지는 모르겠다. 아마 가무를 겸한 창극唱劇으로 연주하지 않았나 싶다. 이 '감황은'은 〈악지〉에 당악唐樂으로 분류된 것으로 보아 중국쪽에서 유래한 음악이었을 터인데, 그렇다면 이게 원의 궁정에 이미 정착했던 악곡이었는지도 모르겠다. 아무튼 이런 연회는 양국의 음악 교류에도 영향을 주었을 것이다.

　이런 연회가 3일 동안이나 계속되었다. 쉬었다가 닷새 뒤에는 충렬왕과 세자가 베푸는 답례 연회가 또 3일 동안 계속되었다. 고려의 왕실과 원의 황실에서 주고받는 연회는 세자 결혼식 이후 거의 한 달간이나 이어졌다. 이뿐이 아니라 혼례식 준비를 위해 고려에서 데리고 간 관리들과 부녀자 노비들까지 황제로부터 빠짐없이 선물을 받았다.

　이제, 이전에 세자가 고려 여성과 했던 몇 차례의 결혼은 큰 의미가 없었다. 어차피 다음 고려 왕위를 계승할 세자의 위상은 원 공주와의 결혼으로 결정난 것이기 때문이다. 세자가 서원후의 딸, 홍규의 딸, 이어서 조인규의 딸과 결혼했던 것은 정치적으로 큰 의미를 부여할 수 없는 의례적인 것으로, 당시 세자비 간택에서도 크게 고민할 필요가 없었다는 얘기다.

　세자와 원 공주와의 결혼으로 세자의 위치는 확고해졌다. 사실은 결혼 이전부터 세자가 임시로 국정을 담당하면서부터 그의 등장은 관료 사회에서 큰 관심의 대상이었지만, 세자의 결혼으로 권력을 좇는 사람들은 이제 충렬왕보다는 세자를 더 주의 깊게 바라보고 있었다.

충렬왕과 공주는 세자가 결혼한 이듬해 1297년(충렬왕 23년) 3월에야 대도를 출발하여 환국 길에 올라 5월에 개경에 도착한다. 그리고 세자와 계국대장공주는 대도에 그대로 체류하고 있었다.

깊어가는 부마국 체제

세자의 장인인 진왕은 성종 황제의 큰형이니 황실에서 그의 위상은 황제 다음이었다고 볼 수 있다. 여기서 조금 궁금한 점은, 세자가 부왕 충렬왕처럼 왜 황제의 딸에게 장가들지 않았을까 하는 것이다. 성종 황제에게 딸이 없어서 그랬을 수도 있고, 딸은 있었지만 여러 상황을 고려하여 그쪽으로는 이루어지지 않았을 수도 있다. 어느 쪽으로 보더라도 세자는 충렬왕보다 한 단계 격이 낮게 혼인을 한 셈이다. 세자의 결혼 상대가 재위 중인 황제의 딸은 아니었기 때문이다.

하지만 세자와 원 공주의 결혼은 부마국 체제를 더욱 심화시켰다. 우선 부왕에 이어 다시 원 공주와 결혼이 이루어져 대를 이어 원 황실에서 왕비를 취한 때문이다. 또한 충렬왕은 처가쪽만 원의 황실이었지만 세자는 이제 처가와 외가가 모두 원의 황실이었기 때문이다. 고려 왕실과 원의 황실이 더욱 밀접하게 결합하게 된 것이다.

충렬왕은 원 공주와 결혼함으로써 왕실의 권위를 인정받고 왕권의 확립에도 도움을 받았다. 하지만 여기에는 분명한 그림자도 있었다. 고려 왕실의 권위나 왕권 확립 과정에서 원의 간섭과 영향을 받지 않을 수 없었기 때문이다. 여기에 충선왕이 다시 원의 황실과 혼인관계를 맺음으로써 양국의 관계는 한층 더 심화되고 밀착되어 갔다. 더욱 짙은 빛과 그림자를 드리우면서.

그런데 양국 왕실의 밀착은 변방 고려와 원 제국의 정치가 불가분의 관계로 연결되어 전개되는 결과를 가져온다. 사소한 국내 정치 문제도 원 조정으로 비화되기 십상이었고, 원 조정에서 정국의 변화는 바로 고려의 국정에 영향을 미쳤다. 정치가 전개되는 양상을 보면 양국이 마치 하나의 정치체로 움직이면서 중앙과 지방의 관계처럼 보였다. 이는 결국 고려의 국내 정치가 원 조정의 정치에 의해 통제되는 결과를 가져왔다. 중앙 정부에서 지방을 통제하듯이 말이다. 이것은 바로 원에 대한 종속의 심화를 의미했다. 충선왕은 그러한 양국관계의 현실이 한몸에 응축된 왕이었다.

충렬왕비, 제국대장공주의 죽음

그런데 제국대장공주는 충렬왕과 함께 아들 세자의 결혼식을 보고 환국한 직후 3일 만에 병이 나고 말았다. 본래 지병이 있는데다 결혼식 행사와 먼 길의 피로가 쌓여 그랬는지 모르겠다. 법석法席을 열어 연비燃臂도 해보고, 왕실 창고의 쌀을 100석이나 내어 빈민에게 보시하며 부처님께 빌었지만 별 효험이 없었다.

충렬왕은 원에도 사신을 급파하여 의사를 청했으나, 황제의 태의太醫가 도착도 하기 전에 공주는 개경 근교의 사찰에서 곧 죽고 만다. 원에서 돌아온 지 보름 만인 1297년(충렬왕 23년) 5월이었다. 쿠빌라이 황제의 딸로 열여섯 살에 충렬왕에게 시집와 이제 마흔을 눈앞에 둔 젊은 나이였다. 자식은 세자 충선왕뿐이었다.

공주가 죽자 바로 다음날 사신을 원으로 보내 세자에게 알렸고, 사신이 개경을 떠난 지 20여 일 만에 세자가 원으로부터 도착하여 공주의 상을 치렀다. 보통 왕복 두 달 이상이 걸리는 대도까지 20일 만에 왕복했으니, 가는 사신이나 오는 세자가 얼마나 쉬지 않고 급하게 달렸는지 짐작할 수 있을 것이다.

세자가 이렇게 급하게 달려온 것은 물론 모후상이니 당연한 일이었지만, 모후의 죽음으로 일어날 수 있는 정국의 변화를 경계했기 때문이다. 제국대장공주는 충렬왕의 왕비였지만 쿠빌라이의 딸로 그녀가 지니는 정치적 위상은 단순한 왕비가 아니었다. 그녀가 과도하게 정사에 간여하거나 때로는 국왕에게 앙탈을 부리는 역기능도 분명 있었지만, 고려 왕실을 든든히 하고 충렬왕의 왕권을 지탱하는 역할도 분명 있었다.

그래서 세자의 처지에서는 고려 왕위 계승권은 이미 확보했지만 모후의 죽음이 상당한 충격으로 받아들여질 수 있었다. 게다가 세자는 이제 막 결혼하여 충렬왕보다는 모후가 뒷받침해주는 정치적 후원이 훨씬 더 중요한 시기였다. 이것은 고려 내정에서는 말할 필요도 없고 원과의 관계에서도 그랬다.

더구나 세자는 잠시 국정을 담당하면서 부왕의 측근 세력들로부터 경계와 의심의 눈초리를 이미 받기도 했었다. 원에 머물고 있는 세자에게는 그들이 우선 경계의 대상이었다. 세자의 처지에서는 이런 급박한 정치적 국면에서 마음이 초조했을 것이고, 그래서 밤낮을 가리지 않고 다급하게 달려왔을 것으로 보인다.

과연, 세자는 모후의 상을 치르자마자 칼을 빼든다. 제일 먼저 부왕의 애첩인 무비無比를 죽였다. 충렬왕이 장례를 마칠 때까지 기다리라 부탁했지만 듣지 않고 세자는 모후의 죽음이 그녀 탓이라 둘러씌워 죽였다. 여기에는 충렬왕의 빈번한 사냥 나들이가 관련되어 있었다.

여기 무비는 태산군 출신으로 성은 시柴씨였다. 그녀는 출중한 미모로 궁중에 뽑혀 들어와 충렬왕의 사랑을 한몸에 받았다. 그런데 충렬왕은 제국대장공주의 앙탈과 투기가 두려워 마음 놓고 그녀를 대할 수 없었다. 이 점에서 쿠빌라이의 딸을 왕비로 맞은 충렬왕은 마음 고생도 꽤 심했을 것이다. 황제의 딸이라 마음 놓고 핍박하거나 내칠 수도 없었을 테니까.

충렬왕이 무비라는 이 여성을 자유롭게 만나면서 사랑하는 방법은 제국대장공주의 감시를 벗어날 수 있는 곳이어야 했다. 그 방법이 사냥이었고, 충렬왕은 사냥 나갈 때마다 무비를 끼고 갔다. 아니, 무비를 공주 몰래 만나기 위해 빈번하게 사냥을 나갔다고 하는 편이 옳다. 충렬왕이 그런 사냥 장소로 즐겨 찾던 곳이 바로 개경 근교에 있는 도라산都羅山이었다. 도라산으로 사냥을 나가면 충렬왕은 무비를 만나 여러 날을 묵으면서 즐겼는데, 이로 인해 당시 사람들이 무비를 도라산이라 불렀다고 한다.

그래서 충렬왕의 과도한 사냥 나들이는 결국 무비의 탓도 컸다고 할 수 있다. 제국대장공주가 이 사실을 알았는지는 모르겠지만, 알면서 묵인했다면 그녀 역시 질투심에 속이 많이 상했을 것이고, 그렇다면 공주의 죽음에 무비가 무관하다고만은 할 수 없는 일이었다. 하지만 부왕의 애첩을 죽일 정도였다면 여기에는 모후 제국대장공주에 대한 세자의 효심이나 애틋한 정이 지나치지 않았나 싶기도 하다.

세자는 무비를 죽이고 부왕에게 면목이 없었던지 새 여성을 천거하여 부왕에게 바쳤다. 어느 진사의 아내로 남편은 이미 죽고 과부가 된 미모와 자태가 빼어난 여성이었다. 이 여성은 충렬왕에 의해 숙창원비淑昌院妃로 책봉되었는데, 재미있게도 충렬왕이 죽은 후 이 숙창원비는 충선왕의 깊은 총애와 사랑을 받는다.

세자는 무비를 죽인 후, 이어서 지금까지 충렬왕의 최측근에서 권력 남용이 극심했던 도성기와 최세연을 비롯한 환관 여섯 명을 골라 바로 죽였다. 아울러 이들과 어울려 비리를 일삼았던 무리 40여 명을 유배에 처한다. 주변에서는 이를 보고 무서워 떨었다고 한다. 1297년(충렬왕 23년) 7월, 세자가 원에서 귀국한 지 한 달 반 만의 일로 아직 모후의 장례도 마치지 않은 때였다.

세자의 행동은 전광석화와 같은 신속한 조치였다. 왜 그리 조급하게 부왕의 측근들을 제거했을까? 서두르지 않아도 얼마든지 처리할 수 있었을 텐데 말이다. 그 해 10월 모후의 장례를 마치자마자 곧바로 세자가 다시 원으로 들어가는 것을 보면 고려에 계속 머물러 있을 수 없는 상황이 원 조정에서 벌어지고 있었던 것 같다. 다시 말해서 모후의 상만 치르면 급히 원으로 들어가야 하는 모종의 현안 문제가 있었다는 뜻이다. 그게 무엇이었을까?

이 의문은 뒤에서 차츰 풀어보기로 하고, 세자가 고려를 떠나기 이틀 전 정가신을 첨의중찬, 즉 수상으로, 홍규를 판삼사사判三司事, 즉 아상으로 임명하였다는 사실을 주목할 필요가 있다. 이 관직 임명은 충렬왕이 건재하고 있었으니 당연히 충렬왕에 의한 임명이라고 보기 쉽겠지만, 이건 세자의 의중이 반영된 것으로 봐야 한다. 왜냐하면 여기 수상에 임명된 정가신은 앞으로 세자를 위해 모든 것을 바치고 있기 때문이다.

그런데 제국대장공주의 죽음으로 정작 실의에 빠질 사람은 충렬왕이었다. 이건 제국대장공주가 자신의 왕비여서도 아니고, 그 왕비를 사랑한 때문은 더욱 아니다. 쿠빌라이의 딸이라는 제국대장공주가 지닌 정치적 존재 가치가 너무 컸기 때문이다. 게다가 3년 전에는 쿠빌라이까지 죽어 충렬왕은 정치적 후원자를 잃은 상태여서 공주의 죽음은 그 공백이 더욱 크게 느껴졌을 것이다.

자신의 후원자였던 세조 쿠빌라이가 죽은 직후, 제국대장공주마저 죽었다는 것은 충렬왕에게 마지막 버팀목이 사라져버린 것과 같았다.

왕위를 가로챈 충선왕

1297년(충렬왕 23년) 10월 모후의 장례를 마친 세자가 원으로 들어간 직후, 충렬왕은 사신을 원의 황제에게 보내 세자에게 고려 왕위를 양위하겠다는 요청을 한다. 세자가 원으로 향한 지 3일 만의 일이니, 국경도 넘어서기 전으로 너무나 갑작스런 일이었다.

우선, 사신이 가지고 간 양위 표문表文 내용을 살펴볼 필요가 있다. 물론 표문은 성종 황제에게 양위를 요청하는 의례적인 수사로 장식되어 있어 특별한 의미를 찾기는 어렵지만 너무 갑작스런 일이니 양위에 대한 어떤 단서라도 찾아보기 위해서다.

표문의 내용은 지금까지 충렬왕 자신과 쿠빌라이의 깊은 인연을 중요한 사건별로 하나하나 거론하고, 이어서 다음과 같은 이유를 들어 양위를 요청한다. 그대로 인용해보겠다.

…… 이미 특별한 후원을 입어 한결같이 정성을 바치려 하였으나, 규실閨室(제국대장공주)과 이별로 인해 슬픔이 깊고, 나이 또한 늙어 질병이 찾아드니, 만일 하루 아침에 넘어져 일어나지 못하게 되면 국정을 누구에게 맡기겠습니까? 생각해보건대 신의 세자 원謜(충선왕)은 일찍이 기량이 트여 조정에 들어가 숙위하는 은혜를 입어 황실에서 배필을 얻었고, 일에도 능숙하여 종사를 이을 만합니다. 신이 장차 세자로 하여금 왕위를 계승하게 하여 물러나 섭생하면, 근심을 면하여 무거운 짐을 벗고 목숨을 연장하여 사해의 태평을 볼 것입니다. 이에 간절히 호소하니 불쌍히 여겨 보살핌을 내려주시기 바랍니다.《고려사》 31, 충렬왕 23년 10월 병신)

표문에 의하면 겉으로 나타난 양위 이유는, 제국대장공주의 죽음으로 인한 상실감, 충렬왕 자신의 연로함, 황실 여성과 결혼한 세자의 부상 등이었다. 여기서 충렬왕의 연로함은 당시 62세로 사실이긴 하지만 양위의 진정한 이유는 아니었다. 왜냐하면 이후로도 충렬왕은 10년간 왕위에 더 있었기 때문이다. 그리고 세자의 부상도 왕위를 물려줄 대상을 언급한 것뿐이지 그 이유에 해당하지는 않는다. 결국 제국대장공주의 죽음으로 인한 상실감이 양위의 진정한 이유라고 볼 수 있다. 그런데 중요한 것은 양위가 진정 충렬왕의 자발적인 뜻이었는가 하는 점이다. 그건 결코 아니었다고 생각한다. 그렇다면 충렬왕은 양위를 타율적으로 강요당한 것일까? 이것도 선뜻 수긍하기 어렵다. 양위의 진실은 아마 그 양쪽 중간 어디쯤에 있겠지만, 굳이 경중을 따지자면 후자쪽에 무게가 실린다.

충렬왕이 순전히 양위를 강요당한 것은 아닐지라도, 당시 여원간의 정치 전개에서 양위를 해야 한다는 것이 대세였다면 충렬왕은 그 대세를 순순히 따랐을 수 있다. 그렇다면 그런 대세가 어떻게 조성되었을까 하는 점이 정작 중요한 부분이다. 또한 이런 대세를 형성하는 데 원 조정에서나 세자는 어떤 태도를 취했는가도 중요한 문제이다. 소극적으로 관망만 하고 있었는지, 아니면 적극적으로 어떤 역할을 했는지 말이다.

먼저, 《원사》에는 이와 관련된 특별한 언급이 없다. 1297년(대덕 1년, 충렬왕 23년) 11월에, 고려 국왕 왕거王昛(충렬왕의 이름)가 그 작위를 아들 원謜(세자의 이름)에게 물려줄 것을 요청했다는 기록과, 이어서 10여 일 후에 고려 왕세자 원을 고려 국왕으로, 왕거를 일수왕逸壽王으로 삼았다는 기록이 있을 뿐이다. 왕위 교체 사실을 단순히 언급하고 있을 뿐이다.

그렇다면 원의 황제나 조정에서는 양위 과정에서 아무 역할이 없었다는 얘기일까? 그건 아닐 것이다. 일반적으로 재위 중인 왕이 양위한다는 것은 정치적으로 민감한 문제이다. 고려에서 양위나 전위를 요청하면 원에서는 그 이유를 세심하게 따져 묻는 게 상식이다. 그런데 이번 양위 문제는 충렬왕이 요청하자마자 바로 받아들여져 왕위 교체가 이루어진 것이다. 이는 충렬왕을 양위시켜야 한다는 사실이 원 조정에서 이미 결정되어 있었다는 것을 암시한다.

여러 차례 언급했듯이 고려에서 전통적인 관료집단은 충렬왕의 측근 정치로 인해 소외되어 있었다. 그런데 세자가 정치적으로 부상하면서 전통적인 관료집단에서는 한가닥 기대를 걸 수 있었다. 충렬왕의 정치를 정상으로 되돌리기보다는 장래의 세자에게 기대를 거는 편이 더 빠르다고 판단했을 것이다. 그 계기는 세자가 정가신·민지 등과 함께 원 조정에 들어가 숙위 활동을 하면서 마련되었고, 그렇게 세자에게 기대를 거는 관료집단의 중심에는 정가신이 있었다.

정가신은 세자와 함께 여러 차례 쿠빌라이를 대면하면서 고려의 정치 사회 문제를 개진했고, 이런 정보는 원 조정에서 충렬왕에 대한 부정적인 여론 형성에 영향을 미쳤을 것이다. 반면 정가신과 함께 원으로 동행했던 민지는 충렬왕의 측근 정치를 옹호하며 이런 분위기에 동조하지 않았다. 민지는 환국한 후에 이런 원 조정의 분위기를 전했을 테고, 세자나 정가신의 생각에 반발하리라는 것은 당연했다. 앞서 민지가 세자에 의해 파면당한 것은 그 때문인 것으로 보인다.

원 조정에서 충렬왕에 대한 부정적인 여론이 왕위 교체 문제로 번지게 된 계기는 쿠빌라이가 죽고 새로운 황제 성종이 즉위한 사건이었다. 앞서 언급했듯이 새로운 황제 성종은 선황제의 변방 파트너이자 사위였던 충렬왕이 정치적으로 부담스러웠다. 더구나 그의 측근 정치로 인한 여러 정치 사회적 폐단을 원 조정에서 모를 리 없었고 도

외시할 수도 없었다. 중앙 정부에서 지방을 책임지고 감독하듯이 말이다.

여기에 세자가 성종에 의해 고려 왕세자로 다시 책봉되어 정치에 입문하고, 이어서 황실 여성과 결혼하면서 왕위 교체에 대한 여론이 조성되기 시작했다고 보인다. 이제 양위를 누구에게 할 것인가에 대한 확실한 대안도 서기 때문이다. 또한 부왕의 양위 문제에 대한 세자의 의지 역시 결코 소극적이지 않았다고 보인다. 그런 세자의 의지를 조장하고 적극 후원해준 인물이 정통 관료집단이었고 그 중심에 정가신이 있었다.

이어서 제국대장공주의 죽음은 충렬왕 자신이 양위를 고려하게 된 결정적 계기가 되었다. 세자는 모후의 상을 치르기 위해 환국한 짧은 기간에 신속하게 부왕의 측근들을 제거해버렸는데, 이는 부왕의 그런 생각에 쐐기를 박은 사건이었다. 엄연히 재위 중인 부왕이 건재함에도 이런 쿠데타를 방불케 하는 조치는 이미 세자로 국정의 무게 중심이 바뀌었음을 말해준다. 이것은 충렬왕이 이제 양위해야 한다는 여론의 대세를 거스를 수 없게 만들었다.

세자가 모후의 상을 치르자마자 정가신을 수상에 앉히고 다시 원으로 달려간 것은 양위 문제에 대해 황제나 원 조정의 확실한 재가를 받기 위한 것이었다고 판단된다. 이런 문제는 시간이 지체되면 일을 그르칠 소지가 많았다. 충렬왕의 측근 세력들이 건재하고 있었기 때문에 그들을 확실하게 제압하기 위해서라도 신속한 원 조정의 결정이 필요했던 것이다.

충렬왕도 원 조정에서 왕위 교체를 재가해줄 것이라는 점을 충분히 인식하고 있었다. 대세가 이미 결정되어 버틴다고 될 일도 아니었지만, 공주의 죽음으로 정치에 대한 의욕을 상실하여 버티고 싶지도 않았다. 세자가 모후의 상을 치르고 원으로 출발한 지 3일 만에 신속하게 양위하겠다는 표문을 올린 것은 그 때문이었다.

정가신은 이번 양위 문제에서 가장 핵심적인 역할을 했다. 위에서 인용한 그 양위 요청 표문은 다름 아닌 바로 정가신이 작성했던 것이다. 여기 정가신은 세자가 양위를 받아 고려 왕위에 오른 그 해 1298년(충렬왕 24년) 3월 은퇴를 요청했지만 받아들여지지 않았고, 그 해 6월 결국 자살하고 만다. 정가신의 열전에는 그의 죽음에 대해 이렇게 기록하고 있다.

> 충렬왕이 양위를 청할 때 정가신이 그 표문을 작성했는데, 사람들이 말하기를 "표문 내용 중에 충렬왕의 뜻이 아닌 것이 있었으니 만약 그 이유를 물으면 표문을 지은 자가 어찌 그 책임을 면하리오" 하므로 정가신이 근심하고 두려워하여 약을 마시고 죽었다.《고려사》 105, 정가신 열전)

표문 내용 중에 충렬왕의 뜻이 아닌 것이 있었다니 이게 무슨 말일까. 양위 요청은 충렬왕을 억압하여 강요한 것으로 정가신이 조작했다는 말일까? 그런 해석보다는 양위가 충렬왕의 진정한 본의가 아니었기 때문에 누구도 양위의 표문을 지으려 하지 않았는데 정가신이 홀로 나서서 표문을 작성한 탓이라고 생각된다. 어느 쪽으로 보더라도 양위는 순전히 충렬왕의 자발적인 의지로만 이루어진 것이 아니라는 점은 확실하다.

누구도 선뜻 나서지 못하는 충렬왕의 양위 표문을 작성하는 일은 정가신이 나설 수밖에 없었다. 세자를 즉위시키기 위한 총대는 결국 그가 맬 수밖에 없었던 것이다. 그만큼 정치적 부담이 컸을 테고, 또한 이후에는 반대 세력의 정치적 표적이 되기도 십상이었다.

정가신이 죽은 이때는 세자가 즉위하여 한창 개혁 정치를 펼치다 충렬왕의 측근들로부터 반격을 받기 시작한 때이다. 왕위를 가로챈 충선왕은 즉위하여 어떤 개혁 정치를 펼쳤을까?

2. 충선왕의 개혁 정치

충선왕의 즉위, 개혁 교서 반포

1297년(충렬왕 23년) 그 해 연말 세자는 원에 있었다. 원 조정에서는 이미 충렬왕의 양위와 세자의 즉위를 확정했지만 그 사실이 아직 고려에 정식으로 통보된 상태는 아니었다. 하지만 고려에서는 벌써 왕위 교체를 기정사실로 받아들이고 준비하는 분위기였다.

그 해 12월 세자의 명을 받은 최충소崔沖紹가 특별한 공사를 벌였다. 여기 최충소는 조인규의 사위로 세자와는 동서간이다. 최충소가 벌이는 공사는 궁려穹廬를 짓기 위한 공사였는데, 이 공사는 세자비인 계국대장공주를 맞이하기 위한 것이었다.

충렬왕비인 제국대장공주도 그랬지만 원 공주들에게는 전통적인 몽골식 주거를 마련해주어야 했다. 공주가 그곳에서 상주하고 생활하기 위한 것은 아니었지만 몽골 출신 왕비를 맞이하기 위한 예우 차원이었다. 본래 몽골식 이동 주택인 게르는 평지에 기둥과 살대를 세워 천막을 씌우면 간단히 끝나지만, 공주를 맞이하기 위한 게르는 좀 더 화려하고 크게 만들기 위해 평지에 흙을 돋아 네모진 토대를 만들고 그 위에 설치하였다.

그런 궁려를 만들기 위해서는 한겨울이라 흙을 파서 돋우는 공사가 힘들었다. 여기에 궁려가 들어설 주변의 초가 지붕을 모두 기와로 바꾸게 하였다. 수상인 정가신은 한겨울임에도 이런 공사를 심하게 독촉하여 급히 마무리지었다. 정가신은 왕위 교체에 앞장선 인물이니 이런 공사도 책임지지 않을 수 없었던 모양이다.

다음해 1월 세자가 원에서 돌아왔고 나흘 후에는 세자비가 도착하였다. 충렬왕과 문무백관이 개경 교외에까지 나가 맞이하는데, 그 의장이나 절차가 왕을 맞이하는 의례와 같았다. 충렬왕비 제국대장공주에 이어 두 번째로 원 황실에서 시집오는 왕비였다. 이 공주 역시 고려 국정에 회오리바람을 일으키는 중심에 서게 된다.

공주가 도착한 지 사흘 후 충렬왕은 세자에게 양위한다는 교서를 반포하였고, 세자는 의례적인 사양을 한 번 하고 이를 받아들였다. 다음날 왕부자의 양위와 즉위를 승인하는 원 황제의 조서가 반포되고 이틀 만에 충렬왕은 장순룡의 집에 이어하여 임시 거처를 정했다. 충렬왕은 나중에 불은사佛恩寺에 대궐을 새로 지어 덕자궁德慈宮이라 하고 이곳으로 옮겼다. 퇴위한 충렬왕은 태상왕太上王이라 불렸고, 원에서는 새로이 일수왕逸壽王이라는 왕호를 내렸다.

충렬왕이 퇴거한 그날 세자가 강안전康安殿에서 즉위식을 거행하니, 이이가 고려 26대 충선왕이다. 1298년(충렬왕 24년) 1월 21일이었다.

세자가 원에서 도착한 지 열흘 만에 즉위식을 마친 것인데 모든 것이 준비된 듯이 일사천리였다.

충렬왕의 양위와 아들 충선왕의 즉위는 그렇게 순조롭게 마무리되었다. 물러나는 부왕이나 즉위하는 세자, 양인의 가슴속에는 여러 생각들이 복잡하게 얽혀있을지 모르겠지만 겉으로는 순조로운 왕위 교체였다. 충렬왕의 측근 세력들은 불안한 마음으로, 그동안 소외되었던 정통 관료집단에서는 기대 섞인 눈초리로 조용히 왕위 교체를 지켜볼 뿐이었다.

충선왕은 즉위식을 거행한 이틀 만에 사면과 함께 즉위 교서敎書를 반포한다. 즉위 교서는 지금으로 말하자면 대통령 취임사 정도에 해당하는데 이게 좀 특별했다. 고려 시대뿐 아니라 조선 시대에도 국왕이 즉위할 때는 모두 교서를 반포하는데, 대부분 특별한 의미 없이 왕실의 안녕이나 국운을 비는 미사여구로 채워지는 게 보통이다. 하지만 충선왕의 즉위 교서는 달랐다. 대단히 구체적이고 상세한 정책들을 세세히 언급한 것이다.

충선왕의 즉위 교서에는 모두 30여 가지가 넘는 정책 대안이나 국왕으로서의 명령을 담고 있는데, 그중 즉위 교서에 통상적으로 보이는 포상 문제를 제외한 개혁 정책에 해당하는 것만도 27개 항목이나 된다. 이 27개 항목의 개혁안은 정치·경제·사회 등 국정 전반의 모든 문제를 아우르고 있다.

교서의 내용을 일별해보면, 정치 분야에서는 인사행정과 지방행정 문제를 중심으로 거론하였고, 경제 분야에서는 대토지 소유와 농장의 확대 문제가 핵심을 이루고 있다. 사회 부분에서는 향리나 양민, 노비

등 신분 문제와 소송 문제가 거론되고 있다. 당시 국정 전반에 걸쳐 거론되던 거의 모든 폐단을 짚어낸 것이다. 그래서 이 교서는 충선왕의 개혁 정치를 보여주는 것이라고 할 수 있다.

그런데 교서에는 그런 폐단을 일으키는 인물들을 '권세가權勢家' 혹은 '호세가豪勢家' 등으로 표현하여 개혁의 대상을 분명히 밝히고 있다. 이들은 바로 충렬왕대의 측근 세력에 해당하는 인물들이었다. 충렬왕대에 측근들로서 권세를 부렸던 사람들을 우리 한국사 개설서나 중고등학교 교과서에서는 '권문세족權門世族' 혹은 '권문세가權門勢家'라고 부른다. 앞 장에서 설명한 원 공주의 수행원과 응방 관련자, 시종 보좌 공신이나 내관, 그리고 역관들이 바로 그들이다.

그런가 하면 충렬왕대의 측근들로 부정이나 비리를 저지른 자들을 폐행嬖幸이라고도 부른다. 폐행은 왕의 총애를 받는 사람을 뜻하는데, 《고려사》에는 그런 폐행들만 모아놓은 〈폐행 열전〉이 별도로 있다. 그런데 그 〈폐행 열전〉에 나열된 인물들이 대부분 충렬왕대 활동한 측근 인물들이었다. 충선왕은 즉위하사마사 이런 충렬왕의 측근 세력들을 표적으로 삼아 개혁 정치를 들고 나온 것이다.

인사행정을 바로잡아라

즉위 교서에는 인사행정에 대한 문제가 여러 항목에 걸쳐 가장 많이 언급되고 있다. 아마 당시 정치 부분에서 가장 중요한 문제였을 것이다. 인사행정에서 거론한 문제는 관직 제수, 천거, 음서蔭敍, 공신 자

손들에 대한 대우, 논공행상, 과거 시험 등과 관련한 잘못된 선례나 폐단들이었다.

관직 제수에서 일반적인 폐단으로 지적한 것은 품계를 뛰어넘는 관직 제수였다. 이를 '초수超授'라고 하는데, 5품에서 3품으로 뛴다든지 7품에서 5품으로 뛰어 관직을 제수하는 것이다. 즉위 교서에는 5품에서 3품으로 뛴 경우를 특별히 예로 들면서 그런 초수자는 파직하라는 명령을 내리고 있다.

고려 시대에는 관직을 구분하는 몇 가지 기준이 있었다. 참직參職이냐 아니냐 하는 것과, 음서의 혜택을 받는가 받지 못하는가 그리고 재상급인가 아닌가 하는 기준이다.

참직은 국정에 직접 참여할 수 있는 관직으로 보통 6품 내지 7품 이상이 해당되지만 반드시 관품이 중요한 게 아니라 맡은 바 직책이 중요했다. 다시 말해서 6품 관직에도 참직이 아닌 것이 있고 7품 관직에도 참직인 것이 있었다. 참직을 맡게 되면 국왕을 직접 대면하여 의견을 개진할 수 있고 국왕이 참석하는 조회 석상에서도 발언권이 주어졌다.

음서의 혜택 기준은 5품 이상이었다. 음서는 5품 이상 관료의 자손들에게 과거 시험을 거치지 않고 관직을 제수하는 것을 말한다. 여기에 5품 이상은 공음전功蔭田이라 하여 자손에게 세습할 수 있는 토지를 지급받기도 한다. 그래서 고려 시대에는 5품 이상만 되면 관직과 토지를 세습할 수 있었는데, 이것을 가지고 고려 귀족제 사회를 떠받치는 양대 기둥으로 설명하곤 한다.

그리고 재상급 관료는 2품 이상 고위관료를 말한다. 이들은 3품 이하 관료와는 달리 여러 가지 정치 사회적인 특권을 누리고 있었는데, 국가 최고 정책을 결정하는 도당 혹은 도병마사(충렬왕 때 도평의사사로 개칭)라는 회의 기구에 참여하는 것이었다. 여기에 더하여 재상급 관료가 된다는 것은 문벌 귀족 가문으로 성장할 수 있는 바탕을 마련하는 것이기도 했다.

관직 승진 과정에서 이상과 같은 관직체계상의 몇 가지 경계를 넘어 승진한다는 것은 쉬운 일이 아니었다. 관품을 뛰어 초수가 이루어지는 경우도 이 경계까지 침범하여 뛰어넘지는 못했다. 다시 말해서 5품에서 3품으로 뛰는 것은 가능하다고 쳐도, 4품에서 2품으로 뛰어 바로 재상급에 오르는 것은 거의 불가능했다는 얘기다. 그런 경우는 아마 정변과 같은 비정상적인 상황에서나 가능했다고 보인다.

그래서 관품을 뛰어 관직을 제수하는 가장 흔한 경우가 5품에서 3품으로 뛰는 것이었고, 즉위 교서에서는 이를 특별히 예로 들어 거론했던 것이다. 게다가 3품은 재상급 관료의 바로 아래로 경솔하게 제수하지 않았으니, 지금으로 말하자면 장·차관급에 오르기 직전의 품계로 관직 승진 과정에서 가장 경쟁이 심한 단계였다고 볼 수 있다. 이 때문에 인사 청탁이나 부정에 의한 초수가 심하여 그런 경우는 파직하라는 명령을 내렸던 것이다.

그런데 이러한 초수자들은 대부분 충렬왕의 측근 인물들이었다. 응방에 속해 있던 이정이라는 인물을 대표적인 예로 들 수 있다. 앞서 언급했지만 그는 천민 출신으로서 관직 초수에서 그를 따를 자가 없었다. 원 공주의 수행원이나 충렬왕의 총애를 받던 내관들도 초수의 특혜를 받았던 사람들이었다. 이로 인해 관직 승진체계가 문란해지고 여러 비난이 무성하게 일어났던 것이다.

인사행정 분야에서 또 하나 폐단으로 지적한 것은 공신과 그 후손들의 관직 등용 문제였다. 우선 공신에 대한 규정을 엄격히 제한하여 적용할 것을 피력하고 있는데, 눈에 띄는 대목은 서희徐熙·강감찬姜邯贊·조충趙沖·김방경金方慶 등을 특별히 예로 들면서, 이 정도는 되어야 가히 공신이라고 부를 수 있고 그 자손을 등용할 수 있다고 언급한 점이다. 이들은 모두 외적이 침입했을 때 종묘사직을 위해 싸운 인물들이다.

즉위 교서에서 충선왕이 이러한 언급을 했던 것은 분명한 이유가 있었다. 그것은 충렬왕이 원에 입조할 때마다 호종했던 인물들이 공신으로 책정되어 행세하는 것을 비판하려는 것이었다. 이들을 보통 '친종행리親從行李'라 부르는데 앞 장에서 설명했던 시종 보좌 공신이 바로 그런 인물들이었다.

이들 친종행리 공신들은 여러 가지 특권을 누렸다. 우선 출신 신분상 관직 진출에 제한이 많았지만 본인이 공신으로 책정되면서 이게 풀리고, 그 자손도 관직에 나아갈 수 있는 길이 열렸으며, 자신의 출신지(본관)에 호號를 가하는 특혜도 누렸다. 이를 허통許通이라고 하는데, 신분상 하자가 있어 법으로 금지한 관직 진출이나 승진 제한을 풀어주는 것을 말한다. 국왕이 원에 입조할 때 호종했던 인물들은 대부분 그런 허통의 특혜도 입었다.

이렇게 초수나 공신 책봉, 허통 등의 특혜는 시종 보좌 공신이 독점하다시피 했다. 가장 대표적인 인물로 내관으로 예안군禮安君에 책봉된 이지저를 들 수 있다. 그는 온갖 특혜와 권세를 누리면서 충렬왕의 최측근으로 비리를 밥 먹듯이 저질렀다. 즉위 교서에서는 이후부터 그런 특혜를 허용하지 말고 위반한 경우에는 해당 관청에서 논파하라고 주문하고 있다.

 그러면서 즉위 교서는 태조 왕건 때부터 당대까지 여러 차례의 내우외환 당시에 공로를 세운 인물들을 연대별로 하나하나 열거해놓고 그 후손들을 등용하라는 지시를 하고 있다. 이는 그동안 친종행리 공신 때문에 소외되어 홀대를 받았던 전통적인 공신들을 우대하려는 것이었으니, 고려 왕조의 정통성을 바로 세우고 국가의 기강을 바로 잡기 위한 조치로 보인다. 나아가 이것은 그동안 소외된 정통 관료집단에 대한 우대라고 볼 수도 있다.

백성 착취를 금하라

인사행정 외에도 즉위 교서의 정치 분야에서 거론한 것으로 지방행정과 관련한 문제가 있다. 여기서는 지방민에 대한 착취와 빈번하게 파견하는 사신들이 일으키는 폐단을 문제삼고 있는데, 이 문제 역시 충렬왕의 측근 세력과 관계가 있었다.

 고려 시대에는 각 지방에 정기적으로 파견되어 지방을 순행 감찰하는 사신이 있어 이들을 안찰사按察使 혹은 안렴사按廉使라고 불렀다. 조선 시대로 말하자면 각도의 장관인 관찰사觀察使에 해당하는데, 다른 점은 조선의 관찰사가 지방 각도에 상주하는 외직의 전임관인데 반해, 고려의 안찰사는 중앙의 관직을 띠고 일시적으로 지방에 파견되어 상주하지 않고 순행 감찰하는 사신의 기능을 했다는 점이다.

이런 안찰사가 파견되는 지역을 '도道'라고 불렀다. 예를 들면 전라도는 전주와 나주 방면을 말하고, 경상도는 경주와 상주 방면을 말하며, 강릉도는 강릉 방면을 가리키는 것이었다. 이게 조선 시대 지방 행정 구역인 8도로 정착된다. 그러니까 고려 시대의 '도'는 아직 지방 행정제도가 완비되기 전 '어느 방면으로 가는 길'이란 뜻의 '도'였는데 이것이 조선 시대 행정 구역의 명칭으로 정착하여 지금까지 내려온 것이다.

이런 안찰사들이 일으키는 폐단은 지방 수령들의 탐학을 감찰하지 않고 중앙의 권세가에게 뇌물을 바치기 위해 백성을 착취한다는 점이었다. 여기에는 그럴 만한 배경이 있었다.

안찰사는 충렬왕 때부터 안렴사로 명칭이 바뀌는데 조선 시대 관찰사와는 달리 미관이었다. 조선 시대 관찰사는 중앙 6조의 장관(판서)과 맞먹는 품계였지만, 안렴사는 잘해야 5품이나 혹은 6품관이었다. 이는 지방 군현의 수령보다 나을 것이 없는 품계로 지방관을 감찰하기에는 역부족이었다. 그러하니 수령에 대한 감독은커녕 더불어 지방민을 착취하는 데 일조를 했던 것이다.

게다가 충렬왕대는 중앙 정치에서 측근들에 의한 인사 비리가 많던 시절이었다. 지방관이나 안렴사나 모두 기회만 오면 권세가에게 바칠 뇌물을 만들기 위해 백성을 착취하는 것이 예사였다. 특히 주목되는 점은 그런 사리사욕을 위해 지방 수령을 자청하는 중앙의 고관도 있었고, 심지어는 재상급으로서 수령으로 파견되는 경우도 있었다는 사실이다. 그러니 안렴사가 그런 수령을 감독할 수 없음은 자명하고 더불어 탐학을 일삼았던 것이다.

그런데 더욱 중요한 사실은 안렴사나 수령만이 지방 백성을 착취하는 것이 아니었다는 점이다. 지방에 빈번하게 파견되어 진짜 문제를 일으키는 사신은 'ㅇㅇ별감'이라는 직책을 띤 자들이었다. 별감別監은 특별한 임무를 수행하기 위해 임시로 각 지방에 파견되는 사신이다. 예를 들면 원의 요구로 매를 진상하기 위한 착응별감, 일본원정과 관련된 선군별감·군량별감, 호구와 토지 점검을 위한 인물추고별감, 국왕의 특명을 수행하기 위한 왕지사용별감 등으로 명칭이나 하는 일이 다양했다.

이러한 별감들이 일으키는 작폐도 여러 가지였다. 우선 수시로 파견되니 지방 관청의 업무가 번잡해진다는 점을 들 수 있다. 별감들은 안렴사와는 달리 소규모 군대나 아전들을 이끌고 다녔는데, 이들이 이동할 때는 역마를 지원하고, 머무르는 동안에는 숙식을 비롯해 그 활동을 지원해주어야 했다. 또한 별감들은 대부분 특별 임무를 띠고 파견되었기 때문에 지방 수령들에게는 대개 억압적인 존재여서 더욱 그랬다. 그러니 지방 백성들에게는 말할 나위가 없었다.

별감의 백성 착취와 관련하여 이런 일도 있었다. 1287년(충렬왕 13년) 10월 전라도 왕지별감 권의權宜란 자가 은 40근과 호피 20령을 당시 세자로 있던 충선왕에게 바친 적이 있었다. 입원을 앞둔 충선왕의 여비에 보태라는 뜻이었다. 충선왕은 자신의 뜻과 다르게 백성을 착취한 것이라 하여 이 물품을 모두 원주인에게 돌려주고 말았다.

여러 별감 중에서 왕지(사용)별감은 국왕의 특명을 받은 존재로서 특히 착취가 심했던 것 같다. 그들은 합법적으로 지방 백성을 착취할

수 있는 권한을 부여받은 듯했다. 나쁘게 말해서 착취였지만 좋게 말하면 국왕이 지방에 파견하는 특별한 목적의 공물 징수였다고 할 수 있다.

지방민을 착취하는 데는 홀치나 응방·순마소·궁궐도감 등에서도 한몫을 했다. 이들 관청에 새로운 책임자가 부임해오면 신임관에 대한 상납을 위해 지방의 백성을 착취하곤 했다. 즉위 교서에서는 이것도 거론하여 금지시키고 있다. 홀치나 응방 순마소에 대해서는 앞 장에서 언급했으니 생략하고, 궁궐도감은 제국대장공주가 시집오면서 새로운 궁궐을 조영한다고 임시로 만든 관청이다.

그런데 이들 관청은 모두 원과의 관계 속에서 설치된 것이란 점이 중요하다. 충선왕이 이들 관청의 불법 행위를 금지시킨 것은, 그래서 원과의 관계를 악화시킬 소지를 충분히 안고 있었다. 앞서 충선왕의 즉위 교서는 충렬왕의 측근 세력을 표적으로 하고 있다는 말을 했는데, 사실 충렬왕의 측근 세력들도 대부분 원과의 관계 속에서 성장하고 기반을 마련한 사람들이었다. 그래서 이를 두고 더러는 충선왕의 개혁 정치를 반원적인 성격으로 규정하는 경우도 있으니 이는 뒤에 다시 언급하겠다.

이상의 사람들이 지방민들에게 착취하는 물품은 그 지방의 특산물을 비롯하여 은銀이나 옷감·미곡 등이었다. 그런데 이렇게 지방에서 착취한 물품을 중앙으로 운송하는 데 또 문제를 일으킨다. 이렇게 착취한 물품을 국왕에게 올리는 진상품이라 속이고 역마를 마음대로 동원하여 이용했던 것이다. 그래서 즉위 교서에서는 아무리 작은 물품이라도 역마 이용을 마음대로 하지 못하게 금하고 있다.

착취 대상에는 사람도 빠지지 않았다. 유망 농민을 억압하여 불법으로 점거한다든지, 남의 노비를 빼앗아 자신의 소유로 하는 것이다. 이렇게 불법적으로 억압하고 소유한 인구人口는 생산수단으로 다음에 설명할 권세가의 대토지나 농장으로 흘러들어갔다.

권세가의 대토지 소유

즉위 교서의 경제 분야에서 가장 중요한 폐단으로 지적한 것은 권세가에 의해 자행되는 대토지 소유와 농장農莊 문제였다. 이 문제는 당시 정치·경제·사회의 모든 폐단이 압축된 가장 중요한 주제이니 교서 내용을 언급하기 전에 일반적으로 알려진 실상부터 살펴볼 필요가 있다.

권세가들이 대토지를 소유하게 된 계기도 역시 충렬왕대의 측근 정치와 무관치 않았다. 충렬왕은 총애하는 측근들에게 자주 토지를 하사하곤 했다. 공신을 책정하여 공식적으로 주는 경우도 있었지만 총애하는 측근에게 사적, 비공식적으로 주는 경우가 훨씬 더 많았다. 어느 쪽이건 불법 여부를 가늠하기가 좀 애매했는데, 이렇게 국왕이 신하에게 하사하는 토지를 사패전賜牌田 혹은 사전賜田이라고 한다. 사패는 국왕이 토지를 하사하면서 그 증표로 주는 나무 조각으로 만든 부표牌 같은 것이다.

이러한 사패전 혹은 사전은 소유권所有權, 즉 토지 자체를 주는 것이 아니라 그 토지에서 생산되는 조세를 징수할 수 있는 권리, 즉 수조권收租權만 주는 것이 본래 원칙이었다. 당연히 사패전으로 하사된 그 토지를 경작하며 소유하고 있는 농민은 따로 있었다. 이때 그 농민은 토지를 경작한 후 조세를 국가에 내는 대신에 사패전을 하사받은 그 권세가에게 조세를 내는 것이다.

그런데 국왕에게 사패전을 하사받은 자가 권세를 앞세워 그 사패전을 아예 자신의 토지로, 즉 소유권을 가로채는 경우가 많았다. 이렇게 되면 그 농민은 그 권세가의 소작인으로 전락하고 만다. 이런 농민을 전호田戶라고 불렀다. 여기에는 중세 사회의 토지 소유권이 완전히 배타적으로 성립하지 못했다는 역사적 배경도 작용하고 있다. 국가의 모든 토지는 국왕의 소유, 즉 왕토사상王土思想이라는 것이 관념적으로나마 남아 있었기 때문이다.

그런가 하면, 경작하지 않고 놀리는 토지나 묵힌 토지, 즉 휴한지休閑地나 진전陳田 같은 것을 사패전으로 주는 경우도 많았다. 고려 시대에는 거름 주는 기술(시비법)이나 농기구 문제 등 농업 기술상의 미숙으로 이러한 토지가 널려 있었다. 휴한지나 진전을 국왕이 사패전으로 하사하는 것은 이를 개간하여 경작지로 만들라는 뜻도 있었으니, 사패전의 본래 취지는 여기에 있었고 따라서 대부분의 사패전은 그런 토지였다.

이런 토지를 사패전으로 하사받으면 아예 소유권을 인정하는 것이나 마찬가지였다. 왜냐하면 휴한지나 진전은 명확한 소유권자가 없는 경우가 많았기 때문에 노동력을 투입하여 경작지로 개간하면 주인으로 인정받을 수 있었던 것이다. 바로 이 점을 악용하여 국왕으로부터 토지를 하사받은 권세가는 명확한 소유권자가 있을 때에도 휴한지나 진전이라 속이고 그 토지를 자신의 소유로 만드는 것이었다.

그런데 사패전의 가장 큰 문제는 권세가들이 국왕으로부터 거짓으로 사패를 받았다고 속이고 농민 소유지나 휴한지·진전 등을 가리지 않고 점유하는 것이다. 사패를 사칭한 경우에는 국왕 측근들 중에서 지근거리에 있는 내관들의 개입이 많았고, 따라서 누구보다도 사패전을 많이 받고 대토지를 소유한 자들이 바로 국왕의 측근들이었다. 이지저가 그 대표적인 사람이었다.

또 다른 문제는 권세가들이 사패전을 통하여 소유한 토지를 중심으로 인근에 있는 토지를 계속 확대 점유하여 넓혀갔다는 점이다. 이때도 소유자가 있고 없고를 가리지 않고 자행되었는데 이를 탈점奪占이라고 한다. 그리하여 심한 경우 산과 강을 경계로 할 정도로 토지 소유가 넓었다. 그렇게 탈점당한 토지의 본래 주인은 전호로 전락하고 마는 것이다. 이러한 문제로 토지를 둘러싼 소송, 즉 전송田訟이 끊이지 않았지만 그것으로 해결이 안 되니 한 토지에 주인이 두 셋이 되는 경우도 허다했다.

대토지 소유나 농장은 국가에 세금도 내지 않는 경우가 많았다. 물론 불법이었지만 여기에도 제도적인 허점이 작용하고 있었다. 새로이 개간한 토지의 경우 세금을 징수할 수 있는 근거가 제대로 갖추어지지 않았던 것이다. 그래서 대토지 소유는 백성들에게 피해를 줄뿐만 아니라 국가 재정을 궁핍하게 만드는 중요한 요인이기도 했다.

그런데 권세가의 대토지 소유가 계속 확대되면 더 중요한 문제가 자영농이 소작인, 즉 전호로 전락한다는 점이었다. 이는 권세가가 토지뿐만 아니라 그 전호까지 지배하는 것으로 자영농의 몰락인 것이다. 자영농의 몰락은 농촌 사회의 불안과 유민을 초래하여 그 자체로 국가적 문제였다. 이 문제는 원 조정에서도 인식하고 있었는지 여기에 개입하였다.

1278년(충렬왕 4년) 충렬왕이 원에 들어갔을 때 바로 이 문제가 거론되었다. 당시 원의 승상은 역관인 조인규를 통해 백성들을 안정시킬 수 있는 방안을 마련하여 황제께 올리라는 주문을 한다. 충렬왕은 함께 온 3품 이상 관리들에게 명하여 이 문제를 논의케 하였는데, 모두 처간處干을 철폐하여 부역賦役을 부과해야 한다고 말했다. 처간은 바로 전호를 말한다. 권세가들이 토지 소유를 확대하면서 경작하는 백성까지 지배하니 부역을 원래대로 회복시켜야 한다는 뜻이었다. 여기에는 일반 백성들이 부역을 피하기 위해 고의로 권세가에 의탁하여 자진해서 전호로 전락하는 경우가 많았던 사회적 배경이 작용하고 있다. 이 문제가 원 조정에서 어떻게 결론이 났는지 그 뒤 사정이 정확히 언급되어 있지 않은데, 국가적인 문제였다는 것을 알 수 있다.

대토지 소유는 원 간섭기에 처음 생겨난 일은 아니다. 앞선 무인 집권기에도 집권 무인들과 권력층에 의해 그런 일은 자행되고 있었다. 하지만 무인정권의 타도와 붕괴가 반복되면서 대토지 소유는 계속 누적되지 않고 어느 정도 해소되었다고 보인다. 게다가 강화도로 천도한 후 몽골과의 전쟁 동안 내륙이 방치되다시피 하면서 토지에 대한 지배력도 약화되어 대토지 소유가 계속 확대되지는 않았다.

그런데 원 간섭기 권세가에 의한 대토지 소유는 시간이 흐를수록 계속 누적되어 심화되어 갔다. 이것을 해결하기 위한 몇 차례의 조치가 있긴 했지만 해소하는 데는 역부족이었다. 결국 고려 말에 이르면 이 문제를 해결하지 않고는 고려 왕조를 유지할 수 없을 정도로 그 폐단이 커서 국가적인 문제로 등장한다. 고려 말에 대두한 '사전개혁론'이 바로 그것이고, '과전법科田法'이라는 토지제도는 그래서 탄생한 것이다.

이렇듯 대토지 소유 문제는 권세가들이 자행했던 온갖 불법이나 비리에서 가장 큰 사회적 문제를 일으켰다. 권세가들에 의한 이러한 대토지 소유가 불법적으로 사람들까지 억압하여 경영하면서 이를 '권력형 농장'이라고 불렀다. 이들의 대토지 소유나 인구 점거가 권력을 이용한 불법이었기 때문이다.

농장으로 흘러들어가는 유망 농민

충선왕의 즉위 교서에는 대토지 소유나 농장에 대해서 그 원인이나 실태 등을 정확히 파악하고 있다. 한 가지 주목되는 사실은 권세가의 대토지 소유가 백성들의 토지뿐만 아니라 양반 소유의 토지도 탈점 대상에서 예외가 아니었다는 사실을 언급한 점이다.

본래 문무 양반에게 지급한 토지는 개경을 중심으로 그 인근에 있는 8개 현의 토지였다. 문무 양반들에게 관직에 봉직하는 반대급부로 지급하는 것으로 이게 고려 시대 토지제도인 전시과田柴科제도의 핵심 내용이다. 그렇게 지급한 토지 중에는 전지田地라는 경작지와 함께 시지柴地라는 비경작지를 함께 주었는데 이는 개간하여 이용하라는 뜻이었다. 그런데 이런 전시과제도가 고려 전기까지는 잘 운용되다가 무인 집권기를 거치면서 무너지기 시작하고, 대몽항쟁기에는 강화도로 천도하면서 유명무실해졌다. 전쟁 동안에 왕래의 불편으로 방치된 내륙의 토지는 경작하기 어려웠기 때문이다. 그래서 황무지로 변한 경우가 많았는데 권세가들이 바로 이러한 토지를 사패를 받아 점유했던 것이다.

즉위 교서에서는 이런 경우 해당 관청에서 다시 심사하여 신구 주인간에 서로 화해하여 지급하라고 하였다. 아울러 강화도의 토지는 문무 양반들에게 균등하게 분급하도록 하였다. 천도한 강화도의 토지는 전쟁 기간에 문무 양반들에게 전시과 대신 지급되었고, 인구가 과밀하여 개간이 집중적으로 이루어졌었다.

이와 같은 사실을 감안하면 당시 농장의 확대는 반드시 충렬왕의 사패 남발에만 그 원인이 있었던 것이 아니고, 오랜 전란 끝에 황무지로 방치된 토지가 많았던 사회적 배경이 작용하고 있었다. 사패를 받아 불법으로 점유할 수 있는 토지가 사방에 널려 있었다는 뜻이다. 충렬왕이 사패전을 남발하지 않았을지라도 농장은 확대될 수밖에 없는 추세였다. 다만 사패전이 그것을 촉발시킨 것은 분명해 보인다.

어쩌면 충렬왕대의 사패전은 고려 전기의 토지 분급제도인 전시과 제도가 붕괴되고 그것을 대신한 임시적인 토지 분급제도였다는 생각도 든다. 국왕 측근 세력이 새롭게 성장하면서 그들을 끌어들이기 위한 반대급부로 토지 지급이 필요했을 것이기 때문이다. 다만 제도적 준비나 뒷받침이 미흡하여 토지 지급에 대한 분명한 원칙이 세워지지 못했다는 점에서 법제적인 토지제도로 보기에는 분명한 한계가 있었다.

즉위 교서에는 대토지 소유의 원인이 사패에 있다는 것을 정확히 인식하고 있었지만, 불법 점거한 그런 토지를 원 주인에게 돌려주라는 대책 외에 특별히 제시한 방안이 없었다. 더 중요한 문제는 그 책임을 안렴사나 지방 수령에게 맡기고 있다는 사실이다. 안렴사나 수령은 앞서 교서에서 살펴보았듯이 지방행정에서 비리나 불법의 주범이었다.

특히 모순되는 대목은, 권세가들이 농장에 억류한 백성들을 안렴사나 수령으로 하여금 추쇄하여 고향으로 돌려보내라고 한 점이다. 안렴사나 수령은 그들 자신이 유망 농민이나 노비를 불법으로 점거하고 중앙의 권세가에 보내기도 했던 자들이다. 그래서 이들에게 그 책임을 맡긴 것은 아무래도 한계가 있었던 것 같다.

권세가의 농장 확대와 유망 농민의 발생은 인과관계로 서로 밀접하게 얽혀 있었다. 권세가의 대토지 소유가 확대될수록 노동력도 그에 따라 수요가 급증하였고, 그런 노동력을 공급해주는 존재가 바로 유망 농민이었다. 교서에는 권세가들이 이런 유망 농민을 소집하여 농장을 만들고 있음을 정확히 지적하고 있는 것이다.

그런데 유망 농민이 생겨난 배경은 바로 권세가의 대토지 소유에 있었다. 권세가들이 사패를 이용하여 농민의 경작지를 빼앗으니 농민들은 토지에서 떨어져나가고, 이런 농민들이 떠도는 생활을 하다가 권세가의 농장으로 흘러들어가는 것이다. 이런 몰락 농민들은 그 사회 경제적 처지가 서양 중세의 농노農奴와 조금도 다를 것이 없었다.

유망 농민이 강제로 억압되어서만 농장으로 들어가는 것은 아니었다. 물론 그런 경우도 있지만, 경제적 어려움으로 인해 자진해서 몸을 던진 경우도 많았다. 이를 '투탁投託'이라고 한다. 이는 말할 필요도

없이 신분의 추락인데, 그렇게 하는 이유는 부역이나 조세 등 국가에 대한 여러 부담으로부터 벗어날 수 있었기 때문이다. 심지어는 양민이 노비로 투탁하는 경우도 있었다.

그런 노비도 권세가의 농장으로 흘러들어갔다. 주목되는 점은 권세가의 사패가 토지 탈점에만 이용되는 것이 아니고 노비를 억압하여 소유하는 데도 이용되었다는 사실이다. 권세가들이 사패를 악용하여 주로 지방 관청에 소속된 노비들을 자신의 농장에 억류했는데, 여기에는 안렴사나 지방 수령이 동원되었다. 농장의 확대로 노동력의 수요가 많아짐에 따라 나타나는 필연적인 현상이었다.

이렇게 권세가의 사패는 대토지 소유를 확대시키고, 이는 농민의 유망과 몰락을 불러오며, 유망한 농민은 다시 권세가의 농장으로 흘러들어가는 것이다. 그래서 농장이 확대될수록 다시 이런 사회적 모순이 순환 반복되는 것이었다. 그 악순환의 고리를 끊어 차단하는 것만이 근본적인 대책인데 교서에는 그 점이 부족했다.

기타 사회 악폐 문제

즉위 교서의 사회 분야에서 지적한 문제는 우선 향리에 대한 것이 있다. 향리는 지방 관청의 말단관리로 행정적인 잡무를 수행하는 자들이다. 이들이 권세가에 붙어 관직에 입사하거나 산원散員(정8품)이라는 하급장교직을 제수받아 본래의 직무를 저버린다고 교서에서 지적하고, 해당 관청에서는 이를 심사하여 본역에 충당하라고 하였다.

산원 아래의 말단장교직으로 오위伍尉(정9품)와 대정隊正(종9품)이 있는데, 이들도 권세가에 붙어 산원을 불법적으로 제수받아 본역을 기피하고 있었다. 여기의 오위와 대정은 본래 지방의 향리가 겸직하는 군사직으로 농민으로 구성된 지방군 조직에서 장교랄 것도 없는 낮은 위치에 있었다. 지금으로 말하자면 하사관급 정도에나 해당할까.

그래서 그 위의 산원이라는 장교직은 무관으로 나아가는 실질적인 초급장교로, 지방 향리들이 이를 차지하려 했던 것은 중앙의 권세가에 의탁하여 출세하려는 것이었다. 여기에는 물론 뇌물이 오고갔으니 당시에 뇌물이 만연했으리라는 것도 충분히 짐작할 만한 일이다. 교서에는 그래서 중앙의 고위 관리들에게 뇌물을 금하고 위반한 자는 죄를 주라고 하였다.

본역을 기피하는 것은 향리만이 아니었다. 일반 양인들도 여기서 빠지지 않았는데, 다만 양인은 향리와 달리 신분을 높이는 쪽이 아니라 천민으로 신분을 낮춰 본역을 기피했다. 또는 권세가가 양인을 억압하여 천인으로 만드는 것을 압량위천壓良爲賤이라고 하는데 이때도 본역을 피할 수 있었다. 때로는 몰락한 양인들이 압록강 너머 원의 영토로 흘러들어가는 경우도 많았다. 원과의 관계에서 이런 유민 소환 문제는 자주 등장하는데 다시 언급할 기회가 있을 것이다.

즉위 교서에서 사회 문제로 또 하나 언급한 것은 재판과 소송에 관련한 것이었다. 당시 소송에서 가장 많이 제기된 문제가 토지와 노비에 관련한 소송이었다. 이는 말할 필요도 없이 권세가의 농장 확대와 직결된 문제였다. 권세가들이 사패를 악용하여 남의 토지를 불법으로 차지하니 당연히 토지 소유권을 둘러싼 전송田訟이 끊이지 않았다.

그런데 재판을 담당한 청송관聽訟官이 이런 소송을 회피하고 판결을 미루곤 했던 것이다. 여기에도 물론 권세가의 입김이 작용하고 있었다. 그래서 교서에는 판결을 미루고 즉결하지 않는 이런 청송관에 대해 죄를 줄 것을 주문하고 있는 것이다.

충선왕이 즉위 교서에서 여러 정치 사회적인 문제를 지적하면서 이에 대한 해결책으로 제시한 것은 금지나 원상복구, 해당 관리에 대한 논죄 정도였다. 하지만 이런 대처로는 근본적인 해결책이 될 수 없었다. 특히 권세가의 대토지 소유와 농장 확대 문제가 그랬다. 권세가의 농장은 모든 사회적 악폐의 집합소였기 때문이다.

이를 해결하기 위해서는 제도상의 개혁 조치가 필요했는데 그것은 새로운 토지제도를 만들어내는 방법 외에 다른 길이 없었다. 하지만 충선왕의 즉위 교서는 거기까지는 나아가지 못하고 있다. 새로운 토지제도의 창안은 국가 경영 전체의 패러다임을 다시 짜야 했기 때문이다.

개혁의 시작, 핵심 참모 4학사

충선왕은 즉위한 사흘 후 수녕궁에서 조촐하지만 특별한 잔치를 베풀었다. 최참崔旵·박전지朴全之·오한경吳漢卿·이진李瑱 등 네 사람을 위한 자리였다. 이들을 4학사라 불렀는데 지금까지 별로 드러나지 않은 신진 인사로, 이 자리를 마련한 것은 특별한 이유가 있었다.

이들 4학사는 바로 충선왕의 즉위 교서를 입안한 사람들이었다. 충선왕이 즉위한 바로 직후 여러 개혁안을 담은 상세하고 방대한 조서를 반포할 수 있었던 것은 이들이 있었기 때문이다. 충선왕은 그 자리에서 이들의 노고에 대한 보답으로 비단을 하사하였다. 요란스럽게 주변의 시선을 끌지 않도록 배려한 조용한 자리였다. 국왕의 신임이 깊을수록 개혁을 추진하기 위해서는 그런 배려가 필요했을 것이다.

4학사 가운데, 먼저 최참은 출신 신분이나 과거 경력 등 그가 어떤 성향의 인물인지 자세한 기록이 없다. 다만 그가 진주의 수령으로 있을 때 충렬왕에게 바친 비단이 질이 나쁘다고 하여 심문을 받고 파면당했다는 경력이 다른 사람의 열전에 간략히 언급되고 있을 뿐이다. 그 성향이나 출신은 나머지 세 사람의 인물과 큰 차이가 없을 것이란 점만 짐작할 뿐이다.

박전지는 죽주(경기 안산)가 본관으로 약관이 못 되어 과거에 급제했고 그의 아버지도 고위 관직을 역임했으며, 외조부는 원종대 수상이었던 이장용李藏用으로 정통 사대부 가문 출신이었다. 그는 강직하고 과단성 있는 성품으로 초임 관직을 주로 문한직에서 보냈는데, 충렬왕 초기에 의관자제로 선발되어 원 조정에서 활동했던 특별한 경력이 있다. 그는 30대에 세자 시절의 충선왕을 가르친 스승이었고 입원할 때도 함께했으며, 충선왕의 즉위 교서도 그가 중심이 되어 작성하였다. 박전지는 4학사 가운데 핵심 인물로 이후 충선왕과 정치적 부침을 함께하다가 1325년(충숙왕 12년) 76세로 죽는데, 그의 이름을 꼭 기억해둘 필요가 있다.

오한경은 해주(황해도) 출신으로 역시 과거에 급제하여 관직에 나온 인물인데 학문이 넓고 깊었다고 한다. 그의 처음 관직이 세자를 가르치는 동궁시학東宮侍學이었다는 점으로 봐서도 그 점을 알 수 있다. 그는 역사 편찬에도 참여하는 등 충선왕을 만나 여러 요직을 두루 거치다가 1314년(충숙왕 1년) 73세로 죽는다. 오한경은 나중에 이름을 오형吳詗으로 개명한다.

끝으로, 이진은 《역옹패설》의 저자로 유명한 이제현의 아버지다. 경주 출신으로 과거에 급제하여 관직을 시작하였다고 하니 역시 정통 사대부 가문 출신이라고 볼 수 있다. 그는 제자백가 사상에 두루 통달할 정도로 학문에 능했는데, 특히 시문에 능하여 명성이 높았으니 아들 이제현은 그런 아버지의 재능을 물려받았던 모양이다. 아들 이제현은 충렬왕부터 공민왕까지 무려 7대 동안 관직에 있었고 재상을 네 번이나 거친 인물인데, 이진은 1327년(충숙왕 8년) 78세로 죽기까지 크게 현달했지만 말년에는 그런 아들의 위세를 빌어 축재에 힘을 쓰다가 세간의 비난을 받기도 했다.

이상 4인의 공통점은 모두 과거에 합격하여 관직에 나왔고 문장과 학문에 능했다는 것이다. 그리고 지방 수령을 역임하면서 청렴했거나 많은 업적을 드러냈다는 점이다. 이런 경력이나 성향은 충렬왕의 측근 세력들과는 정반대의 면모였다고 할 수 있다. 충선왕은 이런 성향이나 경력을 중시하여 이들을 발탁했던 것이다.

이들 4학사를 대하는 충선왕의 마음은 남달랐다. 즉위한 지 사흘 만에 이들을 제일 먼저 불러 대면한 것만 봐도 알 수 있지만 이후에도 충선왕은 이들을 전폭적으로 신뢰한다.

즉위한 지 한 달 쯤 뒤에는 이런 일도 있었다. 연등절(2월 15일)을 앞둔 일종의 전야제와 같은 연회가 봉은사奉恩寺에 마련된 자리였다. 이날 충선왕은 봉은사로 행차하면서 4학사를 위해 왕실의 말과 안장을 하사하였다. 다음날 본 대회에서 모든 신하들이 국왕의 장수를 축원하는데, 특별히 4학사를 불러 나오게 하고 친히 술을 따라주면서, "오직 그대 학사들은 직언하여 숨김이 없도록 하라"고 하여 그들에 대한 신임을 공개적으로 드러냈다.

개혁을 추진하기 위해서는 참모들과 은밀한 대면도 필요하지만 여러 사람들에게 그 긴밀한 관계를 드러낼 필요도 있었다. 개혁의 핵심 인물들이 누구인지 알려져야 그 대상 인물들이 개혁의 방향이나 성격을 짐작하고 스스로 몸조심을 하기 때문이다.

일반적으로 개혁의 성패나 향방은 집권 초기에 반은 결정된다. 드러난 개혁 주체들의 성향이 어떠냐에 따라서, 혹은 개혁 대상들이 개혁 주체를 어떻게 보느냐에 따라서 말이다. 개혁 대상들이 개혁 주체들을 우습게 보면 실패하는 것이고, 두렵게 보면 반은 성공하는 것이다. 연등절 행사에서 충선왕과 4학사는 충렬왕의 측근 세력들에게 어떻게 비춰졌을까.

이어서 충선왕은 안렴사제도를 보완하였다. 경상·충청·전라 3도는 지역이 넓고 업무가 많다고 보아 안렴사에 부관(안렴부사)을 두었다. 그리고 바로 3도에 안렴사와 부사를 파견한다. 이는 수령에 의한 백성 착취가 심했다는 사실을 감안한 지방에 대한 통제 강화였다. 충선왕은 각도의 안렴사를 수시로 불러 백성을 다스리는 정도를 훈시하고 친히 술을 따라주기도 하면서 의지를 북돋워주었다. 그런 자리에서 충선왕은 백성의 어려움을 거론하면서 눈물을 흘리기도 했다고 한다.

민생 안정을 위해서는 안렴사의 파견도 중요했지만 그 인물 선정도 중요했을 것이니 특별히 전라도 안렴사에는 허유전을 발탁했다. 여기

허유전은 앞에서 한번 언급한 인물인데, 감찰사의 관리로 있던 중 충렬왕의 미움을 사서 곤욕을 치렀던 인물이다. 그런 허유전이라면 지방 수령을 감시할 안렴사로 적격이었을 것이다.

3도에 안렴사를 파견한 열흘 후, 충선왕은 삼척의 두타산에 은거하고 있는 이승휴를 부른다. 그 역시 충렬왕을 비판하다 파직당한 인물이니 충선왕에게는 꼭 필요한 인물이었다. 하지만 이승휴는 충선왕이 친히 글까지 써서 사람을 보냈는데도 나이 많음을 들어 응하지 않았다. 그의 이때 나이 75세의 고령이었으니 그럴 만도 했다.

이에 충선왕은, 좌간의대부(정4품) 겸 사관수찬관(정3품)이라는 벼슬까지 내리는 편지를 써서 다시 사람을 보내어 이승휴를 불렀다. 두 차례의 편지가 그의 열전에 남아 있는데 그 간절함이 유비가 제갈량을 찾는 '삼고초려'를 연상시킬 정도다. 또 거절하는 것은 예의가 아니라고 생각했던지 이승휴는 결국 상경하여 국왕을 대면한다.

충선왕은 이승휴를 대면하고 크게 기뻐하였다. 그 자리에서 충선왕은 민생 문제와 시정의 득실을 물으며 국정의 잘잘못을 허심탄회하게 말해줄 것을 주문하고 이승휴도 이에 화답한다. 충선왕은 거듭 퇴직을 원하는 그를 눌러앉히고 국가의 원로로 그를 대접하며 의지했다. 하지만 이승휴는 많은 나이 때문에 벼슬에 오래 있지 못하고 곧 물러나고 만다.

개혁을 추진하기 위해 사람들을 모으는 이런 사전 준비 작업을 하는 중에도 충선왕은 부왕 충렬왕을 예우하는 데도 소홀함이 없었다. 부왕이 거처하는 덕자궁을 수시로 찾아 문안을 드리고, 때로는 잔치도 베푸는 등 세심하게 신경을 썼다. 제국대장공주가 시집온 후 그동안 왕비 대접도 못 받고 소외되었던 정화원비와 부왕 사이도 각별히 배려했다. 그러면서도 충선왕은 부왕의 부당한 요구를 단호히 거절하는 태도도 보인다. 부탁을 거절한 것은 개혁의 끈을 놓치지 않기 위한 충선왕의 자기 절제라고 할 수 있다. 그런 중에도 부왕을 극진히 예우하며 긴밀한 관계를 유지했던 것은 그 측근 세력들이 부왕을 중심으로 다시 결집하여 개혁을 저해하는 것을 미연에 방지하려는 것이었다.

개혁의 추진은 그렇게 시작하여 나쁘지 않았다. 그때 24세의 혈기 왕성한 국왕이었고, 외가와 처가가 모두 원의 황실인 그로써는 두려울 게 없었다. 마음먹은 일은 무엇이든 할 수 있을 것 같았다.

새로운 권력 기구, 사림원

개혁에는 인사행정도 대단히 중요했으니 충선왕은 이 문제도 놓치지 않았다. 여기에는 가장 신뢰하는 4학사를 앞세운다. 충선왕은 즉위한 지 3개월 뒤인 1298년(충렬왕 24년) 4월, 위의 4학사에게 인사행정을 맡겼다. 아직 인사행정 기구도 준비되지 않은 상태에서 특정 인물에게 직임도 없이 권한부터 부여한 것이었으니, 전폭적인 신뢰를 바탕으로 한 비상 조치였다.

그리고 한 달 뒤 5월, 정방을 폐지하고 사림원詞林院이라는 새로운 인사행정 기구를 출범시켰다. 이는 충선왕의 개혁 정치에서 가장 볼만한 것이라고 할 수 있다. 사림원의 설치는 다음에 설명할 관제 개혁과 동시에 이루어지는데, 관제 개혁은 나중에 설명하고 우선 정방 폐지와 사림원부터 살펴보자.

정방은 최씨 무인 집권기 두 번째 집권자였던 최이崔怡가 인사행정을 독단하기 위해 자신의 사저에 설치한 사적인 기구였다. 하지만 최씨 정권이 무너진 뒤에도 정방은 없어지지 않고 지금까지 존속되어 오고 있었다. 오히려 사적인 기구가 국가의 공식 기구로 전환하여 끈질기게 이어져온 것이다.

정방은 앞 장에서 필도적과 관련해서 잠깐 언급했지만, 충렬왕은 그런 정방을 폐지하지 않고 인사권을 장악하기 위해 새로이 필도적을 선발하여 인사권을 행사했었다. 이를 보면 최씨 정권의 정방이 합리적이고 효율적으로 잘 조직화된 기구가 아니었을까 하는 생각도 든다. 어떤 기구의 생명력이 이렇게 끈질길 때는 그만한 이유가 있기 때문이다. 그런 정방을 충선왕은 완전히 폐지해버렸던 것이다.

그런데 충선왕이 정방을 폐지한 것은, 앞서 충렬왕이 왕권 강화를 위해 설치했던 필도적을 없앴다는 것과 다름없다. 필도적은 정방이라는 기구 안에 두었던 것이기 때문이다. 이 역시 충선왕이 인사권 장악을 위해서 그랬다는 것은 말할 필요도 없다. 왕 부자의 인사권 장악을 비교해서 말하자면, 충렬왕은 정방을 그대로 두고 그 구성원을 교체한 것이라면, 충선왕은 정방을 아예 없애버리고 새로운 기구를 발족시킨 것이다.

인사행정 기구로 출범한 사림원이 완전히 새로운 것은 아니었다. 고려 전통 관제에는 한림원翰林院이라는 것이 있는데, 경서의 연구나 국왕의 명령, 외교 문서 작성을 주 임무로 하는 기구로 학술 연구 기관이라고 할 수 있다. 조선 시대의 홍문관弘文館과 크게 다르지 않다.

이 한림원이 원의 간섭으로 관제가 격하되면서 문한서文翰署로 명칭이 바뀌었는데, 사림원은 바로 이 문한서를 충선왕이 다시 개칭한 것이다. 그러니까 사림원은 충선왕이 새로 만든 관청이 아니고 옛날 한림원의 전통을 이은 것이었다.

이러한 사림원에 인사행정을 맡긴다는 것은 기구의 본래 성격상 좀 엉뚱하고 기발한 발상이었다. 여기에는 충선왕이 정치적으로 노리는 바가 있었다.

사림원은 정통 문한 기구로 과거에 합격하여 학문과 문장에 능한 관리들만 모이는 곳이었다. 과거에 합격하지 못한 인물이 이런 문한 기구에 들어간다는 것은 있을 수 없는 일이었다. 사림원은 본래부터 '학자적 소양이 많은 관리', 즉 정통 사대부士大夫들의 아성이었던 것이다. 그래서 이런 사림원에 인사행정을 맡긴 것은 충렬왕대 인사권을 장악했던 측근 세력들과 좋은 대조를 이룬 것이었다. 말하자면 전통적인 관료집단에서 벗어나 이질적이었던 충렬왕대의 측근 세력들과 정면으로 맞서기 위한 것이었다고 보인다. 그러한 사림원에는 당연히 앞의 4학사가 임명되었다. 사림원은 4학사의 인사권 장악을 위해 발족한 기구라고 보아도 무방하다. 인사권은 사림원보다 4학사에게 먼저 주어졌기 때문이다. 4학사가 인사권을 먼저 부여받은 후, 사림원이 설치되고 여기에 4학사가 들어갔던 것이다.

그 해 5월 인사발령에 보면 사림원에 임명받은 인물은 4학사 외에 이승휴와 권영權永이 새로이 포함되었다. 이승휴는 앞서의 설명으로 대신하고, 권영은 안동 출신으로 나중에 이름을 권보權溥로 개명하는데 그에 대해서 잠깐 짚고 가자.

권보는 18세에 과거에 급제하여 관직을 시작한 인물인데, 성품이 모가 나지 않아 친족이나 동료 관리들에게 화목하고 자애로웠다고 한다. 그 역시 독서와 학문을 좋아하여 주자의 《사서집주四書集註》를 해석한 글을 국왕에게 올리면서 동방의 성리학이 그로부터 시작되었다는 말을 들을 정도였다. 또한 역대 효자들의 전기를 모아 《효행록孝行錄》을 편찬하고 사위 이제현으로 하여금 논평을 짓게 하여 세상에 읽혀졌다고 한다.

권보는 이제현을 사위로 두었으니 앞의 4학사 중 이진과는 사돈관계였다. 이 안동 권씨 가문은 권보의 증조부가 무인 집권기에 관직에 나오면서 등장하는데, 이 가문은 권보에 이르러 크게 번창하였다. 그의 아들과 후손들이 모두 현달하여 한 가문에서 '9봉군九封君'이 나올 정도였다. 권보는 충선왕에 의해 사림원에 발탁되면서 비로소 관직 생활에서 활로가 열렸는데, 충선왕이 물러난 이후에도 오랫동안 인사 행정을 맡으면서 축재를 하여 비난도 없지 않았다. 요직에 있으면서 뇌물을 거절하기란 예나 지금이나 쉽지 않았던 모양이다.

이렇게 충선왕이 설치한 사림원은 4학사 외에 이승휴와 권보가 합류하고 인사행정을 총괄하는 기구가 되었다. 아마 이승휴는 연로한 관계로, 권보는 늦게 참여하여 큰 역할을 못하고 사림원의 핵심은 4학사였다고 보인다. 사림원이 막 출범한 후 충선왕은 4학사에게 신뢰의 표시로 홍정紅鞓, 즉 붉은 가죽 띠를 하사하기도 했다.

충선왕은 항상 주변을 물리치고 사림원에 가서 4학사와 더불어 정치를 자문하고 시사를 상의하며 때로는 술과 음식을 내려주기도 했다. 그러다 밤이 깊어지면 궁 안의 촛불을 내어 집까지 보내주었다고 하니 그 총애함이 비길 데가 없었다.

그런데 사림원은 인사권만 행사하는 곳이 결코 아니었다. 사림원이 공식 출범하면서 더불어 승지방承旨房을 폐지하고 그 기능도 사림원에 맡긴 것이다. 앞서 언급했지만 승지는 국왕의 명령을 내보내고 받아들이는 왕명 출납의 기능을 했는데, 그런 승지들의 기구가 승지방이었다. 그래서 승지방을 폐지한다는 것은 그들에게 왕명 출납의 기능을 없애버리는 것과 같다.

여기서 연상되는 것은 앞서 충렬왕이 필도적과 함께 설치했던 신문색이라는 기구다. 충렬왕은 내관들을 모아 신문색을 설치했고 이 신문색이 승지의 기능을 대신했던 것이다. 따라서 충선왕이 그런 승지방을 폐지했다는 것은 바로 신문색을 폐지한 것이 되니, 이렇게 보면 신문색은 승지방의 구성원이었는지도 모른다. 그리고 승지방의 왕명 출납 기능을 사림원에 맡긴 것이다.

결국 충선왕이 설치한 사림원은 충렬왕대의 인사행정을 맡았던 필도적과, 왕명 출납을 맡았던 신문색을 없애고 그것을 대신한 것이었다. 이는 충렬왕대의 측근 세력들을 정치 운용에서 완전 배제하려는 의도였다.

개혁이나 변화에는 두 가지 방법이 있다. 하나는 기존의 기구를 그대로 두고 그 안의 사람만을 교체하는 방법이고, 다른 하나는 사람은 물론이고 아예 새로운 제도나 기구를 창안하여 설치하는 방법이다. 당연히 후자 쪽이 더 근본적인 개혁 방향인데, 개혁 추진에 어느 쪽이 유리할지는 당시의 시대 상황에 따라 달라진다. 충렬왕은 전자에 중점을 뒀고, 충선왕은 후자에 중점을 뒀다.

다음의 관제 개혁은 충선왕의 그런 태도를 잘 보여주는 것이다.

관제 개혁

충선왕은 관제 개혁을 위해 또 한 차례 교서를 반포한다. 즉위한 지 4개월이 지난 1298년(충렬왕 24년) 5월의 일이었다.

이때 관제 개혁으로 고려의 중앙 관제는 많은 변화를 가져온다. 충렬왕 초기에 원의 간섭으로 격하되었던 관직의 명칭이 다시 고쳐지기도 하고, 고려의 전통 관제를 참고하여 다시 복원하기도 하며, 지금까지 전혀 없었던 새로운 관제가 등장하기도 한다. 앞에서 설명한 사림원도 이 관제 개혁의 일환으로 설치된 기구였고, 이는 고려의 전통 관제를 복원한 경우로 볼 수 있다.

그런 관제 개혁을 하나하나 거론하여 설명하기에는 너무 번거로워 생략한다. 여기서는 관제 개혁의 성격이나 의미 정도만 짚어보고 넘어가겠다. 그 점을 엿볼 수 있는 것이 바로 관제 개혁을 선언한 충선왕의 교서이다. 관제 개혁에 대해 충선왕은 다음과 같은 네 가지 개혁 방향을 제시한다.

(1) 나는 유년 시절부터 원에 있으면서 세조(쿠빌라이)의 가르침을 받고 제국의 중앙제도를 상세히 살폈다.
(2) 우리나라는 재상의 수가 옛날의 배나 되어 국정을 논의하는 데 불편함이 많으니 줄일 것이다.

⑶ 선왕(충렬왕) 때 원의 관제를 피하기 위해 관제 개편이 있었으나, 같은데도 고치지 않은 것이 있고, 같지 않아도 고친 것이 있으며, 또한 우리의 옛 제도와도 어긋남이 있어 마땅치 못하다.
⑷ 우리 역대의 관직을 참고하여 원의 제도와 어긋나지 않는다면 바꿀 것은 바꾸고, 급하지 않은 것은 통폐합할 것이다.

⑴은 충선왕의 관제 개혁이 원의 제도에 영향받았음을 시사한다. 이는 충선왕이 일찍부터 원에서 생활한 탓이다. 충선왕은 관례를 치른 15세 때 첫 결혼을 한 이후 지금 24세에 왕위에 오르기까지 약 10년 동안, 순수하게 고려에 체류한 기간이 1년 반 정도밖에 되지 않는다. 감수성과 호기심이 왕성한 청소년기의 대부분을 원의 대도에서 보냈던 것이다. 충선왕은 그동안 원의 중앙 관제를 충분히 경험하고 숙지했을 것이다.

충선왕의 그런 경험은 고려 관제 개혁에 중요한 동기가 되었다고 생각된다. 어쩌면 충선왕은 세조 쿠빌라이의 정치적 중흥을 고려 국정에 적용해보겠다는 의지를 품고 있었는지도 모른다. 게다가 ⑴의 내용에서 세계를 지배하는 쿠빌라이의 외손자로서 자부심마저 강하게 느껴진다. 이 점도 관제 개혁의 추진에 힘이 되었을 것이다.

이번 관제 개혁에서 원의 제도에서 직접 영향받은 것으로는 신설된 자정원資政院을 들 수 있다. 원의 관제에는 'OO원'이라는 관청이 많은데, 자정원은 이 영향을 받은 것이 분명하지만 그 기능은 정확히 드러나지 않고, 고려의 전통 관제에서도 전혀 찾을 수 없다.

⑵에서 언급한 많은 수의 재상을 줄이겠다는 것은 기득권 세력에

대한 경고로 보인다. 재상의 수가 많다는 것은 그들의 세력 확대를 의미하고, 이는 기본적으로 왕권을 제약하는 속성이 있다. 충렬왕 때도 재상 수가 많아 이를 견제하려고 필도적을 두었던 것인데 이제 충선왕도 그런 작업에 착수한 것이다.

그런데 충렬왕대의 재상들에는 꼭 충렬왕의 측근 세력만 포진한 것은 아니었다. 과거를 통해 진출한 전통적인 관료집단에서도 많이 진출해 있었다. 이 점에서 충선왕의 관제 개혁이 반드시 충렬왕의 측근 세력만을 표적으로 삼아 배제하려는 것은 아니었다고 볼 수 있다. 이는 충선왕의 개혁을 너무 좁게 보는 것이다.

(3)은 관제 개혁의 중요한 방향을 제시한 것으로, 충렬왕 초기에 있었던 관제 개혁이 미흡했다는 점을 들고 있다. 그러면서 원의 간섭으로 관제가 격하되었던 것을 모두 원래대로 되돌려놓겠다는 뜻이 아님을 언급한 것이기도 하다. 원상복구한 것으로는 수상인 중찬中贊을 시중侍中으로 되돌린 것 등 여럿이 있는데, 이런 것들은 모두 원의 관제와 같지 않은데도 충렬왕 초기에 불필요하게 고쳤던 것이었다.

여기에는 이번 관제 개혁이 원과의 불필요한 갈등을 피하려는 충선왕의 의도가 작용했다고 보인다. 충선왕의 관제 개혁은 자칫 잘못하면 원 조정의 민감한 반응을 불러올 수 있었다. 원 조정에서나 황제가 어떻게 보느냐에 따라 갈등을 일으킬 소지도 있기 때문이다. 그렇게 되면 개혁은 물거품이 되고 말 것이다. 충선왕은 이런 면에서 예민하게 신경 쓰고 있었다. 이 점은 (4)의 내용에서도 느낄 수 있다.

(4)에서도 보듯이 이번 관제 개혁의 대원칙은 원의 관제와 충돌하는 것은 피하겠다는 것이었다. 역시 불필요하게 원을 자극하지 않겠다는

뜻을 재확인할 수 있다. 그것만 확보된다면 충선왕 자신이 할 수 있는 최대한 관제 개혁을 단행하겠다는 것이다. 관제의 통폐합을 언급한 것은 충선왕의 그런 의도를 보여준다.

사실 관제 개혁의 핵심은 관제의 통폐합이다. 기구의 명칭을 바꾼다든지 기구 내의 직제를 개편하고 새로운 기능을 부여하는 것은 모두 관제의 통폐합에 따라오는 부수적인 것이다. 인적인 개혁을 위해서도 가장 위력적인 것이 통폐합이다. 통폐합으로 사라진 기구나 관청의 관리들은 청산의 대상이 되기 때문이다. 실제 기득권 세력이 개혁 국면에서 가장 두려워하는 것도 이 부분일 것이다.

그런데 교서에서 언급한 것과는 달리 충선왕의 관제 개혁은 기구나 관청의 통폐합까지는 충분히 미치지 못한 것 같다. 관제 개혁 대부분이 기구의 명칭을 바꾸거나, 기구 내의 직제 개편 정도에 머무르고 있다. 앞서 설명한 사림원은 그런 중에서도 가장 많은 변화를 주어 개혁적인 성과로 꼽힌다.

이렇게 충선왕의 관제 개혁은 충렬왕 초기의 관제 개편에 대한 불만에서 출발하였다. 이는 원의 간섭을 받아 개편했다는 점에서 불만인 것이 아니라, 그 개편이 미흡하고 잘 정비되지 못했다는 점에서 불만이었다. 그래서 관제 개혁의 방향은 고려의 관제를 재정비하는 것이었는데, 여기에 원의 관제를 참고하여 그것과 조화를 염두에 두고 추진하였다.

결국 충선왕의 관제 개혁은 원과의 갈등을 최소화하면서 원의 제도를 적극 수용하는 방향에서 진행되었고, 고려의 전통 관제를 복구하는 것이었다.

개혁의 첫 작품, 인사발령

충선왕이 즉위한 후 첫 조각은 1298년(충렬왕 24년) 5월의 관제 개혁과 동시에 이루어졌다. 즉위한 지 4개월이나 지난 이제야 조각이 이루어진 것은 관제 개혁에 맞추다 보니 그랬을 것이다. 인사발령이 나오면서 비로소 새로운 관제의 모습도 드러났다.

이때 수상 이하 30여 명의 관리들이 새로운 관직을 부여받았는데 2품 이상 재상급만 나열해보겠다.

조인규 : 시중(종1품) 참지광정원사(정2품)
홍자번 : 좌복야(정2품) 참지광정원사(정2품)
정가신 : 우복야(정2품) 수문전대학사 감수국사 참지광정원사(정2품)
인후 : 광정원사(종1품) 참지기무(종2품)
차신·이지저 : 자정원사(종1품)
김지숙 : 동지광정원사(정2품) 참지기무(종2품)
안향 : 참지기무(종2품) 행동경유수 집현전대학사 계림부윤
유청신 : 광정부사(종2품) 권참지기무(종2품)
최유엄 : 사헌대부(종2품)
최충소 : 동지자정원사(정2품)
박의 : 동지자정원사(정2품)

조인규가 시중으로서 수상에 올랐다는 점이 우선 눈에 띈다. 조인규는 충선왕의 장인으로 이전에 홍자번과 함께 좌·우 중찬을 맡아 수

상을 역임한 적이 있었다. 그 후 수상직을 이은 인물이 정가신인데 이번에 다시 조인규가 수상을 맡은 것이다. 홍자번도 이전에 수상을 역임했는데 여기서는 조인규에 밀렸다.

조인규는 역관으로 출세하여 충렬왕에게도 가까운 인물이었고, 정가신은 충선왕의 후원자로서 왕위에 오르는 데 큰 공을 세운 인물인데, 충선왕은 그런 후원자보다 장인이 더 편했을까? 아마 그런 이유보다는 조인규를 다시 수상으로 앉힌 것은 개혁 정치에 대한 바람막이가 되어달란 뜻이 아니었을까? 충선왕의 드러난 후원자였던 정가신은 반대 세력의 공격을 자초할 가능성이 커서 아무래도 불안했을지도 모른다.

그 문제와 관련 있는지 모르겠지만 수상으로 있던 정가신의 행동에는 좀 석연찮은 점이 있었다. 그는 이번 인사발령이 있기 두 달 전에 물러나기를 자청하지만 충선왕으로부터 허락받지 못했다. 정가신이 그때 벌써 뭔가 이상 기류를 감지했는지도 모르겠다.

이번 인사에서 충선왕과 인척인 인물은 조인규 외에도 동서간인 최충소도 있다. 하지만 뜻밖의 인물도 너무 많다. 인후·차신·이지저·박의 등이 그들이다. 모두 앞 장에서 거론했던 인물들인데, 인후와 차신은 제국대장공주의 수행원으로 따라와 권세를 부렸던 자들이고, 이지저는 내관으로서 권력과 축재에서 그를 따를 자가 없을 정도였으며, 박의는 응방을 통해 폐단을 일으켰던 인물이다.

이 네 사람, 특히 이지저와 박의는 충선왕에게 도저히 발탁되어서는 안 되는 인물이다. 이지저는 충렬왕의 측근 정치에서 폐단의 핵심적인 인물이었고, 박의는 세자 시절 충선왕한테 직접 비난을 받았던 인물이었다. 여기 박의는 언제 조인규의 딸을 들였는지 모르겠지만 그 사위로 언급되고 있으니 그렇다 쳐도, 이런 인물들이 정권이 바뀌고도 다시 등용될 수 있다는 것을 주목할 필요가 있다.

충선왕에게 이런 인물들이 새롭게 필요했을 수도 있고, 이들이 정권 교체에 재빨리 순응 복종하여 충선왕의 눈에 들어왔을 수도 있다. 어느 쪽으로 보든지 역사상의 이런 일을 놓고 크게 고민할 필요가 없다. 정권 교체에서 가장 확실하게 배제되어야 할 인물은, 바로 그런 이유로 오히려 가장 민첩하게 변신한 경우가 많지 않던가. 위에 언급한 네 사람 외에도 충렬왕의 측근 인물로서 이번 인사에서 계속 살아남은 사람은 많다.

인사발령에 보이는 나머지 인물들을 잠깐 살펴보면, 김지숙金之淑은 광주가 본관인데 무관으로 관직 생활을 시작하여 원만한 성품으로 충렬·충선 두 왕대에 걸쳐 모두 중용된다. 하지만 정치적 영향력은 크지 않아 순탄한 관직 생활을 했을 뿐이다. 안향安珦은 흥주(경북 순흥)를 본관으로 한 향리 출신으로 과거에 급제하여 관직에 나온 인물이다. 그는 잘 알려져 있듯이 성리학 도입의 유학자로 이름이 높다. 역관인 유청신은 앞서 언급했다. 최유엄崔有渰은 문헌공 최충崔沖의 후손이자 《보한집補閑集》의 저자로 유명한 최자崔滋의 아들인데, 충렬왕에게 직언을 하다 유배까지 당했던 인물이다. 최유엄은 뒤에 자주 거론할 기회가 있을 것이다.

이상의 인물들이 새로운 관제에서 2품 이상에 오른 인물들이다. 이 가운데 차신·이지저·최충소·박의는 새로 신설된 자정원의 관직을 띠고 있다. 자정원은 신설된 관청이니 아마 이들은 실질적인 재상급으로 대우받기 어려웠을 것이다. 그리고 최유엄의 사헌대부는 본래 정3품 직급이었으나 이번 관제 개혁에서 종2품으로 격상된 관직이었다. 따라서 최유엄 역시 실질적인 재상급이라고 보기 힘들 것이다.

이상 5명을 제외한 나머지 2품 이상 관직 제수자 7명이 명실상부한 실제 재상이라 볼 수 있다. 충렬왕대 재상이 수십 명이나 되었다는 사실과 비교하면 재상 수가 많이 줄었음을 알 수 있다. 이는 직제 개편을 통해 재상급에 해당하는 몇 개의 관직을 없애버렸기 때문에 가능했다. 이 과정에서 자연스럽게 이전의 많은 재상들이 탈락하게 되었던 것이다.

그럼에도 불구하고 이번 첫 인사에서 가장 주목할 점은 충렬왕의 측근 인물들을 완전히 배제하지 못했다는 사실이다. 그들을 완전 배제하기에는 뭔가 조심스러웠던 것일까. 이 점에서 개혁은 분명 한계가 있었다.

3. 충선왕 폐위, 갈등의 서막

미묘한 사건, 개혁에 대한 저항

충선왕에 의한 개혁의 첫 인사발령이 나기 며칠 전에 이상한 사건이 하나 터진다. 충선 왕비인 원 공주가 또 다른 왕비인 조비(조인규의 딸)의 사랑받음을 투기하여 이를 태후(원 성종의 모후)에게 편지로 알린 사건이었다.

충선왕은 원 공주와 결혼한 이후로 무슨 일인지 이 여성을 가까이 하지 않았다. 부부간에 생리적인 불만이 있다는 둥, 그러면서 후궁과는 관계하여 임신한 여성도 있다는 둥, 확인되지 않은 이상한 소문들이 궐 밖에까지 퍼졌다. 이런 소문으로 공주의 질투심은 깊어졌는데, 공주의 유모가 이를 부추겨 원의 태후에게 알리게 되었던 것이다.

그런 낌새를 채고 충선왕은 부왕을 앞세워 공주를 달래기도 하고, 공주의 지시를 받고 원으로 떠나려는 사람들에게 뇌물을 주는 등, 막아보려 애썼지만 끝내 공주의 편지는 원으로 향했다. 편지를 가지고 원으로 향했던 자는 몽골인과 고려인 등 네 명이었다. 공주는 질투심으로 화가 나서 누구의 말도 듣지 않고 마침내 태후에게 그 사실을 편지로 알린 것이다.

편지는 공주가 회골回鶻(위구르) 문자로 직접 썼는데 그 내용은, 조비가 자신을 저주하고 이 때문에 충선왕이 자신을 사랑하지 않고 멀리 한다는 것이었다. 처음 이 사건은 공주의 유모를 중심으로 일어났고 그리 심각하게 여기지도 않았다. 왕실의 규방 문제가 아니라면 특별할 것도 없는 남녀간의 상투적인 일이었다. 그런데 일은 여기서 끝나지 않는다. 공주의 편지가 원으로 향한 지 닷새 후 관제 개혁과 인사발령이 발표되었는데, 인사발령이 드러난 지 10여 일 후에는 궁궐 문에 이상한 익명의 방문이 나붙었다. 그 내용은 이런 것이었다.

"조인규의 아내가 귀신과 무당을 섬기며 공주를 저주하고, 왕으로 하여금 공주를 사랑하지 않고 그 딸에게만 사랑을 쏟게 한다."

익명서는 조인규를 표적으로 삼고 있었다. 공주는 이 익명의 방문을 그대로 믿고 바로 조인규와 그 아내를 잡아들였다. 유모를 비롯한 공주 주변의 인물들이 공주를 사주한 탓도 있었지만 공주의 질투심이 깊어져 앞뒤 좌우를 헤아릴 겨를이 없었던 것이다. 그렇다 해도 일국의 수상과 그 부인을 공주의 말 한마디로 잡아들일 수 있다니 놀라운 일이었다.

나중에 익명서를 붙인 사람은 잡고 보니 어떤 말단관리였지만, 개혁의 첫 인사에서 수상에 오른 조인규를 직접 거론했다는 점에서 배후가 따로 있음이 분명했다. 더구나 인사발령 직후에 이런 익명의 무

제2장 _ 중조, 폐위와 복위 • 185

고가 일어났다는 것은 이번 인사에 불만이 많은 누군가가 원 공주를 자극하기 위해 조종했다고 볼 수밖에 없었다.

공주는 다시 조인규의 아들들과 사위 박의 그리고 그들의 아내까지 잡아 가두고, 철리徹里란 자를 원에 보내어 황제에게 다시 알리게 했다. 국왕과 여러 대신들이 말렸지만 공주는 듣지 않았다. 여기 철리는 공주의 수행원으로 고려에 체류하고 있던 몽골인으로 생각되는데, 이것은 앞서 공주의 편지를 원에 전달한 경우와는 사정이 다르다. 앞의 편지는 국왕과 왕비 사이의 단순한 부부 문제로 태후에게만 알리려는 것이었지만, 이번에는 현직 수상이 관련된 사건으로 원 조정에 공식적으로 보고하기 위한 것이었다.

철리가 원으로 들어가고 앞서 갔던 몽골인이 태후의 사신과 함께 돌아왔다. 이들은 황제의 명령으로 조인규의 또 다른 사위인 최충소와 조비까지 순마소에 가두었다. 황제의 명령에 누구도 반발하거나 거역할 수 없어 충선왕도 속수무책이었다. 이렇게 조비를 비롯한 조인규 일족은 왕비와 수상 가문에서 불과 며칠 사이에 감옥에 갇히는 신세가 되고 말았으니 사건은 이제 향방을 가늠할 수 없었다. 새로운 인사발령을 전후로 한 1298년(충렬왕 24년) 5월에 있었던 일이다.

충선왕 소환령

사건을 알리려 원으로 달려갔던 공주의 수행원 철리는 1298년(충렬왕 24년) 6월 다시 고려에 돌아왔다. 왕복 10여 일 밖에 걸리지 않은 것으로 사건을 얼마나 중요하고 다급하게 보았는지 알 수 있다. 그런데 철리는 환국하면서 원의 고위관리와 함께 기마 군사 100여 명을 몰고 들이닥쳤다. 이들은 도착하자마자 조인규를 문초하기 시작한다.

조인규를 문초하면서 원의 관리들은 고려의 국정을 사찰하기까지 했다. 첨의부와 사림원을 수색하여 조인규가 국왕으로부터 받은 인사 관련 서류를 압수하고, 또 감찰사에 가서는 새로 확정한 관제 개혁 서류를 모두 거두어들였다. 조인규가 현직 수상이었기 때문에 그랬는지 모르겠지만 과민한 반응이었다.

이것은 충선왕의 관제 개혁과 인사발령을 문제삼아 꼬투리를 잡으려는 수가 분명했다. 조인규는 왕비의 친정 아버지이고 정권 교체의 첫 수상으로서 충선왕에게 발탁되었던 사람이니 충선왕의 개혁 정치와 뗄래야 뗄 수 없는 인물이다. 그는 지금까지의 눈부신 성장으로 봐도 여러 사람의 질시와 모함을 받기 좋은 위치에 있었는데, 이런 점을 감안하면 아무래도 이 사건은 긴 파장을 예고하고 있었다.

사건의 중심은 왕비인 조비에서 수상인 조인규로 옮아가고, 왕실의 규방 문제에서 일국의 수상이 관련된 국정 전반의 문제로 비화되고 있었다. '조비 무고사건'이라기보다는 차라리 '조인규 무고사건'이라 해야 옳을 것 같다. 그런데 그 조인규가 충선왕 집권의 첫 수상이라는 점에서 이 사건은 충선왕에게도 영향을 미치지 않을 수 없었다.

이어서 철리는 고려에 온 지 사흘 만에 다시 원으로 들어간다. 그동안 다급하게 감사한 결과를 원 조정에 보고하기 위한 것이었다. 사흘 동안 고려의 국정을 완전히 들쑤셔놓고 마비 상태로 빠뜨린 것이다. 그런 중에도 원의 태후는 승려와 도사를 파견하여 공주에게 씌워

진 조비의 저주를 씻는다고 푸닥거리를 하기도 했다.

이렇게 뭔가 일이 급박하게 돌아가는 혼란한 속에서 앞서 언급한 정가신이 의문의 죽음으로 생을 마감해버린다. 그의 죽음은 자살이라는 소문이 무성했는데, 이 무고사건이 엉뚱한 방향으로 번져 정치적 격변을 예고하는 것이었다. 정가신은 충렬왕을 양위시키고 충선왕이 즉위하는 데 앞장선 인물이니, 그의 자살은 자신에게도 화가 미칠 수 있다는 불안한 예감의 결과로 보인다. 그래서 이 사건은 충선왕의 개혁 정치뿐만 아니라 즉위 자체에 영향을 줄 수 있다는 예측도 해볼 수 있다.

과연 그랬다. 이 사건으로 조인규와 그 아내는 참혹한 국문을 당했는데, 그 아내는 이를 참지 못하고 결국 거짓 자복하고 말았다. 이어서 조인규와 그의 사위 최충소는 원으로 압송당하고 그들의 재산은 모두 몰수되어 사신의 처소로 옮겨졌다. 또한 충선왕이 폐지했던 승지방은 다시 복구되고 원의 고위 관리는 왕실의 생성고生成庫까지 봉쇄해버린다. 생성고는 왕실의 금은진보를 보관하는 창고로 이를 봉쇄한다는 것은 왕권을 일시 정지시키는 것이나 다름없는 일이었다.

그리고 원의 고위 관리들도 모두 돌아가는데 조비와 그에 속한 환관까지 압송해갔다. 이제 모든 일은 원 조정의 결정에 따를 수밖에 없었다. 원으로 들어갔던 철리는 한 달 후에 다시 돌아와 황제가 국왕과 공주의 입조를 명령했다고 알려왔다. 원의 황제는 그동안 고려 국정에 대한 감사 결과를 보고받고 충선왕과 공주를 직접 대면하여 전후 사정을 알아보기 위한 것이었다.

그런데 충선왕은 입조 명령을 받자 10여 일 후인 1298년(충렬왕 24년) 7월, 다시 관제를 고치고 30여 명의 인사발령을 단행한다. 이것이 충선왕의 두 번째 인사인데, 이번 무고사건을 의식하고 몇 가지 사항을 고려한 인사발령이었다.

우선 원 조정에서 시비를 걸 만한 부분을 없앨 필요가 있었는데, 이는 입조를 앞두고 문제가 더 이상 정치적으로 확대되는 것을 조금이나마 막아보려는 수단으로 보인다. 그리고 조인규가 압송되어 수상이 공석이었고, 또한 정가신이 죽었으니 그 자리를 채울 필요도 생긴 것이다.

그래서 이번 인사에서는 두 달 전의 인사와 비교할 때 다른 점이 몇 가지 눈에 띈다. 먼저 중앙의 핵심 관청인 도첨의사사를 첨의부로 다시 개칭하고, 또 직제를 개편하여 2품 이상 재상급을 대폭 감축했던 것에서 재상급 관리도 다시 늘리고 있다. 수상도 시중에서 중찬으로 다시 개칭하여 충렬왕 초기의 원래대로 돌아갔다. 그리고 수상에는 다시 홍자번을 앉히는데 그의 세 번째 수상 임명이다.

그런데 이번 인사에서 주목할 인물이 하나 있다. 바로 한희유라는 인물이다. 한희유는 무공을 통해 출세한 충렬왕의 측근 인물로 앞서 거론했는데, 그는 충선왕이 세자로서 잠시 정치를 맡았을 때 밉보여 유배당했던 경력이 있었고, 이후 충선왕의 눈 밖에 나서 그랬는지 첫 인사에서는 제외되었었다. 그런 그가 이번에 충선왕에 의해 재상급에 임명된 것이다.

충선왕의 두 번째 인사 내용은 첫 번째와 비교했을 때 대부분 그 인물이 그 인물로 큰 차이가 없지만, 한희유를 재상급으로 임명한 것은 주목할 필요가 있다. 충렬왕의 측근으로 분류되어 첫 번째 인사에서는 의도적으로 제외했던 그를, 충선왕이 두 번째 인사에서 발탁한 이유가 궁금하기 때문이다.

충선왕의 첫 번째 인사와 두 번째 인사 개편 사이에는, 조비 무고사건으로 원의 황제가 충선왕과 공주의 입조를 명령했다는 사실이 가로놓여 있다. 황제가 충선왕의 입조를 명령한 것은 개혁 정치에 대한 의구심 때문인 것으로 보인다. 그래서 충선왕의 두 번째 인사는 황제의 그런 의구심을 조금이나마 해소해보려는 의도에서 한희유라는 인물을 기용할 필요가 있었을 것이다.

이런 동안에도 양국 사이에는 빈번하게 사신이 왕래하고, 그 해 8월에는 충선왕과 공주의 입조를 다시 재촉하는 사신이 들어온다. 황제가 내리는 일종의 소환이나 다를 바 없는 조치로 지체할 수 없었고 사태가 어떻게 전개될지 알 수도 없는 불안한 일이었다.

강제 폐위, 고약하고 나쁜 선례

황제의 소환을 받은 충선왕과 공주는 원으로 향하면서 궐 밖에까지 나온 충렬왕의 전송을 받았다. 원의 사신이 참석하여 전송하는 자리에 부자간에 간소한 전별의 술자리가 마련되었다. 심상치 않은 입조라고 생각했던지 왕 부자 모두 불안하고 초조한 자리였다.

그런데 이 자리에서 전혀 예기치 못한 일이 벌어진다. 원의 사신이 황제의 명령이라 하여 조서를 내보이고 충선왕의 국왕인國王印을 빼앗아 충렬왕에게 돌려주었던 것이다. 사신에게 그런 황제의 조서가 있는 줄은 아무도 몰랐다. 이것은 원의 황제가 충선왕의 왕위를 강제로 빼앗는 전격적인 조치였다. 1298년(충렬왕 24년) 8월 17일의 일이었다.

그렇게 충선왕은 왕위에 오른 지 만 7개월 만에 왕위를 빼앗기고 원으로 들어간다. 부왕을 제치고 자신이 왕위에 오른 것도 범상한 일이 아니었지만, 이렇게 왕위를 빼앗기고 부왕이 다시 복위한 것도 우리 역사상에 전례가 없는 극히 이례적인 일이었다.

충선왕이 이렇게 황당하게 왕위를 빼앗긴 이유를 알아보기 위해 원 황제의 조서를 잠깐 살펴보자.

…… 이제 들으니 원謜(충선왕의 이름)이 정치를 맡은 이후 독단하고 처결하는 것이 정당하지 못하여 많은 사람들이 의심하고 두려워한다고 한다. 이는 아마도 나이가 장년에 이르지 못하여 경험이 적은 까닭으로 짐이 가까이 신임했던 뜻에 부응하지 못한 것이다. 이제 사신을 보내어 경(충렬왕)에게 과거대로 국정을 다스리도록 명하고 원을 불러 대궐에 입시하게 하여 일을 밝게 배우도록 하겠노라.《고려사》31, 충렬왕 24년 8월 계유)

이 조서에 의하면 원의 황제가 충선왕의 왕위를 빼앗은 이유가 간명하게 드러나 있다. 충선왕은 정치를 독단하고, 처결하는 것도 정당하지 못하여 많은 사람들의 의심과 두려움을 샀다는 것이다. 여러 말할 필요도 없이 이는 충선왕의 개혁 정치를 두고 한 말일 게다. 물론 의심하고 두려워한다고 한 많은 사람들은 충렬왕의 측근 세력일 것도 분명하다.

그런데 《원사》에는 충선왕의 폐위 이유를 '천명망살擅命妄殺' 때문이라고 기록하고 있다. 명령을 마음대로 하여 허망하게 사람들을 죽였다는 뜻이다. 정치를 독단하고 처결을 마음대로 했다는 뜻인데, 조금 이상한 점은 충선왕이 즉위하여 개혁 정치를 편 7개월 동안 관리를 죽인 경우는 없었다는 사실이다. 이는 그 이전에 있었던 충선왕에 의한 숙청 사건을 말한 것으로 보인다.

충선왕은 모후 제국대장공주가 죽고 원에서 달려와 국상을 치르는 와중에, 환관들을 비롯한 부왕 측근 세력 40여 명을 전격적으로 제거한 적이 있었다. 충렬왕의 측근 세력들은 충선왕이 즉위하고 다시 시작된 개혁 정치 국면에서 과거의 그 사건을 연상하여 의심하고 두려워했음이 분명하다. 이게 충선왕이 퇴위당한 직접적인 동기가 되었다. 충선왕에 대해 의심하고 두려워하던 충렬왕의 측근 세력들은 그 사건을 들어 원 조정과 황제를 부추겨서 폐위에 이르도록 했다고 할 수 있다. 여기에 조비 무고사건이 충선왕에게 악재로 작용했던 것이다. 충렬왕의 측근 세력들에게는 호재였고.

원의 황제에게도 고려의 국정이 불안하고 평온치 못하다는 것은 결코 바람직하지 않은 일이었다. 제국의 처지에서 변경을 바라보는 시각은 항상 안정을 바라는 것, 이는 예나 지금이나 마찬가지다. 개혁은 항상 변화와 혼란을 동반할 수밖에 없다. 하지만 변화를 싫어하는 기득권 세력에게는 그게 두려움이고, 제국에서는 그것을 변경의 불안으로 판단하여 기득권 세력의 손을 들어주는 것이다. 그래서 제국은 변경에 대해 항상 보수적이고 기득권 세력의 편에 선다.

그런데 이렇게 충선왕이 전격적으로 왕위를 빼앗긴 사건은 정말 고약하고 나쁜 선례를 남기게 된다. 이전 충렬왕도 그런 예로 볼 수 있지만, 그때는 그래도 형식적이지만 자발적인 양위 절차를 거친 것이었다. 하지만 충선왕의 경우는 아무런 예고도 없이 양위 절차도 생략한 채 황당하게 왕위를 빼앗긴 것이다. 왕위에서 하루아침에 해고당한 꼴이라고나 할까.

원 조정과 황제의 판단에 의해 고려 왕위는 언제든지 갈아치울 수 있다는, 이 고약하고 나쁜 선례로 인해 이후에도 이런 일은 계속 반복된다. 국내의 정치 세력들은 그러한 왕위 교체를 바라보면서 권력의 원천이 원의 황제에게 있다는 사실을 여실히 지켜보았다. 그래서 국왕의 정치에 불만이 많은 자들은 틈만 나면 원으로 달려가 준동하면서 국왕을 흔들어대는 모략 정치를 반복한다. 여기에 국왕은 맥을 못 추는 경우가 허다했다. 깊어가는 부마국 체제의 실상이리라.

황제의 소환을 받고 원으로 들어간 충선왕은 이후 10년 동안 제국의 조정에서 숙위 생활을 하며 보낸다. 그동안 고려 조정에서는 충렬왕 세력과 충선왕 세력으로 나뉘어 수많은 사건이 일어나고 서로 사생결단의 싸움을 마다하지 않는다. 충선왕에 대한 소환과 왕위 박탈은 그런 대립 갈등의 시작에 불과했다.

충선왕의 개혁, 어떻게 볼 것인가

충선왕의 개혁 정치는 충렬왕의 측근 세력들에게 불안함을 안겨주었다. 충선왕이 즉위 교서에서 부정을 저지르는 자로 지목한 '권세가'들이 바로 그들이었기 때문이다. 충렬왕의 측근 세력들은 그 불안함

을 안고 숨을 죽이며 개혁을 조용히 지켜볼 수밖에 없었다.

하지만 충선왕의 즉위 교서는 별 것이 아니었다. 잘못된 것에 대한 시정 조치 정도만 담고 있어 근본적인 개혁에 대한 내용은 미흡한 것이었다. 그런 시정 요구조차도 얼마나 이루어졌는지 알 수 없지만, 원의 간섭과 통제 속에서 그 정도나마 개혁안을 제시했다는 데에 의미가 있었다. 7개월이라는 짧은 집권 기간에 큰 성과를 내기도 어려웠을 것이다.

그런데 성과가 중요한 게 아니라 그런 개혁의 성격이나 방향이 중요했다. 교서에서 권세가로 지목된 자들은 충렬왕의 측근 세력이기도 하지만 대부분 원과의 관계 속에서 성장한 자들이었다. 이들을 폐단의 주체로 지목한 것은 결국 지금까지의 원과의 관계를 부정적으로 본다는 의구심을 살 소지가 충분했다. 이것이 충렬왕의 측근 세력들에게 개혁 정치에 저항할 빌미를 제공한 셈이었다.

충선왕의 관제 개혁도 실은 원의 제도를 잘 참작하여 고려의 관제를 재정비하려는 것이었다. 이 과정에서 충렬왕 초기에 원의 간섭으로 격하되었던 일부 관제가 고쳐지기도 하고, 직제가 축소 개편되면서 일부 기득권 세력들이 배제되기도 한다. 이것도 개혁에 불안해하던 충렬왕의 측근 세력들에게 반발할 틈새를 주었다. 충선왕의 개혁은 반원적反元的이라고 몰아붙이면서 말이다.

충선왕의 개혁 정치를 반원적이라고 볼 수 있는 일면도 있다. 충선왕이 원에 밀착했던 충렬왕대의 정치를 부정적으로 보았다는 점에서 논리적으로는 그렇게 비약할 수 있는 것이다. 하지만 충선왕은 국왕으로서의 처지로만 본다면 충렬왕보다 더 원과의 긴밀한 관계 속에서 태어났고 성장했으며 집권했다. 그런 그가 반원적인 개혁을 할 수도 없고 할 리도 없다. 만약 그랬다면 그건 충선왕의 자가당착이다.

충선왕의 개혁 정치를 반원적이라고 본다면 이는 충렬왕의 측근 세력들이 보는 시각이다. 그들은 개혁에 저항하는 명분을 얻기 위해 그렇게 호도한 것이다. 우리 현대사에서 보수 세력들이 개혁 정권이나 개혁적인 집권자가 하는 일을 '반미反美'라고 주장하면서 반발하듯이 말이다. 그래서 외세의 간섭이나 영향을 받는 개혁정권에서는 안과 밖의 이중고와 맞서야 하는 모양이다.

그런데 충선왕의 개혁 정치는 따지고 보면 충렬왕대의 정치만을 개혁 대상으로 한 것도 아니었다. 그가 개혁 목표로 제시한 것은 충렬왕대의 폐단뿐 아니라 무인 집권기부터 누적된 폐단도 그 대상이었다. 정방을 비롯한 인사제도의 불합리한 점을 정비한다는 것이 바로 그런 것이었다. 농장의 사회적 문제도 무인 집권기부터 시작된 것이었다. 충선왕은 이런 것을 개혁 목표로 했던 것이니, 간단히 말하자면 개혁 정치는 고려의 과거 전통 법제로 돌아가려는 것으로 오히려 복고적인 면도 있었다고 볼 수 있다. 충렬왕대의 폐단이 워낙 깊다 보니 그것만 개혁 대상으로 삼은 것처럼 비친 것이었다.

한 가지 궁금한 점이 남는다. 충선왕은 왜 자신의 왕비인 원 공주를 멀리했을까? 조비 무고사건이 아니었다면 충선왕이 그렇게 일찍 낙마하는 불상사는 없었을 테니 그 점이 안타까운 것이다. 부왕인 충렬왕의 경우에는 제국대장공주를 끔찍이 사랑하지도 않으면서 왕자를 생산했다. 충선왕을 낳고도 그 뒤 딸 하나와 아들 하나를 더 뒀다. 이 두 자식은 성장 기록이 없는 것으로 보아 일찍 죽은 것으로 보이지만,

그렇게 충렬왕은 공주를 부러 가까이한 것이다. 왕실의 안정과 왕권의 확립을 위해 그랬던 것이다.

그런데 충선왕은 그러지 않았다. 충선왕과 원 공주 사이에는 끝까지 자식이 없었고, 몽골의 평범한 여성인 의비와의 사이에 태어난 의충宜忠과 의효宜孝라는 두 아들만 있었다. 이중 둘째인 의효가 충선왕의 뒤를 잇는 충숙왕이 된다. 그리고 충선왕에게는 아들과 딸이 하나씩 더 있는데 이들은 모계 불명이지만 공주 소생은 분명 아니었다. 충선왕이 원 공주를 사랑하지는 않더라도 왕자 생산을 고려했을 법도 한데 그러지 않았던 것이다.

남녀의 정분이란 알 수 없는 것이지만, 충선왕이 좀 정략적으로 판단하여 원 공주를 가까이했다면 반대 세력에게 빌미를 주지 않았을 것이다. 애초에 원 공주와의 결혼도 정략적으로 이루어졌으니 그리 못할 것도 없었을 텐데 말이다. 아직 젊은 혈기로 자신이 차지하고 있는 국왕으로서의 권위가 절반은 그 공주에서 나온다는 현실을 애써 무시했는지 모르겠다.

그런데 만약 충선왕이 원에 대한 부정적인 생각에서 의도적으로 원 공주를 멀리했다면 이는 충선왕의 개혁 정치를 다시 볼 필요가 있다. 이것은 혼혈 왕으로서 충선왕의 정체성 문제와도 관련이 있지만, 우선 부마국 체제를 적극 받아들인 부왕 충렬왕에 대한 반감이 드러났을 가능성이 많기 때문이다. 충선왕 자신이 부마국 체제의 소산이면서 그 부마국 체제를 부정하고 싶은 심리 같은 것인데, 이게 충선왕의 한계가 아니었을까?

아무튼 충선왕과 그 공주의 불화는 두고두고 충선왕을 괴롭힌다.

반대 세력들이 그 틈을 이용하여 충선왕을 집요하게 물고 늘어진 것이다.

개혁, 다시 원점으로

충선왕이 폐위당하고 원으로 향한 지 이틀 만에 당장 4학사가 주관했던 인사권은 빼앗겼다. 다만 충선왕에 의해 사림원에 참여했던 권보는 충렬왕에 의해 다시 인사권을 담당하는 인물로 그대로 등용된다. 그의 원만한 성품 때문인지는 모르겠지만 정권 교체기에 그가 유연한 처신을 하여 충렬왕에게도 신임을 받았다는 것을 보여준다.

충선왕은 원에 도착하자마자 바로 황제의 부름을 받았다. 어떤 추궁이 있을지 불안한 마음으로 황제의 편전으로 향하는데, 원의 승상이 호종한 신하 가운데 대표 한 사람이 함께 들어가 대답해도 좋다는 허락을 한다. 이때 안향이 충선왕을 시종하고 있었는데 그 승상은 황제의 지시라고 하면서 먼저 안향에게 이렇게 물어왔다.

"그대 국왕은 어찌하여 공주를 가까이하지 않는가?"

"궁중 규방의 일이란 신하가 알 바가 아니오. 지금 이런 것을 물어서 무슨 소용이 있겠소?"

승상이 그 말을 듣고 황제에게 그대로 전하자, 황제는 충선왕을 만나보지도 않고 다음과 같은 말을 남겼다.

"그 신하는 사리를 분별하고 일의 요체를 아는 사람이다. 어찌 먼 곳에서 온 그 사람을 다시 불러 물어보겠느냐?"

황제는 그 말만 남기고 다시 충선왕을 불러 묻지 않았다고 한다. 원의 황제도 궁중의 규방에서 일어난 일을 두고 하나하나 따지기에는 구차스럽게 생각했는지 모르겠다. 충선왕이 펼쳤던 개혁 정치나 관직 개편에 대해서는 특별히 문제삼지 않은 것은 뜻밖이었다.

그 후 원의 황제는 충렬왕과 함께 국사를 의논하라고 활활출闊闊出을 정동행성征東行省 평장정사平章政事로, 합산哈散을 정동행성의 좌승左丞으로 임명하여 보내왔다. 여기 정동행성에 대해서는 조금 뒤에 언급하겠지만, 이것은 일종의 국정 자문역이라 할 수 있겠다. 황제는 충렬왕이 제국대장공주의 죽음으로 무료할 것이라 하여 포도주까지 하사했는데 충렬왕에 대한 염려 때문으로 보인다. 어쩔 수 없이 복위는 시켰지만 국정에 대해서는 원 조정의 자문을 받으라는 뜻이었다. 이를 보면 황제는 후원을 해주면서도 충렬왕을 크게 신뢰하지 않았다는 생각이 든다.

그 해 1298년(충렬왕 24년) 연말에 있었던 관직 개편에서는 다시 충선왕 이전 상태로 완전히 돌아가고 만다. 충선왕의 개혁 정치는 조비 무고사건으로 이미 벽에 부딪혔고, 결국 한 차례의 해프닝으로 끝나고 만 것이다. 이어서 인사 개편이 이루어졌는데, 이때 새로이 입각한 특별한 두 사람만 언급하고자 한다. 이영주와 송분宋玢이란 인물이다.

이영주는 충렬왕의 사위로 행세하며 득세했던 인물로 앞서 충렬왕의 측근 정치에서 언급했었다. 그는 남의 토지를 탈점하고 백성을 억압하다가 조인규에게 고소를 당하여 파직당한 경험이 있었다. 그가 충선왕의 인사에서는 제외되었다가 이번 인사에서 군부판서 겸 응양군 상장군(정3품)을 맡아 군부 서열 1위에 올라 재기한 것이다. 앞서 조비 무고사건의 배후에는 그가 있었는지도 모를 일이다.

송분은 무인정권의 마지막 집권자 임유무를 제거했던 송송례宋松禮의 아들로, 그 거사에 자신도 무장으로 참여하여 공을 세우고 고속 승진했던 인물이다. 그 역시 권세를 이용한 토지 탈점에 앞장서 여러 사람의 비난을 받았는데, 무인정권을 종식시킨 공을 인정받았는지 원으로부터 만호직과 금패까지 받아 권세를 이용한 탐학을 그치지 않았다.

그런 송분을 충렬왕은 첨의시랑 찬성사(정2품) 겸 판감찰사사(정3품)를 제수하여 중용하였고, 1년 뒤에는 홍자번을 대신하여 잠시 수상까지 맡긴다. 아마 충렬왕은 충선왕의 세력을 견제하는 데 그가 쓸모가 있다고 판단했을 것이다. 이후 송분의 아들 3형제와 조카는 모두 충선왕을 헐뜯고 모함하는 데 하나가 되어 일족이 일심동체로 들고 일어나는 모습을 보인다. 이들 송씨 일족은 앞으로 자주 언급될 것이다.

이영주와 송분의 중용은 다시 충렬왕 측근 세력들의 득세를 알리고 개혁이 물 건너갔다는 신호탄이었다. 충선왕의 개혁이 다시 원점으로 돌아갔다는 것은 여러 면에서 드러났다. 다음 두 가지 일화만 들어보면 그런 정황을 바로 알 수 있을 것이다.

좌사간左司諫(정6품)으로 있던 추적秋適이란 인물이 있었다. 좌사간은 중서문하성의 낭사에 속한 중견관리로서 국왕에 대한 간쟁과 비판을 주 임무로 하는 요직이다. 하지만 충렬왕의 측근 정치 아래에서는 이런 중책이나 요직도 별 의미가 없었다. 그런 그가 충선왕의 개혁 정치에 힘을 받아 그랬는지 충렬왕의 비위를 건드리는 일을 저지르다 변을 당하고 만다.

사건의 내막은 이랬다. 황석양黃石良이란 자가 환관으로 있으면서 권세를 부리고 있었는데, 그는 자신의 고향인 합덕 부곡(충남 당진 합덕면)에 대해 편법을 동원하여 현으로 승격시키려고 하였다. 부곡部曲은 지방 행정 조직에서 지방관이 없는 가장 낮은 위치의 행정 조직을 말한다. 그래서 인근 주현에 예속되어 여러 차별 대우를 받아야 했고, 이 때문에 부곡을 천민 집단이 거주하는 특별 행정 구역으로 보기도 한다.

황석양이 자신의 고향을 현으로 승격하려면 그때 좌사간으로 있던 추적의 동의와 서명이 필요했는데, 추적이 여기에 제동을 건 것이다. 이에 화가 난 황석양이 주변의 내관들과 함께 추적이 국왕을 비난한다고 모함했던 것이다. 격분한 충렬왕은 당장 추적에게 칼을 씌워 순마소에 가두고 말았다. 1298년(충렬왕 24년) 12월의 일인데, 추적은 정권 교체를 애써 무시하고 고집스럽게 원칙대로 일을 처리하다가 충렬왕 측근들에게 변을 당한 것이었다.

또 하나의 일화는 감찰사로 있던 채우蔡禑가 직무 수행 중에 귀양당한 사건이다. 채우가 좌창左倉에서 관리들의 녹봉을 나누어주는 일을 감독하는데, 어느 환관이 국왕의 지시라 하여 쌀 몇 섬을 궁중으로 들여 궁인들에게 나누어주려고 하였다. 채우가 이를 강력 제지하자 충렬왕은 그를 괘씸하게 여겨 귀양 보내고 말았던 것이다.

추적이나 채우가 모두 이런 변을 당한 것은 충렬왕 주변의 환관과 내관들 때문이었다. 충렬왕이 복위하면서 다시 측근 정치의 재현을 보여주는 일화이다.

忠宣王

제 3 장

책략, 혼미한 정치

충선왕이 왕위를 빼앗기고 원으로 들어간 이후 고려의 정치는
대도에 체류하고 있는 충선왕에게 온통 쏠려 있었다.
충선왕에게 한 차례 당한 바 있던 충렬왕의 측근 세력들은
충선왕을 인정할 수 없었다. 별 이변이 없는 한 충선왕이 다음 왕위를 계승할 것이고
그리 되면 자신들은 설 자리가 없었기 때문이다. 이로 인해 정치 세력은
충렬왕파와 충선왕파, 왕 부자를 따르는 양편으로 나뉘어
온갖 음모와 책략이 판을 치고 국정은 요동친다. '공주 개가 책동'은
그 대표적인 사건이었다. 그런데 이 책동은 원 조정에서 일어나고 있는
성종 다음의 황제 계승 싸움과도 연결되어 있었다.

1. 깊어지는 갈등

한희유 무고사건

1299년(충렬왕 25년) 1월, 충렬왕이 복위한 지 불과 몇 개월 후에 국정을 뒤흔든 중요한 사건이 일어난다. 인후, 김흔, 원경 등이 한밤중에 불법으로 군사를 동원하여 한희유와 이영주 등 무장 10여 명을 체포한 사건이다.

이 사건은 한희유와 이영주 등 몇몇 무장들이 반란을 일으켜 왕을 모시고 섬으로 도망치려 한다는 어느 승려의 밀고에서 시작되었다. 인후, 김흔, 원경은 이를 사실로 믿고 군사를 동원하여 이들을 전격 체포했던 것이다. 국왕의 허락도 없이 군사를 동원한 영락없는 쿠데타로써 이들 역시 불법을 저지른 것이었지만 인후 등은 반대 세력을 제거할 절호의 기회로 삼은 것이었다.

이 사건에서 우선 그 밀고 내용이 심각하다는 점을 주목할 필요가 있다. 개경 환도 이후 국왕을 끼고 섬으로 들어간다는 모함은 진위 여부를 떠나 원의 황제를 자극하는 데 더없이 좋은 소재였고, 그래서 해당자에게 치명상을 입힐 수 있는 일이었다. 그 좋은 전례가 김방경 무고사건이다(김방경 무고사건에 대해서는 《쿠빌라이칸의 일본원정과 충렬왕》 참고).

군사를 동원하여 한희유, 이영주 등을 체포한 인후, 김흔, 원경은 바로 이 사실을 국정 자문관으로 고려에 머물고 있던 합산에게 알렸다. 이에 합산은 충렬왕이 이 사건에 관련되어 있는지를 염탐하기 위해 자신의 아들을 궁중에 들여보내 국왕의 동정을 살피게 했다. 염탐 결과 충렬왕은 사건의 진행을 전혀 모르고 있어 관련이 없다고 판단되었지만, 합산은 한희유 등이 이미 체포된 상태라 그대로 넘어갈 수 없었다.

날이 새자 합산은 충렬왕에게 사건의 경위를 말하고 한희유 등을 신문할 것을 요청한다. 그 사이 사건을 처음 밀고한 승려가 도망쳐버리자 한희유, 이영주를 비롯해 무고에 걸려든 10여 명의 무장들을 일단 순마소에 하옥시켰다. 이후 충렬왕과 합산은 흥국사에서 닷새 동안이나 한희유, 이영주 등을 국문하였다. 고문을 못 이겨 이영주와 몇몇 무장은 자복했지만 한희유는 승복하지 않았다. 한희유는 이후에도 사흘 동안 다시 국문을 당했지만 끝내 불복하여 버티었다.

한희유가 승복하지 않자 인후는 이 사건을 황제에게 보고하기 위해 원으로 달려갔다. 충렬왕이 말렸지만 중지시킬 수가 없었다. 이제 이 사건도 국왕의 손을 떠난 것이다. 앞서 일어났던 조비 무고사건도 원 조정으로 넘어가 아직 결론이 나지 않은 상태였다. 충렬왕은 일단 한희유와 이영주를 섬으로 유배 보내고 나머지 무장들은 장형을 가하여 하옥시킨 후 원 조정에서의 결정을 기다리는 수밖에 없었다. 그리고 정식으로 사건을 보고하기 위해 합산도 원으로 들어간다.

이후 한희유·이영주는 피해자로, 원경·김흔 등은 가해자로, 그리고 유청신은 국문 당시 통역자로 모두 원 조정에 소환되어 사건의 전모를 가리게 된다. 결국 이 사건은 인후 등이 충선왕을 위해 거짓으로 일으킨 무고로 결론이 나서 인후·김흔·원경은 파면당하고 만다. 사건이 일어난 지 4개월 만인 그 해 5월이었다.

한희유·이영주도 상처를 입었다. 원에서 이 사건이 터무니없는 무고라는 것으로 판명이 났지만 쉽게 환국할 수 없었다. 1년 동안이나 원에 억류되었다가 충렬왕이 적극 변명해준 후에야 환국할 수 있었다. 나중에 한희유는 충성심을 인정받아 마침내 수상에까지 오른다.

이 사건은 그 가해자나 피해자 양측 인물 모두 앞서 언급했지만 사건의 내막을 파악하는 데 좀 어려운 면이 있다. 피해자측의 핵심인 한희유와 이영주는 충렬왕의 신임을 받던 측근 인물이라는 공통점이 있다. 또한 충선왕의 인사 개편에서 소외되었다가 나중에야 충렬왕에 의해 기용된 인물이라는 점도 주목된다.

이렇게 보면 이 사건은 충렬왕의 측근 인물들을 제거하기 위해 충선왕 측의 인물들이 일으켰다고 판단해도 무방할 듯하다. 원 조정에서의 결론도 인후 등이 충선왕을 위해 충렬왕의 측근들을 제거하려 했던 사건으로 보았다. 하지만 가해자 측인 인후·김흔·원경 등을 충선왕 계열의 인물로 보는 것도 주저되지만, 이 사건이 폐위된 충선왕에게 도대체 어떤 도움을 줄 수 있을 것인지도 의문이다.

인후는 제국대장공주의 수행원으로 고려에 들어와 권세를 누리다 공주의 죽음을 계기로 다시 충선왕에게 붙은 인물이다. 그래서 충선왕의 개혁 첫 인사에서 소외되지 않고 재상급에 기용되었다. 김흔은 김방경의 아들이라는 후광과 여러 전장에 참전했던 무공으로 출세한 인물이지만 충선왕의 개혁 첫 인사에서는 뜻밖에 소외되었던 인물이다. 원경은 충렬왕의 지원을 받은 응방을 통해 권세를 부리다가 인후와 함께 충선왕에게 붙은 인물로 보인다. 이렇듯 세 인물은 공통점이 별로 없어 속 시원히 사건의 내막을 파악하는 데 어려움이 있다.

그래서 한희유 무고사건은 이렇게 단순화시켜 보면 선명할 것 같다. 가해자측이나 피해자측 주변에 여러 인물들이 얽혀 있었지만 사건의 핵심 인물은 인후와 한희유라는 양측 두 사람이다. 그래서 간단히 말하자면 인후가 한희유를 모함하여 제거하려 했던 사건이라 할 수 있다.

인후는 제국대장공주 사후 후원 세력이 사라진 상태였다. 게다가 공주 수행원으로 함께 고려에 들어왔던 장순룡은 이미 죽고 없었다. 그래서 뭔가 확실한 후원 세력이 필요하여 충선왕에게 줄을 대고 재기에 일단 성공했지만, 충선왕이 갑자기 강제 퇴위당하면서 자신의 미래를 예측할 수 없었다. 충선왕이 갑자기 왕위를 빼앗긴 사건은 인후를 혼란스럽게 만들었다. 정권 교체기에 약삭빠르게 대처하여 충선왕 정권에도 성공적으로 안착했지만, 다시 정권이 금방 충렬왕으로 넘어가면서 어찌 할 바를 모르고 불안했던 것이다. 자칫 잘못하면 정치 생명이 끝날 수도 있었으니 이 점은 원경의 처지도 다를 바 없었다. 그렇게 불안했던 인후가 충선왕을 위해 난을 일으켰다는 말은 그래서 정황상 맞다고 보인다. 어쩌면 인후 등이 충선왕을 다시 복위시키기 위한 책동이었다는 생각도 든다.

반면 한희유는 일찍부터 무공으로 성장하여 원 황제로부터 호두금패와 만호직을 제수받아 신임이 컸다. 한희유는 충렬왕만을 위하다가 충선왕의 즉위로 소외된 듯 했지만 곧바로 폐위당하면서 그 기간이 길지 않았다. 바로 이어서 충렬왕이 복위한 후 총애를 받아 재기용되었던 것이다. 장래가 불투명한 인후가 그런 한희유를 곱게 볼 수 없었다. 게다가 젊은 시절 인후는 한희유로부터 모욕을 당했던 경험까지 있었으니까.

한희유는 우직하게 충렬왕만을 위하다가 위험한 듯 했지만 재기에 성공한 것이다. 인생만사 새옹지마라는 말은 양측 인물들에게 딱 맞는 말이다. 정권이 7개월 만에 그렇게 쉽게 바뀔 줄 아무도 몰랐을 테니까.

인후·김흔·원경은 파면당한 1년 뒤인 1300년(충렬왕 26년) 7월 원의 황제에 의해 사면된다. 하지만 이들의 정치 생명은 사실상 끝난 것이나 다름없었다. 인후는 고려에서 축적한 재산을 충렬왕에 의해 모두 몰수당했다가 충선왕이 복위한 후에야 다시 복직되었다. 원경은 원에 억류당했다가 돌아와 바로 죽는다. 김흔 역시 인후와 함께 재산을 몰수당했고, 사면된 한 달 후 아버지 김방경의 죽음으로 환국하여 부친상을 치렀지만 다시 원으로 들어가버린다. 김흔은 한희유를 피하기 위해 계속 원에 머물다 1306년(충렬왕 32년) 한희유가 죽은 후에야 환국할 수 있었다.

그런데 한희유 무고사건은 국정에 대한 충렬왕의 무능력을 보여주었다는 점에서 주목할 필요가 있다. 쿠데타를 방불케 하는 사건인데도 충렬왕은 사전에 전혀 모르고 있었고, 사건을 알고 난 후에도 관계된 인물들을 전혀 통제하지도 못했다. 자신의 재위 중에 군사를 동원한 그런 정변이 있었다는 사실 자체가 왕권에 대한 도전이나 다를 바 없었지만 원 조정에서의 판결을 바라보고만 있었던 것이다.

앞서 국정 자문관으로 왔었던 합산도 충렬왕의 무능력을 지적했다. 한희유 무고사건을 직접 목도한 합산은 돌아가 황제에게 충렬왕의 국정 장악에 문제가 있다고 보고했던 것이다. 여기에 원으로 압송된 조인규 등에 대해서도 아직 판결이 나지 않고 있었으니 원 조정에서는 충렬왕을 충분히 그렇게 볼 만했다.

충렬왕과 쌍화점곡

충렬왕은 복위한 이후 다시 깊은 유흥에 빠졌다. 한희유 무고사건이 원 조정에서 계류 중인데도 그런 행동을 계속했다. 왕위에 복귀한 것 그 자체로 만족했는지, 아니면 왕권의 무력감 때문이었는지 유흥은 갈수록 방탕하게 흘렀다. 충렬왕의 유흥 장소는 수강궁壽康宮으로 공식 연회 장소로도 가끔 이용한 곳인데 이제 드러내놓고 즐기고 있었다.

충렬왕의 유흥을 측근에서 부추기는 인물도 물론 있었다. 오잠吳潛·김원상金元祥과 석천보石天補·석천경石天卿 형제가 그들이다. 오잠과 김원상은 과거에 합격해 관직에 나왔지만 충렬왕에게 아첨하는 간신으로 유명했다. 특히 김원상은 악곡樂曲 재능을 인정받아 출세한 인물이다.

석천보와 석천경은 석주石胄의 아들 형제로 환관이었다.

충렬왕의 유흥에는 관현방管絃坊이 동원되었다. 관현방은 주로 궁중 연회나 의례 때 음악을 담당하는 것으로 지금으로 말하자면 국립교향악단 정도에 해당된다. 충렬왕이 유흥에 탐닉하면서 이 관현방이 분주해졌는데 무엇보다도 노래와 춤을 잘하는 재인才人들의 수요가 급증했다. 이 재인을 조달하기 위해 각 지방으로 파견된 사신이 채방사探訪使였다.

채방사는 각 지방으로 달려가 관청 기생이나 무당·노비로 미모가 있고 노래와 춤을 잘하는 자를 뽑아 관현방에 등록하고 궁중에 기거토록 했다. 이들에게 비단 옷에 말총 모자를 씌우고 남장男粧을 시켜 춤과 노래를 가르쳤으니 영락없이 충렬왕을 위한 기쁨조였다.

충렬왕이 수강궁에 행차하면 관현방의 남장 무희들이 공연을 펼쳤다. 이때 석천보 등 환관들은 장막을 치고 기생을 희롱하며 국왕을 자연스럽게 이끌었다. 충렬왕은 이들과 함께 밤낮으로 춤추고 노래하며 음란한 짓을 멈추지 않았으며 상하 군신간에 예의가 따로 없을 정도였다. 충렬왕이 기분 좋을 때는 유흥에 참여한 악공·창기·무희들에게 은을 하사하기도 했으니, 이런 유흥 비용으로 국고가 축날 지경이었다.

그때 유행한 악곡에 쌍화점곡雙花店曲이 있었다.

삼장사에 등불 밝히러 갔더니三藏寺裏點燈去

(삼장사애 브를 혀라 가고신)

늙은 중이 내 손목을 잡았네有寺主兮執吾手

(그 뎔 사주 내 손모글 주여이다)

혹시 이 말 절 밖으로 나가면儻此言兮出寺外

(이 말ᄉ미 이 뎔 밧긔 나명들명)

상좌여 이는 네가 한 말이리라謂上座兮是汝語

(죠고맛간 삿기 상좌 네 마리라 호리라)

쌍화점곡은 남녀상열지사男女相悅之詞를 대표하는 노래로 속요俗謠라고도 하는데, 《고려사》〈악지〉의 '속악俗樂' 편에 '삼장三藏'이라는 제목으로 소개되어 있다. 고려 시대 노래인 처용가處容歌와 함께 대표적인 속요라고 할 수 있다. 처용가가 신라에서 기원하여 고려 전기부터 유행했던 속요인 반면 쌍화점곡은 원 간섭기에 만들어져 유행했던 속요였다.

쌍화점곡은 주로 유흥의 자리에서 불리어졌는데 그 노래의 주체가 여성으로, 어디에 가니 누가 손목을 잡으면서 잠자리를 함께하자고 유혹했다는 내용이다. 이 쌍화점곡은 조선 시대 편찬된 《악장가사樂章歌詞》에는 전체 4장으로 되어 우리말로도 소개되어 있다. 여자를 유혹한 상대 남자로는 첫 번째 장에서는 쌍화점의 회회回回아비, 다음 장에 삼장사의 사주, 이어서 우물의 용, 마지막 장에는 술집아비가 등장한다. 위에 인용한 것은 그 두 번째 장으로 삼장사의 사주가 여성인 나를 유혹하더라는 내용이다. 쌍화점은 만두가게를 말하고 회회아비는 이슬람 남자를 말하는데 당시 고려의 거리 풍경을 상상해볼 수도 있다.

원 간섭기의 이런 노래 가사를 두고 상징적인 풍자시로 보기도 하고, 음란하고 퇴폐적인 가극의 대사로 보기도 한다. 노래 가사가 서사

구조를 갖추고 있는 것으로 보아 지금의 오페라와 유사한 창극唱劇의 형태로 공연되지 않았나 싶다. 이런 창극에서 가무를 훈련받은 앞서의 관현방 소속의 남장 무희들이 배역을 맡아 공연했을 것이다. 술에 취한 충렬왕은 이런 공연을 관람하는 것으로만 그치지 않고 그 속에 묻혀 함께 춤을 추고 놀았다.

충렬왕이 즐긴 이러한 유흥과 향연은 주로 환관과 내관 혹은 홀치 등이 주최했는데 때로는 중국 강남의 상인들까지 나서서 주최하는 경우도 있었다. 1301년(충렬왕 27년) 8월 강남 상인들이 수강궁에서 충렬왕에게 향연을 베풀었다는 기록이 있다. 당시 강남의 상인들과 교류가 활발했음을 알 수 있고 그러면서 장기 체류하는 상인들도 있었을 것이다. 이런 속에서 회회아비와 같은 이슬람 상인도 개경에 거주하게 되었을 것으로 짐작된다.

충렬왕의 유흥에는 '사룡蛇龍'이라는 제목의 다음과 같은 노래도 자주 등장했다.

> 배암이 용의 꼬리를 물고 有蛇含龍尾
> 태산의 봉우리를 지나가니 聞過泰山岑
> 여러 사람이 달리 말해도 萬人各一語
> 두 사람 마음은 짐작하네 斟酌在兩心

앞의 쌍화점곡과 마찬가지로 고려 시대 속요로 역시 남녀상열지사를 잘 보여주고 있다. 배암은 여성을, 용은 남성을 말하는 것 같은데, 남녀간의 적극적인 유혹과 은밀한 사랑을 그리고 있다.

충렬왕은 남녀의 사랑을 숨김없이 드러낸 이런 창극을 궁중에서 즐겼던 것이다. 국왕으로서의 위엄이나 유교 이념에 따른 통치 체제의 이완된 모습을 잘 보여준다. 요샛말로 하자면 궁중을 중심으로 사치와 향락의 풍조가 만연하고 있는 사회의 한 단면일 것이다. 이것은 원의 간섭과 통제를 받으면서 정치적 의욕을 상실한 무력한 국왕의 모습으로 볼 수도 있고, 부마국 체제에 안주하고 있는 고려의 정치 사회상일 수도 있겠다.

중국 역사에서 원나라 시대는 연극이 발달했다고 알려져 있다. 여담이지만 왜 그 시대에 하필 연극이 발달했을까 궁금해진다. 연극에서는 다양한 배역이 중요하다. 또한 연극은 여러 예술 분야 중에서 가장 역동적인 예술이라고 할 수 있다. 그래서 등장 인물의 다양한 성격과 활동을 맡을 배역이 필수적이다. 이것은 문화의 다양성과 사회의 역동성이 전제되지 않는다면 어려운 일이다.

몽골족은 세계 여러 나라와 민족을 정복하여 통치하면서 사회적 역동성과 문화적 다양성을 증대시켰다. 기마민족으로서의 역동성과 세계 제국으로서의 다양성이 최고조에 달한 시기가 바로 몽골족 통치하의 원나라였던 것이다. 그래서 원나라 시대의 연극 발달은 이런 역사적 배경에서 가능하지 않았을까 하는 생각을 해본다. 충렬왕대에 창극이 유행했던 것도 아마 그런 원나라의 영향 때문이리라.

정동행성 강화, 내정 간섭

한편, 한희유 사건이 판결나기 직전인 1299년(충렬왕 25년) 4월, 원에서는 사신을 보내와 조비 무고사건에 대한 처리 결과를 알려왔다. 조인규의 소행이 법과 제도를 준수하지 않은 불법으로 중서성에 이첩하여 그 죄의 경중을 판결한다는 것이었다. 이때 조인규의 죄를 《원사》에는 충선왕에 붙여 '천명망살擅命妄殺' 했다고 하고 있다.

'천명망살', 이 죄목은 앞서 살핀 바와 같이 충선왕을 강제 퇴위시킨 이유였다. 이렇게 보면 조인규는 충선왕을 대신하여 죄를 받았고, 두 사람을 한 묶음으로 보았음을 알 수 있다. 중요한 점은 조비 무고사건 때문에 원으로 압송된 조인규에게 막상 그 무고사건에 대해서는 아무런 문책을 하지 않았다는 사실이다. 이 대목에서 조비 무고사건은 충선왕을 강제 퇴위시키기 위한 음모였다는 사실을 다시 확인할 수 있고, 아울러 조인규는 충선왕 폐위의 희생양이었다고 볼 수 있다.

원으로 압송되었던 조인규는 장형을 맞고 중국 안서安西 지방으로, 그 사위 최충소는 공창鞏昌으로 유배를 갔다. 그 나머지 조인규의 처자와 친척들은 석방되어 곧 돌아올 수 있었으나, 조인규는 원에서 유배 생활을 하다가 1305년(충렬왕 31년)에야 방환되어 귀국했다. 조인규가 원에서 유배 생활을 하는 동안 장남 조서趙瑞는 부친을 모시면서 끝까지 함께 생활하다가 환국하였고, 부친의 사후에는 그가 사신의 역할을 대신한다. 그리고 조인규의 딸인 조비는 정확한 기록이 남아 있지는 않지만 아마 폐비된 후 원의 고관에게 재가했던 것 같다. 그런데 조인규에 대한 처리 결과를 알려오면서 이와 함께 원에서는 충렬왕에 대한 경고 조칙을 보내왔다. 다음과 같은 세 가지였다.

(1) 선대에서 정한 관제나 그 필요 인원을 마음대로 변경하지 말고, 변경한 것이 있으면 바로잡을 것.
(2) 앞으로 관리들에게 죄가 있으면 사건의 전말을 갖추어 보고할 것이며, 마음대로 죽이지 말 것.
(3) 세자에 의해 유배 혹은 가산을 몰수당한 자는 이를 잘 분간하여 기록하고, 억울한 자는 바로잡을 것.

이 세 가지 경고는 충선왕의 개혁 정치 때문에 나왔다고 보인다. 내용으로 보아 이것은 충선왕의 개혁 정치에 대한 원 조정의 불만을 그대로 드러낸 것이었다. 하지만 이 경고를 받은 것은 충선왕이 아닌 충렬왕이었기 때문에, 이는 충렬왕의 국정 운용에 대한 간섭으로 작용할 수밖에 없었다.

특히 (2)항은 앞으로 일어나는 정치적 사건에 대해 하나하나 원 조정의 재가를 받아 처리하라는 것으로 정치를 독단하지 말라는 충렬왕에 대한 분명한 경고로 볼 수 있다. 이는 고려 내정에 대한 간섭과 통제로 충렬왕에 대한 운신의 폭을 더욱 좁게 만든 것이었다. 그래서 충렬왕의 복위는 양위 이전과 같은 온전한 원상회복이 아니었다고 할 수 있다.

충렬왕이 복위한 후에 일국의 국왕으로서 마음 놓고 할 수 있는 일은 그리 많지 않았다. 원 조정의 간섭과 통제 속에서 충렬왕이 국왕으로서 권능을 세우고 관리들로부터 충성심을 이끌어내는 방법은 인사권밖에 없었다. 1299년(충렬왕 25년) 9월, 충렬왕은 아무 이유도 없이

차신·최유엄·유청신 등 고위 관료 다섯 명을 파면하였다.

차신은 제국대장공주의 수행원으로 고려에 들어와 권세를 누리다 충선왕의 개혁 첫 인사에서도 소외되지 않고 재상급에 임용된 인물이다. 그는 제국대장공주가 죽자 인후와 함께 충선왕에게 붙은 인물로 보인다. 그러니 인후와 마찬가지로 충렬왕에게 밉보였을 것이다. 유청신은 한희유 무고사건 때 통역을 맡았다는 이유로 원으로 소환되었다가 곧 방환되어 환국했지만, 충렬왕이 인후와 한통속으로 알고 죄를 주려 하자 원으로 도망했다는 분명한 잘못이 있었다. 최유엄은 큰 잘못은 없었지만 충렬왕에게 약간 거슬리는 존재였다.

이들은 색채가 강하지는 않지만 대체로 충선왕 계열의 인물이라 할 수 있다. 충렬왕이 이들을 파면한 것은 고위 관리들에 대한 길들이기라고 할 수 있다. 얼마 안 있어 이들이 충렬왕에 의해 다시 복직되는 것으로 봐서 괜한 인사권의 남용이었다. 충렬왕은 그렇게 함으로써 국왕으로서 권위를 세울 수 있다고 판단한 듯했다.

마침내 그 해 10월 원에서는 아주 특별한 관리를 임명하여 고려에 파견한다. 활리길사闊里吉思(쿠리키스)를 정동행성 평장정사로, 야율희일耶律希逸을 좌승으로 임명하여 고려에 상주토록 한 것이다. 이는 원 조정에서 고려 국정을 직접 챙기겠다는 뜻으로 내정 간섭 이상의 것이었다. 앞서 원에서 활활출과 합산을 파견했던 것도 같은 맥락으로 볼 수 있지만 이들은 불과 수개월 만에 돌아가 큰 영향력을 발휘하지 못했었다.

여기 활리길사는 몽골 귀족 가문 출신으로 원 조정에서 내외 고위직을 두루 역임했는데, 특히 강남 여러 지방의 장관을 맡으면서 지방 토호 세력의 불법을 억제하는 성과를 거두기도 했던 인물이다. 함께 온 야율희일은 몽골 제국 초기의 명재상 야율초재耶律楚材의 손자로서 시와 학문에 능한 학자적 관료였다. 이런 인선도 당시 어지러운 고려 국정을 감안해 이루어졌다고 보인다.

이들이 상주하면서 정동행성은 이제 고려에 대한 통치 기관으로 기능을 하게 되었다. 정동행성은 처음에 일본원정을 위한 군사 기구로 설치되었지만 일본원정이 쿠빌라이 사후 포기되면서 형식적인 양국의 연락 기관 정도로만 남아 있었다(초기의 정동행성에 대해서는 앞의 책 참고). 그 정동행성의 장관은 승상丞相이라 하여 형식적으로 고려 국왕이 맡고 있었지만 관원이 채워지지 않은 상태에서는 별 기능이 없었다. 하지만 이때 승상 아래의 평장정사와 좌승을 원의 관리로 임명하여 고려에 파견했다는 것은 정동행성의 기능을 강화한 것으로 고려 국정을 직접 맡기겠다는 뜻이었다.

이런 조치는 당연히 국왕으로서 충렬왕의 권한을 제약하고 침해하는 것으로 내정 간섭이 분명했다. 그러니 충렬왕으로서는 날벼락과 같은 조치로, 활리길사 등이 오자마자 바로 원의 황제에게 진정표를 올렸다. 정동행성의 강화를 철회해달라는 것이었다. 하지만 이게 받아들여질 리 없었다.

고심하던 충렬왕에게 마침 이 문제를 진정할 좋은 기회가 온다. 원에서 성종 황제 모후인 유성 황태후가 죽어 조문차 입원할 기회가 온 것이다. 충렬왕은 조문을 명분으로 1300년(충렬왕 26년) 4월 개경을 출발하여 그 해 6월 상도에 도착한다.

상도의 궁궐에서 충렬왕은 성종 황제의 특별한 잔치에 초대를 받았다. 지손연只孫宴이라는 잔치인데 모든 사람이 똑같은 색의 옷을 입고 연회에 참석하는 것이다. 마르코 폴로의 《동방견문록》에도 이런 연회에 대해, 수많은 연회 참석자가 모두 복장을 흰색으로 통일한다고 하여 흰색 축제white feast라고 언급하고 있다. 이 연회에서 충렬왕은 여러 제왕과 부마 중에서 좌석 서열이 네 번째였다. 이전 쿠빌라이 시절에 7위였던 것에 비하면 상향된 것으로, 아마 여러 부마 중에서 충렬왕의 나이를 고려하여 그리 된 듯하다.

다음날 주연에서는 대도에 머무르고 있던 충선왕도 함께 참석했다. 어쩌면 충렬왕 부자를 화합시키려는 황제의 노력이었는지도 모르겠다. 이 자리에서 황제가 고려 가요를 요청하자 함께 온 고려 관리들은 쌍연곡雙燕曲을 부르고, 충선왕은 단판檀板(악기 이름)을 잡아 박자를 맞추는데, 충렬왕은 일어나 춤을 추며 황제의 장수를 빌었다. 충렬왕 부자가 황제를 기쁘게 하기 위해 애쓰는 모습이 눈에 선한데, 충렬왕으로서는 황제한테 진정할 일이 있으니 당연히 그럴 만했다. 황태후 빈전에 제문을 올린 것은 그 다음이었다.

며칠 후 황제는 충렬왕에게 요청할 일이 있으면 주청하라는 주문을 한다. 충렬왕은 먼저 황제에게 공녀로 데리고 온 동녀童女 두 명과 환관 세 명을 바치고, 원의 승상에게도 동녀 한 명을 보냈다. 동녀는 국왕이 입조할 때마다 의례적으로 황제에게 바치는 것이었지만, 수상한테까지 보낸 것은 충렬왕의 요구를 관철하기 위한 선물 공세였다.

충렬왕의 진정을 받은 황제는 일 주일 뒤, "고려 국왕이 주청한 풍속 관련 사항은 옛날의 풍속을 그대로 따를 것을 허락한다"라는 전지를 승상을 통해 내렸다. 여기 풍속 관련 사항이 구체적으로 무엇인지 나타나 있지 않지만 충렬왕이 요청한 내용을 수용한 것으로 보인다. 이때 충렬왕은 정동행성 문제에 대해서도 진정했을 것 같은데 그에 대해서는 언급이 없는 것으로 보아 이 문제는 받아들여지지 않은 듯하다.

충렬왕과 호종했던 신하들은 황제로부터 선물을 받고 그 해 7월 중순 상도를 출발하여 귀국 길에 오른다. 약 한 달 정도 체류한 것인데, 돌아오는 길에 충렬왕은 송분을 우중찬으로 삼아 다시 수상에 앉히고 공신으로 책봉해주었다. 송분은 활리길사가 정동행성의 책임자로 부임해오자 난국을 피하려는 듯 퇴직을 요청했던 인물인데 충렬왕에게는 꼭 필요한 인물이었던 모양이다.

노비제도를 개혁하라

그런데 충렬왕이 환국한 직후 정동행성의 책임자로 왔던 활리길사는 마침내 일을 저지르고 만다. 그가 직접 고려의 노비제도를 개혁하려고 팔을 걷어붙이고 나선 것이다. 1300년(충렬왕 26년) 10월의 일이었다.

고려의 노비제도를 바꾸려는 원 조정의 노력은 이것이 처음은 아니었다. 이전에도 몇 차례 있었지만 고려의 풍속을 유지하도록 허락했다는 쿠빌라이의 명령을 앞세워 물리쳤던 것이다. 이때 활리길사가 왜 고려의 노비제도를 문제삼았는지는 잘 드러나 있지 않다. 하지만 충렬왕이 황제에게 올린 노비제도의 개혁에 반대하는 표문 내용을 참조하면 그 이유를 대강 짐작할 수 있다.

고려의 노비제도에서 가장 중요한 내용이 일천즉천一賤則賤의 법칙이었다. 이것은 양천교혼良賤交婚, 즉 양인과 천인이 신분상 교차 혼인

했을 경우 그 자식의 신분을 어떻게 할 것인가에 대한 규정이다. 노奴(남자 노비)와 비婢(여자 노비)가 혼인했을 때는 말할 필요도 없이 그 자식은 노비로 규정한다. 하지만 실제 노비 결혼에서는 이런 경우만 있는 것이 아니었고 양천교혼이 매우 흔했다.

일천즉천의 법칙은 양천교혼의 경우, 부모 어느 한쪽만 노비여도 그 자식은 무조건 노비가 된다는 규정이다. 여기에는 양인 여자와 남자 노비가 혼인한 경우도 있고, 여자 노비와 양인 남자가 혼인한 경우도 있었다. 아마 전자보다는 후자쪽이 더 많았을 테지만, 이런 경우 그 사이에서 난 자식은 모두 노비로 한다는 것이 일천즉천의 법칙이다.

활리길사가 추진한 노비제도 개혁은 이런 법칙을 고치라는 것이었다. 그래서 부모 중 한쪽만 양인이면 그 자식의 신분을 노비가 아니도록 해야 한다는 것이었다. 아마 당시 원에서는 고려와 같은 그런 폐쇄적이고 강력한 노비법이 없었던 것 같다. 정확히는 모르겠지만 원의 신분제도는 고려보다 훨씬 개방적이었던 것 같다.

그런데 진짜 궁금한 것은 활리길사가 왜 고려의 그런 노비제도를 바꾸려고 했을까 하는 점이다. 일설에 의하면 활리길사가 기독교도여서 인도주의 사상 때문에 그랬다는 설명이 있다. 하지만 이는 별로 설득력이 없다. 노비제도에 대한 개혁 요구는 활리길사 이전에도 몇 차례 있었고, 또 이 문제를 활리길사의 개인적인 의지로 보는 것도 문제가 있기 때문이다. 이에 대해서는 역사 기록에 아무런 설명이 없어 다음과 같이 몇 가지로 추론할 수밖에 없다.

첫째, 원의 관습과 다른 고려의 노비제도를 원의 제도와 일치시키려는 뜻이 작용했을 수 있다. 관습이나 제도가 다르면 통치하는 데 어려움이 생길 수 있기 때문이다. 또한 원의 제반 제도를 세계사적인 보편성으로 보고 고려의 폐쇄적인 노비법을 비정상적인 것으로 판단했을 수 있다. 하지만 이 설명은 다른 제도보다 특별히 노비제도 개혁을 끈질기게 요구했다는 점에서 시원치 않다. 게다가 앞서 충렬왕이 입원했을 때 성종 황제가 고려의 풍습만은 그대로 유지하는 것을 허락했다는 사실이나, 그 이전 쿠빌라이도 고려의 풍습을 고치지 않아도 좋다는 조서를 내린 사실을 참고하면 더욱 그렇다.

둘째, 고려의 천민 출신들이 원에 왕래하면서, 혹은 원 조정에 들어가 정치에 참여하면서 고려의 노비제도를 문제삼아 이게 받아들여진 결과로 볼 수 있다. 일종의 신분 해방을 위한 로비 활동 결과로 본다는 뜻이다. 천민으로서 원 조정에 참여한 자들은 적지 않았는데 환관과 역관 중에 많았다. 특히 노비 출신으로 고려에서 들어간 환관의 경우 황제 주변에 포진해 있으면서 상당한 영향력을 행사했다는 점을 감안한 것이다.

셋째, 고려에서의 농장 문제와 관련시켜 설명할 수 있다. 앞 장에서 설명했듯이 고려의 농장 확대는 큰 사회적 문제로 원 조정의 관심사이기도 했는데, 여기에는 토지 문제뿐만 아니라 생산수단으로써 인구 문제도 관련되어 있었다. 권세가들이 농민을 억압하여 노비로 만들고 많은 인구를 불법으로 농장에 점거하고 있었기 때문이다. 이것은 고려의 농장 확대 문제를 해결하기 위한 수단으로 노비제도를 바꾸려 했다는 설명인데, 여기에는 그 앞뒤 연결 과정에 대한 구체적인 해명이 필요하다.

마지막으로, 고려의 신분 구조상 노비 인구의 비율이 너무 많아 이를 개선하기 위한 것이었다고 볼 수 있다. 이는 첫 번째 이유와도 관련이 있는 것이다. 다만 고려에서 노비의 비율이 높다는 것과 원 제국의 이해득실이 어떻게 관련되어 있는지는 설명이 필요하다.

고려 시대 노비 인구 비율이 어느 정도였는지는 연구가 없어 잘 알 수 없지만, 조선 시대는 일부 지역의 호적을 통한 연구 성과가 있어 참고할 수 있다. 이에 의하면 18세기에 울산 지역의 경우 양반은 20퍼센트, 평민 50퍼센트, 노비 30퍼센트로 대강 보고 있다. 노비가 전체 인구의 3분의 1을 차지한 것이다. 비록 한정된 지역의 연구지만 전체 인구에서 신분별 인구 분포를 가늠하는 데 참고할 수 있다.

그럼 고려 시대는 노비 비율이 어느 정도였을까? 18세기의 3분의 1보다 많았으면 많았지 적지 않았다고 본다. 일천즉천의 법칙이 적용되었다는 점을 감안해서 좀 거칠게 추정하자면 인구의 과반수 가까이 되지 않았을까 싶다. 게다가 원 간섭기에는 농장이 확대되고 권세가들에 의한 인구 탈점과 억압이 많았다는 사실이나, 부역이나 조세를 피하기 위해 자진해서 노비로 투탁하는 경우도 많았다는 것을 참고하면 이게 과도한 추정은 아닐 것이다. 어쩌면 과반수 이상이었을지도 모른다.

비록 추정이지만 노비가 그렇게 많았다면 원 조정에서는 이를 특별하고 비정상적인 것으로 보았을 것이다. 노비는 귀족 사회에서 중요한 생산수단으로써 반드시 필요했다. 하지만 너무 과도하게 많아도 국가적 문제가 되었다. 부역이나 조세 등 국가에 대한 의무계층이 줄어들기 때문이다. 이는 부마국의 재정 악화로 이어질 수 있어 원 제국의 이익과도 상반되는 일이었을 것이다.

이렇게 원 조정에서 고려의 노비제도를 고치려 했던 이유를 몇 가지로 추론해보았는데 진정한 이유는 어느 쪽일까? 확실하게 어느 하나만을 집어서 설명하기는 어려운데, 아마 위에 열거한 여러 사정이 복합되어 나타난 것이 아니었을까 생각한다. 그 계기만을 따진다면 두 번째 이유가 그 출발이었다고 보는데, 근본적인 이유는 마지막에 거론한 과다한 노비 수 때문이 아니었을까 생각된다.

활리길사가 이렇게 추진하려고 했던 노비제도의 개혁은 결국 성공하지 못했다. 고려의 반발이 워낙 심했기 때문이다. 고려에서는 노비제도를 굳이 개혁하려거든 양천교혼 자체를 금지하는 것이 차라리 낫다는 주장을 펴기도 했다. 노비제도 개혁에 대해서는 국왕이나 사대부, 충렬왕 측근 세력이나 그 반대파 등 계파를 가리지 않고 지배층 모두 이해관계가 일치했던 것이다. 일천즉천의 법칙을 없앤다는 것은 지배층의 재산을 몰수하는 것이나 다름없었기 때문이다.

활리길사가 고려에 압력을 넣어 개혁하려 했던 것은 노비제도뿐이 아니었다. 고려에서 시행 중인 원의 의례, 관부의 남설과 과대한 관료 수, 이에 다른 민폐 문제, 형벌 문제 등 국정 전반에 걸친 것이었다. 이런 여러 문제가 원 조정의 뜻대로 고쳐진 것도 있고 그렇지 않은 것도 있는데, 노비제도 개혁만큼 큰 반발을 산 것은 없었다. 그만큼 노비제도 개혁 문제는 지배층 전체의 이해관계와 상반되는 일이었던 것이다.

일천즉천의 법칙은 노비 인구가 시간이 흐를수록 많아진다는 사회적 문제를 일으킬 수 있었다. 그래서 조선 시대에 들어오면 이런 노비제도에 손질을 가하여 바꾸게 된다. 여러 제한 조건을 붙이기는 했지만 부모 가운데 어느 한쪽의 신분만을 따르도록 말이다. 활리길사에 의한 고려 노비제도 개혁 요구는 원의 압력이라는 부당한 내정 간섭에 의한 것이었지만 역사적 정당성은 있었던 것 같다. 고려의 노비제도에는 분명 문제가 있었기 때문이다.

참고로, 우리 역사에만 나타나는 특수성이 여러 가지가 있는데 노비제도도 그중 하나다. 우리 역사상의 노비제도는 중국에 비해서도 대단히 완고하고 보수적이며 끈질기게 오랫동안 유지되어 왔다. 고조선의 8조법에서부터 명시되어 그 유래가 오래되었고, 갑오개혁(1894년) 때야 폐지되었으니 얼마나 끈질기게 존속했는지 알 수 있다. 이 대목에서 왜 그런 노비제도가 우리 역사에서 그렇게 오랫동안 끈질기게 유지되었을까 갑자기 궁금해진다.

활리길사 파면

정동행성의 책임자로 파견된 활리길사의 권한은 컸다. 쿠빌라이 칸의 부마였던 충렬왕의 권위까지 누르지는 못했지만 국정에 대한 권한은 국왕을 앞질렀다. 당연히 이에 따른 문제가 발생한다.

1300년(충렬왕 26년) 11월, 활리길사가 고려의 수상으로 있던 송분을 정동행성의 감옥에 가두는 사건이 일어났다. 역시 모함에 의한 사건이었지만 일국의 수상을 하옥시킬 정도였으니 활리길사의 막강한 권한을 엿볼 수 있는 사건이다. 그 내막은 이랬다.

앞서 활리길사가 고려에 파견된 직후 원에서 황태후가 죽었었다. 활리길사가 오기 직전에 충렬왕으로부터 파면당했던 유청신이 정치적 활로를 찾기 위해 그랬는지 그 활리길사에게 수상인 송분을 모함한 것이다. 송분이 황태후의 죽음을 듣고 기쁜 일이라고 말했고, 이 말을 주변에서 함께 들은 사람도 많다는 것이었다. 이에 활리길사는 송분을 비롯해서 관련된 사람들을 모두 하옥시킨 것이다.

이때 송분과 그의 세 아들 송린宋璘, 송유宋柔, 송서宋瑞, 송분의 조카 송방영宋邦英 등 송씨 일족과 주변에서 그 말을 들었다는 사람들이 연루되고 모함자인 유청신 역시 하옥되었다. 유청신과 그 주변 인물들은 곧 석방되었지만 송씨 일족은 곤욕을 치렀다. 송씨 일족은 충렬왕의 복위 이후 측근으로 맹렬히 활동하고 있었는데 충렬왕에게 파면당했던 유청신이 이를 시기하여 모함한 사건이었다.

그런데 이 송분 사건에는 충렬왕파와 충선왕파의 알력이 내재되어 있었다. 이 점은 앞서 한희유 무고사건과 정치적 맥락을 같이한다. 송씨 일족은 이후 충선왕을 괴롭히는 정치 세력의 선봉에 서서 활약하는데, 뒤에서 다시 언급할 것이다.

아무튼 활리길사의 전횡은 많은 문제를 야기했다. 조금이라도 마음에 들지 않은 사람이 있으면 활리길사에게 뇌물을 주고 모함했으며 재상이라도 걸려들면 하옥시키고 매질을 가했다. 노비들도 그에게 뇌물을 바치고 양인으로 신분이 상승되는 경우도 있었다. 이에 따라 형벌이 공정하지 못하여 사적인 감정으로 흐르고 활리길사에 대한 원성이 높아갔다.

활리길사는 결국 1301년(충렬왕 27년) 3월 파면당하고 원으로 소환되고 만다. 인민을 화합시키지 못하고 국정을 안정시키지 못했다는 잘못이었다. 아울러 정동행성의 관리들도 모두 원으로 돌아가면서 정동행성의 강화된 기능은 다시 원래대로 되돌아간다. 1년 반도 채 안

된 짧은 내정 간섭 기간이었다.

여기서 잠시, 1300년(충렬왕 26년) 그 해 연말 인사발령을 살펴보고 넘어가자.

한희유 : 도첨의시랑찬성사(정2품) 겸 판군부사사

김지숙 : 도첨의찬성사(정2품) 겸 판감찰사사

최유엄 : 도첨의찬성사(정2품) 겸 판판도사사

김부윤 : 지밀직사사(종2품) 겸 전리판서

이영주 : 밀직부사(정3품) 겸 군부판서

수상에는 좌중찬에 홍자번, 우중찬에 송분을 그대로 두고서 보완한 인사 내용이다. 다만 송분은 이 인사발령 직전에 활리길사에 의해 구속되어 그 판결이 나지 않은 상태라 해임 혹은 직무가 정지된 것으로 보인다. 송분은 그 사건이 무고로 판결이 난 후 다시 수상으로 돌아온다.

이번 인사에서 한희유와 이영주도 다시 복귀했다. 괜한 모함을 받아 원에 압송되었다가 돌아와 바로 복귀한 것이다. 충렬왕으로서는 당연히 취할 조치였다.

최유엄도 이전에 파면당했다가 이제야 복직된 것이다. 최유엄은 이 인사발령이 나기 직전에 원에 들어갔는데, 황제가 신하들 중에 현명한 자를 보내라는 주문에 따른 것이었다. 여기에 최유엄이 선택된 것도 재미있지만, 충렬왕이 그 최유엄을 당장 복직시킨 것도 흥미롭다. 최유엄은 충렬왕에게 비판적 입장에 있었지만, 바로 그런 이유에서 원의 요구에 부응하는 데는 정치적 효용성이 있었던 것 같다.

김지숙은 앞서 언급했는데 충선왕의 첫 인사에서도 재상으로 발탁된 인물이었다. 그는 무관으로 관직에 들어왔지만 청렴강직한 성품으로 중앙과 지방의 관직 생활을 하면서 성적도 좋았다. 김지숙은 활리길사를 설득하여 노비제도 개혁을 저지하는 데도 공을 세웠고, 이에 다시 재상급에 오른 것으로 보인다.

김부윤金富允은 처음 등장하는 인물이다. 무관 출신인 그는 앞 장에서 거론했던 원종 폐립 사건 때 당시 세자였던 충렬왕을 끝까지 보좌하여 시종 보좌 1등 공신으로 책정된 인물이다. 그는 충렬왕의 다른 공신들이나 측근들과 달리 성품이 공정하고 순박하여 문제를 일으키지 않고 순탄한 관직 생활을 하다가 이번에 재상급에 오른 것이었다.

이상의 인물들에서 한희유와 이영주를 빼면 딱히 충렬왕의 측근들이라고 볼 수는 없다. 이영주 외에는 문제를 일으켜 특별히 비난의 대상이 된 적도 없는 사람들이었다. 이를 감안하면 이번 인사는 충렬왕이 원으로부터 비난을 면하기 위한 비교적 공정한 선발이었다고 보인다. 원 조정과 황제로부터 부정적인 평가를 받고 있는 충렬왕으로서는 측근들로만 고위직을 채우기에는 부담스러웠을 것이기 때문이다.

국정쇄신 요구

활리길사와 함께 왔던 야율희일은 활리길사의 파면 후에도 두 달 정도 더 머무르다 돌아갔다. 그런데 야율희일은 활리길사와는 좀 다른 행적을 보여 주목된다. 그는 여러 차례 충렬왕을 대면하면서 문묘를 중수하고 유교를 진흥할 것을 권장하고 스스로 문묘에 참배하기도 했다. 야율희일은 귀국하면서 충렬왕에게 백성을 다스리는 정도를 알려주고 재상들에게는 나라 걱정을 주문하기도 했다. 이는 통치의 근본을 바로 세우려는 것으로 파견 당시부터 원 조정에서 활리길사와는 다른 역할 분담을 받았던 것 같다.

원 조정에서는 고려 사회의 폐단을 바로잡는 일에 상당히 고심했다는 생각이 든다. 야율희일의 역할에서 그 점을 엿볼 수 있다. 고려를 힘으로만 억누르거나 변방에 대한 통제의 편리만을 따져 분열 정책을 쓰지는 않았다. 단순한 지배와 종속관계를 떠나 선린우호의 관계도 분명 있었던 것이다. 부마국 체제가 무르익어 양국이 우방으로 밀접해진 결과였을까?

활리길사의 파면도 꼭 그의 무능 때문만은 아니었다. 고려의 국정이 그만큼 갈피를 잡을 수 없게 어지러웠던 탓도 컸다. 한희유 무고사건을 비롯한 여러 무고사건이 빈발하면서 누구도 일사분란하게 국정을 추스를 수 없는 어려움이 있었다. 여기에는 충선왕의 갑작스런 폐위 사건을 계기로 관료집단이 안정을 찾지 못하고 분열 대립했던 배경이 작용하고 있었다. 이런 판국에 원 조정에서 정동행성을 강화하여 내정 간섭을 기도했던 것은 수습은커녕 상황을 더욱 꼬이게 만든 것이다. 활리길사가 아닌 누구라도 수습하기 어려웠을 것이다.

그렇다고 원 조정에서는 고려의 상황을 그대로 두고 볼 수만도 없었다. 활리길사가 소환된 그 해 4월 원에서는 산동선위사 탑찰아荅察兒와 형부상서 왕태형王泰亨을 특사로 파견했다. 이들은 황제의 조서와 중서성의 공문을 함께 가지고 왔는데 앞서 귀국했던 활리길사의 보고에 다른 후속 조치였다.

황제의 조서에는 고려의 잘못된 국정에 대한 활리길사의 보고 내용을 언급하면서, 실정에 맞지 않은 것이 있다면 나라와 백성을 생각하여 고칠 것을 유시하였다. 아울러 그 결과를 보고할 것도 주문했다. 그리고 중서성의 공문에는 활리길사의 보고에 의한 국정의 폐단을 하나하나 열거하여 고칠 것을 지적하였다.

참고로 황제의 조서와 중서성 공문에 언급된 내용을 그대로 나열해 보겠다. 당시 원 조정에서 고려의 국정을 어떻게 보고 있었는지 짐작할 수 있을 것이다.

(1) 정동행성의 강화로 백성들이 불안하다는 것과, 선대의 유풍을 바꾸지 말 것을 원하는 표문을 올렸는데, 이에 대해서는 이미 답변 조서를 내려 보냈다.

(2) 노비에 관한 일은 그대들의 옛 관습이라고 말하니 수용할 만하다.

(3) 왕국으로 천자의 예법을 쓰고 연등회나 팔관회에서 산호만세山呼萬歲를 외치는 것은 참월하다.

(4) 무고가 일어나면 증거도 없이 원고의 말만 믿고 섬으로 귀양 보내니 형벌이 법도대로 실시되지 않는다.

(5) 서울과 지방의 각 관청이 358개소에 관리는 대소 4,355명이나 되어 민폐가 너무 심하니 불필요하고 지나친 것이 많다.

(6) 부역이 너무 잦아 백성들을 구속하고 탐학하여 원통함이 큰데 지방 관청은 이름만 지니고 있다.

(7) 지방 수령이나 안렴사가 반년마다 교체되는데 신구관이 오고갈 때 그

행사가 번거롭고 여비와 물품까지 징수하니 백성들의 고통이 크다.
(8) 왕의 측근들이 공문이나 증명도 없이 역참을 마음대로 이용하니 역참의 주민들이 도망하고 흩어진다.
(9) 권신들의 불법으로 백성들이 피폐해진다. 그 나머지 일은 다 열거할 수 없을 정도이다.

여기에는 조금의 과장도 없이 당시 고려의 실정이 그대로 드러나 있다. 제국으로서 속국에 내리는 위압적인 명령만은 아니었다. (3)의 경우만 빼면 제국의 권위를 억지로 세우려는 뜻은 없어 보인다. 특히 (4)항 이하는 충선왕의 즉위 교서에서 지적한 고려 사회의 폐단과 별반 다르지도 않다.

고려 사회의 안정과 국정의 잘못에 대한 개혁은 원 제국의 이익에도 부합하는 중요한 문제였다. 변경의 안정과 평온은 제국의 안정에 직결되는 문제였기 때문이다. 그래서 마치 중앙 정부에서 지방 정부의 잘못된 폐단을 지적하여 나무라는 것 같은 인상을 받는 것이다. 양국의 이해관계를 반드시 상반되게 볼 필요만은 없다는 뜻이다.

고려에 온 탑찰아와 왕태형은 우선 황제의 명령으로 충렬왕과 함께 송분을 문초했다. 이어서 관부를 병합하여 줄이고 관직도 개칭하여 원의 관직과 같은 것은 피하는 조치를 취한다. 아울러 참월하다고 지적한 국가 의례도 고치거나 없앴다. 1301년(충렬왕 27년) 5월의 일이었다. 이어서 송분 사건을 다시 문초 조사하여 무고임을 밝혀내기도 한다.

그리고 그 해 6월에는 전민변정도감田民辨正都監이라는 임시 관청을 설치하여 원의 요구에 부응하려는 모습을 보인다. 이 관청은 토지와 백성(노비) 문제를 다루는 곳으로, 당시 고려 사회의 가장 큰 문제였던 불법적인 대토지 소유와 농장의 폐단을 바로잡기 위한 것이었다. 하지만 활동이 미약하여 개혁은 거의 이루어지지 않았다.

전민변정도감이 한 일은, 앞서 활리길사의 판결을 받아 노비에서 양민으로 해방된 자들을 다시 노비로 등록하여 원 주인에게 돌려주었던 것이 유일하다. 개혁을 위해 설치했던 관청이 기득권의 이익을 다시 찾아주는 일을 우선한 것이다. 충렬왕과 그 측근 세력은 개혁을 할 의지도 능력도 없었던 것이다. 시간이 흐를수록 충렬왕의 무기력만 드러나고 있었다.

무분별한 관리 인사

충렬왕이 복위한 이후부터 국정은 갈피를 잡지 못하고 있었다. 시간이 흐를수록 그 정도가 심해갔다. 정동행성이 강화되어 내정 간섭을 받기도 하고, 그게 해소된 뒤에는 원 조정에서 수시로 특사를 파견하여 고려의 국정을 직접 챙기기도 했지만 나아지기는커녕 더욱 혼란만 커져갔다.

국왕도 중심을 잡지 못했지만 수상도 다를 바 없었다. 수상은 홍자번과 송분이 번갈아 맡기도 하고 때론 좌우 중찬으로 동시에 맡기도 하는데 이것도 문제였다. 두 사람은 직언과 아첨으로 그 성향이 정반대의 인물이었기 때문이다. 충렬왕은 편의대로 두 사람을 필요에 따라 밀고 당기기를 반복했으니 수상 역시 관료집단의 중심에 서지를 못했다.

인사발령도 편의에 따라 수시로 이루어졌다. 고려 시대 관리들의 인사발령은 반정頒政이라 하여 매년 두 차례에 걸쳐 단행되는 것이 원칙이었다. 정식 반정은 대정大政이라 하여 12월에 이루어지고, 임시 반정은 일종의 보완 인사인데 권무정權務政이라 하여 6월에 이루어졌다. 충렬왕대 특히 그랬지만 원 간섭기 내내 이런 인사 원칙이 전혀 지켜지지 않았다.

인사 원칙이 무너진 것은 사실 이전 무인정권(최충헌 정권)에서부터였다. 충렬왕대는 그 무너진 원칙을 바로 세워야 할 중요한 시기였지만 원의 간섭이 시작되면서 그럴 겨를을 갖지 못했고, 측근 세력들이 준동하면서 더욱 갈피를 잡지 못했던 것이다. 충렬왕은 측근 세력을 양성 비호하면서 그 반대편 인물들을 가끔 끼워넣거나 뒤섞어 임명했으니 혼란과 갈등만 부추겼던 것이다.

몇몇 인물만 잠깐 짚어보자. 앞서 술사로서 충렬왕대 권세를 부렸던 염승익이란 자를 언급했었다. 그는 조인규와 사돈관계였는데, 그가 무슨 일인지 1302년(충렬왕 28년) 3월 벼슬을 버리고 갑자기 출가해버린다. 염승익의 출가는 어려운 난국을 피하려는 약삭빠른 처신이었다. 조인규와의 인척관계를 생각한다면 그에게 결코 좋은 날이 올 것 같지 않았던 것이다.

그 해 5월에는 왕유소王惟紹가 국왕 비서관인 밀직부사(정3품)에 발탁된다. 왕유소는 고려 왕실의 먼 종친으로 그 아비가 재상급에까지 오른 가문이었지만 하급무관으로 관직 생활을 시작했다. 그가 출세한 계기는 충렬왕이 원에 갈 때 시종 무관으로 참여한 것이 계기였는데, 이 사람이 앞서 송분 등 송씨 일족과 함께 엄청난 소용돌이를 몰고 온다.

충렬왕은 그 해 8월 오잠을 감찰대부(정3품)로 임명했다. 오잠은 충렬왕대 후반기에 국왕을 유흥으로 현혹한 대표적인 사람인데, 그를 관리들의 부정과 비리를 감독하는 막중한 자리에 앉힌 것이다. 그 해 10월에는 오잠을 지도첨의사사(정2품)로 승진시키고 한희유를 수상에 앉힌다.

그러면서 충렬왕은 이미 퇴직한 인물들을 다시 찾아 고위직에 임명하기도 한다. 이는 측근들로만 둘러싸인 인사라는 비난을 면하기 위한 구색 맞추기에 불과했다. 그렇게 이용된 인물로 김혼金琿이라는 인물이 있다. 그는 대몽항쟁기의 명장 김경손金慶孫의 아들이며 그의 4촌 누이가 충렬왕의 모후인 순경태후順敬太后였다. 그런 인척관계도 작용했겠지만 특별히 모나지 않는 무난한 성품으로 재상급에 다시 임명되었던 것이다.

앞서 충렬왕에 의해 홍자번이 여러 차례 수상 임명과 퇴직을 반복했던 것도 그런 이유가 작용했다. 홍자번은 직언을 자주하기도 했는데 이게 부담이 되면 물리쳐 퇴직시키고, 다시 그런 인물이 필요하게 되면 불러 쓰기를 반복했던 것이다. 그런 수상이 얼마나 큰 영향력을 발휘했겠는가. 그리고 1303년(충렬왕 29년) 5월에는 한희유를 우중찬, 송분을 다시 좌중찬에 임명하여 두 명의 수상을 두고 홍자번을 또다시 수상에서 물리친다. 충렬왕의 인재 등용은 그런 식이었다. 아무 때나 필요하면 인사발령을 내고, 발탁해서 쓰고 버리기를 반복했다. 그러니 강직하고 충직한 관리는 갈수록 멀어지고 아첨하고 농간을 부리

제3장 _ 책략, 혼미한 정치

는 자들만 국왕 주변에서 살아남았다. 그러면서도 충렬왕은 주변에 이런 한탄을 하기도 했다.

"예전에 인사권을 맡은 자들은 자기 자식이나 친척을 내가 추천해도 오히려 여론을 두려워하여 사양했는데, 지금 인사를 맡은 자들은 좋은 벼슬을 먼저 자기 친척에게 주고 과인에게는 알리지도 않는다. 염치가 없고 도리가 땅에 떨어지는 정도가 이 지경이 되어버렸다."

하급관리들에 대한 인사는 인사권을 쥐고 있는 해당 관청의 책임자가 국왕의 재가를 받아 단행하는데, 그것에 대한 충렬왕의 푸념이었다. 인사권을 행사하는 고위 관리를 잘못 발탁한 충렬왕 자신의 탓일진대 누구를 원망한단 말인가? 폐행이나 간신들에 둘러싸여 헤어나지 못하고 있는 국왕이 안타까울 뿐이다.

그런 충렬왕을 원 조정에서도 안타깝게 보았는지 다시 고려의 국정에 개입한다. 1303년(충렬왕 29년) 7월, 원에서는 단사관斷事官 첩목아불화帖木兒不花를 보내 석주와 그의 세 아들 석천보·석천경·석천기를 압송하라는 지시를 내린다. 석주와 그 아들들은 앞서 언급했듯이 환관으로서 충렬왕을 유흥으로만 이끄는 주범이었는데, 그에 대한 나쁜 소문이 원 조정에까지 들렸던 것이다. 단사관은 이들을 치죄하기 위해 파견된 특별 관리였다. 이때 원의 단사관이 고려에 와서 수상에서 물러난 홍자번에게 중요한 직무를 맡겼다.

원의 단사관은 석주와 그 두 아들의 압송을 명령하면서, 아울러 모든 관리들은 국왕에게 품의할 일이 있으면 직접 하지 말고 우선 홍자번과 상의하라는 지시를 내렸다. 그리고 국왕도 반드시 홍자번의 말을 따르라는 당부를 하였다. 원 조정에서는 고려의 국정을 바로잡을 인물로 홍자번을 선택하여 그에게 다시 힘을 실어준 것이다.

　이런 조치는 원 조정에서 충렬왕과 그 측근들의 정치를 신뢰할 수 없다는 표시였다. 충렬왕으로서는 국왕으로서 권위를 무시당해 자존심이 상할 만한 일이었지만 어쩔 수 없었다. 국왕 측근들의 득세는 국정의 혼란을 불러오고, 그런 국정의 혼란은 다시 국왕의 입지를 어렵게 하여 왕권을 옭죄는 조치로 되돌아오고 있는 것이다.

　그런데 원 조정에서 단사관을 파견하여 형벌 문제를 직접 챙기면서 여러 고소 사건이 일어나 또다시 어지러움을 가중시킨다. 그런 와중에 다음의 오잠 사건이 일어난다.

오잠 사건, 이상한 쿠데타

앞서 얘기했지만, 오잠은 석천보·석천경 형제 등 환관들과 한통속이 되어 충렬왕을 유흥으로 이끌면서 국정을 문란하게 하는 대표적인 간신이었다. 오잠은 동복(전남 화순) 출신으로 과거에 합격하여 관직에 나왔고 그 아버지도 재상에까지 오른 전통 관료집단에 드는 인물이었다. 그런 그가 충렬왕에게 아첨하여 재상급에 오르면서 국왕 부자를 이간하고 충직한 인물들을 모함하여 죽이는 것도 서슴지 않았다. 석천보 형제는 원에서 단사관이 와서 이미 압송 명령을 받았지만 오잠은 잘못 건드렸다가는 화를 입을까 두려워하는 사람이 많아 아직 무사했다.

　1303년(충렬왕 29년) 7월 원에서 단사관이 온 지 보름 정도 지나서,

원충갑元沖甲 등 50명의 관리가 원의 단사관에게 오잠을 고소하는 사건이 일어난다. 원충갑은 처음에 국왕에게 먼저 알리고 단사관에게 고소하려고 하였다. 하지만 충렬왕이 오잠을 비호하며 이를 저지하자 문서를 갖춰 원의 단사관에게 고소한 것이다.

원충갑은 원주의 향리 출신인데 강직하고 직선적인 성품으로 합단적이 침입했을 때는 용감히 싸워 공을 세운 무장으로 유명한 인물이다. 그가 오잠을 고소한 이유는 개인적인 사감 때문이 아니라 오잠의 농간과 행패가 너무 심하여 그냥 두고 볼 수 없는 지경이었기 때문이었다.

원충갑이 오잠을 고소하자 이에 용기를 얻었는지 홍자번 등 30여 명의 관리들도 집단으로 일어나 오잠을 그냥 둘 수 없다는 호소를 하였다. 하지만 원의 단사관은 별다른 반응을 보이지 않았다. 홍자번은 다시 홀로 나서서 오잠이 자신과 인척관계에 있지만 공적으로는 그냥 둘 수 없는 죄인임을 단사관에게 역설하였다. 한번 건드린 이상 그냥 넘어갈 수 없는 문제였다. 뒤이어 김혼 등이 오잠의 논죄를 주장하고, 이어서 김심 등 무관 150명의 관리가 다시 단사관의 처소로 가서 오잠의 죄를 호소하였다.

그런데 원의 단사관은 웬일인지 이 사건에 미온적이었다. 충렬왕도 측근 인물들을 시켜 사건이 확대되는 것을 막아보려 애썼다. 이어서 박전지 등 70명의 사람들이 다시 단사관 앞에 나아가 오잠의 죄를 주장했지만 단사관은 들어주지 않았다. 여기에는 오잠이 뇌물로 이미 손을 써두었기 때문이었다.

다음 장에서 자세히 얘기하겠지만 당시 원 조정에서도 정치가 문란한 상태였다. 황제인 성종은 병환으로 정치에서 멀어지고 황후나 후궁의 주도로 파벌 정치가 이루어지면서 사신 파견에 문제가 있었다. 게다가 약점이 많은 충렬왕의 측근 세력들은 원 조정의 추궁이나 형벌을 모면하기 위해 어떻게든 원의 사신들에게 뇌물로 접근하는 경우가 많았다. 이로 인해 고려 내정에 대한 간섭이나 통제에도 문제가 생기게 된다. 특히 고려 내정에 문제가 생겼을 때 이를 처결하기 위해 파견된 특사들은 공정성을 유지하지 못하고 고려의 관리들에게 휘둘리는 경우가 허다했다. 앞서 활리길사도 그랬고 오잠의 고소를 받은 여기 단사관도 마찬가지였다.

오잠에 대한 고소가 진척이 없는 동안에 석주와 그 아들 3형제는 원으로 압송되었다. 원의 단사관으로부터 압송 명령을 받은 지 20여 일 만인데 황제의 명령이라 지체할 수 없는 일이었다. 이들을 데리고 함께 원으로 들어간 인물이 한희유·최유엄·유청신으로, 이 세 사람도 원 조정에서 거명하여 지정해준 것이었다.

그런데 석주와 그 아들 3형제가 원으로 압송되자 원의 단사관은 오잠 사건을 불문에 붙이고 원으로 돌아가버린다. 자신의 역할은 마쳤다고 생각하여 더 이상 문제를 만들지 않겠다는 판단이었다. 그러니 오잠의 논죄를 주장했던 원충갑이나 홍자번으로서는 낭패였다. 원의 단사관이 없는 상태에서는 오잠이 국왕을 사주하여 농간을 부리면 거꾸로 자신들이 당할 수도 있었기 때문이다.

그러는 사이 오잠은 자신만 당한다는 것이 억울했는지 김원상을 끌어들였다. 앞서 언급했지만 김원상 역시 오잠과 함께 충렬왕을 향락과 여색으로 이끈 주범이었는데 그런 그가 오잠을 고소하는 데 참여했던

것이다. 오잠이 그 김원상을 어떻게 모함했는지 모르겠지만 충렬왕은 당장 김원상을 잡아들이라는 명령을 내렸다. 하지만 김원상은 화가 자신에게도 미칠 것을 예감했던지 이미 도망하여 숨어버린 뒤였다.

일은 이미 크게 벌어졌고 온 조정은 들썩거렸는데 사건을 처결하고 판단할 중심인물이 없었다. 국왕인 충렬왕은 오잠을 비호했으니 이 사건을 처결하고 판단할 위치에 있지도 못했고 능력도 없었다. 그러니 승패가 나지 않아 혼란만 커지고 시간이 흐를수록 문제를 제기한 쪽이 오히려 불리해질 수도 있었다. 비상수단을 쓰는 수밖에 없었다.

이에 오잠을 고소하는 데 참여했던 김심은 3군을 거느리고 대궐에 나아가 내란을 막을 것을 국왕에게 요청했다. 오잠이 저항하면서 일으킬 내란을 미연에 막기 위한 것이기도 했지만 오잠을 무력으로 잡아들일 구실을 찾기 위한 조치였다. 당연한 일이겠지만 충렬왕은 이를 허락하지 않았다.

여기서 충렬왕은 김심 등 무관들을 복직시키라는 지시를 내린다. 김심은 앞서 송분이 활리길사에 의해 감옥에 갇힐 때 함께 연루되어 면직된 상태였다. 이는 김심에 대한 회유책이었으나 이미 군사 동원이 거론된 상태라 여기서 머뭇거릴 수 없었다. 더구나 오잠의 논죄를 강력 주장했던 홍자번과 원충갑은 오잠의 반격을 두려워하여 더욱 불안했다.

원충갑이 오잠을 고소한 지 20여 일쯤 지난 1303년(충렬왕 29년) 8월, 마침내 군사를 동원한 쿠데타가 일어난다. 홍자번은 원충갑과 김심 그리고 뜻을 같이하는 재상들과 함께 군사를 동원하여 왕궁을 포위하고 오잠을 내어줄 것을 충렬왕에게 요청했다. 오잠은 두려워 국왕 곁을 떠나지 않고 있었다. 충렬왕이 이를 거절하자 홍자번 등은 두세 번을 더 요청한다.

　사태가 이미 기울었음을 안 충렬왕이 마지못해 허락하려는데 오잠은 사색이 되어 국왕 곁에서 머리를 조아리며 떨고만 있었다. 홍자번은 더 이상 지체할 수 없어 무장 한 사람을 국왕 편전으로 들여보내 오잠을 끌어냈다. 이때 충렬왕이 재상들에게 오잠을 그대로 두기를 요청하자 재상들은 다시 머뭇거렸다. 재상들 중에는 군사를 동원한 이번 해결책에 난색을 표하는 자들이 있었다. 홍자번은 국왕이 이미 허락했다는 말로 재상들의 동요를 막고 오잠을 잡아 결국 원으로 압송하는 데 성공한다.

　사건 직후인 그 해 9월 홍자번은 다시 수상에 복직했다. 이를 보면 오잠 사건은 홍자번의 쿠데타가 아니었나 하는 생각이 들기도 한다. 홍자번은 원 조정에서도 신임하는 고려 관리였으니 이를 믿고 쿠데타를 일으켰을 수 있다. 하지만 이는 오잠 사건을 너무 좁게 보는 것이고, 크게 본다면 반충렬왕 쿠데타라고 할 수 있겠다. 그런데 반충렬왕 쿠데타라면 왕권이 정지될 것 같은 면도 생각할 수 있는데, 이것도 탐탁치 않다. 충렬왕이 물러나고 다시 충선왕이 즉위한 것도 아니기 때문이다.

　오잠 사건은 이렇게 보면 어떨까 싶다. 오히려 충렬왕을 위한 친위 쿠데타라고 말이다. 왜냐하면 홍자번·원충갑·김심 등이 자신들의 권력 장악보다는 비난의 핵심 인물인 오잠을 제거하고 충렬왕의 정치를 바르게 하려는 뜻이 강했기 때문이다. 그렇다면 충렬왕은 왜 그런 오잠을 비호하려 했을까? 이는 원 조정으로 문제가 확대되는 것을 두려워했기 때문이다. 그리되면 충렬왕 자신의 무능력만 드러날 테니까 말이다.

오잠이 원으로 끌려간 그 해 11월, 관직에 있던 오잠의 네 형제 모두 원의 사신에 의해 구속되었다가 다음해 1월 다시 섬으로 유배되었다. 그리고 원으로 끌려간 오잠은 1304년(충렬왕 30년) 10월, 먼저 압송된 석천보 형제들과 함께 곤장을 맞고 중국 안서 지방으로 귀양을 갔다.

오잠이 언제 유배에서 풀려나 환국했는지 기록에 없지만, 그는 충선왕이 복위하자 재상급에 등용되고 다시 정국에 소용돌이를 몰고 온다. 이런 기사회생이 어떻게 가능했을지 궁금하겠지만 그 시대에는 오잠과 같은 그런 인물이 한 둘이 아니었다.

2. 혼미한 정치

음모의 서막

충렬왕의 측근 세력들에게 가장 위협적인 존재는 원 조정이나 황제가 아니라 바로 원의 대도에 머무르고 있는 충선왕이었다. 환갑이 이미 지난 충렬왕이 죽게 되면 당연히 충선왕이 복위하여 왕위를 이을 것이고, 그리 되면 자신들의 앞날은 예측할 수 없기 때문이다.

그 충선왕을 아예 왕위에 오르지 못하게 하는 방법, 충렬왕 측근에서 정치를 농락하는 자들은 그것을 찾아야 했다. 그것이 무엇이었을까?

우선, 가장 먼저 떠오르는 방법은 충선왕을 제거하는 것이다. 어떻게 그런 수를 생각할 수 있느냐고 여길지 모르겠지만 정치권력 판에서는 얼마든지 동원할 수 있고 실제 세계 어느 역사에서나 그런 예가 드물지도 않다. 우리 역사에서도 왕위를 이을 세자가 갑자기 의문의 죽음을 당한 일이 많지 않던가. 하지만 이 방법은 일거에 해치울 수 있지만 매우 위험 부담이 컸다.

다음으로는, 충선왕의 대안을 찾아 세우는 방법이다. 다음 왕위 계승자인 충선왕을 탈락시키고 왕족 중에서 다른 인물을 물색하여 대안을 세워 그쪽으로 여론을 몰아가는 방법이다. 이 방법은 덜 위험하기는 하지만 과정이 복잡하고 시간이 필요한 일이다.

충선왕을 두려워하고 기피하는 자들은 후자를 택했다. 이를 달성하기 위한 수단으로 우선 동원되었던 것이 충렬·충선왕 부자를 이간질하는 일이었다. 충렬왕의 측근 세력들은 충선왕이 폐위당한 이후부터 이 작업에 착수했다. 충렬왕 주변에서 권세를 부리고 이득을 보는 자들은 크든 작든 모두 여기에 동조했다.

앞서 수상인 송분을 비롯한 송씨 일족과 오잠이나 석천보 형제들이 그 중심에 있었다. 홍자번이나 원충갑 등이 오잠을 원의 단사관에게 고소할 때도 왕 부자에 대한 이간질을 가장 중요한 죄목으로 거론했다. 또한 오잠이나 석천보 형제가 원에서 유배당할 때도 그 가장 큰 죄악이 왕 부자를 이간질했다는 것이었다. 왕 부자에 대한 이간질은 그 무렵 송씨 일족이 막후에서 벌이는 일상 정치의 가장 중요한 과제였던 것이다.

그런데 충렬왕이 국정을 안정시키지 못하고 원 조정으로부터 불신을 받으면서 충선왕이 환국해야 한다는 여론이 조성되기 시작했다. 충선왕이 환국하여 다시 국정을 맡아야 한다는 명분이 쌓여갔던 것이다. 물론 이런 일에는 충선왕 계열의 인물들이 나섰다. 그래서 왕 부자를 이간질하는 자들은 충선왕의 환국을 저지하는 문제가 우선 다급해졌다. 여기에는 충렬왕도 적극 동조할 수밖에 없었다. 자신의 왕위까지 위협받을 수 있었기 때문이다.

그러면서 한편으로 충선왕을 대체할 인물이 만들어져야 했다. 여기서 충선왕의 대안으로 등장한 인물이 바로 서흥후 왕전瑞興侯 王璵이었다. 서흥후는 20대 국왕 신종神宗의 4대손으로 종실 중에서는 방계에 속한 인물이지만, 충렬왕의 이모제異母弟인 시양후始陽侯의 양자로 입적되어 충렬왕과는 숙질간이었다. 여기에 그는 외모가 단정하고 얼굴이 수려했는데 이 부분도 충선왕의 대안으로 선택된 이유로 작용했다. 여기에는 그럴 만한 이유가 있었다.

그런데 문제는 왕위를 계승하려면 원 공주와 결혼이 성립되어야만 했다. 원 간섭기에 고려 왕위를 이어받으려면 그게 필수조건이었기 때문이다. 그래서 서흥후를 충선왕의 대안으로 세우려면 우선 원 공주와 결혼을 성사시켜야 했다. 하지만 이건 간단한 문제가 아니었다. 원 조정과 황제의 결단이 필요한 문제였기 때문이다.

음모자들에게 마침 좋은 환경이 만들어지고 있었다. 그것은 충선왕이 원 공주 출신 왕비인 계국대장공주를 멀리하여 부부 사이가 좋지 않다는 점이었다. 충선왕 부부는 처음부터 금슬이 좋지 않았고, 폐위당한 이후에도 함께 입원하여 대도에 머무르고 있었지만 별거하고 있었다. 바로 그 왕비를 서흥후 왕전에게 개가改嫁시킬 음모를 꾸민 것이다. 이름하여 '공주 개가 책동'이다.

이를 위해서는 계국대장공주의 마음에 드는 인물이어야 했는데, 서흥후 왕전이 왕족 중에서 외모가 수려하다는 이유로 그래서 발탁된 것이었다. 이 과정에서 서흥후의 의지는 중요하지 않았다. 어떻게든 계국대장공주에게 개가의 대상으로 눈에 들기만 하면 그만이었고, 서

홍후는 여기에 개입할 여지도 없었다.

계국대장공주가 서흥후에게 개가한다면 그 다음 문제는 어려울 것이 없었다. 원 공주와의 결혼관계가 해소된 충선왕의 왕위 계승권을 박탈할 수 있기 때문이다. 그런 후에 서흥후로 충선왕을 대체하겠다는 생각을 한 것이다. 간단히 말하자면 공주 개가 책동은 충선왕을 기피하고 두려워하던 세력들이 충선왕과 원 공주의 벌어진 틈을 악용하여 충선왕을 낙마시키고 서흥후로 다음 왕위를 잇게 하겠다는 생각이었다.

이를 위해서는 우선 서흥후를 원 조정에 들여보내 숙위시켜야 했다. 충렬 충선왕 부자도 모두 그 과정을 거쳤으니 필수 코스였다. 마침내 1301년(충렬왕 27년) 2월 서흥후는 원으로 들어가 숙위 생활을 시작한다. 활리길사가 추진하려는 노비제도 개혁에 대한 반대가 빗발치던 때였다. 국가 중대사 속에서도 음모자들은 엉뚱하고 위험한 발상을 한 것이다. 대도에 머무르고 있던 충선왕은 상상도 못할 일이었다.

이어서 그 해 5월에는 고려 사신이 황제에게 원 공주의 개가를 요청하는 표문을 가지고 원으로 들어갔다. 그 표문 내용은 공주가 충선왕의 사랑을 받지 못하니 후손 생산을 위해 개가시켜야 한다는 것이었다. 하지만 여건이 좋지 않다고 판단했는지 그 사신은 가지고 간 표문을 올리지 못하고 그냥 되돌아온다. 음모는 일단 수면 아래로 잠복했다.

충선왕을 음해하는 송씨 일족

공주의 개가를 요청하는 표문을 차마 전달하지는 못했지만 음모는 이미 시작되고 있었다. 충렬왕의 측근 세력들이 살기 위해서는 달리 방법을 찾을 수 없었기 때문이다. 우선 급한 문제는 충선왕의 환국을 저지하는 일이었고 공주 개가 문제는 그 다음 일이었다.

1303년(충렬왕 29년) 9월, 마침내 충렬왕이 원으로 향했다. 홍자번이 군사를 일으켜 오잠을 체포하여 원으로 압송한 지 한 달도 채 지나지 않은 때로, 충선왕의 환국을 저지하고 공주를 개가시키기 위해 충렬왕이 직접 나선 것이었다. 여기에는 송분의 아들 송린과 조카 송방영이 충렬왕을 현혹한 탓이 컸는데, 충렬왕도 이것에 이끌린 것을 보면 분명 동조하고 있었다는 것을 알 수 있다.

이 대목에서 한 가지 궁금한 점이 생긴다. 송분의 아들인 송린·송서·송유 그리고 송분의 조카 송방영 등이 왜 그렇게 충선왕을 음해하고 못 잡아먹어 안달했는지 궁금한 것이다. 송분은 1300년(충렬왕 26년) 수상으로서 공신호까지 받아 충렬왕의 돈독한 신임을 받고 있었다. 또한 아들 송린은 국왕의 비서관인 승지(정3품)를 맡고 있었고 송서와 송유는 중견무관으로 있었으며, 송방영은 승지를 거쳐 밀직부사(정3품)에 있었다. 송분과 이들 일족은 모두 《고려사》 〈간신 열전〉에 올라 있다.

여기에 또 한 사람 송씨가 추가되는데 환관 송균宋均이다. 송균은 본래 관노 출신으로 환관이 되었고 충렬왕의 사랑을 받아 장군의 계급에 오른 자였다. 그가 앞의 송씨 일족과 같은 송씨이기는 하지만 그 친족관계는 불확실한데, 그 역시 충선왕의 환국을 저지하고 음해하는 데 함께했다.

이들 송씨 일족이 충선왕과 대립하게 된 이유에 대해서는 관찬 사서

제3장 _ 책략, 혼미한 정치 • 245

에 아무런 언급이 없어 유추해볼 수밖에 없다. 아마 그 출발은 충선왕이 갑자기 폐위당하고 수상에서 물러난 홍자번을 대신하여 송분이 잠시 수상을 맡으면서 시작되지 않았나 싶다. 송분은 충선왕과 정치 노선을 함께할 수 있는 인물이 전혀 아니었으니 그의 발탁은 충선왕의 개혁 정치를 물거품으로 만드는 상징적인 사건이었다. 그래서 폐위당하고 입원한 충선왕에게 송분의 발탁은 매우 못마땅한 일이었다.

그런데 그 송분이 고려 내정을 감독하기 위해 왔던 활리길사에 의해 하옥당한 일이 있었다. 앞서 언급했던 일인데, 그때 송분을 모함한 인물이 유청신이었고, 모함 이유가 황태후의 죽음을 송분이 기뻐했다는 것이었다. 이 사건으로 송분과 그 아들들 그리고 조카 송방영까지 하옥당하여 곤욕을 치렀다. 바로 이 대목에 눈길이 가는 것이다.

이 사건의 배후에는 충선왕이 조금은 관계되어 있다고 보여, 충선왕과 송씨 일족이 악감정으로 치닫는 계기였다고 생각된다. 우선 송분이 기뻐했다는 황태후의 죽음 문제인데, 그 황태후는 충선왕이 어려서 처음으로 원에 들어갔을 때 충선왕에게 몽골식 이름을 지어준 여성이다. 그녀는 당시 쿠빌라이의 아들 진금의 태자비였고 현재 황제인 성종의 모후이기도 하다.

성종의 황태후는 폐위당하고 입원한 충선왕의 후원자 역할을 했을 것으로 짐작된다. 충선왕이 원 조정에서 황태후와 특별한 정치적 관계를 맺은 것은 아니라 해도 그 유년 시절의 인연으로 황태후에게 의지했을 것이고, 그런 황태후의 존재나 위상은 충선왕에게도 정치적 안도감을 주었을 것이다. 그래서 충선왕을 음해하려는 송씨 일족에게 황태후는 아무래도 방해 인물이 아니었을까 싶다. 따라서 송분이 황태후의 죽음을 기뻐했다는 것은 괜한 모함이 아니라 어느 정도 사실을 반영한 것이 아닌가 한다.

또한 송분을 모함한 유청신은 한희유 무고사건에서 통역을 맡은 충선왕 계열의 인물이었다는 점도 그냥 지나칠 수 없다. 한희유 무고사건도 앞서 언급했지만, 이 사건 역시 충선왕 계열의 인물들이 폐위당한 충선왕을 위해 저지른 사건이었다. 유청신은 그때 통역을 잘못했다는 죄로 파직당했다. 그 유청신이 직접 충선왕의 사주를 받아 송분을 모함하지는 않았다고 쳐도 최소한 충선왕의 속마음은 읽고 있었을 것이다.

그 모함으로 활리길사에 의해 하옥당한 송씨 일족은 뒤에 무고로 밝혀져 복직되었지만 충선왕에 대한 거부감과 두려움이 컸다. 고려를 떠나 원에 머무르고 있었지만 그에 대한 환국의 필요성이 일어나고 있었고, 여차하면 자신들을 해칠 수 있는 힘을 가지고 있다는 것도 인식했기 때문이다. 그래서 송씨 일족이 하나같이 충선왕을 음해하는 데 앞장섰던 것은 유청신에 의한 그 모함 사건이 직접적인 계기였다고 본다.

그리하여 송씨 일족도 충선왕과 맞서 싸울 수밖에 없었는데 우선 그에 대한 대비를 해야 했다. 이를 위해 송분은 자신의 막내딸을 황제의 유모 아들에게 시집보낸다. 황제의 유모 아들을 사위로 삼아 원 조정에서 후원을 받기 위한 것이었지만, 그런 수단까지 동원한 것을 보면 송씨 일족도 절박했음을 알 수 있다. 그 사위는 고려 내정에까지 영향력을 행사할 수 있었으니 쓸모가 많았다.

어느 땐가 그 사위가 재물을 보내 충렬왕을 위해 잔치를 베푼 적이 있었다. 홍자번이 오잠을 체포하여 원으로 압송한 직후의 일인데, 그 잔치에서 또 일이 벌어진다. 송분의 아들인 송유가 수상인 홍자번에게 술을 따르는데 홍자번이 술잔을 거절한 것이다. 이에 송유가 불손한 언사로 홍자번을 비난하자 홍자번은 술좌석을 박차고 일어나 나가 버렸다. 송유가 이때 홍자번의 등을 향해 이런 말을 던진다.

"대감이 다시 수상에 복직한 것을 황제께서는 아직도 모르고 계십니다."

이게 무슨 말인고 하니, 홍자번이 앞서 군사를 동원하여 오잠을 원으로 압송한 후 다시 수상에 올랐는데, 이것은 황제가 모르는 일이라는 뜻이다. 그러니 자신이 발설하면 언제라도 홍자번이 수상직을 내놓아야 한다는 공갈 협박이었다. 이 일로 홍자번은 수일 동안 등청하지 않았고 재상들의 요청으로 송유는 잠시 옥에 갇히는 신세가 되기도 했다.

당연한 일이겠지만 송씨 일족은 충선왕뿐만 아니라 충선왕 계열의 인물들과도 맞서 대립할 수밖에 없었다. 그럴수록 홍자번을 비롯한 충선왕 계열에서는 전왕의 환국 운동에 힘을 기울였고, 반대로 송씨 일족은 이를 저지하면서 더욱더 충선왕을 음해하는 데 수단과 방법을 가리지 않는다. 이후 고려 내정은 이 양대 세력으로 나뉘어 혼미한 상태로 빠져들면서 이게 원 조정에까지 파급된다.

송씨 일족이 충선왕을 음해하기 위해 벌이는 음모는 갈수록 대담해졌다. 여기에 모든 정치 생명을 걸 정도로 이 일에 매달렸다. 원에 머물고 있는 충선왕이 이런 송씨 일족에 대해 무슨 위해를 가하려는 특별한 수를 쓰지 않는데도 그랬다. 시간은 충선왕 편이니 그가 언젠가는 다시 왕위에 오를 테고, 그때는 충선왕에게 한번 낙인이 찍힌 이상 송씨 일족은 살아남을 수 없다고 판단한 듯했다.

다음의 백지 밀서 사건은 송씨 일족이 얼마나 무모하게 일을 벌였는지를 보여주는 좋은 사례다.

백지 밀서 사건

백지 밀서 사건은 송씨 일족이 충선왕의 환국을 저지하고 음해하기 위해 국왕의 옥쇄가 찍힌 가짜 밀서 12장을 작성하여 몰래 원으로 가져갔던 사건을 말한다. 이것은 내용이 없고 옥쇄만 찍힌 일종의 백지 위임 밀서인데, 충선왕을 음해할 수 있는 내용이라면 무엇이든지 적어 원 조정이나 황제에게 올리려는 것이었다.

여기서 그치지 않고 송방영과 송린은 백지 밀서와 함께 충선왕의 환국을 반대한다는 내용의 문서를 위구르 문자로 따로 작성하여 황제에게 올리도록 했다. 고려에서 보내는 공식 외교 문서는 한자를 사용했지만 당시 원의 황실에서는 공용어가 없어 한자보다는 위구르 문자를 보편적으로 사용하고 있었다. 환관으로 있던 송균이 송씨 일족의 사주를 받아 백지 밀서와 위구르 문서를 가지고 원으로 들어간 것이다.

위구르 문서는 고려 정부의 공식 외교 문서가 아니어서 사적인 경로를 통해 전달한 것으로 보인다. 당시 원 궁정에는 고려의 송씨 일족과 관계를 유지하는 인물들이 있어 그게 가능했을 것이다. 송분이 사위로 삼았던 황제 유모의 아들 같은 인물들이 바로 그런 다리 역할을 했다.

백지 밀서를 원으로 보냈던 것은 당시 고려 내정 문제가 원 조정에서 처결되고 있어 이에 즉시 대응하려는 것이었다. 또한 입원한 사신이 장기간 원에 체류할 경우를 대비한 것이기도 했는데 상상을 초월하는 일이었다. 충렬왕이 이런 음모를 사전에 알았는지는 분명하지 않지만, 몰랐다 해도 옥쇄까지 찍혔다는 것은 사건이 드러났을 경우 책임을 면치 못할 일이었다. 전후 사정으로 보아 충렬왕이 이 음모를 전혀 모르지는 않았다고 보이는데, 중요한 것은 충렬왕이 아들 충선왕 계열의 반대편에 서서 그 수장 역할을 했다는 사실이다. 결국 이 음모는 들통나고 마는데 그 과정을 좀 살펴볼 필요가 있다.

　앞서, 송린과 송방영의 사주를 받아 원으로 향했던 충렬왕은 서경(평양)까지 갔다가 황제가 입조를 허락하지 않는다는 원 사신의 전갈을 받고 1303년(충렬왕 29년) 그 해 10월 되돌아오고 만다. 이즈음에는 원 조정에서도 왕 부자를 이간질하는 자들이 충선왕의 환국을 저지하는 책동을 벌이고 있다는 사실을 감지하고 있었다. 그런 책동을 알아차리고 입조를 막은 것이었다. 백지 밀서와 위구르 문서는 아마 이때를 전후하여 원으로 보내졌을 것으로 보인다.

　그런데 원으로 들어간 송균은 백지 밀서를 환관 이복수李福壽의 집에 보관하고 돌아왔다. 충렬왕의 입조가 당장 허락되지 않자 후일에 다시 기회를 엿보려는 것이었다. 여기 이복수는 스스로 거세하고 환관이 되었던 자인데 그가 어떻게 원의 궁정에까지 출입하게 되었는지는 잘 알려져 있지 않다. 환관 이복수는 이 문제에 개입하면서 고려의 송씨 일족과 관계를 맺고 충선왕과는 깊은 악연으로 치닫게 된다.

　1303년(충렬왕 29년) 11월, 원에서는 다시 형부상서 탑찰아荅察兒와 한림직학사 왕약王約을 특사로 파견했다. 이들 사신은 오잠 사건의 사후 처리를 위해 고려에 온 것인데, 오잠 사건을 전후하여 원에서는 사신을 자주 파견하고 있었다. 고려 내정의 심상치 않은 움직임을 방관할 수 없다는 판단 때문이었다.

왕약은 고려에 오자마자 충렬왕을 만나 부자 사이의 소중한 관계를 강조하고 소인배들의 장난에 놀아나지 말 것을 주문하였다. 충렬왕도 이에 수긍하였는지 충선왕의 환국을 요청하겠다고 하고, 음모를 꾸민 자들은 사신이 알아서 처리하라는 위임을 한다. 원의 사신은 충렬왕을 현혹하여 입조하도록 했던 송린·송방영을 바로 정동행성에 하옥시키고, 오잠이 원으로 압송된 후 고려에 남아 있던 그 형제들도 잡아들였다.

이어서 충렬왕은 홍자번의 강력한 요청으로 사신을 보내 충선왕과 공주의 환국을 요청하는 표문을 올렸다. 하지만 이 표문은 원의 중서성에 접수만 되었지 황제에게까지 전달되지 못하고 잠자고 있었다. 이게 원 조정의 잘못이었는지 아니면 충선왕의 환국을 반대하는 자들의 농간 때문이었는지는 잘 모르겠지만 양국 사이의 연락체계에는 분명 문제가 있었다.

하지만 어찌된 일인지 이듬해 1304년(충렬왕 30년) 1월, 원의 사신은 송린·송방영을 갑자기 석방한다. 고려에 남아 있던 오잠의 형제들은 섬으로 유배를 보내면서 이들만 석방시킨 것이었다. 여기에는 원 조정에서 이들을 비호하는 세력이 영향력을 행사했거나, 아니면 원의 사신이 이들로부터 뇌물을 받고 불공정하게 일을 처리했거나, 이 두 가지 중의 하나가 작용했다.

송린·송방영을 석방한 후 바로 탑찰아와 왕약은 원으로 향했다. 이때 김심을 원의 사신에 동반시켜 다시 충선왕의 환국을 요청하는 표문을 올렸다. 이때의 표문 역시 원 조정이나 황제에게 온전히 전달되지 못한 것으로 보인다. 당시 원 조정의 사정도 고려 내정 못지않게 어지러웠고 송씨 일족의 음모에 동조하는 원의 관리들이 있었기 때문이다.

그런데 원의 사신 탑찰아와 왕약은 원으로 돌아가던 도중에 원에서 환국하는 고려 무장 하나를 만난다. 그 무장이 환관 이복수의 집에 숨겨두었던 바로 그 백지 밀서를 가지고 들어오다가 원의 사신에게 빼앗기고 말았던 것이다. 아마 그 백지 밀서를 원에 그대로 두기에는 위험하다고 판단한 송씨 일족이 이를 다시 회수하려다 사고를 당한 것으로 보인다.

원의 사신은 그 백지 밀서 12장 가운데 두 장을 다시 그 무장에게 돌려주며 환국하여 고려의 재상들에게 보이라는 지시를 하고, 나머지 밀서는 원으로 돌아가 조정에 올려 보고한다. 백지 밀서의 일부를 가지고 환국한 무장은 이를 고려의 재상들에게 보이고, 재상들은 충렬왕에게 이 사건을 보고하여 그 음모가 세상에 드러나게 된 것이다. 그리하여 그 백지 밀서를 애초에 몰래 가지고 갔던 송균은 충선왕을 음해했다는 죄목으로 그 해 2월 순군옥에 갇히게 되었다.

하지만 일은 여기서 끝나지 않았다. 충렬왕은 옥에 갇힌 송균을 한 달도 못 되어 석방시키려고 하였다. 재상들이 이를 따르지 않자 충렬왕은 친위 군사를 시켜 송균을 불러들이고 대궐 밖으로 방면하고야 만다. 이쯤 되면 충렬왕도 이제 송씨 일족과 한 배를 탄 몸이 되고 말았다는 사실을 드러낸 것이다.

궁지에 몰린 충렬왕

원 중서성에서는 귀국한 탑찰아와 왕약으로부터 백지 밀서 사건을 접하고, 오잠이나 석천보 형제 외에도 이런 간사한 짓을 하는 자가 또 있느냐며 다시 병부상서 백백(伯伯)을 사신으로 파견했다. 이즈음 원에서는 한 달이 멀다 하고 사신을 보내고 있었다. 고려 내정에 중대한 문제가 발생했음을 알아차리고 사건의 경위를 조사하기 위한 사신이었다.

원의 사신 백백은 도착하자마자 정동행성에서 고려의 재상들을 배석시킨 가운데 충렬왕을 직접 대면하여 문답이 이루어진다. 1304년(충렬왕 30년) 3월의 일이다.

백백 : 국왕께서 표문을 올려 전왕의 환국을 요청한 일이 있습니까?
충렬왕 : 그렇소.
백백 : 그러면 위구르 문자로 전왕의 환국을 반대한 일도 있습니까?
충렬왕 : 그것은 모르오.

백백은 재상들을 돌아보며 이에 대한 보증을 부탁하고 문답 내용을 문서를 갖추어 기록하게 하였다. 이는 귀국하여 황제한테 보고하기 위한 용도이기도 했지만, 다음에 충렬왕이 송씨 일족의 농간에 휘둘려서 말을 바꾸어 다른 말을 하는 것을 사전에 차단하려는 것이었다. 충렬왕은 이전에 그런 전례가 있었기 때문이다.

이어서 원의 사신 백백은 송균을 불러들여 문초했다.

백백 : 네가 옥쇄를 찍은 백지를 이용해서 무슨 짓을 하려고 했느냐?

송균 : 저는 다만 국왕께서 입조를 원하시어 이를 요청하려는 것뿐이었습니다.

백백 : 그럼 누가 위구르 문서를 작성했느냐?

송균 : 장군으로 있는 전혜田惠입니다. (이어서 전혜를 불러들이고)

백백 : 네가 위구르 문서를 쓴 것이 사실이냐?

전혜 : 그렇습니다.

백백 : 중서성에서 전왕을 환국시켜 달라는 표문을 올리려다가 위구르 문서가 함께 나왔다. 자세히 살펴보니 서명도 없고 인장도 없어, 이를 의심하여 중지하고 황제께 올리지 않았다. 어떻게 이런 일이 일어날 수 있단 말인가?

전혜라는 인물은 본디 고려 출신이었지만 선대부터 요양 지방에 들어가 살다가 환관 석천보·석천경 형제에 이끌려 그 심복이 된 자였다. 그 덕택에 출세하여 장군에까지 올랐으나 음모를 꾸미고 국정을 그르치는 것에는 석천보 형제를 능가했다. 하지만 그가 위구르 문서를 작성했다는 말은 송린·송방영 무리를 보호하기 위한 거짓이었다.

그런데 정동행성에서 대면 신문이 끝나고 충렬왕이 환궁하자 송린·송방영은 또 충렬왕을 사주하여 농간을 부렸다. 충렬왕이 원의 사신과 대면할 때는 위구르 문서에 대해 모른다고 했었는데, 이미 알고 있던 일이었다고 대답해주라는 것이었다. 이에 현혹된 충렬왕은 그 위구르 문서의 초본을 승지를 시켜 원의 사신 백백에게 전달하면서 이렇게 말을 전하도록 했다.

승지 : (문서의 초본을 백백에게 전달하면서) 전하께서 갑자기 위구르 문서에 대해 질문을 받고 모른다고 대답했으나 행성에서 돌아와 이 문서 초안을 찾고 보니 깜박 잊고 계셨던 것 같습니다. 사실은 전하께서도 알고 있었던 일이라고 합니다.

백백 : 국왕이 네게 그 문서를 줄 때 곁에 누가 있었느냐?

승지 : 송린과 송방영이 있었습니다.

백백 : (주변의 재상들을 둘러보며) 국왕이 위구르 문서에 대해서는 모른다고 말한 이전의 말을 모두 들었지요? 지금 국왕이 다시 말을 바꾼 것은 누구 때문이겠소?

충렬왕의 체면이 말이 아니게 되었다. 조금도 더하지도 빼지도 않은 관찬 사서 기록 그대로를 옮긴 것이다. 아무리 노년에 접어들어 판단력이 흐려진 충렬왕이지만 일국의 국왕으로 송씨 일족에게 휘둘리는 꼴이 이 정도라니 역사 기록만 읽고도 혀를 찰 지경이다. 고려의 국정이 왜 이런 지경에까지 이르게 되었을까?

며칠 후 충렬왕은 원의 사신을 위해 연회를 마련했지만 사신은 거절해버린다. 이어서 송린·송방영을 잡아들여 충렬왕과 함께 문초를 열었다. 하지만 충렬왕은 이 자리에서도 송린과 송방영을 두둔하다가 원의 사신에게 핀잔을 받는다.

백백 : 이런 신하를 두고 그 간사함을 다스리지 않으면 장차 더 심한 일이 일어날 것입니다. (송린을 향해 위구르 문서의 초본을 보이며) 이 문서를 작성한 자가 누구냐?

제3장 _ 책략, 혼미한 정치 • 255

송린 : 송방영입니다.

백백 : 네가 이 문서를 작성했느냐?

송방영 : 아닙니다.

백백 : 이 자를 당장 결박하라.

송방영은 처음에는 부정하다가 마침내 결박당하여 고문받기 직전에야 실토를 했다. 결국 위구르 문서와 백지 밀서는 송방영이 작성하고 송균이 이를 원으로 가지고 들어갔음이 드러나게 되었다. 물론 송린 역시 이 사건에서 결코 자유롭지 못했다.

원의 사신 백백은 고려에 파견되어 오면서부터 송씨 일족이 이번 사건의 핵심 인물임을 알고 잡아들일 준비를 하고 있었다. 그 치밀한 신문 과정이나 모든 질문과 대답을 문서화한 것은 그 때문이었다. 송린과 송방영은 모두 순군옥에 하옥당했다. 다만 송균은 어찌된 일인지 여기서 제외되었다.

그런데 원의 사신 백백이 돌아가면서, 문제는 옥에 갇힌 이들을 그대로 둘 수는 없다는 점이었다. 충렬왕의 비호를 받는 이들이 그대로 옥에 갇혀 있을 리가 없었기 때문이다. 재상들은 원의 사신에게 요구하여 이들을 원으로 압송해 갈 것을 주장하고, 더불어 충선왕과 공주의 환국도 다시 요청했다. 마침내 송린과 송방영은 원으로 압송된다. 1304년(충렬왕 30년) 4월이었다.

송린·송방영이 원으로 압송된 직후, 앞서 석천보 형제를 원으로 압송하는 데 동행했던 한희유·최유엄·유청신이 환국했다. 이들은 원 조정에 들어가 그동안 고려에서 여러 차례 보냈던 충선왕의 환국 요청 표문을 찾았으나 얻을 수가 없었다. 그 표문이 황제한테 올라가지 않고 중간에 어디론가 사라졌거나 묻혀버렸기 때문이다. 이는 충선왕을 음해하는 송씨 일족에 적극 협조하는 무리들이 원 조정에서도 포진하고 있었음을 말해주는 것이다. 그러니 양국의 외교 문서가 제대로 전달될 수 없는 일이었다.

그리고 충렬왕은 한희유를 다시 수상으로 삼았다. 이 무렵 수상은 홍자번·송분·한희유, 3인이 번갈아 맡거나 좌·우 중찬으로 양두 체제를 유지하고 있었다. 백지 밀서 사건 직전에 홍자번이 맡던 수상을 이번에 다시 한희유에게 맡긴 것이었다.

그런데 원으로 압송된 송린과 송방영은 얼마 안 있어 곧 풀려나고 만다. 여기에는 당시 원 조정에서도 정치가 문란하여 이들을 지원하는 세력들이 득세하고 농간을 부리고 있었기 때문이다. 이 부분은 뒤에 자세히 언급할 것이다.

정치 일신, 유학의 진흥을 꾀하다

1304년(충렬왕 30년) 4월, 원에서는 다시 참지정사 홀련忽憐과 한림직학사 임원林元을 사신으로 보내왔다. 참지정사는 원 조정에서 종2품의 재상으로서 최고위급 사신이었다. 한림직학사는 원에서 학술 연구와 역사 편찬을 담당하는 관청인 한림국사원翰林國史院의 4품 관직이다. 이전에도 그 관직을 띤 사신이 온 적 있었는데 이번에는 특별한 목적이 있었다.

이들 사신이 파견된 목적은 두 가지였다. 하나는 정치적인 상황 때문이었는데, 이전에 원으로 압송되었던 오잠과 석천보 형제가 관련된 것이었다. 이들은 원에 압송되어 옥에 갇혀 있으면서도 원의 권력자들과 통하면서 조금도 두려워하는 바가 없었다. 두려워하기는커녕 여러 요로에 힘을 쓰면서 고려 내정에 계속 농간을 부리며 영향을 미치고 있었다. 사신의 일차 목적은 이런 농간을 차단하려는 것이었다.

또 하나는 고려의 유학 진흥과 관련된 것이었다. 당시 원에서는 고려의 유학 진흥에 큰 관심을 보이고 있었다. 사신의 조언에 따른 것이었는지 안향安珦의 건의로 사신이 도착한 그 해 5월 국학國學에 섬학전贍學錢이 설치되었다. 국학은 고려 시대 국립대학격인 국자감國子監의 별칭이고, 섬학전은 일종의 장학기금과 같은 것이었다. 안향이 이때 섬학전의 설치를 주장한 배경은 자세히 모르겠지만 당시 원에서 일어나고 있던 유학 진흥이나 사상적 동향과 무관하지는 않아 보인다.

고려 시대 유학 교육은 관학官學보다는 사학私學에서 더 발전하고 있었다. 잘 알려져 있듯이 최충崔冲의 문헌공도文憲公徒를 비롯한 사학 12도가 그것이다. 이에 16, 17대 왕인 예종睿宗과 인종仁宗 때 관학 진흥책을 씀으로써 국학이 살아나게 되었다. 예종(재위 1105~1122년) 때 설치한 전문강좌격인 7재七齋와 양현고養賢庫라는 장학재단 설치가 대표적인 예다.

양현고의 규모나 재정 운용에 대해서는 잘 알려져 있지 않지만 국학의 발전에 기여하였을 것이란 점은 분명하다. 하지만 이런 국학의 진흥도 무인 집권기와 몽골과의 전쟁을 거치면서 다시 쇠퇴하였고, 양현고는 그 기금이 탕진되어 바닥나 있었다. 이에 안향의 건의로 다시 섬학전을 설치하게 된 것이다.

섬학전의 기금은 6품 이상의 관리에게 은 1근씩, 7품 이하 관리는 관품에 따라 베를 갹출하여 마련하도록 했다. 이에 충렬왕도 왕실 금고인 내고에서 금과 양곡을 내어 섬학전의 기금에 보태도록 했다. 안향은 또 남은 기금으로 강남에 사람을 보내어 공자의 70제자 화상을 그려오도록 하고, 제기와 악기 및 6경을 비롯한 경서와 역사책을 사들였다.

여기에 이진李瑱을 경사교수도감經史敎授都監의 장관에 임명하여 유학 교육을 위한 체제를 갖추어나갔다. 이진은 충선왕의 개혁 정치에서 사림원에 참여했었다. 경사교수도감은 국학의 교수진을 관리하는 임시 관청으로 보인다. 이런 시책의 결과 사학의 생도와 관학의 선비들이 수백 명씩 몰려들었다고 하니 성공적이었음을 알 수 있다.

그런데 조금 궁금한 문제는, 정치적으로 매우 혼미한 이 시기에 왜 하필 유학 진흥이 이루어졌으며, 이것이 도대체 어떤 의미를 지니는 것인가 하는 점이다. 당시 정치 현실과는 동떨어진 조금 엉뚱한 조치로도 보이기 때문이다. 우선, 혼미한 정국을 타개하고 정치를 일신하기 위한 방법일 수도 있겠다는 생각을 할 수 있다. 하지만 충렬왕의 처지에서는 조금 부담스런 면도 생각할 수 있다.

충렬왕의 측근 세력들에게는 이런 유학 진흥책이 꼭 반가운 일만은 아니었을 것이라는 생각이 든다. 그들의 성향이 유학 진흥과는 거리가 멀기 때문이다. 국학에 섬학전 설치를 건의한 안향이나 경사교수도감의 장관에 임명된 이진이라는 인물도 모두 충선왕 계열에 가까운 사람들이었다. 이런 점에서 이 시기의 유학 진흥책이 조금 의문인 것이다.

장담할 수는 없지만 아마 이 시기의 유학 진흥책에는 원의 입김이 크게 작용하지 않았나 하는 생각이 든다. 이를 보여주는 것이, 1304년 (충렬왕 30년) 그 해 6월 국학의 대성전大成殿 준공식에 원의 사신으로 왔던 홀련과 임원이 참석했다는 사실이다. 특히 임원은 이 준공식에서 주빈 자격으로 참석하고 애일잠愛日箴까지 지어 국학의 생도들을 격려했다. '애일잠'은 공부를 위해 시간을 아껴 쓰라는 뜻인데 일종의 축사와 같은 것이다.

국학의 대성전을 신축하기 시작한 것은 이보다 몇 년 전에 사신으로 왔던 야율희일의 건의로 이루어졌다는 사실도 그냥 지나칠 수 없다. 그때 야율희일은 정치를 바르게 하는 방법으로 충렬왕에게 유학의 진흥을 조언한 바 있었다. 그리고 대성전이 완공되면서 임원이 한림직학사의 자격으로 온 것도 사실은 이것을 축하하기 위한 것이었다. 결국, 이 시기의 유학 진흥책은 원의 영향을 받은 것이었다는 생각이다.

그런데 이 무렵을 전후하여 원에서 성리학性理學이 도입되었다는 점도 중요한 사실이다. 성리학은 지금까지의 유학과는 다른 유학이라 하여 신유학新儒學이라고도 하고 남송의 주자朱子에 의해 완성되었다고도 하여 주자학이라고도 부른다. 이 성리학이 힘을 발휘하면서 고려 왕조는 쇠퇴하고 새로이 창업된 조선 왕조는 이것을 사상적 기반으로 삼는다.

정치적으로 혼미한 충렬왕 시기에 유학 진흥책으로 새로운 유학과 학문이 시작되었다는 사실은 그나마 위안이 된다. 새로운 사상은 항상 혼란기에 싹이 트고 시작되는 것이니, 혼란이라는 것이 긴 역사에서 보면 꼭 부정적인 것만은 아닌 모양이다. 그런 점에서 충렬왕도 분명 역사의 변화에 일조를 했을까.

환관 이복수

유학 진흥책이 원의 영향으로 추진되었다고 하더라도 충렬왕이 현실을 타개하는 데 도움을 준 것은 분명한 것 같다. 대성전 준공식에서 이혼李混은 '입학송入學頌'을 지어 생도들을 격려했는데, 여기 이혼은 충렬왕의 측근 정치를 비판하다가 파면당했던 인물이다. 이렇게 유학 진흥책은 충선왕 계열 인물들의 불만을 누그러뜨리고 이들을 포용하는 데 효과가 있었다. 백지 밀서 사건으로 궁지에 몰렸던 충렬왕은 유학 진흥을 앞세워 국면 전환의 기회로 이용하기도 했다고 보인다. 그 후 충렬왕은 바로 반격에 나선다.

국학의 대성전이 준공된 다음 달 환관 송균은 〈금강산도〉를 가지고 원으로 향했다. 재상들이 사람을 보내 잡아두려 했으나 송균은 국왕의 명령이라 하여 듣지 않고 원으로 달려갔다. 〈금강산도〉는 누가 그린 그림인지는 모르겠지만 원의 권력자에게 뇌물로 줄 용도였다.

이어서 충렬왕은 송린을 지신사知申事(정3품)로 다시 임명하여 국왕 비서관으로 삼는다. 현재 원에 압송당해 있는 송린을 그렇게 임명한 것이다. 송균을 원에 들여보냈던 것은 원에 압송당했던 송린과 송방영을 어떻게든 방면시켜 오겠다는 충렬왕의 뜻이었다. 뭔가 믿는 바가 있어 자신감을 얻은 듯했다. 그렇지 않고서야 죄를 짓고 원에 억류당해 있던 송린에게 미리 벼슬까지 줄 수 없기 때문이다.

아니나 다를까, 송균이 원으로 들어간 지 두 달 가까이 지난 1304년(충렬왕 30년) 8월 송린과 송방영은 방면되어 의기양양하게 환국했다. 이들은 환국으로 그친 것이 아니라 오자마자 충렬왕으로부터 의복까지 하사받았다. 그동안 국왕을 위해 원으로 끌려가 고생이 많았다는 뜻이었을까.

송린과 송방영이 원에서 곧바로 방면되어 온 데는 그럴 만한 연줄이 작용하고 있었다. 여기에는 원의 궁정에서 두 사람이 힘을 썼다. 환관 이복수와 앞서 송분이 사위로 삼았던 황제 유모의 아들이다. 환관 이복수는 원 황후의 궁전에 출입하면서 갈수록 영향력이 커지고 있었다.

송균이 〈금강산도〉를 가지고 원으로 향했던 것은 이 두 사람을 만나 송린과 송방영의 방면을 부탁하기 위한 것이었고, 이 두 사람은 황후에게 청탁하여 송린과 송방영을 방면토록 했던 것이다. 당시는 황제 성종이 병환 중에 있어 정권의 중심은 황후에게 있었으니 모든 일이 적시에 맞아 떨어지고 있었다.

환국한 송린과 송방영은 다시 권력의 핵심으로 들어서서 수상 한희유와 함께 재상회의에도 참여할 정도였다. 거칠것없는 송씨 일족은 이제 두려울 게 없었다. 고려에서는 충렬왕의 확실한 비호를 받고 있었고 원 조정에서는 정권을 잡고 있는 황후와도 통할 수 있었기 때문이다.

송씨 일족은 이제 충선왕 정도는 얼마든지 상대할 수 있겠다는 생각을 했을지도 모른다. 충선왕을 음해하거나 환국을 저지하는 정도가 아니고 아예 충선왕을 제치고 다음 왕위를 자신들의 뜻대로 정할 수도 있다는 생각을 충분히 했을 법하다. 물론 충렬왕도 여기에 이끌리고 있었다.

그런데 이들 송씨 일족보다 더욱 눈에 띄게 등장한 인물이 있으니 바로 환관 이복수였다. 그는 평창(강원)이 고향으로 태백산 무당의 아들이었다니 볼 것 없는 천민이었다. 그가 어떻게 원의 황후전에 출입하게 되었는지는 잘 알려져 있지 않지만 황후의 사랑을 받으면서 그는 고려의 내정에까지 영향력을 행사하게 되었다. 여기에 송씨 일족들과 연결되어 여러 책동을 부리는 데 결정적인 기여를 하고 있었다. 앞서의 백지 밀서를 자기 집에 보관했던 것은 그 점을 잘 보여주는 일이고, 그 일로 압송당했던 송린과 송방영을 방면시켜 환국할 수 있도록 했던 것은 그 영향력을 증명하는 일이었다.

그런데 송씨 일족들의 책동에 동조하고 있던 충렬왕에게도 황후전에 출입하고 있는 환관 이복수는 일개 환관이 아니라 이제 대단히 요긴한 인물이었다. 1304년(충렬왕 30년) 11월, 마침 그 이복수가 어향御香을 받들고 고려에 온다. 충렬왕이 오히려 아쉬운 처지에서 그 이복수를 직접 대면할 수 있는 기회가 온 것이다.

어향은 고려의 명산대찰에서 황실의 안녕을 축원하고 분향하기 위한 행차니 황실의 특사나 다름없는 것이었다. 송씨 일족과의 관계나 그의 영향력으로 보아 이는 그냥 보아 넘길 일이 아니었다. 충렬왕은 금의환향한 그를 영빈관까지 나아가 맞이하고 수녕궁에서 잔치를 벌여 특별히 후대했다. 이복수는 그 후 충렬왕에 의해 평창군平昌君에 책봉되어 국가의 원로대신들이나 받는 공신 대접을 받는다.

제3장 _ 책략, 혼미한 정치 • 263

그 해 12월 송방영은 지밀직사사로 복직하고 신년을 축하하는 하정사賀正使에 임명받아 원으로 들어갔다. 환관 이복수는 고려에 들어와 충렬왕을 만나고, 송방영은 원으로 들어갔으니 무슨 일인가 만들어지고 있음이 분명했다.

충렬왕의 마지막 입원

그런데 1305년(충렬왕 31년) 2월, 사신으로 왔던 홀련이 병으로 갑자기 죽는 일이 발생한다. 그는 어지러운 고려 국정을 감독하기 위해 왔는데 약도 제대로 쓰지 못하고 고려에서 죽고 만 것이다. 주변에서 약을 권하자 그는 이렇게 말했다.

"그대 나라는 간신이 권력을 잡아 부자간에 서로 해치려 하므로 황제께서 나를 보내 감시토록 하였는데 내가 만약 약을 마신 후에 죽는다면 뒷말이 많을 것이다. 죽고 사는 것은 하늘에 달린 것이니 좋은 약인들 어찌 하겠는가"

자신이 약을 먹고 죽었을 때 고려가 어려운 궁지에 빠질 수 있다는 우려였지만, 이것은 오히려 당시 어지러운 고려 정국으로 보아 마음 놓고 약을 처방받을 수 없었다는 불신의 표현이 아닌가 한다. 그는 고려 국정을 감독하는 사신으로 왔으니 송씨 일족이나 충렬왕에게 결코 우호적이지 않았을 것이다. 그러니 홀련의 처지에서는 충분히 그런 의심을 할 만했다.

더구나 원으로 압송당했던 송린과 송방영이 방면되어 환국한 일은 국왕 측근 세력을 감독하기 위해 머무르고 있는 원의 사신으로서 무력감마저 느꼈을지도 모른다. 원에서 정권을 잡고 있는 황후와 통하는 이복수, 이와 관계를 맺고 있는 송씨 일족들, 그리고 여기에 둘러싸인 충렬왕, 어느 것도 그에게 녹록한 것은 하나도 없었다. 홀련이 죽은 며칠 후 함께 사신으로 왔던 한림직학사 임원은 홀로 원으로 돌아갔다.

그렇게 고려에서 송씨 일족들이 이복수와 통하고 여기에 충렬왕도 동조하면서 원에 머무르고 있는 충선왕에게는 매우 불리한 국면이 조성되고 있었다. 송린과 송방영은 환국한 이후 드러내놓고 충렬왕에게 홍자번을 헐뜯는 모함을 계속했다. 모함이 통했는지 충렬왕은 홍자번을 경흥군慶興君에 책봉하여 퇴직시켜버린다. 원의 사신 홀련이 갑자기 죽은 지 한 달 뒤의 일이었다.

여기에는 왕유소도 가담하고 있었는데, 이때 이미 그는 재상급에 올라 있었다. 왕유소는 충선왕을 음해하던 송방영의 매부이니 송방영의 아비인 송염宋琰의 사위였다. 그리고 송염은 송분과 형제였으니 왕유소는 인척관계에서도 송씨 일족과 단단히 얽혀 있었다. 그래서 왕유소는 송씨 일족과 한몸이 되어 이후 충선왕을 음해하고 공주 개가 책동에 앞장선다.

그 반대편의 홍자번은 왕 부자 사이를 조정하고 일을 바르게 처리하려는 몇 안 되는 신하 중의 하나였다. 충렬왕의 측근 세력들에게 동조하지 않는 인물들은 홍자번 외에도 많았지만 충렬왕의 정치에 대해서 대부분 입을 다물고 있었다. 이런 속에서 바른 말을 잘하는 홍자번은 눈에 띄게 충렬왕이나 그 측근 세력들에게 부담스런 존재였을 것이다.

제3장 _ 책략, 혼미한 정치 • 265

충렬왕은 홍자번을 물러나게 하고 김혼을 새로이 우중찬에 임명하여 좌중찬인 한희유와 함께 수상을 좌·우 중찬 양두 체제로 유지했다. 김혼은 앞서 언급했던 인물로 충렬왕의 측근 세력으로는 볼 수 없지만, 우유부단한 성격과 정치적 색깔이 없어 홍자번보다는 충렬왕에게 훨씬 편한 사람이었다. 그에게 충렬왕 측근 세력들의 농간을 막아주리라 기대하기는 어려웠다.

이 무렵부터 다시 충렬왕의 연회가 빈번해진다. 홀치가 다시 등장하면서 충렬왕을 초대하여 잔치를 베풀고, 숙창원비가 연회를 베풀기도 했다. 숙창원비는 충선왕이 모후 제국대장공주가 죽으면서 부왕을 위로하기 위해 들였던 여성이다. 충렬왕은 이즈음 원 조정에서나 고려 내정에서 유리한 국면이 조성되었다고 판단했는지 그런 여유를 즐겼던 것이다.

그럴 즈음 원에서 충렬왕에게 입조하라는 지시가 내려온다. 마침내 1305년(충렬왕 31년) 11월 충렬왕이 원으로 향하는데 이 과정에서 민감한 문제가 발생한다. 누가 충렬왕을 따라 원으로 들어갈 것인가가 중요한 문제로 대두한 것이다. 이번 충렬왕의 입원 행차가 정국의 향방을 가르는 중요한 사안으로서 모두 관심을 가지고 지켜보고 있었다는 뜻이다.

처음 충렬왕의 행차를 따라 입원할 인물들은 수상인 한희유를 비롯한 29명이 선정되었다. 아무래도 충렬왕 측근의 인물들이 주류를 이루고 있었지만 왕유소 외에는 드러내놓고 충선왕을 음해하는 극렬 인물은 없었다. 특히 송린과 송방영이 여기에 들지 못한 것으로 보면 원에서 책동이나 음모를 밀어붙이기에는 힘이 빠지는 인물 구성이었다.

충렬왕 입원 행차에서 송린과 송방영이 끼지 못하면 국왕의 행차는 의미가 없었다. 왜냐하면 충렬왕의 측근들에게 이번 행차는 충선왕을 음해하고 공주를 서흥후 왕전에게 개가시킬 절호의 기회였기 때문이다. 하지만 송린과 송방영이 드러내놓고 이번 행차에 참여하는 것도 곤란한 점이 있었다. 그것은 이들이 죄를 짓고 원으로 압송당했다가 편법을 동원하여 방면되었기 때문이다. 게다가 그 점을 지적하여 이 두 사람을 행차에 참여시켜서는 안 된다는 사람들이 많았다.

하지만 송린과 송방영은 국왕의 행차를 몰래 뒤쫓아 의주까지 가는 데 성공한다. 충렬왕은 여기까지 따라온 두 사람을 다시 돌려보낼 수 없다는 주변의 요청을 마지못한 듯 들어주고 결국 이들도 원으로 향했다. 다만 송린과 송방영은 국왕의 공식 수행원으로는 참여하지 못하고 따로 들어가게 하였다.

어떻게 정보를 얻었는지 대도에 머무르고 있던 충선왕은 송린과 송방영이 원으로 들어온다는 사실을 알고 있었다. 그만큼 충선왕도 이번 충렬왕의 입원 행차에 어떤 인물들이 함께 따라오는지를 예의 주시하고 있었다는 얘기다.

송린과 송방영이 충렬왕의 행차를 따라 원으로 들어온다는 것은 충선왕에게 위협적인 일이었다. 지금까지의 행태로 보아 이들의 입원은 그 목적이 너무나 분명했기 때문이다. 더구나 당시 원 조정에서의 상황도 충선왕에게 매우 불리하게 전개되고 있었다. 방법은 이들의 책동을 저지할 인물들, 즉 충선왕을 도울 인물들도 함께 원으로 불러들이는 수밖에 없었다. 그리하여 충선왕은 원의 승상에게 특별히 요청하여 홍자번·최유엄·유청신·김심 등의 인물도 부왕을 수행하여 함께 들어오도록 부탁했다. 이들이라면 송린과 송방영의 책동에 맞서 싸워줄 수 있을 것으로 판단했던 것이다.

충렬왕은 원으로 향한 지 한 달여 만에 요양에 도착하여 조인규의 알현을 받았다. 조비 무고사건으로 원으로 압송되어 유배당했던 그가 방환되어 7년 만에 환국하는 길이었다. 그 자리에서 조인규는 황제의 명으로 복직된다. 하지만 조인규는 3년 후 곧 죽어 다시 정치 활동을 할 기회는 그에게 주어지지 않았다.

요양을 출발한 충렬왕은 계주薊州까지 마중나온 충선왕의 영접을 받고 함께 대도에 도착하여 충선왕의 저택에 여장을 풀었다. 1305년(충렬왕 31년) 그 해도 며칠 남지 않은 연말이었다. 7년 만에 있는 부자 간의 반가운 해후였지만 이후 대도에서 벌어지는 정치 상황은 부자간의 정을 사정없이 할퀴어버린다.

3. 성종 테무르 시대의 정치

성종의 집권과 카이두 정벌

세조 쿠빌라이 칸의 뒤를 이은 몽골 제국의 6대 황제 성종 테무르 칸은 쿠빌라이의 장남 진금眞金(칭킴) 태자의 아들이었다. 진금 태자가 쿠빌라이보다 먼저 죽어 손자 테무르가 황제를 계승한 것이다.

그런데 쿠빌라이 사후 황제위는 손자 테무르에게 순조롭게 떨어지지 않았다. 황태자 진금이 죽고 없는데다 진금의 형제들과 테무르의 형제들이 후보로 난립하고 있었기 때문이다. 황제 후보자는 진금 태자의 동생인 안서왕 망갈라와 진금 태자의 세 아들인 진왕 카말라甘麻剌, 타르마발라, 테무르 등이었다(몽골 황실 세계 참조). 그중 타르마발라는 이미 죽고 없었던 것 같다. 이렇게 여러 후보들이 있었지만 일치감치 형인 카말라와 동생 테무르로 압축되어 경쟁하고 있었다. 몽골의 황제 계승 싸움에서 항상 그렇듯이 형제간에 경쟁한 것이다.

두 형제로 쉽게 후보가 압축되었던 배경에는 진금 태자의 부인인 쿠게진의 힘이 컸다. 몽골의 황제 계승은 쿠릴타이Khuriltai라는 황족 회의에서 결정되는데, 특별한 원칙이 없어 후보자들의 현실적인 힘이나 황족들의 지지도에 따라 결판나기 쉬웠다. 이때 죽은 황제의 황후나 황태후가 존재할 경우 이들 여성이 큰 힘을 발휘하는데 쿠게진이 그런 역할을 했던 것이다.

13세기 페르시아 역사가 라시드 앗 딘이 저술한《집사集史》에는, 쿠빌라이 칸의 사후 진금 태자의 부인 쿠게진이 영향력을 행사하여 아들 카말라와 테무르 형제를 후보로 정했고, 마침내 동생인 테무르로 황제위가 돌아갔음을 기록하고 있다. 《집사》에 의하면 테무르는 카말라보다 유창한 달변이어서 칭기스 칸의 유훈을 능숙하게 말하여 결판났다고 한다. 이를 보면 군사적 대결 없이 황제 계승 문제가 그리 어렵지 않게 정리되었던 것 같다.

제위에 오른 성종 테무르의 당면한 과제는 중앙아시아 지역에서 세력을 떨치고 있던 해도海都(카이두) 세력을 진압하는 것이었다. 카이두는 2대 황제 태종 우구데이의 손자로 세조 쿠빌라이가 황제로 즉위한 무렵부터 중앙아시아를 근거로 세력을 형성하였고, 한때 쿠빌라이 칸과 양립할 정도로 세력을 키워 독립적인 칸으로 불릴 정도였다.

쿠빌라이 치세 동안 줄곧 카이두 세력은 건재했지만 쿠빌라이는 웬일인지 정벌에 적극적이지 않았다. 한때 동방의 만주 지역에 거점을 둔 내안乃顔(나얀)의 반란 세력과 연합하여 쿠빌라이를 곤경에 빠뜨리기도 했는데, 쿠빌라이는 나얀의 세력만 진압을 하고 카이두 세력은 그대로 방치했다. 특별히 저항하거나 세력 확대의 기미가 없어 외교적으로 관리하는 정도였다고 생각된다. 카이두의 처지에서도 굳이 강력한 쿠빌라이에 저항하여 위험을 자초하지 않으려 했던 것 같다. 그런데 성종 테무르가 즉위하면서 카이두가 움직이기 시작한 것이다. 여기에는 카이두의 처지에서 방어적인 동기가 작용하고 있었다. 성종이 즉위하면서 카이두 세력 내에서 이탈한 자들이 생겨나고, 이들이 성종 테무르의 산하로 속속 귀순했기 때문이다. 그래서 성종이 집권하면서 재개된 카이두의 반란은 불가피한 선택이었다고 볼 수 있다.

성종 테무르는 29세 때인 1294년 즉위하여 1307년 42세로 죽어 13년간 재위하는데, 재위 전반기는 이 카이두 난의 진압에 온 국력을 쏟았다. 이때가 바로 고려에서는 충렬왕이 재위 후반기로 접어든 무렵인데, 그 중간에 충선왕이 왕위에 올랐다가 8개월 만에 갑자기 폐위되고 다시 충렬왕이 복위한 사건이 일어난 것이다. 이게 몽골 제국에서 있었던 카이두 난의 정벌과 직접 관련이 있는 것은 아니었지만, 제국과 고려의 사정을 좀 더 유기적으로 파악하기 위해서는 염두에 둘 필요가 있다.

카이두 난의 정벌에 동원된 군사는 성종 테무르와 제위를 다툰 친형인 카말라와 그 아들 이순 테무르, 안서왕 망갈라의 아들 아난다, 그리고 일찍 죽은 타르마발라의 아들 해산海山(카이산) 등이었다. 카말라와 그 아들은 몽골 본토인 북방에 세력을 두고 있었고, 안서왕 아난다는 중원의 서방 쪽에, 카이산은 중앙부에 세력을 두고 있었다. 이들 모두 쿠빌라이 사후 황제 계승에서 물망에 오른 후보자나 그 아들들이었고, 그래서 카이두 정벌은 몽골 제국의 군사력을 총동원한 것이었다.

정벌 과정에서 카말라와 그 아들은 몇 번의 패전으로 위상이 추락하고 말았다. 이에 다시 안서왕 아난다와 카이산을 투입하는데, 특히 카이산에게 최정예 부대와 중앙 군단을 맡겨 알타이 방면의 최전선에 배치했다. 다음에 얘기하겠지만 카이산에게 최전선을 맡긴 것은 또 다른 정치적 배경이 있었다. 그리하여 1300년부터 다음해에 걸쳐 몽골고원 서부에서부터 알타이에 이르는 일대에서 몽골 최대 규모의 내전이 펼쳐졌다.

카말라와 그 아들이 전투에서 패한 것에 반해 카이산은 약관 20세의 젊은 나이로 여러 부족 군단을 지휘하면서 열세를 만회하고 용맹함을 제국 전체에 떨쳤다. 이후 카이두의 중앙아시아 세력은 압도당하여 서쪽으로 후퇴하고 만다. 게다가 카이두마저 이 전투에서 부상을 당하여 1303년 죽고 더 이상의 반란은 없었다.

이렇게 반세기 가까이 중앙아시아 지역을 독자적으로 지배해오던 카이두 세력은 성종 테무르 시대에 막을 내렸다. 카이두 세력을 소탕한 것은 쿠빌라이 시대부터 미뤄오던 제국의 커다란 숙제 하나를 해결한 것이었다. 여기에 카이산이 결정적인 공을 세운 것인데, 진정한 제국의 동서 통합이 성종 테무르 시대에 와서야 이루어진 것이다.

그런데 카이두 세력을 정벌하는 과정에서 패배한 카말라와 승리한 카이산은 당시 원에 머무르고 있던 충선왕과 깊은 관련이 있는 인물이었다.

성종과 황태후 그리고 충선왕

성종 테무르가 황제로 즉위한 것은 1294년(충렬왕 20년) 4월이었다. 세조 쿠빌라이가 그 해 1월에 죽었으니 3개월 동안 황제위는 공석이었다. 그동안 진금 태자비인 쿠게진이 황제를 대신하여 정권을 행사하고 있었다. 여기 쿠게진 태자비는 성종의 모후로 유년 시절의 충선왕에게 몽골식 이름을 지어줬다는 바로 그 유성 황태후였다.

그녀는 테무르가 황제로 즉위하는 데 결정적인 역할을 했을 뿐 아니라, 테무르가 즉위한 후에도 모후로서 정치에 상당한 영향력을 행사했다. 특히 황제 계승에서 탈락한 카말라와 성종 테무르 형제를 화합시키는 데는 그녀의 역할이 컸다고 생각된다. 보통 몽골 황제 계승 싸움에서 탈락한 유력한 인물은 상황이 결판난 뒤에도 황제의 정치적 라이벌로서 견제 대상이 되어 우호적인 관계가 유지되기 어려웠다. 쿠게진은 이들 형제의 모후로서 양자를 화합시킬 가장 확실하고 유일한 인물이었다. 그런데 충선왕과 결혼한 계국대장공주는 바로 황제 계승에서 탈락한 카말라의 딸이었다. 그 결혼이 이루어진 것은 1296년(충렬왕 22년) 11월이었다. 이때는 카말라가 카이두와의 전쟁에서 패하기 전의 일이었다.

충선왕비로 카말라의 딸이 선택된 것은 충선왕 본인은 말할 필요도 없고 부왕 충렬왕도 전혀 개입하지 못했다. 그 공주를 충선왕비로 선택한 것은 원에서 일방적으로 결정한 것인데 바로 이 문제에 성종 모후가 개입했다고 보인다. 카말라에게 다음 고려 왕위 계승권자인 충선왕을 부마로 삼게 했던 것은 황제 계승에서 탈락한 그에 대한 모후의 큰 배려였다는 판단이 들기 때문이다.

이렇게 보면 원 조정에서 충선왕에게 가장 큰 정치적 후원자는 성종의 모후인 황태후와 성종의 친형이자 장인인 카말라라고 볼 수 있다. 이들이 건재하는 한 충선왕에게는 별 일이 없을 것이다. 하지만 그에 따른 약점도 분명했다. 현 황제인 성종의 적극적인 후원을 얻는 데는 한계가 있었기 때문이다.

충선왕의 어려운 정치 역정을 감안할 때 카말라를 장인으로 둔 것은 강점보다는 약점으로 작용했다고 보인다. 게다가 그 이후 카말라는 카이두와의 전쟁에서 패하여 황실 내에서 그 위상이 추락하고 있었으니 더욱 그랬다. 특히 충선왕의 왕비가 현 황제인 성종의 딸이 아니라는 사실은 충선왕에게 큰 약점이었다.

그런데 그 충선왕이 부왕을 제치고 갑자기 고려 왕위를 차지한 것이다. 1298년(충렬왕 24년) 1월이었다. 충선왕이 갑자기 왕위를 차지한 데는 앞 장에서 자세히 언급한 대로 고려에서 충렬왕의 측근 정치로 인한 폐단과 이에 불만을 품은 정통 관료집단의 후원이 있었기 때문에 가능했다. 하지만 그 결정은 원 조정에서 이루어진 것이었다.

그 결정권자는 아무래도 황제인 성종을 우선 떠올리지 않을 수 없다. 그런데 성종이 정치적 라이벌 관계인 형 카말라의 사위를 고려 왕위에 갑자기 앉힌다는 것은 아무래도 자연스럽지 못하다. 그래서 이 과정에서도 성종보다는 그 모후의 입김이 더 크게 작용하지 않았을까 여겨진다. 앞 장에서 이 부분을 설명할 때는 성종 모후의 힘을 전혀 고려하지 않고 이야기를 전개했었는데 여기서 다시 보고자 한다.

충렬왕을 물러나게 하고 충선왕을 즉위시킨 것은 원에서 황태후가 주도한 일이었다고 보인다. 그 황태후의 의지에 대해 성종도 크게 반발하지 않았다. 고려의 왕위 교체를 추인하는 정도의 동의는 했을 것이다. 앞서 언급했지만, 새 황제 성종에게도 충렬왕이 부담스럽게 다가올 측면은 분명 있었기 때문이다. 이렇게 보면 충선왕을 반대하는 세력들, 바로 충렬왕의 측근 인물들은 당연히 그 황태후에 대해 불만이 많았을 것이다.

그렇다면 그렇게 즉위한 충선왕이 8개월 만에 갑자기 폐위당하고 다시 충렬왕이 복위한 것은 또 어떻게 설명해야 할까? 여기에도 물론 고려 내정에서 충선왕의 개혁 정치에 대한 거센 반발이 중요하게 작용했지만 역시 그에 대한 결정은 원 조정에서 이루어졌다. 그러면 황태후는 충선왕이 폐위당하는 국면에서 어떤 태도를 취했을까?

여기서 충선왕 폐위의 단서가 되었던 조비 무고사건을 상기할 필요가 있다. 조비 무고사건은 원 조정에까지 비화되었는데 이 사건은 황태후로 하여금 더 이상 충선왕을 비호할 수 없도록 만들었다. 충선왕의 왕비로 카말라의 딸을 선택한 것은 황태후 자신이었으나, 충선왕이 그 왕비를 멀리하고 왕비 역시 충선왕에 대해 불만을 품고 있었기 때문이다.

여기에 조비 무고사건은 충선왕의 개혁 정치를 원에 대한 반발이라고 몰아붙일 좋은 호재였다. 이에 대해서는 앞 장에서 자세히 언급했으니 생략하지만, 충선왕의 반대 세력들에게 조비 무고사건은 황태후의 손발을 묶는 데도 안성마춤이었던 것이다. 그래서 황태후는 더 이상 충선왕의 왕위를 지켜줄 수 없었고, 성종이 충선왕을 폐위시키는 데도 반대할 명분이 없었다.

왕위를 빼앗기고 원으로 들어간 충선왕에게는 여전히 황태후와 장인 카말라가 후원자 위치에 있었다. 충선왕에게는 그 밖에 달리 비빌 언덕도 없었다. 그런데 그 황태후가 1300년(충렬왕 26년) 2월 죽는다.
　그 해 4월 충렬왕은 황태후의 조문을 위해 원으로 들어가는데 그때 조금 이상한 현상이 보인다. 6월 상도에 도착한 충렬왕에게 황제인 성종은 크게 잔치를 열어 환영연을 베풀었다. 앞서 언급했지만 지손연只孫宴 부두연扶頭宴이라는 특별한 연회였다. 그 연회에서 충렬왕은 좌석 서열이 4위로 오르기도 했다. 조문차 들어온 충렬왕에게 이런 특별한 연회를 베푼 것을 어떻게 봐야 할까?
　아마 성종은 모후인 황태후와 불편한 관계였을 것으로 짐작된다. 황태후의 정치적 간섭이 있었다면 충분히 그럴 공산이 컸다. 예를 들어 카말라의 부마였던 충선왕을 갑자기 고려 왕위에 앉힌 것도 모자의 관계를 불편하게 했을 것이다. 충렬왕도 왕위를 빼앗긴 경험으로 황태후에 대한 기억이 좋을 리 없었다. 추측을 계속 남발하는 것인지는 모르겠지만, 그래서 황태후의 국상 기간에 양인이 즐겁게 연회를 벌였던 것은 그런 감정이 서로 통한 때문은 아니었을지 모르겠다.
　우연의 일치인지 모르겠지만 황태후가 죽은 이듬해 2월 서흥후 왕전이 숙위를 위해 원으로 들어간다. 여기 서흥후는 충선왕을 왕위 계승에서 탈락시킬 목적에서 그 왕비인 카말라의 딸을 개가시킬 대상으로 선정된 인물이다. 이어서 그 해 5월 공주 개가를 공식 요청하는 표문을 가지고 원에 사신이 파견되었으나 차마 그 표문은 올리지 못했다. 원에서 황태후가 죽은 직후인 이때가 바로 송씨 일족을 비롯한 충선왕 음해 세력들이 본격적으로 활동을 개시한 무렵이었다.

그런데 충선왕의 장인인 진왕 카말라도 곧 죽고 만다. 1302년(충렬왕 28년) 1월의 일로, 이때는 카말라가 카이두와의 전쟁에서 패한 직후인데 이 패전과 무관치 않다고 보인다. 이렇게 원에 체류하고 있던 충선왕에게 마지막 후원자마저 사라진 것이다. 이제 충선왕은 고립무원이었다.

성종과 불루간 황후, 우승상 하루가순

성종 테무르는 재위 전반기를 카이두 정벌에 국력을 쏟았다면 그 후반기를 병석에서 세월을 보냈다. 이로 인해 성종은 정치를 직접 주도하지 못했는데, 성종의 병환으로 정치를 대신한 인물이 그의 부인 불루간 황후였다. 《원사》의 기록을 잠깐 인용해보겠다.

> 복로한卜魯罕(불루간) 황후는 백악오伯岳吾씨로 부마 탈리脫里의 딸이다. 원정元貞(성종 초의 연호, 1295~1296년) 초에 황후로 세웠는데 …… 성종에게 질병이 많아 황후가 힘을 쓰면서 재상 합라합손哈剌哈孫(하루가순)을 신임하고 대덕大德(성종의 연호, 1297~1307년)의 정치는 모두 황후가 처결한다고 사람들이 말했다.(《원사》 114 후비 복로한 황후전)

황제 성종의 병환 때문에 불루간 황후가 정치를 주도했음을 말해주고 있다. 그 과정에서 재상 하루가순을 신임하였다고 한다. 성종이 병환으로 정치에서 멀어지기 시작한 때는 1300년(충렬왕 26년)을 전후한 무렵으로 보인다. 카이두 세력을 정벌하기 위해 본격 출정할 무렵이다.

하루가순은 그 조부가 칭기스 칸 때부터 활약한 몽골 전통의 귀족 가문 출신인데 중서우승상과 지추밀원사에 임명되어 실질적인 수상의 위치에 있었다. 그가 여기에 임명받은 것은 1303년(충렬왕 29년) 7월이니 아마 그 이전부터 원 조정의 정치를 불루간 황후가 주도하고 성종은 뒷전에 물러나 병석에 있었다고 보인다. 앞서 카이두 세력을 정벌하는 문제에도 그녀의 영향력이 작용하고 있었고, 정벌을 마무리한 때는 이미 성종 테무르를 대신하여 그녀가 정치의 중심에 있었다.

하루가순이 겸직한 중서우승상과 지추밀원사는 원의 중앙 정치제도에서 양대 핵심 관부인 중서성과 추밀원의 장관직이다. 중서성은 원 제국의 지배 하에 있는 모든 주변국의 국정과 외교를 총괄한다. 고려의 내정 문제도 이 중서성에서 처결되는 경우가 많았다. 지금의 미국 국무성과 유사한 위상이었다. 추밀원은 황실의 친위부대와 제국의 군사권을 통제하는 기관으로 미국 국방성에 비견될 수 있다. 일본원정을 전후하여 고려에 주둔한 원의 군대를 관리하는 것도 여기 추밀원이었다.

그런데 하루가순이 두 관청의 장관을 겸직했다는 것은 불루간 황후가 완전히 권력을 독점하지는 못했다는 것을 보여준다. 아무래도 병석에 있던 황제 성종이 불루간 황후에게 모든 권력을 집중시켜주는 것은 위험하다고 판단했을 것이다. 그래서 이 부분에 대한 《원사》의 또 다른 기록을 인용해 보겠다.

황제(성종)가 중서성 추밀원 어사대의 신하들에게 이르기를, "각 성의 정사는 합라합손 답라한答剌罕의 처결을 받으라. 또한 지금부터 사람을 쓸 때는 답라한과 함께 논의된 것이 아니면 모두 없애라" 하였다.(《원사》 21 성종 대덕 9년 10월 을미)

대덕 9년(1305년, 충렬왕 31년) 성종의 조치인데, 우승상 하루가순은 답라한이라는 별칭으로도 불렸다. 이를 보면 황제 성종이 완전히 정사에 손을 놓고 있었던 것은 아닌 듯하다. 병석에 있었지만 최소한의 국정은 통제하고 있었던 것이다. 특히 불루간 황후가 권력을 독점하는 것을 견제하려 했던 것이다. 우승상 하루가순은 그래서 발탁된 인물이었다.

그렇다면 불루간 황후와 하루가순은 우호적인 관계를 맺지는 못했을 것이다. 아니, 처음에는 우호적인 관계에 있었을지라도 결국에는 권력을 놓고 대립하는 관계가 되는 것은 불가피한 일이었을 것이다. 그래서 양자 사이의 갈등은 충분히 짐작할 수 있다. 또 다른 기록에는 이런 언급도 보인다.

그(성종)의 말년에는 연달아 질병이 있었는데 모든 국가 정사는 안으로는 황후(불루간 황후)가 처결하고, 밖으로는 재신에게 위임했다.(《원사》 21 성종 대덕 11년 정월 병인)

이에 의하면 성종 말년의 정치를 불루간 황후와 재신이 함께 처결했음을 알 수 있다. 여기 재신의 중심에 우승상 하루가순이 들어 있다는 것은 분명하다. 그래서 이 기록은 불루간 황후와 하루가순을 비롯한 여러 재신들이 함께 정권을 주도했음을 말해주는 것이 아닌가 한다. 말하자면 불루간 황후가 황제를 대신하여 홀로 권력을 독점하는 위치에 있지는 않았던 것이다. 그렇더라도 정치의 주도권은 그녀에게 있었다고 보인다.

아무튼 원에서 황제 성종이 병석에 있던 이 무렵부터 고려에서는 충선왕을 음해하는 여러 책동이 구체적으로 실행에 옮겨진다. 앞서 얘기한 백지 밀서 사건이나 위구르 문자로 된 충선왕의 환국을 반대하는 표문 등이 그것이다. 이런 속에서 오잠이나 석천보 형제들이 원에 억류되어 있으면서도 두려워하지 않고 책동을 계속할 수 있었다. 또한 송린·송방영 등이 원으로 압송되었다가 로비를 통해 풀려난 것도 1303~1304년 바로 이 무렵이었다.

그때 정권을 장악한 불루간 황후와 고려에서 충선왕을 음해하는 세력들을 연결시켜주는 인물이 바로 환관 이복수였다. 당시 로비의 주역이었던 환관 이복수는 바로 불루간 황후전에 출입하는 환관이었다. 그래서 충선왕을 음해하는 세력들과 충렬왕에게 환관 이복수는 원 조정으로 통하는 고리 역할을 하는 인물이었다.

성종 말년의 후계 구도

그런데 성종이 병석에 있는 동안 불루간 황후는 정권을 쥐고서 중요한 책략 하나를 기획한다. 다른 게 아니라 다음 황제를 자기의 입맛에 맞는 인물로 선택하겠다는 의지였다. 자신이 낳은 아들이 없었으니 그럴 만했고 그럴 힘도 충분히 있었다.

성종은 또 다른 황후인 정의황후와의 사이에서 아들 덕수德壽(타쉬)를 낳아 황자가 있는 상태였다. 하지만 정의황후는 타쉬를 낳고 일찍 죽고 없었다. 나이마저 어리고 성종은 병석에 있었으니 모후가 없는 황자 타쉬의 위상은 허약했다. 누구도 그가 다음 황제가 되리라고는 장담할 수 없었다. 더구나 불루간 황후가 정권을 잡고 있는 상황에서 어린 황자의 목숨은 그녀의 손에 달린 것이나 다름없었다.

불루간 황후가 다음 황제 계승자로 염두에 두고 있는 인물은 안서왕安西王 아난답阿難答(아난다)이었다. 그는 안서왕 망갈라의 아들로 부왕을 그대로 세습했고 카이두 반란의 진압에도 참전한 인물이었다. 불루간 황후가 아난다를 황제 계승자로 염두에 둔 것은 다른 게 아니라 바로 카이산이 황제를 계승하는 것을 막기 위한 것이었다.

카이산과 그 동생 애육려발력팔달愛育黎拔力八達(아유르바르와다)은 성종 사후 가장 유력한 황제 계승권자였다. 혈통상으로도 현 황제 성종의 조카로서 가장 주목을 받고 있었다. 하지만 정권을 잡고 있는 불루간 황후에게는 이들 형제야말로 가장 기피해야 할 인물이었다. 그것은 이들 형제의 모후인 다기(후에 흥성태후로 책봉) 때문이었다.

다기는 남편 타르마발라가 일찍 죽어 홀로 있었다. 현 황제인 성종은 형이 죽자 형수를 부인으로 맞이하려 하였다. 이게 형사취수제兄死取嫂制의 관습인데 수혼제嫂婚制라고도 하며 인류학 용어로는 레비레이트levirate라고 한다. 유목민 사회나 고대 사회에서 보편적으로 볼 수 있는 관습으로 과부가 된 형이나 숙부의 아내를 손아래 남성이 부인으로 취하는 것이다. 가혹한 자연환경에 처한 유목 사회에서 홀로 된 친족 여성의 가계를 떠맡는다는 의미로 해석하고 있다.

황제 성종이 다기를 부인으로 들인다고 도덕적인 비난을 받을 것은 없었다. 성종은 다기를 후궁으로 삼으려고 여러 차례 유혹했다. 여기에는 다기의 미모도 한몫을 했다고 한다. 현 황제인 성종이 형의 부인을 아내로 맞는다면 다기는 황후가 되는 것이다. 그리 되면 카이산과 그 동생은 황자가 되어 확실한 황제 계승권자가 될 수 있었다.

황후 불루간의 처지에서는 이게 참기 힘든 일이었다. 만약 다기가 황후로 들어오고 그 아들 카이산이 황제를 계승한다면 자신이 다기의 손 안에 떨어지게 되는 것은 불을 보듯 뻔한 일이었기 때문이다. 다행히 성종이 병석에 누우면서 이 문제는 더 이상 진척을 보지 못했지만 불루간 황후는 다기를 곱게 볼 수 없었고 그 아들 카이산 형제를 적대시했다.

이런 카이산을 의식하여 불루간 황후는 안서왕 아난다를 다음 황제 계승자로 점지해둔 것이었다. 아난다와 카이산은 모두 중앙아시아 지역의 카이두의 반란을 진압하는 데 투입되었는데, 카이산을 그 최전선에 배치한 것도 이런 불루간 황후의 의지가 작용한 것이었다. 카이산을 알타이 방면으로 보낸 이때가 1299년(충렬왕 25년)으로 추방이나 별반 다르지 않은 조치였다.

하지만 그 카이산이 카이두 반란의 진압에 공을 세우고 인민의 신망을 얻게 된 것은 불루간 황후의 처지에서는 오히려 화를 자초하는 꼴이 되고 만다. 다음 황제 계승자로 더욱 주목받으면서 물망에 올랐기 때문이다. 다만 카이산은 카이두의 난을 진압한 후에도 대도에 들어오지 못하고 변방에 눌러 있어야 했다.

불루간 황후는 카이산을 변방에 묶어두고 안서왕 아난다에게 밀사를 파견하여 불러들였다. 변방에 있던 아난다가 이 절호의 기회를 놓칠 수 없었다. 아마 이때 양자 사이에는 모종의 정치적 묵계가 있었을 것이다. 아난다가 언제 대도에 입성했는지는 정확히 모르겠지만 이 무렵 그는 고려에 독자적으로 사신을 파견하고 있었다.

아난다가 고려에 최초로 사신을 파견한 것은 1302년(충렬왕 28년) 11월이었다. 이때 아난다의 사신은 충렬왕에게 해동청(매)과 비단을 선물로 바치고, 충렬왕은 그 사신에게 향연을 베풀었다. 앞으로 황제 계승 과정에서 고려 왕인 충렬왕의 환심을 사두는 것도 필요하다고 판단했을 것이다. 충렬왕은 쿠빌라이의 부마로서 원 황실의 일원이기도 했으니 충분히 그럴 만한 대상이었다. 아난다가 고려에 처음으로 사신을 파견한 이때는 중앙아시아 지역의 카이두 반란을 막 정벌한 직후였다. 반란을 진압한 후 바로 대도에 입성했음을 알 수 있다.

아난다는 그 후 1304년(충렬왕 30년) 6월 고려에 두 번째 사신을 보내 환관을 요구하였다. 이때는 송린·송방영 등이 원으로 압송당한 직후였다. 이어서 아난다의 사신이 온 직후인 그 해 7월에 송균이 로비를 위해 〈금강산도〉를 가지고 원으로 들어가고, 8월에는 송린·송방영이 원에서 방면되어 돌아온다. 이러한 일련의 사건들은 우연찮은 일로 서로 긴밀한 관계 속에서 진행되었다고 보인다.

아난다가 세 번째로 고려에 사신을 보낸 것은 1305년(충렬왕 31년) 9월이었다. 이때의 사신은 특이하게도 여성이었는데, 그 사신은 충렬왕에게 금을 바치고 충렬왕의 측근들에게도 뇌물을 주면서 동녀童女를 요구하였다. 아난다의 이러한 일련의 사신 파견은 고려에 대한 그

의 영향력이 높아져가는 상황을 보여주기도 하고, 황실의 후계 구도에서 그의 위상이 점차 굳어지는 양상을 반영하기도 한다. 물론 여기에는 불루간 황후와의 사전 밀약이 배경으로 작용하고 있었다.

불루간 황후가 아난다를 다음 황제로 밀어주려는 노력은 여기서 그치지 않았다. 1305년(충렬왕 31년) 7월, 그녀는 카이산의 모후인 다기와 동생 아유르바르와다를 회주懷州로 출거시켜버린다. 사실상 추방이나 다름없는 조치였다. 형 카이산은 북방에 묶여 있는데, 대도에 남아 있던 그 모후와 동생은 회주로 추방당했던 것이다.

다기 모자가 회주로 추방당한 직후인 그 해 12월 황자 타쉬는 갑자기 죽고 만다. 앞서 그 해 6월에 황태자로 책봉된 상태였다. 그러니까 타쉬가 황태자로 책봉되자 다기 모자를 회주로 추방하고 이어서 황태자가 갑자기 죽게 된 것이다. 이쯤 되면 아난다를 위한 황제 계승 구도가 거의 완성되었다고 보인다. 이때 카이산은 24세, 그 동생은 21세였다.

그런데 다기 모자가 회주로 추방당할 때 그 측근 인물들도 함께 추방당했는데 충선왕도 여기에 함께 휩싸이게 된다. 대도에 장기간 체류하던 충선왕이 카이산 형제와 가까이 지낸 탓이었다. 이 문제는 다음 장에서 자세히 살펴보겠지만, 충선왕 나름대로 정치적 활로를 찾기 위한 것이었는데 시련이 닥친 것이었다.

그런데 앞서 언급한 우승상 하루가순은 불루간 황후와는 반대로 나중에 황제 계승 싸움에서 카이산 형제편에 선다. 양인의 관계를 생각할 때 자연스런 귀결로 보이지만 하루가순이 불루간 황후와 적대적 관계여서 그랬는지는 분명치 않다. 아무튼 이런 구도는 충선왕에게 적지 않은 힘이 되었다. 고립무원의 상태에서 원 조정의 실력자에게 줄을 댈 수 있었기 때문이다.

고려의 충렬왕과 송씨 일족은 환관 이복수를 통해 이미 불루간 황후와 연결되어 있었고, 게다가 아난다의 사신까지 수차례 맞이하면서 원의 황제 계승 구도에서 아난다 계열에 줄을 섰다. 하지만 충선왕은 일찍부터 카이산과 그 형제 계열로 들어섰고, 우승상 하루가순과도 연결될 수 있는 여지를 가지고 있었다. 즉 충렬·충선왕 부자는 원 조정의 권력 구도 속에서도 서로 대립적인 위치에 서게 되었던 것이다.

그리하여 제국과 변경에 걸쳐, 불루간 황후 – 아난다 – 충렬왕으로 연결되는 계열과, 우승상 하루가순 – 카이산과 그 동생 – 충선왕으로 연결되는 대립 구도가 만들어졌다. 이제 충렬·충선왕 부자 양대 세력의 오랜 대립과 갈등은 원의 황제 계승 싸움으로 결판나게 되었다.

4. 공주 개가 책동

왕 부자의 만남

한편, 1305년(충렬왕 31년) 11월 고려를 출발한 충렬왕은 그 해 연말 대도에 도착했다. 이번 충렬왕의 입원은 황제의 요청에 의한 것이었지만 충렬왕의 측근 인물들에게는 중요한 기회였다. 공주 개가를 성공시키느냐, 아니면 실패하느냐의 갈림길이었기 때문이다. 그래서 왕유소·송방영·송린 등 충선왕을 음해하는 세력들은 편법을 동원하여 굳이 국왕을 따라 원으로 향했던 것이다.

  공주 개가 책동이 성공한다면 앞으로의 정국은 자신들이 주도할 수 있었지만, 만약 그게 실패하여 충선왕이 순조롭게 부왕의 뒤를 이어 즉위한다면 자신들은 살아남기도 어려운 상황이 올 수도 있었다. 그래서 이들의 입원은 순전히 공주 개가를 성사시키기 위한 목적뿐이었다고 할 수 있다.

이런 상황을 모를 리 없는 충선왕은 원의 승상에게 특별히 요청하여 홍자번 등도 부왕을 수행하여 함께 들어오도록 부탁했다는 얘기를 앞서 했었다. 그때 충선왕이 부탁했다는 원의 승상이 바로 우승상 하루가순이었다. 충선왕이 하루가순에게 부탁했다는 이 대목에서 충선왕과 우승상 하루가순이 직접 연결되고 있음을 확인할 수 있다.

후원자의 위치에 있던 황태후와 장인 카말라는 이미 죽고, 가까이 지내던 다기 모자마저 회주로 축출당한 상태에서 충선왕의 처지에서는 위기였다. 정권을 잡고 있는 불루간 황후는 자신을 음해하는 세력과 이미 연결되어 있었으니, 그런 처지에 있던 충선왕이 하루가순과 손을 잡을 수 있다는 것은 큰 힘이 되었다. 그래서 홍자번·최유엄·유청신·김심 등 충선왕을 지원할 인물들도 충렬왕과 함께 원으로 들어간다. 충선왕으로서는 일단 방어의 기회를 마련했던 셈이다.

충렬왕이 개경을 떠나 있는 동안 우중찬으로 수상을 맡고 있던 김혼金琿이 국왕 권한대행으로 개경에 남았다. 충렬왕은 입원하기 6개월 전에 한희유를 좌중찬으로, 김혼을 우중찬으로 임명하여, 김혼을 처음으로 수상으로 삼았었다. 한희유는 국왕을 따라 입원하였으니 김혼이 국왕의 권한대행을 맡은 것이다. 하지만 그에게 특별한 권한이나 힘은 없었다. 고려의 국정은 이미 대도로 그 중심 무대가 옮겨지고 수도 개경에 남아서 할 일은 아무것도 없었기 때문이다.

원에 도착한 충렬왕은 대도에 있는 충선왕의 저택에 거처를 정했다. 충선왕은 오랜 재원 생활로 대도에 별도의 저택을 두고 있었고, 그 체류 비용은 고려에서 조달하고 있었다. 조금 뒤의 일이지만 충선왕의 오랜 재원 생활 때문에 고려에서는 그 체류 경비를 마련하느라 국가 재정이 곤란한 지경에까지 처하기도 했다.

그런데 충렬왕은 대도에 도착하여 왜 하필 충선왕의 저택에 거처를 정했을까? 이런 질문은 어쩌면 우문이라고 생각할 수도 있다. 왕 부자가 함께 거처하는 것은 너무나 당연한 일이라 여길 수 있기 때문이다. 하지만 지금 충렬왕과 그 일행이 입원한 이유는 충선왕을 모함하여 공주를 개가시키기 위한 것이었다는 사실을 상기한다면, 이게 아무래도 자연스럽지 못한 일로 보인다. 충선왕을 음해하려는 세력들이 그 목적을 달성하려면 왕 부자를 떼어놓는 것이 일의 성사를 위해서도 유리했다고 생각하기 때문이다.

충렬왕이 대도에 들어가 충선왕의 저택에 머무른 것은 어쩌면 아들과의 화해를 위한 마지막 노력이었는지도 모른다. 7년 만의 해후였으니 왕 부자 모두 그런 기회를 원했을 수 있다. 세상에 혈육보다 더 강력한 우군이 어디 있겠는가. 서로 떨어져 있을 때는 주변 인물들의 농간이나 책략에 현혹될 수 있다고 쳐도 왕 부자가 서로 대면한 자리에서는 이간질하기가 곤란했을 것이다.

지금까지 왕 부자를 이간질하는 책략이나 음모는 사실 왕 부자가 이국 만리에 서로 멀리 떨어져 있었기 때문에 벌어진 일이기도 했다. 양인이 한자리에 있었다면 쉽게 풀릴 오해나 의구심도, 따로 떨어져 있는 경우에는 양자의 소통이 원활하지 못하고 시간이 흐를수록 불신에 싸여 돌이킬 수 없는 지경에까지 이르게 된다. 충선왕을 음해하는 인물들은 그 점을 최대한 이용하여 일을 극단으로 몰고 갔고, 반대로 왕 부자를 화해시키려는 인물들은 양인의 화해를 위해 충선왕의 환국을 계속 요청했던 것이다.

그래서 충렬왕이 대도에 도착하여 충선왕의 저택에 거처를 정했던 것은 화해를 위한 마지막 기회였다고 볼 수 있다. 왕 부자가 대도에서 함께 거처하게 되었던 것은, 어쩌면 왕 부자를 화해시켜 함께 환국하고자 했던 홍자번·최유엄 등이 노력한 결과였는지도 모른다.

충선왕의 처지에서도 이를 마다할 이유가 없었다. 하지만 충선왕을 음해하려는 세력들은 왕 부자가 함께 거처하는 것이 대단히 못마땅하고 불안한 일이었다. 일을 그르칠 소지가 다분했기 때문이다. 그렇다고 왕 부자의 대면과 동거를 처음부터 무턱대고 막아설 수도 없는 노릇이어서 달리 기회를 엿보는 수밖에 없었다.

충렬왕이 대도에 들어온 후 수개월 동안 특별한 일이 없이 그냥 지나간다. 이상하리만치 조용했다. 음모하는 자들이 드러내놓고 책동하기에는 뭔가 상황이 좋지 않았던 듯하다. 보이지 않는 긴장감만 흐르고, 양측 세력이 팽팽히 맞선 평온이었다. 아마 여기에는 왕 부자가 함께 거처하고 있다는 사실과 무관치 않을 텐데, 당시 원 조정에서 차기 황제 계승 다툼이 물 밑에서 시작되고 있었다는 배경도 작용하고 있었다.

충렬·충선왕 부자 세력간의 알력은 원의 황제 계승 싸움과 이미 연결되고 있었으니, 부자간의 알력은 결국 황제 계승 싸움에서 결판날 일이었다. 더 큰 세력 판도에서의 승패가 중요하리라는 것은 자명한 일이기 때문이다. 아마 충렬·충선왕의 양쪽 세력은 원 조정에서 황제 계승 싸움의 향방을 예의주시하면서 긴장하고 있었을 것이다.

다시 시작되는 이간질

왕유소·송방영·송린 등의 무리는 원의 황제 계승 다툼에 뛰어들 능력이 못 되었다. 그렇다고 두 손 놓고 그 승패만 기다릴 수도 없는 노릇이어서 다시 왕 부자를 이간질하기 시작했다. 왕 부자가 한 집에 동거하고 대면하는 시간이 길어지면서 왕 부자가 화해하고 함께 환국해야 한다는 여론이 형성되고 있었기 때문이다.

우선 왕·송의 무리는 환관 송균을 시켜 충렬왕을 다시 현혹했다.

"전왕은 아직 마음을 풀지 않고 전하를 원망한 지 여러 해가 되었습니다. 주상께서 비록 자애를 베푸시더라도 원망을 살 뿐입니다. 어찌 주상께서는 정유년丁酉年의 일을 생각하지 않으십니까?"

정유년은 1297년(충렬왕 23년)으로, 그때의 일이란 바로 충선왕이 쿠데타를 일으켜 정국을 장악했던 일을 말한다. 당시 원에 머물고 있던 충선왕은 모후의 죽음을 듣고 급히 환국하여 전광석화와 같이 일을 벌였는데, 이때 40명 이상의 관리들이 죽음을 당하거나 축출되었다. 그리고 다음해 1월 충렬왕이 물러나고 충선왕이 왕위를 차지했던 것이다.

이 사건은 충렬왕의 측근 세력들에게 두고두고 충선왕을 기피하면서 두려워하게 만들었다. 또한 충선왕을 음해하고 왕 부자를 이간질하는 데 필요할 때마다 거론되어 이용되었다. 충렬왕을 현혹하는 데 그보다 더 좋은 호재가 없었던 것이다. 왕위까지 빼앗긴 충렬왕의 처지에서도 그 사건을 떠올릴 때마다 충선왕이 괘씸했을 것이고 다시 생각하기 싫은 일이었다.

대도에서 동거하고 있던 왕 부자를 왕·송의 무리들이 그런 식으로 이간질하는 사이에 재미있는 사건이 하나 터진다. 별 의미도 없는 사건이었지만 왕·송의 무리는 이것도 왕 부자를 이간질하는 소재로 악용했다. 사건은 다름 아니라, 충렬왕이 어느 날 변소를 가다가 넘어져 이가 부러져 며칠 동안이나 음식을 먹지 못한 일이었다. 허접한 사건에 불과했지만 이게 충선왕이 부왕을 잘 모시지 못하여 일어난 일이라고 음해하여 왕 부자를 떼어놓을 수 있는 호재로 둔갑했다.

이 사건을 들어 왕·송의 무리는 충렬왕에게 충선왕을 믿을 수 없으니 거처를 계국대장공주가 기거하고 있는 곳으로 옮기자고 재촉했다. 계국대장공주는 충선왕이 갑자기 왕위를 빼앗기고 함께 입원하였지만 관계가 소원하여 별거하고 있었는데, 원 황실의 관사에 들어가 거처하고 있었다. 충렬왕은 결국 공주가 기거하고 있는 이곳으로 거처를 옮기고 만다. 음모자들에게는 일이 의외로 잘 풀리고 있었다.

이어서 왕·송의 무리는 황제의 유모와 환관 이복수를 동원하여 충선왕을 음해했다. 여기 유모는 그 아들이 송분의 딸과 결혼하여 이미 송씨 일족과 인척관계를 맺고 있었고, 이복수 역시 왕·송의 무리와 일치감치 손을 잡고 있었다. 왕·송의 무리는 이들을 동원하여 불루간 황후에게 충선왕을 모함했던 것이다.

왕·송의 무리는 충선왕을 모함하면서 불루간 황후뿐만 아니라 원 조정의 재상들에게도 선을 대고 있었다. 그들은 좌승상 아홀태阿忽台(아쿠타이)와 평장정사 팔도마신八都馬辛 등이었다.

"전왕(충선왕)은 평소에 자식 된 도리를 다하지 못하였고 공주와도 화합하지 않았으니 우리 왕께서 그 아들을 미워하여 서흥후로 후계를 삼으려 한 지 하루 이틀이 아닙니다. 전왕은 이제라도 진심으로 잘못을 뉘우치고 스스로 마음을 새롭게 하여 자식으로서 도리를 다해야 마땅할 것인데 우리 왕을 노하게 만들었습니다."

왕·송의 무리가 하는 모함은 늘 이런 식이었다. 이어서 다음과 같이 충선왕이 중이 되기를 원한다는 없는 말도 지어냈다.

"예전부터 전왕은 스스로 중이 되기를 원했으나 허락받지 못했는데, 이제라도 전왕을 중이 되게 하고 공주를 서흥후에게 개가시킨다면 이는 전왕과 우리 왕의 뜻에 맞는 일입니다."

충선왕이 불교를 좋아하긴 했다. 하지만 그가 출가하여 중이 되려고 했다는 것은 분명한 거짓이었다. 공주를 개가시키려면 부부 사이가 좋지 않다는 이유만으로는 부족하다고 여겨 충선왕을 아예 출가시키려는 속셈이었다. 가장 확실하게 충선왕을 후계자에서 탈락시킬 수 있는 방법이었다.

그런데 좌승상 아쿠타이와 평장정사 팔도마신은 이런 모함을 그대로 믿고 공주의 개가를 허락하고 만다. 여기서 이들이 충선왕을 음해하려는 자들과 이미 연결되고 있었음을 짐작할 수 있다. 아울러 공주의 개가를 허락한 데는 불루간 황후의 동의도 작용했으리라는 점 분명하다.

고려에서 공주 개가 책동이 시작되면서 서흥후는 그 대상으로 선정되어 이미 수년 전에 대도에 들어와 숙위 중에 있었다. 앞서 언급했듯이 공주를 개가시키기 위한 사전 작업이었다. 이어서 충렬왕과 왕·송의 무리가 입원한 후에는 서흥후에게 화려한 옷을 입혀 자주 공주의 처소에 왕래하게 만들어 대면의 기회를 마련해주고 있었다. 이 무렵

별거 중인 공주는 원 궁정의 내료들과 불미스런 일을 저지르면서 충선왕과의 관계가 이미 돌이킬 수 없이 악화되고 있었다. 공주는 외모가 뛰어난 서흥후가 눈에 들었는지 마침내 서흥후에게 개가할 마음을 갖게 되었다고 한다.

공주의 처지에서는 남편 충선왕을 갈아치우더라도 별 부담이 없었다. 서흥후와 개가하여 그가 왕위를 잇게 되면 고려 왕비의 지위는 차지할 수 있기 때문이다. 하지만 충선왕의 처지에서는 공주 개가는 곧 다음 왕위 계승에서 탈락하는 것을 의미했기 때문에 중대한 문제였다. 여기에 원 황실의 중심에 있는 불루간 황후나 원 조정의 재상들이 공주의 개가를 허락했으니 이제 공주 개가 책동은 무르익고 있었다.

신주 문제가 마음에 걸린 충렬왕

공주 개가 책동이 시작되었지만 충선왕은 자신의 일임에도 적극 나서지 못했다. 그것은 원 조정의 황제 계승 싸움에 더 관심이 가 있었기 때문이다. 우승상 하루가순과 연결되고 있었지만 적극적으로 그의 비호를 받을 처지도 못 되었다. 그 역시 황제 계승 싸움이 더 중요했기 때문이다. 우승상 하루가순이 황제 계승 싸움에서 불루간 황후의 반대편에 서있다는 것이 충선왕에게는 힘이 될 뿐이었다.

이런 상황에서 충선왕이 믿을 데는 왕·송의 무리와 맞서기 위해 함께 입원하도록 했던 홍자번·최유엄·유청신·김심 등이었다. 이들은 공주 개가 책동을 저지하기 위해 우선 충렬왕을 색다르게 설득하는

방법을 썼다. 원 조정이나 황실에 줄을 댈 만한 실력자가 없는 그들로서는 이밖에 마땅한 수단이 없었던 것이다.

특히 최유엄이 공주의 개가를 저지하기 위해 충렬왕을 설득한 수단은 종묘宗廟의 신주神主 문제였다. 그의 주장은 이런 것이었다.

"전하께서 본국에 계시면서 경령전景靈殿에 참배하실 때마다 태조 이래 친묘親廟의 신주와 그 화상畵像이 갖추어져 있는 것을 보셨을 것입니다. 만약 서흥후가 전하의 뒤를 잇게 되면 그의 할아버지와 아버지인 서원후西原侯와 시양후始陽侯가 왕으로 추존되어 종묘에 모셔질 것인데, 그러면 전하의 신주는 옮겨지지 않을 수 없습니다. 전하께서 돌아가신 뒤 어찌 그렇지 않으리라고 보장하겠습니까? 고종과 원종은 모두 신이 섬겼는데 이제 와서 하루아침에 두 선왕께서 제사를 받지 못하는 일을 차마 볼 수 없고, 지금 간언하지 않는다면 저승에서도 선왕을 뵈올 수 없습니다."

종묘는 역대 왕의 신주를 모시고 제사를 지내는 왕실의 사당으로 왕조 자체를 상징하는 곳이다. 본래 고려 시대에는 태묘太廟라고 했는데 이것도 원 간섭기에 들어서 종묘로 그 명칭이 강등되었고 이게 조선 시대까지 그대로 사용되었다. 그 종묘의 건물 이름이 경령전이었다.

종묘의 신주는 본래 천자의 나라에서는 7묘廟라 하여 선대 왕 일곱을 모시고, 제후의 나라에서는 5묘라 하여 선대 왕 다섯을 모시는 것이었다. 고려 왕조는 6대 성종 때에 와서 선대 5묘(태조, 혜종, 정종, 광종, 경종)를 모시는 태묘가 완성되었다. 창업 군주인 태조의 신주를 정중앙에 모시는데, 그 왼쪽에 모시는 두 개의 신주를 '소昭'라 하고, 오른쪽 두 개를 '목穆'이라 했다.

그 신주의 위치를 '소'로 할 것인가, '목'으로 할 것인가는 중요한 문제였다. 그런데 더욱 중요한 문제는 후대로 내려올수록 모셔야 할 선대 왕의 신주가 많아져서 누구를 빼고 누구를 넣을 것인가 하는 문제였다. 5묘의 원칙을 지켜야 하니 그 나머지 신주는 종묘의 측실이나 아랫단으로 내려와야 했기 때문이다. 항렬이 동항이거나 형제간에 왕위를 계승한 경우에는 보통 1묘에 여러 동항 신주를 한데 묶어 모시지만, 종실의 방계로서 왕위를 이었거나 추존된 왕의 경우에는 심하면 신주가 아예 종묘에서 빠지고 본인의 능陵으로 옮겨지는 경우도 있었다. 이러한 논쟁에는 왕위 계승의 정통성 문제와 결부되어 심각한 정치적 사안으로 비화되는 경우가 많았다. 이를 '소목위차논쟁昭穆位次論爭'이라고 한다.

그런데 이런 논쟁에서 확고부동한 원칙은 없었다. 왕실 내의 혈통이나 계보를 감안하여 결정했지만, 재위 중인 현임 국왕 중심의 판단이 가장 중요하게 작용했다. 그래서 만약 충렬왕이 죽은 뒤 그 왕위를 아들인 충선왕이 아닌 방계인 서흥후가 잇게 되면 당연히 종묘의 신주 위차 문제가 발생할 수밖에 없었다.

최유엄의 주장은 서흥후가 왕위를 잇게 되면 그의 부조父祖 신주가 추존되어 종묘에 안치되고, 그리 되면 충렬왕의 부조인 고종과 원종의 신주는 종묘에서 빠질 수 있다는 위험을 경고한 것이다. 서흥후가 왕위를 잇는 것을 막아보겠다는 의도였는데, 충렬왕은 최유엄의 이 말을 듣고 슬픈 얼굴빛을 감추지 못했다. 최유엄의 간언이 충렬왕의 마음을 움직이는 데 효과가 있었던 것 같다. 고종과 원종 두 선왕의 신주가 종묘에서 빠져 제사를 받지 못한다는 것은 충렬왕에게 참을 수 없는 일이었을 것이다. 왕·송의 무리에 현혹된 충렬왕은 미처 생각지 못했던 중요한 일을 최유엄이 상기시킨 것이었다.

그런데 여기서 놓칠 수 없는 사실은, 공주가 서흥후에게 개가하게 되면 왕위는 당연히 서흥후가 계승할 것이라고 믿어 의심치 않았다는 사실이다. 최유엄도 그렇고 충렬왕도 그렇게 생각했으니, 이는 원 조정에서나 고려의 모든 관리들도 같은 생각이었을 것이다. 고려 왕위 계승에서 원 공주와의 결혼이 얼마나 중요한 일이었는지 알 수 있게 해준다.

최유엄이 종묘의 신주와 제사 문제를 거론하여 공주 개가를 반대하자 충렬왕은 난감했지만 이미 공주 개가 문제는 자신의 손을 떠나 있었다. 충렬왕 자신이 이 문제를 없던 것으로 되돌릴 수도 없었지만, 이미 원 조정에까지 문제가 비화되어 있었기 때문에 자신의 의지대로 움직일 수도 없었다.

여담이지만, 최고 통치자라도 자신의 의지대로 자유롭게 할 수 있는 일이 많지 않다. 현재의 민주 국가에서는 말할 필요도 없지만 왕조 정치에서도 별반 다르지 않다. 절대 권력을 누렸을 것 같은 전통시대의 국왕들도 실은 신료들의 눈치를 심하게 보는 경우가 많았고, 아예 국왕이 통제력을 잃고 신료들에 의해 정치가 휘둘리는 예는 허다했다.

더구나 원 간섭기에는 국왕 위에 위치한 원의 황제와 조정이 있었다. 고려 국왕은 원 제국의 큰 테두리 안에서 보면 지방의 한 장관에 불과했다. 우리 역사를 폄하하려는 것이 아니고 실제 그랬다. 앞으로 일어나는 수많은 사건들이 모두 이런 배경에서 야기되는데, 지금 벌어지고 있는 공주 개가 책동도 마찬가지다.

왕·송의 무리는 그 점을 잘 알고 있었다. 공주 개가 문제를 추진하는 데 충렬왕을 더 이상 거짓으로 현혹할 필요도 없었고, 최유엄의 주장을 반박하여 다시 공주 개가를 애써 주장할 필요도 없었다. 그 문제는 왕 부자의 의지와 관계없이 원 조정의 판단으로 결판나리라는 것을 잘 알고 있었기 때문이다. 그래서 원 조정에 대한 로비에 더욱 치중해야만 했다.

벽에 부딪힌 공주 개가 책동

왕·송의 무리는 우승상 하루가순에게도 줄을 대고 충선왕을 음해했다. 이들은 충렬왕의 뜻이라고 사칭하면서 공주 개가를 주장했는데, 일을 기어이 성사시키고야 말겠다는 뜻이었다. 하지만 우승상 하루가순은 앞서 공주 개가를 찬성한 좌승상 아쿠타이나 평장정사 팔도마신과는 생각이 달랐다.

왕유소의 말을 듣고 우승상 하루가순은 이렇게 반문한다.

> 하루가순 : 이지리부카(충선왕의 몽골식 이름) 왕은 세조 쿠빌라이의 외손이고 부타시리 공주(계국대장공주)도 종실의 딸인데, 적자嫡子를 폐하고 개가 하는 것이 온당한 일인가?
> (왕유소 등은 이에 대답을 못하고, 좌승상 아홀태에게 말했던 대로 다시 반복했다.)
> 왕유소 : 전왕이 공주를 미워하여 화합하지 못하므로 우리 왕(충렬왕)은 전왕을 미워하여 독노화로 대도에 들어와 숙위 중인 서흥후로 후계를 생각

한 지 오래되었습니다.

하루가순 : 서흥후도 국왕의 아들인가?

왕유소 : 아닙니다.

하루가순 : 그럼 누구의 아들인가?

왕유소 : ……

우승상 하루가순은 공주 개가에 대해 부정적인 생각을 그대로 드러냈다. 왕유소는 결국 말문이 막히고 대답을 못했다. 물러나와 최유엄에게 서흥후가 누구의 아들이냐고 묻자, 최유엄은 이렇게 면박을 주었다.

"그대도 왕씨이니 스스로 알 일 아닌가?"

공주 개가 책동은 일이 순조롭게 진행되나 싶었는데 우승상 하루가순을 만나면서 벽에 부딪히고 있었다. 왕·송의 무리는 우승상 하루가순을 설득하는 데 실패한 것이다. 홍자번 등은 이 기회를 놓치지 않고 원의 중서성에 왕유소·송방영·송린·송균 등 4인을 죄상을 들어 고소했다.

"왕유소 등은 왕의 부자 사이를 이간하고 도리를 거스르며 인륜을 어지럽혔으니 이보다 더 큰 죄가 없습니다."

고소가 먹혀들었는지 중서성의 고관은 왕 부자를 입회시켜 실상을 캐물었다. 충선왕이야 당연히 자신의 의지와는 다른 왕·송의 무리들이 꾸미는 책동임을 주장했다. 하지만 충렬왕은 이를 반박할 수 없었다. 충렬왕은 지금까지 왕·송의 무리들이 꾸미는 책동을 묵인하는 정도였지 자신이 앞장서서 주장하지는 않았다. 게다가 아들 충선왕과 대질한 자리에서 공주의 개가를 적극적으로 주장하기는 곤란했다. 최유엄이 언급했던 종묘의 신주 문제도 공주 개가를 적극적으로 주장하기에 곤란하게 했을 것이다.

결국 왕유소·송방영·송린·송균 등은 원 조정의 결정으로 하옥되고 말았다. 일이 급전직하로 역전되었던 것이다. 형세 판단으로 보면 공주 개가를 주장하는 자들이 조금 우세했다고 볼 수 있지만 아무래도 명분이 너무 약했다고 할 수 있다. 명분도 없이 무리하게 일을 밀어붙인 결과였다.

4인이 하옥당하자 충렬왕과 함께 입원하여 원에 머물며 사태를 관망하던 고려의 관리들도 충렬왕을 모시고 하루 속히 환국하기를 원한다는 의사를 밝혔다. 이런 여론의 흐름은 공주 개가 책동이 이제 성사되기 어렵다는 판단 때문이었지만, 이들이 고려를 떠나온 지도 반년이 넘어가는 때였으니 오랜 타국 생활에 지친 탓도 컸다. 지난해 겨울에 입원하여 벌써 여름으로 접어들고 있었다.

그런데 충렬왕이 이대로 환국한다는 것은 공주 개가 책동이 수포로 돌아간다는 뜻이었다. 왕·송의 무리 4인은 감옥에 이미 갇혔으니 더 이상 이 문제를 붙잡고 추진할 사람도 없었다. 그렇다고 충렬왕이 공주 개가를 앞장서 주장할 처지는 못 되었고, 이대로 환국한다면 이도 저도 할 수 있는 일은 아무것도 없었다. 당연히 충렬왕은 환국에 대해 매우 소극적이었다.

그렇다면 충렬왕은 아직도 공주 개가에 미련을 두고 있었을까? 주변 신료들이 환국을 요청하자 충렬왕은 이런 말을 던진다.

"가만히 들어보니 전왕이 사람을 시켜 역참에서 기다리고 있다가

내가 강을 건널 때 배를 침몰시킨다고 하는데, 내 비록 나이 들었으나 어찌 죽음이 두렵지 않겠느냐?"

충렬왕의 전왕에 대한 의구심이 극에 달했음을 알 수 있다. 충렬왕이 환국하지 않으려는 것은 공주 개가에 미련을 둬서가 아니라 죽음에 대한 두려움 때문이었던 것이다. 이런 충렬왕의 두려움과 의구심은 물론 왕·송의 무리들이 이전부터 세뇌시킨 탓이었지만, 지금까지의 왕 부자 사이의 갈등이나 알력이 얼마나 심각한 수준이었는가를 알려준다. 세상에! 자식이 부모를 죽일 수 있다는 의심까지 했던 것인데, 정치권력 판에서는 희귀한 일도 아니다.

한희유와 홍자번의 죽음

공주 개가 책동이 고비를 맞으면서 충렬왕을 따라 원에 들어왔던 한희유와 홍자번이 죽는 일이 일어난다. 한희유는 1306년(충렬왕 32년) 7월에, 홍자번은 그 해 9월에 머나먼 이국에서 갑자기 죽음을 맞은 것이다. 무슨 내막이 있는 죽음은 아닌 것으로 보이지만 앞으로 벌어질 사건 전개에 중요한 일이라는 것은 분명했다. 왕·송의 무리가 원의 결정으로 하옥된 직후였다.

한희유는 김방경을 따라 진도와 제주도의 삼별초 정벌에 나섰고, 일본원정에도 함께하여 전공이 많았던 인물이다. 무장 출신으로서 오직 충렬왕만을 위해 봉사하면서도 송씨 일족이나 충선왕을 음해하는 세력들과는 일정한 거리를 두고 있었다. 그러면서도 홍자번 등이 추진하는 충선왕 환국 운동이나 왕 부자를 화해시키는 일에는 적극적으로 나서지 않았다. 복잡한 정치판과 애써 거리를 두려했던 것이겠지만, 그의 의지와는 다르게 공주 개가를 책동하는 인물들과 같은 입장으로 보일 수밖에 없었다. 그런 점에서 한희유는 매우 독특한 인물이었다.

한희유가 그런 정치적 성향을 갖게 된 것은 본래 그의 타고난 성품과도 관련이 있었지만, 앞서 언급했던 한희유 무고사건이 중요한 계기로 작용했다. 죽기 7년 전에 일어난 그 사건은 그에게 어느 정파에도 속하지 않고 국왕만을 바라보는 노선을 택하게 만들었다. 그 덕분에 충렬왕의 총애를 받아 수상에까지 오른 것이다. 그래서 한희유의 죽음은 충렬왕 개인에게는 큰 손실이었을지 모르지만 공주 개가 책동에는 별다른 영향을 끼칠 일이 없었다.

하지만 홍자번의 죽음은 달랐다. 그는 지금까지 공주 개가 책동을 꾸미는 왕·송의 무리와 정면으로 맞서 정확히 반대 입장에 서있었다. 그가 죽지 않았다면 공주 개가 책동의 저지에 가장 적극적으로 나설 인물이었다. 그는 죽기 직전에도 중서성에 나아가 왕·송 무리의 죄상을 알리고 이들을 고소하는 데 앞장섰다.

왕·송의 무리들이 왕 부자 사이를 이간질하고 이치를 거스르며 인륜을 문란하게 하였다는 홍자번의 주장은 백번 온당한 얘기였다. 그 결과 왕·송의 무리는 하옥당하고 말았던 것이다. 하지만 이것으로 공주 개가 책동은 깨끗이 끝날 일이 아니었다. 원의 차기 황제 계승 싸움과 맞물려 돌아가고 있었기 때문이다.

홍자번의 주장은 정당한 것이었고, 왕·송의 무리가 공주 개가를 책

동한 것은 부당한 일이었지만 원 조정에서의 판결은 옳고 그름의 문제로 결정될 일이 아니었다. 그것은 황제 계승을 둘러싼 권력 다툼의 승패로 결판날 수밖에 없었다. 하지만 홍자번 역시 왕·송의 무리와 마찬가지로 황제 계승 싸움에까지 뛰어들 계제가 못되었던 것이다.

홍자번은 그렇게 충선왕의 뜻에 따라 노구를 이끌고 원에 들어와 부당한 책동을 저지하려다 결말을 보지 못하고 죽음을 맞았다. 향년 70세였다. 왕·송의 무리를 하옥시킨 것만도 큰일을 해낸 것이었다.

홍자번의 죽음은 충선왕에게 큰 손실이고 충격이었다. 충선왕은 그의 죽음을 듣고 몸소 제문祭文까지 지어 애도했고, 원 조정에 알리어 그의 영구를 운송할 역마까지 마련하여 시신을 고국으로 보냈다. 후에 충선왕은 홍자번에게 공신호를 내렸으며 그의 위패는 충선왕의 묘정에 배향되었다.

환국을 거부하는 충렬왕

왕·송의 무리가 원에서 하옥당했는데도 충렬왕은 환국하기를 거부했다. 공주 개가 책동은 이제 실패로 돌아갈 공산이 커졌지만 충렬왕은 기어이 대도에 남으려고 했던 것이다. 전왕이 중간에 사람을 시켜 자신을 죽일지도 모른다는 의구심은 환국을 거부하는 이유의 전부가 아니었다. 무엇이 그토록 충렬왕을 대도에 붙잡아두게 했을까?

충렬왕이 환국을 거부했던 것은 공주 개가 책동에 꼭 미련이 남아서만은 아니었다. 하지만 환국한다는 것은 공주 개가 책동이 완전 실패로 끝났음을 인정하는 것이나 다름없는 일이었다. 그런데 공주 개가 책동이 실패로 끝난다는 것은 단순히 그 문제만의 실패를 의미하지 않았다. 이는 충렬왕이 아들 충선왕과의 권력 싸움에서 패배를 의미했다.

왕 부자의 권력 싸움에서 패배한다는 것은 충렬왕이 왕권을 더 이상 행사할 수 없음을 뜻한다. 충렬왕에게 이것은 바로 8년 전에 아들 충선왕에게 전격적으로 왕위를 빼앗겼던 사건을 상기시켰다. 충선왕이 자신을 죽일지도 모른다는 의구심은 환국을 회피하기 위한 것이기도 했지만 왕위 상실에 대한 두려움이 극단적으로 커진 것이었다.

그렇다면 충렬왕이 환국을 거부하고 대도에 남아 있게 되면 좀 더 유리한 어떤 변화가 올 수 있었을까? 충렬왕이 스스로 그런 상황을 타개할 여력은 없었지만 변화의 여지가 전혀 없지는 않았다. 그것은 원 조정에서 황제 계승 싸움이 어떻게 결판나느냐에 달려 있었기 때문이다. 왕·송의 무리가 감옥에 갇혀 공주 개가 책동은 어렵게 되었지만, 만약 황제 계승 싸움에서 불루간 황후 쪽이 승리한다면 모든 일은 일거에 다시 역전시킬 수 있었기 때문이다.

충렬왕이 환국을 거부하고 대도에 머물고자 했던 것은 그런 정치 상황의 변화도 기대한 때문이었다. 그리고 대도에서 정국 추이를 지켜보면서 가능하다면 자신도 힘을 보탤 수 있기를 기대한 것이다. 충렬왕은 앞으로 자신의 미래가 그 황제 계승 싸움에 달려 있다는 것을 잘 알고 있었다. 그런 중요한 문제를 뒤로하고 어떻게 환국할 수 있었겠는가?

충렬왕이 환국을 거부하자 함께 원에 머물던 관리들은 환국을 위해

할 수 없이 원 조정의 힘을 빌린다. 약 70여 명의 관리들이 서명하여 왕·송의 무리에 대한 죄상을 극론하면서 국왕을 모시고 환국하게 해 달라는 글을 중서성에 올린 것이다. 이는 충렬왕에 대한 강제 환국 조치를 원한다는 뜻이었다.

그런데 대도에서 이 서장에 서명한 고려 관리가 70여 명이나 되었다니 놀랍다. 애초 충렬왕이 입원할 때 공식 수행인원은 29명이었다. 여기에 비공식적으로 따라온 왕·송의 무리와 충선왕이 따로 요청하여 입원한 최유엄 등의 인물까지 합해도 40명이 채 못 되었다. 그렇다면 70명이나 되는 관리는 어떻게 이해해야 할까?

확실하지는 않지만 원의 대도에는 그 이전부터 수십 명 정도의 고려 관리들이 머물고 있었다고 보인다. 이들은 왕위에서 쫓겨난 후 입원했던 충선왕을 따라서 들어왔던 자들일 가능성이 많은데, 그와 무관하게 그 이전이나 그 이후에 따로 입원했던 자들일 수도 있다. 혹은 그게 아니라면, 충렬왕의 입원으로 정치 중심 무대가 대도로 옮겨지면서 권력의 추이를 좇아 비공식적으로 들어온 자들일 수도 있다. 어느 쪽으로 보나 고려의 국정은 원의 대도에서 이루어지고 있었다는 것을 알기에 충분하다.

이러한 추세는 갈수록 깊어지고 확대된다. 조금 후대로 가면 원의 대도에는 수백 명의 고려 관리들이 장기 체류한 적도 있었다. 중요한 정치적 사안이나 결정이 원의 조정에서 이루어지고 권력의 향배가 그곳에서 결정되었으니 당연한 노릇이었다. 그럴수록 원의 정치적 간섭과 통제는 심화되고 양국은 국경이 없는 하나의 제국과 변경처럼 움직였다.

70명의 고려 관리가 서명하여 충렬왕의 환국을 요청하자 중서성에서는 황제에게 보고하여 결국 환국을 결정하였다. 이제 환국은 피할 수 없게 되었다. 원 조정에서는 연회를 베풀어 충렬왕을 전별하고 역마까지 준비시켜 환국을 재촉했다. 하지만 충렬왕은 다시 환국하기를 거부하고 버티었다.

충렬왕은 계속 버티기가 곤란했던지 약을 먹고 고의로 이질에 걸리고 만다. 이어서 가을까지 병석에 누워 아예 일어나지를 않았다. 이쯤 되면 충렬왕의 처지에서는 환국을 곧 죽음으로 생각했을지도 모른다는 생각이 든다. 그만큼 절박했다는 뜻이다.

사실, 공주 개가 책동은 사생결단의 싸움이었다. 양측이 모두 타협의 여지가 없었고 여기서 도망칠 구멍도 없었다. 너무 깊숙이 들어간 정면 승부의 권력 싸움이었다. 실패하면 충렬왕쪽에서는 잘해야 목숨 정도 부지하는 것이었고, 왕·송의 무리는 도저히 살아남을 수 없는 일이었다.

공주 개가 책동이 성공했을 때 충선왕 역시 목숨을 내놓아야 하는 일이었다. 권력 투쟁의 역사에서 항상 그렇듯이 부자간의 혈육의 정으로 무마될 일이 아니었다. 왕의 부자야 그러고 싶어도 주변 측근 인물들이 그냥 놔두지 않기 때문이다. 게다가 이 문제는 원의 황제 계승 싸움과도 맞물려 있었다.

다시 반전

충렬왕이 환국을 거부하며 버티기는 했지만 마냥 그럴 수는 없었다. 이에 충렬왕은 좌승상 아쿠타이에게 사람을 보내 공주와 함께 환국하기를 요청했다. 공주 스스로도 개가를 원했으니 충렬왕과는 이제 한배를 탄 꼴이었고, 충렬왕으로서는 궁여지책으로 그녀라도 붙잡으려는 것이었다.

좌승상 아쿠타이는 충렬왕의 요청을 불루간 황후에게 그대로 보고하였다. 그런데 그때 불루간 황후는 대도를 떠나 있었다. 황제 계승 싸움이 눈앞에 닥쳐오면서 모종의 전략을 위한 거처였다고 보인다. 아마 자신이 황제로 추대하려는 안서왕 아난다와의 접촉을 위해 잠시 대도를 떠나 있었던 것 같다.

아쿠타이의 보고를 받은 불루간 황후는 이렇게 말했다.

"시아버지와 며느리가 함께 가는 것이 옳겠는가? 내가 장차 대도로 돌아가서 수레와 장막을 준비할 것이니 그때까지 기다리는 것이 좋겠다."

불루간 황후는 일단 충렬왕의 환국을 지연시킨 것이다. 이는 충렬왕의 요구에 부응하는 것이기도 했지만 불루간 황후 쪽에서도 충렬왕이 대도에 남아 있는 것이 유리해서 그랬을 수 있다. 성종이 죽고 황제 계승 싸움이 시작되면 충렬왕도 자신에게 일조할 수 있기를 기대한 것이었다. 충렬왕은 세조 쿠빌라이의 부마이니 원 황실의 일원으로서 충분히 그런 위상을 지니고 있었다.

그런데 여기서 조금 이상한 것은 애초에 충렬왕에 대한 환국 결정이 어떻게 가능했을까 하는 점이다. 불루간 황후가 충렬왕의 환국 조치를 반대했다면 이루어질 수 없는 결정이기 때문이다. 이런 상황을 참고하면 환국 결정은 불루간 황후가 대도를 비운 사이에 결정되었다고 보인다.

그렇다면 앞서 홍자번의 고소로 왕·송의 무리가 하옥당한 것도 그런 틈에 이루어진 조치가 아니었을까 생각된다. 왕·송의 무리가 하옥당하는 데도 불루간 황후가 그대로 방치하지는 않았을 것이다. 이렇게 보면 결국 공주 개가 책동이 벽에 부딪힌 이유도 불루간 황후가 대도를 떠나 있었던 탓이 컸다고 할 수 있다. 70명이나 되는 고려 관리들이 집단으로 서명하여 왕·송의 무리를 고소하고, 충렬왕에 대한 강제 환국 조치가 내려진 갑작스런 그런 반전도 그래서 가능했다고 볼 수 있다.

불루간 황후가 언제 대도로 돌아왔는지 분명치 않지만, 충렬왕의 환국은 계속 지연되고 자신의 뜻대로 대도에 그대로 체류할 수 있었다. 이는 대도로 다시 복귀한 불루간 황후의 지원을 받은 때문으로 보인다. 그렇다면 벽에 부딪힌 공주 개가 책동도 다시 역전의 기회를 마련할 수 있지 않았을까?

그럴 기미가 보였다. 왕·송의 무리가 하옥당한 사실을 뒤늦게 알아차린 공주는 불루간 황후의 엄호를 받으며 반격에 나섰다. 왕·송의 무리를 석방함과 동시에 당장 김문연金文衍을 잡아들여 심한 매질을 가했다. 여기 김문연은 70명의 관리들이 서명하여 충렬왕의 환국을 요청할 때 중심에 섰던 인물인데, 화가 난 공주에게 표적이 되어 화를 입은 것이다. 여기 김문연에 대해서는 좀 더 살펴볼 필요가 있다.

김문연은 언양(경남)이 본관으로 대몽항쟁 당시 명장으로 이름이 났던 김취려金就礪 장군의 증손이다. 그는 어려서 승려가 되었다가 환속했지만 30세가 넘도록 관직 하나 얻지 못했다. 그가 출세한 배경에는 그의 여동생의 힘이 컸는데, 그 여동생이 바로 충렬왕의 후첩으로 들어간 숙창원비 김씨였다.

그런데 김씨가 충렬왕의 후첩으로 들어간 데는 충선왕의 힘이 작용한 것이었다. 제국대장공주를 잃고 상심한 부왕에게 일찍 과부가 되어 미모와 자태가 빼어난 그녀를 들여 위로하였던 것이다. 이 부분은 앞서 제국대장공주의 죽음에서 언급했던 얘기다. 이후 그 오라비였던 김문연은 처음에 하급 무관직을 얻었고, 이어 계속 출세의 길을 걸으면서 충렬왕에게 중용되어 재상급에까지 오르게 된다.

김문연은 이번 충렬왕이 입원할 때 29명의 공식 수행원에도 포함되어 있었지만 왕·송의 무리와는 거리를 두고 있었다. 김문연은 오히려 충선왕과 가까운 인물이었다. 여기에는 다시 그 여동생 숙창원비 김씨가 관계되어 있었다. 그런 김문연이 이번 충렬왕의 환국을 요청하는 서명의 중심에 섰던 것은 확실하게 충선왕의 입장에 선 결과였다. 김문연이 공주에게 매질을 당한 것은 그 때문이었던 것이다.

공주는 여기서 그치지 않고 왕·송의 무리를 고소한 자들이나 환국 요청에 서명한 관리들을 충렬왕의 처소에 출입하지 못하도록 엄금하였다. 이에 왕 부자를 호종하던 신하들 대부분이 흩어져 도망하거나 환국하고 극소수의 신하들만이 곁을 지켰다. 어느 쪽이건 줄을 잘못 섰다간 큰 낭패를 볼 수 있다는 기회주의적인 판단 때문이었다.

이로써 공주 개가를 추진하는 쪽이 다시 주도권을 잡은 듯했다. 벽에 부딪혔던 공주 개가 책동은 다시 반전의 기회를 맞은 것이다.

독살 실패, 충선왕의 승리

공주의 반격으로 반전의 기회를 맞은 것 같던 공주 개가 책동은 잠시 태풍 전야처럼 조용했다. 1306년(충렬왕 32년) 그 해도 얼마 남지 않은 때로, 충렬왕이 입원한 지도 만 1년이 지나가고 있었다.

  이 무렵 원의 황제 성종은 병세가 악화되어 내일을 기약할 수 없는 상태였다. 이 때문에 안서왕 아난다를 다음 황제로 추대하려는 불루간 황후나 그 반대편 카이산 형제편에 섰던 우승상 하루가순 등은 분주히 움직이고 있었다. 이런 정치적 긴장 속에서 공주 개가 책동을 추진하던 세력들은 잠시 숨을 죽이고 사태를 관망하고 있었다.

  결국 성종 황제는 다음해 1월 초 숨을 거둔다. 역시 후계자도 확정되지 않은 상태였고, 몽골의 황제 계승 구도가 항상 그렇듯이 이제 다음 황제는 실력으로 결정될 판이었다. 처음에는 아난다를 황제로 추대하려는 불루간 황후 쪽이 유리한 듯했지만 종국에는 반대쪽의 우승상 하루가순이 추대하는 카이산이 황제로 즉위한다. 그 해 5월의 일인데, 이 카이산이 성종 다음의 몽골 7대 황제 무종武宗이다.

  그런데 성종 사후 이 황제 계승 싸움에서 충선왕은 카이산을 황제로 옹립하는 데 결정적인 공을 세운다. 충선왕이 카이산을 옹립하는 데 성공함으로써 일거에 고려의 국정을 장악하고 부왕 충렬왕은 허수아비로 전락하고 만다. 충선왕이 무종을 옹립하는 과정이나 이후 고

려 국정을 장악하는 과정에 대해서는 다음 장에서 자세히 언급하기로 하고, 여기서는 공주 개가 책동의 결말만 살펴보겠다.

새로운 황제 무종이 즉위할 무렵 왕·송의 무리는 최후의 비상수단을 강구한다. 다름 아닌 충선왕을 독살하겠다는 계획이었다. 여기에 동원된 자가 환관 김홍수金洪守와 최연崔涓이란 자였다.

김홍수는 충선왕의 관저에서 근무하는 환관이었고, 최연은 그 처가 충선왕 관저의 주방 노비 무노지無老之란 여성과 잘 통하는 자였다. 음모자들은 이들을 뇌물로 매수하여 독살을 계획했다. 왕·송의 무리로부터 김홍수가 독약을 받아 최연의 처를 통해 무노지에게 전달하면, 무노지가 직접 음식에 독약을 타서 충선왕에게 올리도록 했던 것이다.

그런데 무노지는 남모르게 충선왕의 사랑을 받고 있는 여자였다. 기나긴 타국 생활에 지친 충선왕이 심신의 안식처로 여겼는지도 모르겠다. 그 무노지는 독살 계획을 알고 고민하다가 마침내 이 사실을 충선왕에게 고해바치고 만다. 충선왕은 숨겨둔 독약을 발견하고 이 사실을 무노지를 시켜 원의 중서성에 알리도록 하여 음모가 발각되었던 것이다. 궁지에 몰린 음모자들에겐 그만큼 절박한 상황이었지만 충선왕으로서는 아찔한 순간이었다.

충선왕은 우선 왕유소·송방영·송린·송균 등 지금까지 책동을 부렸던 핵심 인물들을 잡아들여 자신의 저택에 감금했다. 이때 최연은 공주의 관사로 들어가 숨었지만 충선왕은 측근을 시켜 강제로 끌어내어 저택에 감금했다. 그리고 부왕 충렬왕을 대도의 교외에 있는 경수사慶壽寺에 유폐시켜버린다. 이후부터 충렬왕의 왕권 행사는 당연히 정지되고 충선왕이 고려 국정을 장악한다.

충선왕이 충렬왕을 유폐시켰던 경수사는 유성 황태후(성종의 모후)의 복을 비는 원찰이었는데, 이 절은 충선왕과도 인연이 깊었다. 1305년(충렬왕 31년) 충선왕은 이 절에 금으로 쓴 불경을 시주하여 자신의 우호 세력으로 만든 것이다. 이런 관계로 충선왕은 이 절이 부왕을 유폐시키는 데 적격이라고 판단한 것 같다.

이어서 충선왕은 김문연을 고려에 급파하여 80여 명에 달하는 새로운 관리 인사를 단행함과 동시에, 고려에 남아 있던 송분 등 36인을 체포하여 그들의 재산을 몰수하고 귀양 보냈다. 송분은 이번 공주 개가 책동에 직접 나서지는 않았지만 배후 조종자로서 최고의 위치에 있었다. 그 밖에도 장형이나 유형에 처한 자가 수십 명이나 되었으니 철저한 숙청이었다. 모두 원의 대도에 있는 충선왕의 명령으로 단행되었다.

이와 함께 원의 대도에서도 살륙이 벌어졌다. 맨 먼저 김흥수를 함거에 실어 시가로 압송하여 참수하였다. 이어서 서흥후 그리고 왕유소·송방영·송린·송균 등을 참수형으로 다스리고 이들의 재산을 몰수하였다. 여기서 그치지 않고 이들의 부자 형제를 모두 몰입하여 노비로 충당시켜버렸다. 이때 서흥후는 충선왕이 용서하고자 했으나 원 조정에서 거부하여 희생되고 만다. 이것은 모두 원 조정에서 형부의 명령으로 내려진 조치였다.

공주 개가 책동에 직접 연루된 서흥후와 왕·송의 무리들을 원 조정에서 다스렸던 것은 공주 개가 책동이 실패로 끝나서만이 아니라 원의 황제 계승 싸움에 이들도 직간접으로 관련되어 있던 탓이었다. 왕·송의 무리가 불루간 황후의 후원을 받고 있었다는 사실 자체가 그렇게 보이도록 했다. 이들이 황제 계승 싸움에 어떤 개입도 하지 않았

을지라도 불루간 황후의 지원 세력으로 보였기 때문이다.

그리고 경수사에 유폐된 충렬왕은 겨우 목숨만을 부지하고 대도를 떠나 그 해 5월 개경으로 돌아올 수 있었다. 1년 반 만의 환국인데 지금까지 충렬왕이 10여 차례 입원한 경우 중에서 가장 오래 체류한 것이었다. 충렬왕에게 이 기간은 다시는 떠올리고 싶지 않은 악몽 같은 긴 시간이었을 것이다. 그나마 무사히 환국할 수 있었던 것은 아들 충선왕의 덕이었을지도 모른다.

환국한 충렬왕은 국왕이었지만 아무 일도 할 수 없었다. 심신마저 지쳐 의욕도 없었다. 이후 충렬왕에게는 다시 입원할 기회가 오지 않는다.

忠宣王

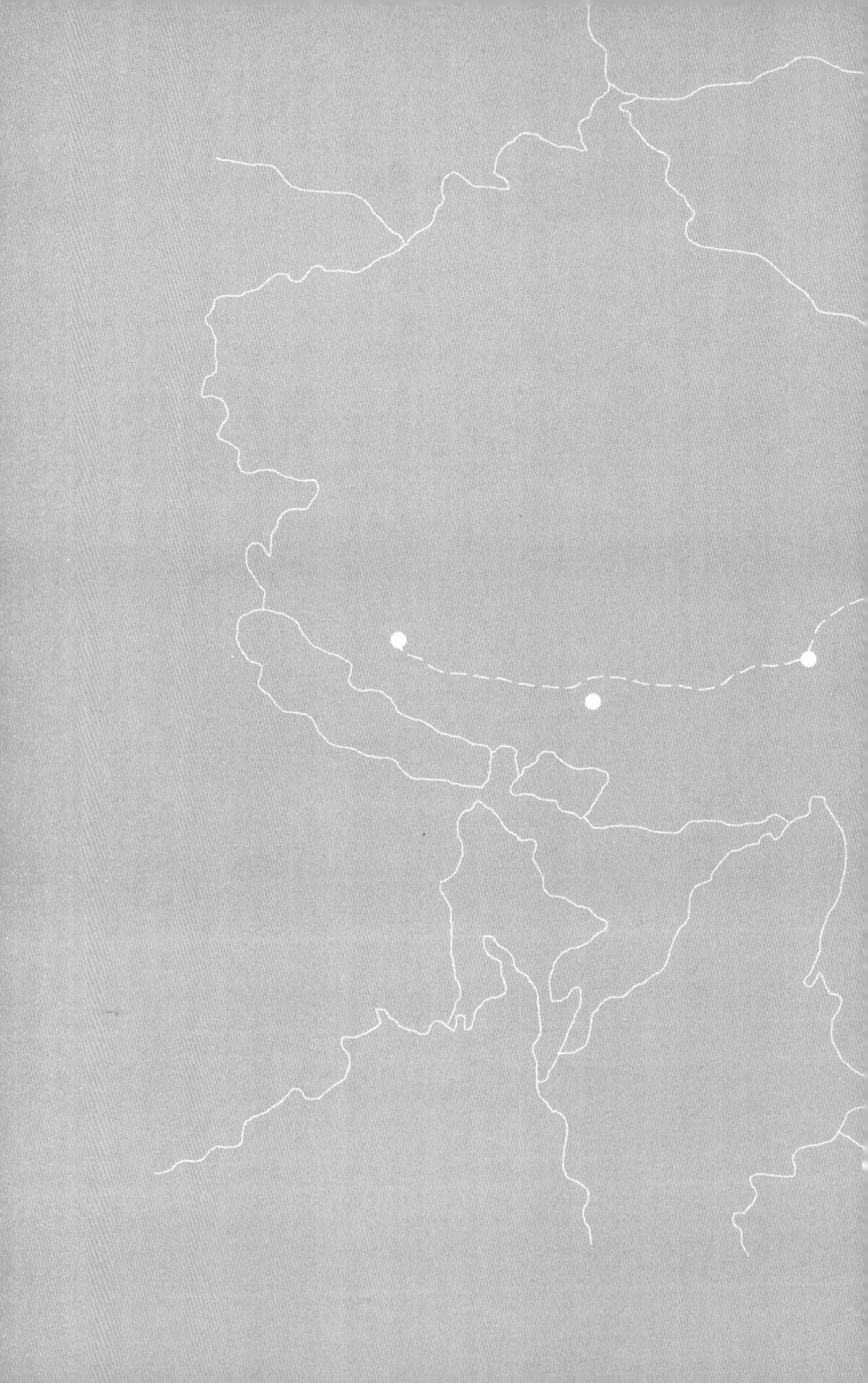

제 4 장

복위, 원격 통치

충선왕은 원 무종을 옹립하는 데 큰 공을 세우고 다시 고려 왕위에 복위하였다. 충선왕이 무종을 옹립함으로써 무종과 인종 양대 동안은 그의 정치 역정에서 가장 화려한 순간이었고, 그래서 강력한 통치권을 발휘하여 고려의 내정 개혁을 단행할 수 있는 호기였다. 하지만 고려 왕위에 다시 오른 충선왕은 고려에 머무르지 않고 왕위를 지닌 채 원으로 들어가 고려를 원격 통치한다. 이에 고려와 원 양쪽에서 환국하라는 압력이 커지고 이것이 정치적 문제로 비화되자 충선왕은 고려 왕위까지 벗어던지고 원에 계속 머무른다. 충선왕은 왜 그리 원에 머물고자 했을까?

1. 충선왕의 원 무종 옹립

충선왕의 입원 숙위

1307년(충렬왕 33년) 충선왕이 원 조정에서 카이산을 황제(무종 황제)로 옹립하는 데 공을 세우면서 공주 개가 책동은 완전히 실패로 돌아갔다. 이제 충선왕이 그 무종 황제를 옹립하는 과정을 이야기하자면 공주 개가 책동이 실패로 끝난 시점에서 다시 9년 전으로 되돌려야 한다.

1298년(충렬왕 24년) 8월 왕위를 빼앗기고 공주와 함께 원으로 들어간 충선왕은 대도에서 숙위宿衛 생활을 시작했다. 명분은 황제의 명령에 따른 숙위였지만 폐위당한 충선왕의 처지에서는 강제 소환이나 다를 바 없는 일이었다. 이후 충선왕은 10년 동안이나 고려에 돌아올 수 없었다.

충선왕의 숙위 생활은 자세하게 알려져 있지 않다. 숙위라는 것이 구체적으로 어떤 활동인지도 알려진 바가 별로 없다. 일반적으로 숙위라고 하면 대궐이나 관청의 건물을 야간에 지키는 숙직宿直을 연상하는데 그러한 의미의 숙위는 아니었다. 오히려 그런 의미보다는 '장기 체류하는'(숙위하는) 유학생이나 견습생 같은 생활이었을 것이다.

원 간섭기에는 다음 왕위를 이을 세자나 의관자제衣冠子弟들에게 그런 숙위 학생의 기회가 주어졌다. 특히 왕위를 이을 세자는 원 조정에서의 숙위 과정을 반드시 치러야 했는데, 이때 고려 정부에서는 의관자제를 선발하여 함께 딸려 보냈다. 맨 앞 장에서 언급했듯이 이들 의관자제를 몽골어로 볼모(인질)를 뜻하는 독노화禿魯化(똘루케)라고 했다.

그런데 이들 의관자제들도 인질의 신분이라기보다는 사실은 숙위 학생의 신분이었다. 숙위 기간 동안 원 조정의 관습이나 사회 문화를 배우고 익히는 것인데, 이때 원 조정의 관리나 명사들과 교유할 수 있는 기회를 얻기도 했다. 이제현과 같은 이 시대 유명인사의 개인 문집을 살펴보면 그러한 교유 사실을 엿볼 수 있다.

제국의 문화에 친숙해진 이들이 숙위를 마치고 귀국하면 다른 사람보다 우선적으로 고위 관직에 오를 수 있었는데, 원과의 관계가 깊어질수록 이런 현상은 두드러졌다. 이런 점에서 보면 의관자제들이 독노화로 선발된다는 것은 특혜였다. 나아가 이들이 고위 관직에 오르게 되면 정치 사회 활동에서 친원적인 성향을 드러낼 수밖에 없었다. 원 조정에서 의관자제들을 불러들여 숙위를 하게 했던 것은 바로 이런 정치적 목적이 있었다고 보인다.

고려 세자에게 숙위 활동을 필수 과정으로 강제했던 것도 같은 목적이었다. 물론 충선왕은 세자 시절 그런 필수 과정을 거쳐 원 공주와 결혼했고 이어서 고려 왕위도 계승했다. 하지만 반대 세력들이 충선

제4장 _ 복위, 원격 통치 • 317

왕의 개혁 정치를 모함하여 강제 퇴위 조치를 당하고 다시 입원하여 숙위 생활에 들어간 것이었다.

그래서 이번 충선왕의 입원 숙위는 왕위에 물러난 후의 조치로 두 번째였다. 이게 그 이전 세자 시절의 숙위와 어떻게 다른지 잘 모르겠지만 충선왕이 세자의 신분으로 다시 돌아간 것을 감안하면 큰 차이가 없었을 것이다. 다만 왕위에 올랐던 전왕前王이라는 신분 때문에 그 위상이 좀 달랐을지는 모르겠지만 세자 시절의 숙위와 그 성격이나 목적은 크게 다를 바 없었다고 보인다.

충선왕이 왕위를 빼앗기고 입원 숙위를 시작했을 때는 24세로 왕성한 활동을 할 나이였다. 비록 짧은 기간이었지만 왕위에도 오른 적도 있었으니, 충선왕의 그런 나이나 경험으로 보아서 원 조정에서도 정치 사회 활동을 사장시키지는 않았을 것 같다. 게다가 충선왕은 외가와 처가가 모두 원의 황실이었다. 마음만 먹으면 어떤 활동도 큰 장애는 없었을 것이다. 어쩌면 고려보다도 원의 황실이나 조정은 충선왕의 정치 사회 활동에 훨씬 더 유리하고 적합한 조건을 갖춘 무대였는지도 모른다.

여기에, 갑자기 왕위를 빼앗긴 충선왕의 처지에서는 상실감이나 분노도 있었을 법하다. 당연히 그것을 만회하기 위한 활동도 생각해볼 수 있다. 그게 아니더라도 음해하는 세력들로부터 자신을 방어할 최소한의 정치적 모색 정도는 충분히 예상할 수 있을 것이다.

그런 점을 감안해볼 때 충선왕이 입원하여 원 조정에서 정치적 관계를 맺을 가능성이 가장 큰 인물은 성종의 모후인 유성 황태후와 진왕 카말라였다. 유성 황태후는 충선왕에게 외숙모이고 카말라는 유성 황태후의 큰아들이자 바로 충선왕의 장인이다. 유성 황태후는 충선왕에게 외숙모에 해당하면서 처조모이기도 했다. 충선왕이 입원하여 숙위를 시작할 무렵 이 두 인물은 모두 생존해 있어 재원 숙위 생활에서 가장 크게 기댈 만한 인물이었다.

하지만 이 두 인물과 충선왕은 직접 만날 수 있는 시간이 많지 않았다. 유성 황태후는 1300년(충렬왕 26년) 2월 죽었고, 카말라는 1302년 1월 죽지만 충선왕이 입원한 무렵부터 카이두 반란의 진압에 동원되어 북방에서 군사 활동 중이었다. 따라서 1298년 입원한 충선왕과 이 두 사람이 직접 대면하여 정치적 관계를 맺을 만한 시간은 많지 않았다.

그래서 그런지 고려측 기록이나 원측 기록에 충선왕과 이 두 사람의 관계에 대해서는 아무런 언급이 없다. 어쩌면 이 두 사람은 충선왕에 대해 심정적인 후원자 이상의 특별한 정치적 관계는 없었을지도 모른다. 게다가 장인 카말라는 충선왕과 공주의 사이가 좋지 않았다는 점을 감안하면 특별히 우호적인 관계를 맺기에는 곤란했을 수도 있다.

충선왕이 유성 황태후나 카말라와 정치적 관계를 맺는 데 여러 여건이 맞지 않았다면, 왕위를 빼앗기고 입원 숙위 생활을 하는 충선왕의 처지에서는 다른 활로나 후원자를 찾아야 했다.

카이산 형제와 충선왕

충선왕이 입원 숙위 생활을 하면서 가장 가까이 지낸 인물은 카이산과 그 동생 아유르바르와다 형제였다. 이에 대해 《고려사》에는 다음과 같이 기록하고 있다.

> …… 이에 태상왕(충렬왕)이 복위하고 왕(충선왕)은 원으로 들어가 10년 동안 숙위했는데, 무종·인종이 잠저潛邸(제위에 오르기 전의 상태나 그 거처)에 있을 때 충선왕은 이들과 더불어 기거를 함께하며 밤낮으로 떨어지지 않았다.《고려사》32, 충렬왕 24년 8월 임신)

카이산(무종)과 그 동생 아유르바르와다(인종)는 타르마발라와 다기 사이의 동모 형제이고 현 황제인 성종의 조카이다. 충선왕은 입원한 이후 10년 동안 이들 형제와 기거를 함께하며 밤낮으로 떨어지지 않았다고 특기되어 있다. 《고려사》의 이러한 내용은 충선왕과 카이산 형제가 매우 특별한 정치적 관계였음을 말해주는 것인데, 충선왕의 숙위 활동은 이들 형제와 관계를 맺고 이루어졌던 것이다. 충선왕이 카이산을 황제로 옹립하게 된 동기도 바로 이러한 정치적 관계에서 시작되었다.

그러면 충선왕이 카이산 형제와 이런 관계를 맺게 되는 배경이나 과정을 좀 더 구체적으로 살펴볼 필요가 있다. 이것은 충선왕이 원 무종 옹립에 참여하게 된 동기를 밝히는 일이기도 하기 때문에 중요한 문제이다.

충선왕이 입원할 당시 카이산 형제의 아버지인 타르마발라는 이미 죽고 없었다. 그리고 그때 형 카이산은 17세, 동생 아유르바르와다는 14세였다. 충선왕은 왜 하필 이들 어린 형제와 그렇게 가까이 지냈을까? 카이산 형제가 성종 다음의 유력한 황제 계승권자가 될 것이라는 정치적 판단에서 충선왕이 이들 형제를 선택했다면 이는 지나친 억측이다. 충선왕이 입원할 당시에는 카이산 형제에게 도저히 그런 판단을 할 만한 근거가 보이지 않기 때문이다. 오히려 아버지가 없는 이들 형제의 위상은 성종 황제의 형제 가문 중에서 가장 미약했다.

그런 정치적 판단으로 말하자면 장인 카말라와 그 장자인 이순 테무르(후의 10대 황제 태정제)가 가장 유력했다. 충선왕과의 인척관계로 보더라도 이들 부자는 가장 가까운 사이였다. 하지만 앞서 얘기했듯이 장인 카말라는 충선왕이 입원한 무렵부터 카이두 난의 진압을 위해 북방의 군진에 나가 있었고, 이때 그의 장자 이순 테무르 역시 함께했었다.

성종 황제의 형제 친족들은 빠짐없이 카이두 난의 진압에 동원되었지만, 카이산 형제는 아버지가 없는데다 나이마저 어린 관계로 카이두 난의 진압에서 일단 제외되어 대도에 남아 있었다. 카이산 형제는 입원한 충선왕이 접촉할 수 있는 성종 황제의 형제 가문 중에서 유일한 친족이었던 것이다. 그러니 충선왕으로서 카이산 형제와 가까이했던 것은 선택의 여지없이 불가피했을 것이다.

어쩌면 충선왕의 숙위 활동을 카이산 형제와 연결시켜준 것은 원 조정이나 황제의 일방적인 결정이었는지도 모른다. 이런 결정의 배경에는 카이산 형제가 나이도 어리고 아버지도 없어 후원자가 필요해서 그랬을 수도 있다. 이게 충선왕의 처지에서는 같은 이유로 카이산 형제를 가까이하기에 편했을 것 같기도 하다.

그런데 형 카이산도 나중에는 카이두 난의 진압을 위해 군진으로 투입되었다. 카말라 부자가 카이두 난의 진압에 실패하자 성종 황제

는 다시 카이산을 알타이 방면으로 보냈던 것이다. 1299년(충렬왕 25년)의 일이었다. 이 일은 앞서 언급했듯이, 이 무렵 권력을 장악한 불루간 황후가 카이산을 다음 황제 계승 구도에서 제외하기 위해 정치적으로 취한 조치였다.

카이산이 카이두 난의 진압에 나선 것은 카말라가 북방에 투입된 몇 년 뒤쯤의 일로 보인다. 그렇다면 충선왕이 10년 동안 카이산 형제와 밤낮으로 함께 지냈다는 것은, 실은 형 카이산보다는 동생인 아유르바르와다와의 관계를 두고 한 말이었다. 카이산이 북방에서 군사 활동 중이었다면 충선왕과 10년 동안 줄곧 함께 지낼 수는 없기 때문이다. 카이산은 없었지만 그 잠저에는 동생 아유르바르와다와 그 모후 다기가 있었고, 충선왕은 이 잠저에서 10년 동안 숙위 활동을 했던 것이다.

결국, 충선왕이 입원한 이후 10년 동안 기거를 함께하며 밤낮으로 떨어지지 않을 만큼 가까이 지냈던 인물은 카이산보다는 그 동생 아유르바르와다와 모후 다기였다. 충선왕의 숙위 생활이라는 것도 이들 모자와의 관계를 핵심으로 하는 것이었다. 나아가 충선왕이 대도에서 정치 사회 활동을 모색했다면 이들 모자의 잠저를 중심으로 이루어졌을 것이다.

충선왕과 아유르바르와다

그러면 충선왕과 아유르바르와다는 구체적으로 어떤 관계였을까? 양자의 관계를 직접 알려주는 기록은 없다. 다만 카이산이 무종 황제로 즉위한 이후의 일이지만, 동생 아유르바르와다를 태자로 책봉하면서 이와 함께 충선왕을 태자의 태부太傅로 임명했다는 기록이 《원사》와 《고려사》에 전한다. 이는 아유르바르와다와 충선왕의 관계를 여실히 보여주는 것이다. 충선왕을 아유르바르와다 태자의 태부로 임명할 정도라면 이는 두 사람 사이가 결코 평범한 관계가 아니었다는 뜻이다.

원 조정에서 태부는 정1품인 태사太師·태부太傅·태보太保의 3공三公 가운데 하나로 실권이 없는 명예직에 불과했지만 형식상으로는 관료체계의 최정상에 위치한다. 무종 황제를 옹립한 후에 충선왕에게 이러한 관직이 돌아갔던 것이다. 이는 충선왕과 아유르바르와다의 정치적 관계를 정확하게 보여주는 것으로 당연히 충선왕은 태자의 학문적 스승이었다는 뜻이다.

충선왕과 아유르바르와다의 이런 관계는 충선왕이 입원 숙위를 하면서 시작되었다고 보인다. 충선왕은 왕위를 빼앗기고 입원하여 의기소침한 상태였고, 아유르바르와다 역시 아비가 일찍 죽어 소외된 황실 종친으로서 위축된 상태였다. 처음에는 동병상련의 감정으로 그렇게 교유가 시작되지 않았나 생각된다.

인척관계로 보더라도 양자 모두 황실의 종친으로서 먼 사이가 아니었다. 충선왕의 외가, 즉 어머니 제국대장공주로 따지면 아유르바르와다는 충선왕의 조카뻘이었고, 처가인 계국대장공주로 보자면 4촌 처남이었다. 장인 카말라와 그 아들이 모두 북방에 나가 군사 활동 중인 상태에서 아유르바르와다는 대도에 남아 있는 황실 종친 중에서는 충선왕과 가장 가까운 사이였던 것이다.

그런 사이로 차츰 두 사람의 관계는 깊어지고 더불어 학문적인 가

제4장 _ 복위, 원격 통치 • 323

르침을 주고받으면서 정치적인 관계로 발전했을 것이다. 충선왕이 아유르바르와다와의 관계에서 그렇게 자신의 존재를 확립할 수 있었다는 것은 충선왕의 학문적 자질이나 식견도 충분했기 때문이다. 이를 말해주는 다음과 같은 기록이 있다.

> 덕릉德陵(충선왕)은 원의 조정에 입시하였을 때 명사들을 불러들여 그들과 함께 종일토록 피곤함도 잊고 고금의 일을 강론했는데, 3대三代에서 5계五季에 이르기까지 임금과 신하의 잘잘못과 국가의 치란을 어제 있었던 일처럼 자세하게 말하였다.《역옹패설》전집 1)

아마 충선왕은 학문이나 정치적 식견에서 원 조정 내의 어떤 명사나 학자와도 겨뤄도 뒤지지 않을 정도였다고 보인다. 이런 자질은 카이산 형제가 황제로 재위하던 시절에 유감없이 드러나는데, 이 부분은 뒤에 자세히 언급할 것이다. 충선왕은 그렇게 14세의 소년 아유르바르와다를 그 잠저潛邸에서부터 가르쳤던 것이다.

그런데 더 중요한 점은 두 사람의 관계가 학문적 관계로만 끝나지 않는다는 사실이다. 현실 정치에 대한 판단이나 장래의 정치적 진로 문제가 거론되지 않을 수 없는 것이다. 게다가 상대는 평범한 사람이 아니라 황족이니 말이다. 그렇게 충선왕은 아유르바르와다의 장래에 가장 큰 영향을 미칠 위치에 있었다.

이 대목에서 충선왕이 아유르바르와다를 어떻게 대했을까 궁금해진다. 관계가 깊어지면서 충선왕은 그를 성종 다음의 황제 계승자로 여기지는 않았을까? 황실의 종친들이 대부분 카이두 난의 진압에 동원되고 성종 황제는 병석에 누워 내일을 알 수 없는 상태에서 그런 꿈이 결코 무망한 것만도 아니었다.

그 잠저에서 숙위 활동을 했던 인물로는 충선왕만이 아니었는데, 그들은 대부분 그런 생각을 품고 모여들었다. 그런 대표적인 인물로 이맹李孟이라는 원의 명사가 있었다.

> 인종(아유르바르와다)이 원성황후(흥성태후)를 모시고 회주로 내려갈 때 이맹 또한 같이 따라갔다. …… 항상 요순의 도를 진언하고 효孝와 제悌를 말할 뿐이었다. 인종은 그 말을 깊이 받아들이고 틈만 나면 이맹에게 가서 앞선 옛 제왕들의 득실성패에 대해 이야기하기를 청했는데, …… 이맹은 특히 그런 강론을 잘하여 천하의 대경대법大經大法에 대해 심히 간절하고 명백했다.(《원사》175, 이맹 전)

여기 이맹은 충선왕과 함께 그 잠저에서 숙위 활동을 했던 인물이다. 그는 유성 황태후에 의해 발탁된 인물인데 그 역시 충선왕과 마찬가지로 아유르바르와다의 스승 역할을 했다고 보인다. 그런 이맹이 옛 제왕들의 득실성패나 천하의 대경대법을 강론했다는 점이 주목된다. 이는 아유르바르와다를 다음 황제 계승자로 마음에 두고서 소위 제왕학을 가르친 것이 분명하다. 성종 황제가 병석에 누우면서 이러한 특수한 관계는 갈수록 구체화되었을 것이다.

그 잠저에서 숙위 활동을 한 이맹이 그런 생각을 품고 있었다면 함께 숙위 활동을 한 충선왕 역시 마찬가지였을 것이다. 충선왕이나 이맹과 같이 그 잠저에서 숙위 활동을 하는 모든 인물들은 대부분 그런 꿈을 꾸고 있었다고 봐야 한다. 이런 활동은 크게 보면 자신들의 정치적 이상을 실현하는 길이었고, 작게 보면 자신들의 어려운 처지를 일거에 타개할 수 있는 방법이기도 했다.

갑자기 왕위를 빼앗기고 입원한 충선왕으로서는 원 조정에서 새로운 돌파구를 찾은 셈이었다. 그래서 성종 황제 사후 황제 계승 싸움이 벌어진다면 충선왕을 비롯해 그 잠저에서 숙위하던 사람들은 아유르바르와다를 황제로 옹립하는 데 나설 것이다. 이는 할 것인가 말 것인가의 선택 문제가 아니라 숙위 신하로서 피할 수 없는 일이었다.

그런데 충선왕과 아유르바르와다가 이런 긴밀하고 특별한 정치적 관계를 맺었다면, 충선왕은 동생보다 왜 그 형인 카이산을 황제로 옹립했을까?

충선왕의 행적

성종 황제가 죽기 이전부터 불루간 황후는 안서왕 아난다를 다음 황제 계승자로 염두에 두고 있었다. 그 배경에 대해서는 앞 장에서 얘기했으니 생략하지만, 처음에는 카이산 형제보다 안서왕 아난다 쪽이 다음 황제 계승 싸움에서 우위에 있었던 것은 분명한 것 같다.

카이산은 알타이 방면에서 카이두 난을 진압하고도 돌아오지 못하고 변방에 묶여 있었다. 여기에 성종이 죽기 1년 전인 1305년(충렬왕 31년)에는 아유르바르와다와 그 모후 다기가 회주로 축출당하고 만다. 이에 대해서 《원사》에는 다음과 같이 기술하고 있다.

대덕 9년 성종이 병석에 눕자 불루간 황후가 정권을 잡고 인종(아유르바르와다) 모자를 회주로 출거시켰다.《원사》 116, 후비 원성황후 다기)

금 1천 냥, 은 7만 5천 냥, 초 13만 정을 홍성태후(다기)와 숙위 신하들에게 주어 회주로 출거시켰다.《원사》 21, 성종 대덕 9년 7월 임술)

같은 사실을 전하는 두 개의 기록인데, 이때 홍성태후(무종 즉위 후 다기를 태후로 책봉)와 함께 아유르바르와다도 같이 출거당했음을 언급하고 있다. 또한 이들 모자를 축출한 장본인이 불루간 황후였다는 것도 드러나 있다. 회주는 황하 중류 지역에 있는 지금의 하남성 맹진으로 북경(대도)에서 1,000리 이상 떨어진 거리이다. 이때 상당한 재정적 지원도 해준 것으로 보아 출거에는 회유의 성격도 보이지만 사실상의 유배나 다름없는 조치였다.

그런데 위의 기록에서 대덕 9년(1305년, 충렬왕 31년) 7월 홍성태후를 축출할 때 그 숙위 신하들도 함께 축출했음을 알 수 있다. 여기 숙위 신하들은 홍성태후 모자와 긴밀한 정치적 관계를 맺고 있던 인물들을 말하는 것이다. 앞서 언급했던 이맹이 대표적인 인물이다.

그렇다면 축출당한 그 숙위 신하 중에는 당연히 충선왕도 포함될 것이다. 왕위를 빼앗긴 충선왕이 입원하여 숙위 활동을 했던 곳이 바로 홍성태후 모자가 살던 잠저였고, 충선왕은 여기서 이들 모자와 긴밀한 정치적 관계를 맺고 있었기 때문이다. 충선왕이나 이맹이 아유르바르와다를 다음 황제로 마음에 두고 있었다면 말할 나위도 없는 일이다.

더구나 흥성태후 모자를 축출한 장본인 불루간 황후는 공주 개가 책동에서 충선왕을 음해하려는 세력들과 이미 연결되어 있었다. 이즈음 그 음해 세력들이 충렬왕과 함께 입원하여 공주 개가 책동을 본격적으로 추진하려는 참이었다. 그렇다면 흥성태후와 그 숙위 신하들을 축출할 때 충선왕만 제외한다는 것은 자연스럽지 못하고, 당연히 충선왕도 여기 숙위 신하에 포함되어 축출되었다고 보는 것이 온당할 것 같다.

그런데 아유르바르와다 모자와 그 숙위 신하들이 회주로 축출당한 그 해 1305년 연말 공주 개가 책동을 위해 충렬왕 일행은 대도로 향했는데, 이때 충선왕은 부왕을 맞이하기 위해 계주(북경 북방의 지명인 듯함)까지 마중나간다. 이어서 함께 대도에 들어와 자신의 저택에 부왕의 거처를 정했다. 그렇다면 충선왕은 회주로 축출당했다가 얼마 안 있어 다시 대도로 돌아왔음을 알 수 있다.

정권을 장악한 불루간 황후에 의해 회주로 축출당한 충선왕이 다시 대도로 돌아올 수 있었던 것은 입조하는 부왕을 영접해야 한다는 명분이었다.

여기서 한 가지 궁금한 점이 생긴다. 우승상 하루가순은 왜 그렇게 충선왕을 도와주었을까? 하루가순이 충선왕을 음해하는 세력과 연결된 불루간 황후의 반대편이어서 그랬다고 대답하면, 다시 의문이 생긴다. 우승상 하루가순은 왜 불루간 황후의 반대편에 섰을까? 정치적 라이벌 관계였다는 것은 너무 단순한 해명인데 이 문제는 조금 뒤에 그 의문을 풀어보기로 하자. 아무튼 충선왕은 하루가순의 적극적인 도움을 받아 대도에 돌아올 수 있었다.

이렇게 볼 때, 충선왕이 회주에 묶여 있던 기간은 불과 2, 3개월 정도였다. 그리고 충선왕은 홍성태후 모자와 긴밀한 정치적 관계를 맺고 있던 숙위 신하들 중에서 거의 유일하게 대도에 귀환할 수 있었다. 이는 성종 황제가 죽은 후의 황제 계승 싸움에서 충선왕에게 아주 특별한 기여를 하게 만드는 바탕이 된다.

카이산을 황제로

불루간 황후가 다음 황제로 생각하고 있는 안서왕 아난다는 5대 황제 세조 쿠빌라이의 손자이자 현 황제 성종과 4촌간이었다. 그는 아버지 안서왕 망갈라 시절 쿠빌라이로부터 서방 지역을 분봉받아 중앙아시아 쪽에 세력의 근거를 두고 있었다. 그런 그가 정권을 장악한 불루간 황후와 손을 잡았다는 것은 황제 계승 구도에서 분명 한발 앞서 있었다.

불루간 황후는 서방의 안서왕 아난다에게 밀사를 파견하여 대도로 불러들이면서, 대신에 그가 제위에 오른 후에도 황태후로서 자신의 지위와 실권을 인정하도록 약속받았다. 안서왕 아난다가 대도에 입성한 것은 1302년(충렬왕 28년) 무렵으로 보이는데, 이때부터 아난다는 대도에 자신의 세력을 구축하기 시작했다. 이는 《고려사》에서도 확인할 수 있다.

앞서 언급했지만, 《고려사》에는 1302년부터 1304년까지 안서왕 아난다가 독자적으로 파견하는 사신이 고려에 세 차례나 들어왔음을 기록하고 있다. 이것은 원 조정과는 별도로 파견되는 사신이었는데, 이런 현상은 대도에서 아난다의 영향력이 커졌음을 보여주는 일이다. 대도에서 그 아난다를 추종하는 세력의 중심에 좌승상 아쿠타이가 있었다.

그런데 서방 쪽에 세력 근거를 두고서 대도에서도 세력을 확대하고 있던 안서왕 아난다에게는 불리한 점도 분명히 있었다. 그것은 전통적으로 수도인 대도에 세력 근거를 두고 있는 중앙 정부의 관료들이 그의 대도 입성과 세력 확대를 달갑지 않게 생각했다는 점이다. 그가 황제로 즉위했을 때 서방 세력들이 중앙 정부의 요직을 차지하면 기득권을 상실할 위험이 컸기 때문이다. 그런 위기를 느낀 관료집단의 중심에 우승상 하루가순이 있었다.

대도의 주류 여론은 안서왕 아난다를 기피하는 쪽이었다. 그래서 우승상 하루가순을 중심으로 한 중앙 정부의 관료들이 안서왕 아난다의 대안을 찾게 된 것인데, 그 대안으로는 카이산과 동생 아유르바르와다밖에 없었다. 그런데 카이산은 알타이 방면의 군진에 나가 있으니 우선 대도에 있는 아유르바르와다를 옹립할 생각을 한 것은 당연한 일이었다. 불루간 황후가 1305년 아유르바르와다 모자를 회주로 축출한 것은 바로 이 무렵, 우승상 하루가순을 중심으로 한 세력들이 아유르바르와다를 옹립할 움직임을 감지했기 때문이다.

이 대목에서 바로 충선왕과 우승상 하루가순이 직접 연결될 수 있는 계기가 마련된 것이다. 두 사람 모두 아유르바르와다를 다음 황제로 옹립할 생각을 공통으로 하고 있었기 때문이다. 대도에서 아난다의 세력이 강화되자 이를 위기로 받아들인 우승상 하루가순이 그 타개책으로 아유르바르와다에 접근하였고, 그 잠저에서 숙위 활동을 하던 충선왕과도 자연스레 접선이 이루어졌으며 동지적 관계가 된 것이다. 당연히 두 사람 모두 아난다를 옹립하려던 불루간 황후와는 반대편에 섰다.

아유르바르와다를 황제로 옹립하려던 우승상 하루가순 등은 이들 모자의 회주 축출로 계획에 큰 차질을 빚었다. 이 무렵 충렬왕과 왕·송의 무리는 공주 개가 책동을 벌이고 있었다. 이들은 불루간 황후나 좌승상 아쿠타이와 손을 잡고 형세상의 우위를 이용하여 일을 성사 직전에까지 몰고 갔다. 하지만 충선왕 편에 선 우승상 하루가순의 동의를 얻지 못해 마지막 한걸음을 떼지 못하고 있었다.

성종 황제가 죽은 것은 1307년(충렬왕 33년) 1월 바로 그때였다. 황제의 죽음으로 대도의 정국은 갑자기 소용돌이쳤다. 안서왕 아난다를 옹립하는 쪽에서 선수를 쳤다. 좌승상 아쿠타이를 중심으로 한 세력들이 북방으로 통하는 길을 막고 불루간 황후에게 수렴청정을 요청하면서 안서왕 아난다를 다음 황제로 내세운 것이다.

이에 우승상 하루가순은 북과 남으로 동시에 밀사를 파견하여 카이산과 그 동생에게 황제의 죽음을 알리는 한편, 모든 관청의 부인符印을 거두어 부고를 봉쇄하였다. 이와 함께 병을 칭탁하고 두문불출하면서 불루간 황후의 내지가 내려와도 거부하여 어떤 문서에도 서명하지 않았다. 이는 수상으로서 모든 행정을 일시 정지시킨 것인데, 카이산 형제가 대도에 돌아올 때까지 기다리겠다는 속셈이었다.

그런데 회주에 나가 있던 아유르바르와다 모자는 우승상 하루가순의 사신을 접하고도 즉시 대도에 돌아올 수 없었다. 그것은 말할 필요도 없이 군사력의 열세 때문이었다. 측근의 신하들 대부분은 알타이

방면에 주둔하고 있는 형 카이산이 대도에 입성한 후 돌아가도 늦지 않다고 주문하였다. 하지만 이 경우에는 시간이 지체되어 안서왕 쪽에 기회를 빼앗길 소지가 다분했고, 그것을 막아낸다 해도 황제 자리를 형 카이산에게 넘겨줄 수밖에 없다는 결정적 한계를 안고 있었다. 이때 숙위 신하들 가운데 이맹은 아유르바르와다의 신속한 대도 입성을 가장 강력히 요청한 인물이었다.

회주의 아유르바르와다 진영에서는 숙고 끝에 그 해 2월 대도에 입성한다. 형 카이산 진영에서는 아직 움직이지 않고 있었다. 호랑이를 잡으러 그 굴 속으로 들어가는 심정이었지만 고무적인 일도 있었다. 연도의 신민들이 이들 모자 일행을 크게 환영했던 것이다.

대도에 입성한 직후 하루가순과 이맹은 카이산을 기다리지 말고 먼저 선수를 치자고 주장했다. 상대가 방심한 틈을 이용하여 허를 찌르자는 계획이었다. 아난다 진영에서는 아직 별다른 대비를 하지 않고 있었다. 아유르바르와다 진영이 대도에 입성하기는 했지만 대단한 군사력이 있는 것도 아니었기 때문이다. 아난다 진영에서는 아유르바르와다보다는 오히려 알타이 방면에서 대군단을 이끌고 있는 카이산이 더 위협적이었고 신경 쓰였다. 그러니 카이산이 아직 움직이지 않은 상태라 충분히 방심할 만도 했다.

상황 판단을 잘했던지 선수를 치자는 하루가순과 이맹의 의견이 받아들여졌다. 이때의 긴박한 상황에 대해서는 《원사》〈이맹 열전〉에 자세히 언급되어 있는데, 아유르바르와다가 복술가를 불러 점술까지 동원하는 초조함을 드러낸다. 점술이 밝게 나온 탓인지 용기를 얻은 아유르바르와다 진영에서는 바로 소수의 정예 군사들을 이끌고 한밤중에 궁정을 급습하여 좌승상 아쿠타이 등 핵심 인물들을 제거하는 데 성공한다. 바로 이어서 불루간 황후와 아난다는 체포 구금되었다. 방심하고 있던 상대의 허를 찌른 전광석화 같은 반전이 성공했던 것이다.

아무리 상대의 허를 찔렀다고 하지만 이러한 신속한 반전이 어떻게 가능했는지 조금 의문이 들기도 한다. 처음에는 아난다 진영이 힘에 있어 우위가 분명했기 때문이다. 여기에는 아마 대도의 주류 여론이 아난다에 등을 돌린 탓이 가장 컸다고 보인다. 대도의 관료집단에서는 안서왕 아난다의 집권을 대부분 달갑게 여기지 않고 있었기 때문이다. 이런 여론에 힘을 얻은 우승상 하루가순이나 이맹은 먼저 궁정으로 쳐들어가 선수를 치자고 주장하여 일을 성사시켰던 것이다.

그런데 아유르바르와다는 이렇게 대도의 정권을 장악하는 데는 일단 성공했지만 황제로 즉위할 수 없었다. 알타이 방면의 카이산이 대군단을 움직인 것이다. 황제의 유고 소식을 들은 카이산은 휘하 장수들과 의논하여 소수의 군대만 남기고 바로 카라코룸을 향해 동진했다. 카라코룸은 유목 국가 시절 몽골의 전통 수도로 황제 선출을 위한 쿠릴타이는 항상 이곳에서 개최되었는데 카이산도 그 절차를 밟으려는 것이었다.

그 해 3월 유목민의 대대적인 환영을 받으며 카라코룸에 입성한 카이산은 쿠릴타이를 위해 황실의 종친·제왕·공신들이 모두 모였지만 이를 따르지 않고 다시 대도를 향해 남하했다. 대도의 아유르바르와다 정권을 목표로 한 것이었다. 이때 카이산은 대군단을 재편성하여 여러 부족의 친위 군단을 핵심으로 하는 최정예부대를 앞세우고 자신은 중앙 군단을 직접 이끌고 대도를 향했다.

카이산의 남하 소식을 들은 대도의 아유르바르와다 정권은 곤경에 빠졌다. 길은 두 가지 중 하나였다. 형 카이산과 맞서 내전을 치르든지, 아니면 환영하든지. 대도의 수뇌부는 머리를 맞대고 숙의에 들어갔는데, 카이산을 환영해야 한다는 결론이 나오기까지는 그리 오래 걸리지 않았다. 대도 정권은 카이산에 맞설 만한 군사력이 없었기 때문이다.

그리하여 아유르바르와다와 그 수뇌부는 카이산을 맞으러 상도로 향했다. 그 해 5월 상도에서 몽골 부족 전체의 지지를 받은 카이산이 7대 황제(무종)로 즉위한다. 《원사》에는 카이산의 군단이 상도에 입성한 1307년 5월을 황제 즉위로 기록하고 있다.

안서왕 아난다는 카이산이 황제로 즉위하기 전에 애초 결정대로 바로 처형되었고, 불루간 황후는 폐위되어 지방으로 축출되었다가 후에 사사된다. 당연한 일이겠지만 이밖에도 아난다 편에 섰던 수많은 사람들이 처형되거나 유배 혹은 삭탈관직당했다.

충선왕은 어떤 기여를 했을까

그러면 새 황제 무종이 즉위하는 과정에서 충선왕은 구체적으로 어떤 활동이나 기여를 했을까? 이 부분에 대해서는 안타깝게도 원이나 고려측 사료에 구체적인 활동 기록이 없고, 공로가 제일 컸다는 막연한 언급만 있을 뿐이다. 그래서 이 부분은 추론에 의존할 수밖에 없다.

충선왕의 역할이나 공로는 세 부분으로 나누어 생각해볼 수 있는

데, 무엇보다도 먼저 충선왕은 입원한 이후 원 조정에서 독특한 위치에 있었다는 점을 주목할 필요가 있다. 이는 카이산 형제와 그 모후 다기와의 관계 속에서도 그랬지만, 당시 충선왕이 처한 상황이 매우 특별했다는 점에서 그랬다. 이것은 또한 충선왕이 구체적으로 어떤 활동을 했는가 하는 문제보다는 성종 황제 사후 황제 계승 싸움에 뛰어들 수밖에 없었던 절실한 배경과 관련이 있다.

여러 차례 언급했듯이 충선왕을 음해하는 세력들은 공주 개가 책동을 위해 정권을 장악한 불루간 황후와 연결되어 있었다. 그 불루간 황후는 안서왕 아난다를 다음 황제로 옹립하기 위해 결탁하고 있었다. 반면에 충선왕은 카이산 형제편에 서게 되는데, 이게 중첩된 대립 구도를 충선왕에게 안겨준 것이다.

안서왕 아난다를 옹립하려는 불루간 황후나 그 주변 인물은 충선왕에게 이중의 적대 세력이었다. 고려의 내정 문제에서 시작된 공주 개가 책동에서도 적이었고 원 조정의 황제 계승 싸움에서도 적이었다. 이는 고려의 내정 문제가 원 조정으로 비화된 탓이었지만, 충선왕의 처지에서는 두 개의 파도가 겹쳐 그 파고가 더욱 높아진 꼴이었다. 이것은 충선왕이 아유르바르와다를 옹립하려는 우승상 하루가순이나 이맹과는 또 다른 절박한 처지에 있었음을 말해준다.

카이산 형제와 그 모후를 가까이한 인물들은 충선왕 외에도 원 조정에 많았다. 하지만 그들은 충선왕처럼 공주 개가 책동이라는 또 다른 곤경 속에서 필사적으로 황제 계승 싸움에 뛰어들지는 않았다. 그들은 대부분 관망하다가 유리한 쪽에 줄을 서면 그만이었다. 하지만 충선왕의 처지에서는 카이산 형제가 황제로 즉위하는 데 실패한다면 공주 개가 책동은 성공할 수밖에 없고, 그러면 충선왕은 끝장이었다. 이것이 충선왕이 원의 황제 계승 싸움에서 누구보다도 필사적으로 뛰어들 수밖에 없는 이유가 바로 이것이었다.

둘째, 충선왕의 공로는 아유르바르와다의 숙위 신하들 가운데 거의 유일하게 대도에 체류하고 있었다는 점과 관련이 있다. 아유르바르와다 모자가 회주로 축출당하자 대도의 중앙 정부와는 단절된 상태에 빠지게 되는데, 충선왕은 그 공백을 메워주는 중요한 역할을 할 수 있는 위치에 있었다. 성종 황제 죽음을 전후로 수개월 동안의 결정적인 시기에 충선왕이 대도에 머물고 있었다는 것은 그 자체로 대단히 중요한 일이었다.

성종 황제가 죽은 직후 대도에서 아유르바르와다를 지지하는 인물에는 충선왕 말고도 우승상 하루가순 등 여럿이 있었다. 하지만 하루가순을 비롯하여 누구도 충선왕만큼 아유르바르와다와 긴 세월 동안 정치적 관계를 지속한 인물은 없었다. 그래서 충선왕은 대도에 남아 있던 아유르바르와다의 측근 인물들 중에서는 가장 중요한 위치에 있었다. 하루가순이 그 급박한 상황 속에서 수상으로써 여러 비상 권한을 행사할 수는 있었지만 주인공이 없는 공백 상태를 피할 수는 없었다. 충선왕은 바로 이때 대도에서 아유르바르와다 진영을 임시로 대변하며 그 공백을 메울 수 있었다고 보인다.

우승상 하루가순이 사신을 보내 성종의 죽음을 알린 것은 회주의 아유르바르와다 쪽과 알타이의 카이산 쪽 모두였다. 군사력으로 보자면 카이산 쪽이 유리했고, 거리로 보자면 가까운 아유르바르와다가 유리했지만 일단 양쪽 모두에 연락하고 사태의 추이를 지켜보자는 의도였다. 충선왕도 이에 대해서 특별히 반대할 이유는 없었다.

그런데 회주의 아유르바르와다 진영에서는 하루가순의 사신을 접하고도 즉시 대도로 향하지 못했다. 카이산의 대도 입성을 기다린 후에 움직이자는 의견이 많았기 때문이다. 이 무렵 충선왕은 하루가순과는 별도로 아유르바르와다 진영과 독자적인 연락을 취했을 것이다. 카이산이 제위에 오르는 것이 싫어서가 아니라 현장을 지켜보는 충선왕의 처지에서는 한시가 다급했기 때문이다. 그래서 아유르바르와다가 신속히 대도에 입성한 것은 충선왕의 기여가 컸다고 보인다.

급박한 정치 상황에서는 한순간에 일의 성패가 갈릴 수 있고, 사소한 일의 처리나 행동 하나가 엄청난 결과를 초래할 수 있다. 충선왕은 그 순간에 대도에 있으면서 회주의 아유르바르와다 진영과 연락을 단절시키지 않고 유지하는 데 핵심 역할을 했던 것이다. 회주의 이맹이 신속하게 대도 입성을 강력히 주장했던 것도 대도의 충선왕과 긴밀히 연락한 결과였을 가능성이 많다.

셋째, 충선왕의 공로는 알타이 방면의 카이산이 움직이면서 결정적으로 드러났다. 카이산은 다시 넘어야 할 산이었다. 아유르바르와다 진영에서는 진로를 놓고 숙의에 들어갔는데 카이산을 환영하자는 쪽으로 결론이 났다. 이때 충선왕은 그런 결정을 내리는 데 누구보다도 적극적이었다고 생각된다.

아유르바르와다 측근의 숙위 신하들은 대부분 카이산을 환영하자는 데 주저했다. 난을 평정하고 대도의 정권을 장악한 그들이 카이산이 제위에 올랐을 때 자신들의 정치적 입지를 생각하지 않을 수 없기 때문이다. 이맹은 그런 대표적인 인물이었다. 이런 점은 우승상 하루가

순도 마찬가지였다. 하루가순은 알타이 방면에 세력 근거를 가지고 있는 카이산이 제위에 오르는 것보다는 세력 기반이 미약한 아유르바르와다가 더 끌렸을 것이다. 역시 차후에 자신의 입지를 생각했을 때 그렇다. 이는 하루가순이 안서왕 아난다를 기피했던 이유와도 통한다.

그런 이유 때문이었는지는 모르겠지만 우승상 하루가순은 카이산이 무종 황제로 즉위한 후에 실각해 무종 황제에 의해 카라코룸 지방의 장관으로 좌천되어버렸다. 이맹 역시 카이산이 황제로 즉위하면서 냉대를 받았지만 그는 아유르바르와다의 적극적인 후원으로 실각하지는 않았다. 이맹이 냉대를 받은 것이나 하루가순이 좌천된 것은 카이산을 황제로 옹립하는 데 소극적이었다는 것과 무관치 않았던 것이다.

이에 반해 충선왕은 카이산 형제 중에서 누가 제위에 오르더라도 자신의 입지에 큰 차이가 없었다. 안서왕 아난다가 제위에 오르는 것만 막아내면 공주 개가 책동은 물거품이 되고, 그리 되면 자신이 고려 왕위를 계승할 터이니 충분한 성공이었다. 동생 아유르바르와다가 제위에 오르면 더욱 좋겠지만 형 카이산이 제위에 오르더라도 무방했던 것이다. 따라서 충선왕은 아유르바르와다 진영의 인물들 중에서 카이산을 환영하자는 데 가장 적극적이었을 것이다.

사실 충선왕은 원의 황제 계승 싸움에 깊게 개입할 이유가 전혀 없었다. 자칫 잘못하면 죽음도 면치 못할 그 일에 발 벗고 나설 필요는 없는 것이다. 그런 싸움에 뛰어들 수밖에 없었던 것은 본국의 공주 개가 책동이 함께 얽혀 있었기 때문이다.

결국, 충선왕은 아유르바르와다를 옹립했지만 현실적인 판단으로 카이산을 환영하여 옹립한 결과가 되었다. 당연히 무종(카이산)과 인종

(아유르바르와다) 양대에 걸쳐 원 조정에서 정치적 입지를 확실하게 굳힌다. 이를 계기로 공주 개가 책동뿐만 아니라 양국에 걸쳐 자신을 둘러싸고 일어난 모든 문제가 일거에 해소되어버렸으니, 이제 충선왕에게는 거칠 것이 없었다. 고려 내정에서 뿐만 아니라 원 조정에서도.

정책 제일 공신

충선왕이 무종을 옹립하는 데 그 공로가 제일 컸다는 것은 그 시대를 살았던 사람들 사이에서도 널리 알려졌던 것 같다. 충선왕의 오랜 재원 생활을 수행했던 익재 이제현은 그가 쓴 수필집《익재난고益齋亂藁》에 다음과 같이 언급하고 있다.

> 대덕 11년(1307년) 왕(충선왕)은 승상 달한達罕(우승상 하루가순) 등과 함께 정책定策에 참여하여 인종(아유르바르와다)을 받들어 내란을 일소하고 무종(카이산)을 환영하여 옹립했는데, 그 공을 제일로 삼아 심양왕瀋陽王에 책봉되었다. …… 그 총애가 이보다 더한 자가 없었는데 인종이 황태자가 되고 왕을 태자 태사太子太師로 삼았다.(《익재난고》 9, 상 충헌왕 세가)

짧은 기록이지만 충선왕이 무종을 옹립하는 과정을 간단명료하게 정리하고 있다. 처음에는 우승상 하루가순과 함께 정책(새로운 황제를 옹립하는 일)에 참여하여 아유르바르와다를 받들었다는 점, 그리고 그가 대도에 입성한 후 선수를 쳐서 아난다 측의 인물들을 제거하여 내란을 일소하고, 그 후 카이산을 맞이하여 황제로 옹립했다는 지금까지의 설명을 그대로 뒷받침하고 있다. 충선왕이 심양왕에 책봉되고 태자 태사로 임명된 것은 그것에 대한 포상이었다.

그렇게 카이산이 황제로 즉위한 것은 1307년(대덕 11년, 충렬왕 33년) 5월 21일이었다. 26세의 나이였는데, 지금까지 몽골의 황제 중에서 가장 젊은 나이에 제위에 오른 것이다. 바로 뒤이어 23세의 동생 아유르바르와다가 황태자로 책봉된 것은 6월 1일이다. 충선왕에 대한 포상이 이루어진 것은 황태자가 책봉된 다음이었다. 6월 26일 충선왕은 원 조정으로부터 '추충계의협모좌운공신推忠揆義協謀佐運功臣'이라는 공신호를 받고 태자 태사에 임명됨과 동시에 심양왕으로 책봉되었던 것이다.

다만, 여기 태자 '태사'를 《고려사》나 《원사》에는 태자 '태부'로 기록하고 있어 약간 다르게 나타나 있다. 하지만 충선왕이 복위한 후의 책봉 조서에는 또 태자 '태사'로 나타나 있는 것으로 보아, 처음에는 '태부'였다가 후에 '태사'로 승진한 것이 아닌가 한다. 아무튼 충선왕이 황제 옹립에서 그 공로가 제일 컸고 태자(아유르바르와다)의 절대적인 신임을 받았다는 사실에는 조금도 변함이 없다.

충선왕에게 내려진 포상은 이것만이 아니었다. 무종 황제로부터 금호부金虎符·옥대玉帶·칠보대七寶帶·벽전금대碧鈿金帶 등의 진귀한 장신구를 하사받고, 여기에 더하여 황금 500냥·은 5,000냥을 상금으로 받았다. 그리고 황후·황태자로부터도 헤아릴 수 없는 금은진보와 비단을 선물로 받았다. 이런 총애는 황제 옹립에 참여했던 어느 공신과도 비교할 수 없는 것으로 원의 황실로부터 받은 최고의 대우였다. 정책의 공로가 제일이었다는 당대의 역사 기록이 결코 과장이 아니었던 것이다.

이러한 포상에 더하여 충선왕은 무종 황제로부터 중서성에 들어와 정사에 참여하라는 부탁까지 받는다. 충선왕이 이 제의를 수용하여 실제 제국의 중앙 정치에 참여했는지 여부는 불확실하지만, 원 조정에서 대단한 정치적 비중을 차지하고 있었다는 것은 분명해 보인다. 원 조정에서 그런 정치적 비중을 차지하고 있었다면 충선왕은 원하건 원하지 않건 원의 정치에 결코 초연할 수는 없었을 것이다. 바로 이 문제가 앞으로 충선왕의 처신이나 정치적 진로에 중대한 영향을 미친다.

심양왕으로 책봉

그런데 무종을 옹립한 공으로 충선왕에게 '심양왕瀋陽王'이라는 좀 생소한 왕위가 내려졌다는 사실을 주목할 필요가 있다. 몽골 제국에서는 전통적으로 황실의 종친이나 공신들에게 'ㅇㅇ왕' 혹은 'ㅇ왕'이라 하여 왕으로 책봉해주었다. 이렇게 책봉된 인물들을 '제왕諸王'이라 하고 이런 책봉제도를 '제왕 체제諸王體制'라고 부른다. 충선왕이 그런 제왕에 책봉된 것이다.

제왕 체제에서 왕 앞에는 지역명을 붙인 경우가 많았는데, 아난다에게 붙여준 '안서왕安西王'이나 카이산에게 붙여준 '회녕왕懷寧王'이 그런 경우다. 이럴 경우 왕으로 책봉된 자는 해당 지역에 대한 영향력이나 지배권을 행사할 수 있었다. 그래서 제왕 체제는 일종의 분봉제와 비슷하게 보면 크게 틀리지 않으며, '고려 왕'도 당연히 여기에 해당한다. 《원사》에는 역대 제왕으로 책봉된 인물들을 표로 만들어 나열한 〈제왕표〉라는 편목이 있는데, 여기에 고려 왕도 포함되어 있다. 이를 보면 고려 왕도 원 제국의 제왕 체제 안에 들어 있고 원의 황제가 임명하는 여러 '제왕' 중의 하나로 인식했음이 분명하다.

반면에 제왕 중에는 지역과 관련 없이 붙인 경우도 있었다. 충선왕이 처음 즉위한 1298년에 왕위에서 물러난 충렬왕에게 성종 황제가 내려준 '일수왕逸壽王'이 대표적인 예다. 지역명이 아닌 이런 제왕은 아무 실권이 없는 명예적인 칭호에 불과했으니, 지역명이 붙은 제왕보다는 당연히 하급이었다.

그런가 하면, 이자二字 왕보다는 일자一字 왕이 더 우위에 있었다. 세조 쿠빌라이의 아들이었지만 먼저 죽었던 태자 칭킴에게 주어진 '연왕燕王'이나, 칭킴의 장남이자 충선왕의 장인이었던 카말라에게 주어진 '진왕晉王' 등이 그런 예다. 이런 일자 왕은 아마 황제의 적통에게만 주어지지 않았나 생각한다. 이자 왕으로 책봉되었다가 일자 왕으로 다시 진봉進封되는 경우도 있었다. 그리고 지역명이 붙은 왕은 대부분 그 자식에게 세습되는 경우가 많았다.

충선왕에게 주어진 심양왕도 당연히 이와 같은 제왕 체제에 의한 책봉이었고, 그 지역명인 '심양' 지방에 대한 영향력과 통치권을 행사할 수 있는 권한이 주어졌다. 또한 심양왕은 고려 왕보다 원의 제왕 체제에서 상위에 있었다. 이 역시 몽골족이 아닌 충선왕에게 내린 황제 옹립에 대한 포상으로서는 최상의 대우였다.

더구나 충선왕이 심양왕에 책봉된 것은 무종이 즉위하고 공신에 대한 책봉으로는 최초의 일이었다. 이런 사실 또한 충선왕이 황제 옹립에 얼마나 공이 컸던가를 알려주는 중요한 대목으로, 정책에서 제일 공신이었다는 앞서의 기록을 다시 확인할 수 있는 내용이다. 나중에 인종이 황제가 된 뒤에는 '심왕瀋王'이라는 일자 왕으로 진봉되기까지 했으니 충선왕에 대한 원 조정의 예우를 충분히 짐작할 수 있을 것이다.

그런데 이 심양왕이라는 왕위가 또다시 고려의 정치를 소용돌이로 몰고 간다. 만주의 심양 지방은 몽골과의 전쟁 때부터 고려의 유민들이 많이 흘러들어가 거주하고 있었고, 이후에도 고려 군민들은 여러 사회 경제적 이유로 계속 심양 지방으로 흘러들어갔다. 이를 두고 원 조정과 유민 소환 문제가 자주 거론되기도 했다.

심양왕을 중심으로 한 정치적 소용돌이는 이런 복잡한 유민 문제에다가, 심양왕과 고려 왕 두 왕위를 겸한 충선왕에 대한 음해와 모략, 심양왕과 고려 왕의 세습 문제 등이 겹치면서 일어났다. 이 문제는 원 제국이 쇠망할 때까지 두고두고 고려의 관료집단을 분열시키고 고려 왕조를 괴롭히는데, 여기서 간단히 다룰 주제가 아니어서 책을 달리하여 살펴보고자 한다.

무종의 치세

카이산은 오랜만에 진정한 몽골 전체의 지지를 받은 황제로서 그의 치세 동안 몽골 전체는 동서화합의 분위기가 되살아난다. 중앙아시아(차가타이 칸국), 러시아(킵착 칸국), 서남아시아(일 칸국) 각 방면에 대사절단을 파견하여 우호를 증진하면서, 자신이 통치하고 있는 중원의 대원 울루스를 우두머리로 하여 서방의 여러 왕조가 느슨하지만 왕조 연합을 이룬 형국이었다.

이어서 카이산은 동남아시아와 인도양 방면에 있는 해역의 여러 나라에도 황제 칙사를 파견하였다. 이는 새로운 정권으로서 쿠빌라이 이래의 해상 루트 교역권을 재확인하고 장악하기 위한 것이었다. 이 또한 순조롭게 진행되어 평화 안정 상태가 유지되었고, 내륙과 해상 양면에서 유라시아 대륙은 완전히 장벽이 사라지고 동서 교류가 활발해진다. 그래서 이 무렵을 진정한 '팍스 몽골리카'라고 부르는 학자도 있다.

하지만 그림자도 있었다. 카이산은 인기에 부응하려고 그랬는지 아니면 젊고 패기에 넘쳐 그랬는지 포상과 제왕 책봉을 남발하고, 중앙과 지방에 명예직으로 수여하는 고위 관직이 넘쳐났다. 이로 인해 재정은 방만해지고 갈수록 국정은 흐트러졌다.

여기에 1310년대에 접어들어 자연 재해가 겹치면서 흉년이나 기근, 농민 유망과 폭동이 일어나 그림자를 드리우기 시작했다. 마침내 권력 내부에도 문제가 생겼는지 카이산은 재위 3년여 만인 1311년 1월 갑자기 죽어 새로운 정권은 급정지되고 만다. 이해할 수 없는 죽음을 맞은 카이산은 이제 막 30세가 넘은 젊은 나이였다.

이해할 수 없는 일은 카이산의 죽음 뒤 연달아 일어났다. 카이산 개혁의 핵심인 상서성이 폐지되고 수상인 상서우승상이 구금되는가 하면, 재상급 고위 관료들이 갑자기 처형되는 일이 벌어진 것이다. 그리고 그 해 3월 동생 아유르바르와다가 정식으로 대카한의 직위에 오르는데 8대 황제 인종仁宗이다.

분명한 쿠데타였다. 중국 역사에는 이에 대해 별다른 언급이 없지만 쿠데타의 주역은 동생 아유르바르와다와 그 모후 홍성태후(다기)라고 볼 수밖에 없다. 이들이 쿠데타의 가장 큰 수혜자였으니까 말이다. 이런 갑작스런 권력 변동의 계기를 어떻게 설명해야 할지 좀 난감하기는 하지만 그 단서는 찾아볼 수 있다.

앞서 언급한 대로 성종 사후 대도의 중앙 정권을 먼저 장악한 쪽은 동생 아유르바르와다였다. 쿠데타의 단서는 그 문제에서 시작된다. 군사력의 열세로 형 카이산에게 황제 자리는 양보했지만 아유르바르와다 진영에서는 이것이 불만이 아닐 수 없었다.

그런데 대도를 떠나 10년 가까이 북방에 머물다 들어온 카이산 진영에서는 대도의 관료집단을 통제하는 데 한계가 있었다. 게다가 먼저 대도의 권력을 선점했던 아유르바르와다 진영의 영향력은 간단히 무시할 수 있는 것이 아니었다. 카이산의 처지에서는 당연히 동생 아유르바르와다 진영과 타협할 수밖에 없었는데, 그 점을 보여주는 것이 카이산이 황제로 즉위한 지 열흘도 못 되어 동생을 바로 태자로 임명했다는 사실이다.

카이산이 황제로 즉위하자마자 다음 황제 계승권을 동생에게 약속해주었다는 것은 형제간에 연합적인 정권을 출범시켰다는 것을 말한다. 아마 처음부터 그런 정치적 담합이 이루어져 형에게 제위를 양보하는 대신 동생은 다음 황제를 차지한다는 연정이 가능했을 것이다. 이 연합 정권의 성립 배후에는 분명히 그 모후 홍성태후의 힘이 작용했다고 보인다.

무종의 치세를 《원사》에는 '삼궁정립三宮鼎立'이라고 표현하고 있는데 이는 무종 황제 외에도 황태자인 아유르바르와다와 황태후인 홍성태후 등 3인이 권력을 분점했음을 알려주는 것이다. 집권 초기부터 연합에 의한 이러한 권력 분점은 현 황제 카이산에게 달갑지 않은 일이었다. 정권을 온전히 독점할 수 없었기 때문이다. 하지만 아유르바르와다 진영에서는 황제 자리를 양보할 수밖에 없었다는 그 나름대로 또 다른 불만이 사라지지 않고 있었다.

어느 쪽이 먼저 움직였는지는 모르겠지만 양 진영 모두 정권에서 우위를 차지하려고 기회를 엿보면서 견제와 감시를 게을리 하지 않았을 것이다. 우선 카이산은 자기 세력을 양성하는 방법으로 포상이나 관직 수여, 제왕 책봉을 남발한 것으로 보인다. 전통적으로 중앙의 핵심 기구였던 중서성의 권한을 상서성으로 넘긴 것은 카이산이 태자의 세력을 견제하고 자신의 세력을 양성하기 위한 노골적인 조치였다. 이에 정권의 한 축을 맡고 있던 아유르바르와다 진영에서는 태자의 권한과 영향력을 키워가면서 대응해나갔다.

힘의 균형이 팽팽히 맞선 상태에서는 한 사람의 후원자가 결정적인 역할을 할 수 있다. 그가 바로 모후인 홍성태후였고, 그 모후는 형보다는 아우 쪽의 후원자였다고 보인다. 지금까지 함께한 시간으로 봐서도 그렇고 관련된 주변의 인물 구성으로 봐서도 그렇다. 이에 모후의 후원을 받은 아유르바르와다 진영에서는 카이산 진영의 작업을 위협적인 것으로 판단하고 비상수단을 쓰지 않았나 생각한다.

역사 기록에 쿠데타에 대한 구체적인 설명이 없어 추측을 보탰지만, 분명한 것은 카이산이 황제를 차지하기는 했지만 강력한 황제권을 확립하지 못했다는 사실이다. 그의 치세 동안 태자인 아유르바르와다의 권력이 필요 이상으로 컸다는 것 또한 당시 역사 기록을 조망하면 충분히 읽을 수 있는 분명한 사실이다.

충선왕이 공주 개가 책동을 일으켰던 반대 세력을 제거했던 것도 카이산보다는 동생 아유르바르와다의 권력 장악에 힘입은 것으로, 카이산이 황제로 즉위하기 전의 일이었다. 처음부터 대도에서 권력의 무게 중심은 오히려 아유르바르와다 쪽으로 기울고 있었다는 뜻인데, 이런 사실 역시 위의 사실을 이해하는 데 보탬이 될 것이다.

당연한 일이겠지만, 인종이 황제로 즉위한 후 모후 흥성태후의 영향력은 더욱 커졌다. 이제 충선왕은 양 날개를 단 셈이었다. 충선왕은 인종과 그 모후의 잠저에서 10년 가까이 기거를 같이하면서 스승 역할을 했었고, 이런 인연으로 그를 황제에 옹립했던 1등 공신이기 때문이다. 충선왕은 제국 안에서 인종과 그 모후 두 사람에게 제일 가까운 최측근의 인물이었던 셈이다. 그 인종 재위 9년 동안은 충선왕의 삶이나 정치 활동에서 절정의 시기였다고 할 수 있다.

하지만 달도 차면 기울고, 햇볕이 강하면 그림자도 짙은 법. 바로 그것이 충선왕에게 화근이었다. 이 부분은 이 책의 핵심 내용이니 차츰 살펴볼 것이다.

2. 복위

충선왕의 고려 국정 장악

공주 개가 책동이 실패로 돌아간 후 원의 대도에 있던 충선왕이 고려의 국정을 장악한 것은 1307년(충렬왕 33년) 3월이었다. 그것은 충선왕에 의한 전격적이고 대대적인 인사발령으로 나타났다. 이때 무려 80여 명에 달하는 중앙의 요직 인사를 단행하는데, 몇몇 주요 인사만을 살펴보면 다음과 같다.

① 최유엄 : 도첨의중찬·판전리감찰사사
② 유청신 : 도첨의찬성사·판군부사사
③ 이 혼 : 도첨의찬성사·판판도사사
④ 김 심 : 도첨의참리·판삼사사
⑤ 김문연 : 동지밀직사사

⑥ 오한경 : 밀직부사

⑦ 조인규 : 자의도첨의사사·평양군平壤君

⑧ 인 후 : 자의도첨의사사·평양군平陽君

⑨ 김 흔 : 자의도첨의사사·찬성사

⑩ 최충소 : 판도판서·권수찬성사

⑪ 박전지 : 판비서시사·권수밀직부사

⑫ 이 진 : 판위위시사·권수밀직부사

⑬ 조 서 : 좌승지

당연한 노릇이겠지만 모두 충선왕 계열의 인물들로 채워졌다. 먼저 수상에는 ①최유엄이 발탁되었다. 만약 홍자번이 살아있었다면 그에게 수상 자리가 돌아갔을 테지만, 지금까지 충렬왕에 대한 비판적인 자세나 충선왕에 대한 공로를 감안하면 최유엄의 수상 발탁은 충분히 예견된 결과였다. 이때 최유엄은 70이 다 된 나이였고 이후에는 눈에 띄는 활동이 없다가 93세까지 장수한다.

②유청신은 ④김심과 함께 공주 개가 책동이 원 조정으로 비화될 당시 충선왕이 필요하여 특별히 원으로 불러들인 인물이고, ③이혼은 충렬왕의 비위를 거스르다가 유배까지 당했던 인물이다. ⑤김문연은 충선왕편에 서서 충렬왕을 환국시키려다 공주에게 곤장까지 맞으며 곤욕을 치렀던 인물이며, 또한 그는 충선왕의 이번 인사명령인 전지傳旨를 가지고 고려에 달려와 직접 알려온 인물이다.

⑥오한경, ⑪박전지, ⑫이진은 충선왕이 처음 즉위했을 때 개혁 정치를 주도했던 4학사 가운데 3인이다. 그때 4학사 가운데 최참은 일

찍 죽었는지 활동이 보이지 않고 이들 3인이 10년 만에 다시 전면에 나선 것이다. 다시 등장한 이들이 이제 어떤 활동을 할지 귀추가 주목되는 대목이다.

⑦조인규는 그 사위였던 ⑩최충소와 함께 조비 무고사건으로 원에 압송되어 유배 생활을 치르고 방환되어 1305년 환국했었다. 충선왕을 대신하여 곤욕을 치른 것이었으니 그에 대한 보답이었겠지만 이후 두 사람은 별다른 활동이 없었다. ⑬조서趙瑞는 조인규의 장남으로 아비를 모시며 강남에서 8년 유배 생활을 함께했던 인물이다.

⑧인후와 ⑨김흔은 한희유 무고사건을 야기한 인물로, 사건이 괜한 무고로 판명되어 피해자와 함께 원으로 압송되었다가 환국했지만 이후로 아무 활동이 없었다. 한희유 무고사건은 충선왕이 폐위된 직후 그 충선왕을 위해 일으킨 사건으로 알려졌지만 충선왕에게는 별 도움이 안 되었고 이후 정치적 파쟁만을 심화시키는 계기가 된 사건이었다.

그런데 이 인사발령이 단행된 때는 원에서 카이산이 무종 황제로 즉위하기 전이었고 충렬·충선왕 모두 원의 대도에 머무르고 있던 때였다. 그 정확한 시점은 아유르바르와다가 회주에서 대도에 입성하여 반대파를 제압하고 대도의 정권을 장악한 직후였다. 그러니까 충선왕은 카이산의 즉위와 관계없이 고려 국정을 장악했던 것이다.

충선왕이 왕·송의 무리들을 원의 대도에서 처단하고 부왕을 경수사에 유폐시킨 것도 카이산이 즉위하기 전의 일로 아유르바르와다와 손잡고 단행한 일이었다. 그러니까 충선왕은 아난다를 다음 황제로 앞세운 불루간 황후 쪽을 패배시키면서 모든 일을 일거에 해결할 수 있었던 것이다. 충선왕의 처지에서는 불루간 황후 쪽을 패배시키는 일이 중차대한 문제였지, 카이산 형제 중에서 누가 황제가 되느냐는 그다지 중요한 문제가 아니었다는 뜻이다.

그런데 위의 인사 내용을 대도의 충선왕 측근에서 주도한 인물이 권한공權漢功과 최성지崔誠之라는 사람이었다. 권한공은 본관이 안동이고 최성지는 전주인데, 두 사람 모두 충렬왕 때에 정가신이 주관한 과거에서 함께 급제한 문신이었고 문재文才도 뛰어났다. 특히 무인 집권 시대 재상까지 배출한 전주 최씨 가문의 최성지는 약관(20세)이 못되어 과거에 급제하였고 일찍부터 동궁에 소속되어 세자 시절부터 충선왕을 모신 인물이었다.

권한공의 경우는 잘 드러나 있지 않지만, 최성지는 충선왕이 왕위를 빼앗기고 원으로 들어갈 때 함께했던 인물이었다. 권한공 역시 비슷한 경로로 충선왕과 가까이했다고 짐작되며, 양인 모두 좌주였던 정가신에 의해 발탁되지 않았나 싶다. 원으로 들어간 그때 최성지는 33세였고, 권한공은 이와 비슷하거나 그보다 아래로 짐작되는데 젊은 엘리트 관료로서 충선왕을 따랐던 것이다. 특히 최성지는 대도의 충선왕 저택에 함께 머물면서 원의 황제 계승 싸움에서도 충선왕을 적극 도왔던 인물이다.

권한공과 최성지, 이 두 사람은 충선왕과 함께 대도에 머물며 혹은 양국을 왕래하면서 최측근으로 활약한다. 이에 따라 많은 정치적 문제를 일으키는 중심에 서기도 했다.

허수아비 충렬왕

충렬왕이 경수사 유폐에서 풀려나 환국한 것은 1307년(충렬왕 33년) 5월이었다. 이 일 역시 카이산이 황제로 즉위하기 전의 일인데, 불루간 황후 편에 섰던 충렬왕이 살아 귀국할 수 있었던 것은 아유르바르와다와 손잡은 충선왕의 배려가 없고서는 불가능한 일이었다. 하지만 어느 모로 보나 굴욕적인 환국이었다.

환국한 충렬왕은 현직 국왕이었지만 할 수 있는 일이 아무것도 없었다. 72세의 연로한 나이로 권력에 대한 의지도 없었다. 핵심 측근들은 대부분 죽고 주변 인물들은 모두 등을 돌렸으니 권력의 무상함만이 절실하게 다가왔을 것이다. 아들을 원망할 수만도 없었을 테지만 그나마 믿을 데라고는 아들 충선왕밖에 누가 있었겠는가.

충렬왕은 환국하자마자 궁궐을 마다하고 숙창원비의 저택에 먼저 들렀다. 제국대장공주가 죽자 부왕을 위로하기 위해 충선왕이 들였던 여성이다. 그래도 재위 중인 국왕이라 주변에서 잔치를 베풀었지만 흥이 나질 않았다. 유흥도 권력을 차고 있을 때나 즐거운 것이지 권력을 놓친 다음에야 예전 같을 수 없었다.

그런 가운데 대도에서 발령하는 충선왕의 전지는 속속 도착하여 더욱 충렬왕을 옭죄었다. 충선왕은 전리사典理司(예전의 이부)와 군부사軍簿司(예전의 병부)에 명하여 선거選擧(인사행정)법을 개정하도록 하고, 두 관청에서 문관 인사와 무관 인사를 나누어 맡게 하였다. 고위 관료나 중요 관직은 국왕이 직접 임명하지만 중·하급관료는 이부와 병부의 수장이 국왕의 재가를 받아 임명하는 과거의 전통 법제대로 되돌리자는 것이었다. 지금까지 충렬왕의 측근 인물들이 행사하던 인사권 남용을 차단하기 위한 조치였다.

특히 충선왕은 첨의부와 밀직사의 관원에 결원이 생기면 반드시 자신에게 달려와 품의한 후 관리를 임명하라는 엄명을 내렸다. 이 두 관청은 '양부兩府'라 하여 중앙의 양대 핵심 관청이니 이곳의 인사만큼은 하급관리라도 충선왕 자신이 직접 챙기려는 것이었다.

이렇게 되면 충렬왕은 현직 국왕이었지만 인사권을 행사할 수 없었고 의견을 개진할 여지도 없었다. 그래도 재위 중인 국왕인지라 형식적인 재가 절차는 충렬왕을 거쳤던 것 같다. 양부에서 충렬왕에게 인사안을 올리면 충렬왕은 아예 보려고도 하지 않았다. 양부에서 자신의 의견을 수용하지도 않았지만 그렇다고 거부하는 것도 할 수 없었기 때문이다. 충선왕의 명령이니 무조건 원안대로 재가만 하라고 독촉하면 충렬왕은 마지못해 고개만 끄덕거릴 뿐이었다.

충선왕은 대도에 있으면서 고려의 군역체계를 바꾸려는 생각을 하기도 했다. 군軍과 민民을 구별하여 일종의 직업군인제도를 도입하려는 것이었다. 고려는 본래 중앙군의 경우 직업군인의 성격이 어느 정도 있었다고 보지만, 지방군은 군인과 농민이 일치하는 병농일치제의 성격을 띠고 있었다. 하지만 무인 집권기를 거치면서 이런 제도는 형식만 남아 있었고 원 간섭기에는 이마저 유지할 수 없었다. 충선왕의 의도는 고려의 전통 군역체계를 다시 복원하려는 것으로 볼 수도 있다.

충선왕의 이런 생각에 반발한 인물이 최유엄이었다. 최유엄이 충선왕의 계획을 왜 반대했는지는 잘 나타나 있지 않지만 충선왕으로서는 서운한 일이었다. 충선왕은 수상이면서 원로대신으로 있는 최유엄이 바른말을 잘하여 부담스러웠는지 2년 후 결국 수상직에서 물러나게 한다.

1307년(충렬왕 33년) 12월 충선왕은 색다른 명령을 고려에 보낸다. 매월 말에는 모든 관리들의 직무 수행 능력과 근태를 심사하여 보고하라는 주문이었다. 관료집단에 대한 통제수단이었지만 그 실효성이 얼마나 있었는지 모르겠다. 수천 리 떨어져 있는 통치자의 눈을 피하기는 어려운 일이 아니었기 때문이다.

충선왕은 1308년(충렬왕 34년) 5월 원의 대도에서 전지를 통해 다시 새로운 관제를 반포하고 인사명령을 단행했다. 이때의 관제 개혁도 충선왕이 처음 즉위했을 때인 1298년(충렬왕 24년)의 관제 개혁만큼이나 상당히 광범위하게 이루어졌다. 이것을 일일이 거론하기는 번거로운데 몇 가지만 예를 들자면, 수상을 '도첨의중찬'에서 '도첨의정승'으로 바꾸고, 이吏·병兵·예禮의 3부를 선부選部로 통합했으며, 호부戶部를 민부民部로, 형부刑部를 언부讞部로 하고 공부工部는 폐지해버린다.

이밖에 폐지된 관청이나 관직도 많은 것으로 보아 전체 관직이나 관원 수를 줄이기 위한 관제 개혁이 아니었을까 싶다. 이때 품계를 뛰어 발탁된 자나 크게 중용된 자들은 대부분 충선왕과 가까이 지낸 인물들뿐이었고 구관은 모두 한직으로 물러났다.

그런데 이 대목에서 한 가지 의문이 생긴다. 충선왕은 왜 환국하지 않고 원의 대도에 머무르며 고려 국정을 통제하려고 했을까? 원에서 이미 황제 계승 싸움은 정리되어 끝났고 자신의 뜻대로 무엇이든지 할 수 있는 위치에 있었는데도 말이다. 언뜻 스치는 생각은 아직 충렬왕이 재위 중이었으니 이를 피하기 위한 것이 아니었나 싶은데 그것만은 아니었다. 이 문제는 조금 뒤에 상세히 언급할 것이다.

결국 충렬왕은 빈껍데기 왕위만 붙들고 있다가 다음 왕위를 심양왕(충선왕)에게 맡긴다는 유교遺敎를 남기고 1308년(충렬왕 34년) 7월 세상을 뜬다. 원에서 돌아온 지 불과 1년여 만이다.

10년 만의 환국, 복위

부왕의 부음 소식을 접한 충선왕은 대도에서 득달같이 달려왔다. 부음을 전하러 원으로 들어가는 사신은 한 달이 걸렸지만 소식을 접한 충선왕은 10여 일 만에 개경에 도착했다. 충선왕이 처음 고려 왕위를 빼앗기고 입원한 지 정확히 10년 만의 환국이었다. 그 10년 동안 환국하고 싶어도 할 수 없었는데, 공주 개가 책동이 진압된 뒤에는 웬일인지 환국을 미루다가 이제야 부왕의 죽음으로 환국한 것이다.

도착하자마자 충선왕은 빈전殯殿에 들어가 곡을 하고, 환국 이틀 뒤에는 부왕이 유교에서 언급한 대로 고려 왕위를 계승하기 위해 수녕궁에서 화려한 즉위식을 가졌다. 1308년 8월의 일로, 이제 34세의 중년에 접어든 나이였다. 이로써 충선왕은 다시 한번 고려 왕위를 차지하게 된다. 부왕 충렬왕이 두 번 중첩해서 왕위에 올랐는데 충선왕 자신도 두 번째 왕위에 오른 것이다. 이를 중조重祚라고 한다.

충렬왕과 충선왕은 부자가 모두 그러한 중조를 경험했는데 이는 우리 역사상 매우 특이한 현상이다. '중조'란 말은 본래 나쁜 뜻이 아니고 좋은 뜻을 지니고 있다. 왕이나 천자의 자리에 한 번도 아니고 두 번이나 오르는 것이니 얼마나 경사스런 일이겠는가. 해당 본인에게나 국가 혹은 왕실 처지에서나 말이다. 하지만 이런 경우는 백성이나 신민의 뜻에 따라 태평성대를 이룩한 성군이었다는 것을 전제로 한다.

충렬·충선왕 부자는 백성이나 신민의 뜻에 따라 중조를 한 것이 아니었다. 대원제국이라는 불가항력적인 외세의 영향 속에서 이루어진 일이었다. 그러니 그 의미가 좋게만 다가올 수 없다. 불가항력적인 외세의 간섭은 독립된 왕조 국가의 왕위 계승을 그렇게 변칙적으로 만들었던 것이다. 이런 속에서 국정이 올바로 작동될 수 없다는 것은 말할 나위도 없다.

사실, 충선왕의 복위는 원에서 황제 계승 싸움이 결판나면서 이미 결정되어 있었다. 그것은 일반적인 왕위 세습이 아니라 충선왕 자신이 펼쳤던 정치 활동의 결과로 얻어진 것이었다는 뜻이다. 부왕의 죽음으로 인해서 외형상 자연스런 세습처럼 보였지만, 실제 고려에 대한 통치권은 황제 계승 싸움과 공주 개가 책동이 정리되면서 한 점 착오 없이 즉시 행사되었기 때문이다. 아마 부왕의 연로함으로 인해 충선왕의 1차 즉위 때와 같은 인위적인 왕위 교체를 서두를 필요가 없었을 뿐이다.

그래서 충선왕의 1차 즉위와 이번 복위는 좀 차이가 있었다. 1차 즉위는 충렬왕의 측근 세력들에 대해 충선왕이 판정승한 결과였다면(비록 다시 판정패하여 왕위를 곧 빼앗기기는 했지만) 이번 복위는 완전히 케이오승한 것이었다. 그러니 왕위를 인위적으로 빼앗을 필요조차 없던 것이다. 만약 충렬왕이 아직 젊거나 좀 더 통치권을 행사할 여력이라도 있었다면 이번에도 인위적이고 전격적인 왕위 교체가 분명히 이루어졌을 것이다.

결국, 충선왕의 1차 즉위와 폐위가 원 조정의 일방적인 결정이었다면, 이번 충선왕의 복위는 원 조정에서도 당연히 받아들여야 할 수순이었다고 할 수 있다. 황제 계승 싸움에서의 결정적인 공로로 누구도 간섭할 수 없는 필연적인 과정이었기 때문이다.

충선왕에 대한 원 황제의 책봉 조서는 복위한 두 달 후인 그 해 10월에 고려에 전달되었다. 이때 충선왕은 원의 황제로부터 개부의동삼사 태자태사 상주국 부마도위 심양왕開府儀同三司 太子太師 上柱國 駙馬都尉 瀋陽王에다가, 정동행중서성 우승상 고려국왕征東行中書省 右丞相 高麗國王이라는 긴 직책을 제수받는다. 앞은 황제 옹립에 대한 포상으로 1년 전에 이미 받은 것이었고, 뒤는 고려 왕에 복위한 후에 새롭게 부여된 것이다.

이러한 황제의 책봉 조서는 원 간섭기 어떤 왕에게나 내려졌던 의례적인 일로, 충선왕도 그 전례를 따른 것뿐이었다. 원 간섭기 모든 고려 국왕들은 원 황제의 사전 재가를 거친 후에 즉위하고, 즉위한 후 다시 황제로부터 위와 같은 책봉 조서를 받았다. 하지만 이번 충선왕에 대한 책봉 조서는 사후 승인에 가까운 조치였다. 이렇게 보면 충선왕의 복위는 그 이전이나 그 이후의 왕위 계승에 비해 외부의 시시비비나 간섭을 전혀 받지 않은 것이었고, 따라서 강력한 왕권을 행사할 수 있는 바탕도 마련되었다고 볼 수 있다.

충선왕에 대한 황제의 책봉 조서가 전달된 사흘 후, 이번에는 원의 황제(무종)·황태후(흥성태후)가 별도의 사신을 보내어 충선왕의 복위를 축하하는 향연을 베풀었다. 다음날에는 황태자(아유르바르와다)가 보낸 사신이 또 향연을 베풀었다. 원 간섭기의 여러 고려 국왕 중에서 이렇게 원 황실의 전폭적인 지지와 후대를 받은 국왕은 충선왕밖에 없었다.

이것이 충선왕 스스로 이룩한 공적 때문이라는 것은 말할 필요가 없지만, 충선왕이 원 황실의 전폭적인 후원을 받고 있었다는 것은 긍정적인 면도 분명 있었다. 충선왕은 진정 새로운 정치를 펼칠 수 있는 힘과 여건을 갖추고 있었기 때문이다. 그동안 쌓인 정치 사회적인 폐단을 제거하고 개혁 정치를 할 수 있는 국왕으로 충선왕은 적격이었다는 뜻이다. 하지만 예상과 다르게 충선왕의 복위는 그런 기대에 미치지 못한다. 그 원인은 충선왕의 복위가 갖는 또 다른 의미 때문이다.

충선왕의 복위는 고려와 원, 양국의 관계가 더욱 긴밀해져 하나의 국가처럼 작동하면서 나타난 결과였다. 고려 내정의 특정 사건이 원으로 비화되면 원 조정의 문제가 되었고, 원 조정의 특정한 사건도 고려 국정에 바로 영향을 미쳤다. 공주 개가 책동과 황제 계승 싸움의 중첩이 바로 그것이다. 충선왕은 양국에 걸쳐 그 두 사건 모두에 관련되어 있었고, 그래서 양국의 정치가 하나의 국가처럼 작동하는 데 기여한 핵심 인물이었다. 나아가 충선왕은 그런 양국관계 속에서 정치를 전개한 장본인이기도 했다.

원 황실의 전폭적인 후원을 받은 충선왕의 당당한 복위는 그렇게 밀착된 양국관계의 결과물이었다. 그래서 개혁 정치를 펼칠 좋은 기회였지만, 한편 바로 그런 밀착된 양국관계 때문에 개혁 정치는 어려웠다. 오히려 그런 양국관계의 후유증과 병폐는 갈수록 깊어지고 끈질기게 오래갔다. 원이라는 세계 제국이 쇠망할 때까지 말이다.

복위 직후 야릇한 일들

충선왕이 환국하고 복위하여 제일 먼저 한 일은 4학사의 한 사람이었던 오한경에게 명하여 제궁諸宮과 내관의 명칭을 모두 고치게 한 일이었다. 예를 들어 국왕의 여식을 부르는 궁주宮主를 옹주翁主라 한 것 등이다. 내관의 명칭을 고치게 한 것은 충렬왕 때 내관들의 횡포를 염두에 둔 것으로 그들 세력을 약화시키기 위한 조치로 보인다.

이에 앞서 충선왕은 환국하기 직전 대도에서 충렬왕이 만들었던 여러 근시近侍 기구를 모두 혁파하는 조치를 내리기도 했었다. 이런 명령 역시 위 내관에 대한 조치와 마찬가지로 근시 기구에는 충렬왕의 측근 세력들이 포진하고 있어 이들을 무력화시키려는 의도였다고 할 수 있다. 이와 비슷한 목적으로 단행된 관직 개편도 충선왕 복위 후 광범위하게 이루어지는데 필요한 부분에서 언급하겠다.

이어서 충선왕은 하급관리의 인사발령이 잘못되었다고 하여 이미 받은 녹봉미를 추징하기도 했다. 충선왕이 원에서 전지를 통해 통치권을 행사하던 지난 1년의 인사행정이 바르게 시행되지 못했다는 뜻이기도 하지만, 그보다는 앞으로의 인사행정을 하급관리라도 엄격하게 하겠다는 의지의 천명으로 보인다.

그런가 하면, 충선왕은 언부의랑讞部議郎(정4품)으로 있는 한중희韓仲熙란 자를 궁문 밖 많은 사람이 보는 앞에서 곤장을 치기도 했다. 구경

하는 자들은 영문을 몰라 했으니 맞는 자에게는 마른 하늘에 날벼락이었다. 언부는 충선왕이 형부刑部를 개칭한 것으로, 형벌과 소송을 다루는 중견관리를 많은 사람이 보는 앞에서 혼찌검을 낸 것인데, 아마 관료집단의 규율을 다잡기 위한 시위가 아니었나 생각된다.

또한 충선왕은 대궐의 중문에 방을 붙여, 권한공·최성지 등 20여 명의 관리를 특별히 거명하고 이들 외에는 부르지 않으면 입궐하지 못하게 선포한 일도 있었다. 권한공과 최성지는 드러난 인물이지만, 이 가운데는 승려도 세 명이나 포함되어 있었고 생소한 인물들도 많다. 아마 충선왕이 원에 체류하는 동안 부왕의 측근 세력들과 알력을 빚을 때 충선왕편에 선 인물들로 보인다.

이런 조치가 내려진 내막은 잘 모르겠지만 충선왕이 폭넓게 관료집단을 포용하려는 자세는 분명 아니었다. 자신을 도운 인물들에 대해 의도적으로 과장된 신뢰를 표시한 것인데, 달리 말하자면 그 나머지 관료들은 신뢰하지 않겠다는 뜻으로도 읽힌다. 즉위 초에는 관료집단에 대한 포용적인 자세를 취하는 것이 보통이지만 충선왕은 오히려 관료집단을 구분하여 배타적인 태도를 먼저 드러낸 것이다. 원에 체류하던 지난 10년 동안 고려의 관료들이 자신에게 드러낸 배신감이 그만큼 컸던 탓이리라.

충선왕은 고릉高陵(충선왕의 모후 제국대장공주의 묘)을 배알하면서 능터가 불길하다고 하여 당시 터를 선정한 여러 관리들을 순군옥에 가두기도 했다. 10여 년에 전에 원에서 달려와 모후의 상을 직접 치른 충선왕이 이제 와서 그 터가 잘못되었다고 하는 것도 이상하지만, 이미 퇴직한 해당 관리들을 처벌하는 것도 좀 지나친 처사였다. 아마 부왕을 장사지낼 즈음이라 장례를 엄숙하게 치르기 위한 사전 엄포가 아니었을까 싶다.

충선왕은 충렬왕이 죽은 지 3개월 후인 1308년(충선왕 즉위년) 10월 부왕을 경릉慶陵에 장사지냈다. 이때 재미있는 일이 생긴다. 부왕의 시신이 들어있는 관, 즉 현궁玄宮을 봉하는 일이 문제였다. 그 일을 맡은 자는 앞날이 좋지 못하다는 속설 때문에 선뜻 누가 나서지를 않고 그 일을 기피했던 것이다. 이에 충선왕은 측근인 최성지를 시켜 그 일을 부탁했다. 최성지라고 그것이 상쾌한 일은 아니었지만 "너의 앞길은 나에게 있지 않느냐"라는 충선왕의 말을 거절하지 못하고 그 일을 해냈다. 그 일 때문은 아니겠지만 이 최성지의 말로는 결국 좋지 않았다.

충선왕의 야릇한 행동은 또 있었다. 숙창원비를 기억할 것이다. 김문연의 누이동생으로 제국대장공주가 죽자 충선왕이 부왕을 위로하기 위해 들였던 여성이다. 충선왕이 이 여성을 간음한 것이다.

충선왕은 부왕의 장례가 끝나자마자 김문연의 집에 거처하고 있던 숙창원비를 찾아간다. 이것이 처음은 아니었다. 이보다 보름 전에도 김문연의 집에 행차하여 오랜 시간을 지체하자 사람들이 의심하기 시작했는데 다시 찾은 것이다. 이때 충선왕이 숙창원비를 간음하면서 사태는 결국 밖으로 알려졌다.

충선왕이 여자를 너무 밝힌 탓일까, 아니면 숙창원비의 유혹이 너무 강렬했던 탓일까. 충선왕이 아무리 여자를 밝힌다 해도 부왕의 여성을 범한단 말인가. 이건 아무래도 충선왕의 개인적인 성향 때문이 아니라 권력에 자만한 탓이 크다고 본다. 현대 사회에서도 통치자의 부도덕한 여성 편력은 흔히 견제받지 않은 독재 권력과 관계가 깊듯이 충선왕 역시 복위 후 견제할 세력이 없어 두려울 게 없었을 것이다. 그러니 그런 일도 저지를 수 있었지 않을까?

숙창원비도 충렬왕에 만족하지 못하고 그 아들 충선왕까지 유혹할 정도로 자태가 빼어난 매혹적인 여성이었던 것 같다. 온갖 아양과 애교로 충선왕을 현혹했다고 하니 경국지색이거나 혹은 요즘 말로 팜므파탈이었던 모양이다.

그런데 충선왕의 간음 사실이 알려지자 유학자 사대부들이 가만 있지 않았다. 충선왕의 간음 사실을 알고 맨 먼저 앞장서 이를 비판한 인물이 감찰규정監察糾正(종6품)으로 있는 우탁禹倬이었다. 우탁은 단산(충북 단양)의 향리 출신으로 과거에 급제하여 관직에 나온 인물인데 경經·사史에 능통하였고 정이천程伊川의 의리지학義理之學을 고려에서 맨처음 수용하여 연구한 유학자였다. 그는 백이정과 함께 고려 후기 성리학 도입 무렵의 제1세대 성리학자라고 할 수 있다.

충선왕의 간음 소식을 들은 우탁은 당장 흰 옷에 도끼를 들고 거적을 어깨에 메고서 궐 앞에 나아가 상소문을 올렸다. 죽기를 각오한 행동이었다. 국왕 비서관인 승선이 나와 상소문을 접수하긴 했지만 두려워 감히 읽지를 못했고, 근신들이 모두 출두하고서도 지켜만 볼 뿐이지 상소문을 국왕에게 올리지를 못했다. 우탁이 이를 보고 일갈했다.

"그대들은 근신으로서 국왕의 잘못을 바로잡지 못하고 악행으로 이끌어 일이 이 지경에까지 이르렀다. 그대들의 죄를 아는가 모르는가?"

사태를 전해 들은 충선왕은 애써 부끄러움을 감추고 숙창원비를 숙비淑妃로 아예 승진 책봉하여 정면으로 대응했다. 그리고는 내놓고 숙창원비의 저택으로 거처를 옮겨 보름 이상을 머무른다. 1308년 11월 팔관회(11월 15일) 때는 연회와 명산대천의 제사마저 정지하고 충선왕은 숙비의 품에 파묻혀 지낸다. 이미 세상에 다 알려지고 최악의 경우를 넘겼으니 더 이상 두려울 것도 없다고 생각한 듯했다.

뒤늦은 복위 교서

충선왕은 복위한 지 3개월 후인 1308년(충선왕 즉위년) 11월 중순에야 뒤늦게 즉위 교서를 반포한다. 1차 즉위 때는 즉위 며칠 후 곧바로 대대적인 개혁안을 제시한 교서를 반포한 것에 비하면 이 복위 교서는 너무 늦고 맥이 빠진 것이었다. 숙창원비의 유혹에 빠진 탓이었을까?

그런 면이 있었다. 충선왕의 복위 교서는 숙창원비의 저택에 머무르고 있던 중 이현신궁梨峴新宮에 문무백관이 집결하자 그제야 신궁으로 행차하여 반포했기 때문이다. 이현의 신궁은 1304년(충렬왕 30년) 3월에 완공된 새 궁궐이었다. 장소가 중요한 것이 아니지만 교서를 반포하는 당일에도 충선왕은 숙창원비의 저택에서 시간을 보내고 있었다는 점에서 그런 생각이 든 것이다.

복위 교서의 내용도 1차 즉위 때의 그것에 비하면 개혁적인 성격이 미약했고 체계적인 내용도 부실했다. 어느 면으로 보나 1차 때의 즉위 교서에 비해 중량감이 떨어졌다. 그래서 이번 복위 교서는 아무래도 철저한 사전 준비 끝에 나온 개혁적인 교서는 아니라는 생각이 든다.

그런데 뒤늦은 복위 교서와 그 내용의 빈약함은 숙창원비 때문만은 아니었다. 충선왕은 복위 교서를 반포하고 다음날 바로 원으로 들어가기 위해 개경을 떠나버린다. 주변에서 예상치 못한 갑작스런 일이었다. 어쩌면 뒤늦은 복위 교서는 충선왕이 갑자기 원으로 들어가게 되면서 철저한 준비 없이 졸속으로 반포된 것 같다.

먼저, 충선왕은 왜 그리 갑자기 다시 원으로 들어가게 되었을까? 고려 왕위에 다시 오른 지 불과 몇 개월 밖에 되지 않았고, 더구나 그 이전 10년 이상을 원에 체류하다가 환국한 직후가 아닌가. 이 문제는 충선왕을 언급하면서 놓칠 수 없는 문제이니 다음에 자세히 설명하기로 하고, 우선 복위 교서의 내용을 살펴보자.

복위 교서의 내용을 원문의 순서에 관계없이 몇 가지로 분류하여 중요한 것만 간추리면 다음과 같다.

(1) 복위 과정
(2) 관청과 관직의 통폐합
(3) 조종묘예와 공신 자손에 대한 서용
(4) 자신을 따르고 지켜준 인물들에 대한 포상과 서용
(5) 왕실과 통혼할 수 있는 재상 가문 선정
(6) 전농사의 설치

(1) 복위 과정에 대한 설명은 1차 즉위 때의 교서에도 그랬듯이 통상적으로 교서의 서두에서 언급하는 것이었다. 다만 이번 복위 과정에 대해서는 좀 더 장황하게 언급하고 있다는 점이 다르다. 우선 부왕과 자신이 원 공주와 결혼하여 부마가 되었음을 들고, 3조(세조·성종·무

종)를 19년 동안 모셨다는 얘기를 하고 있다. 19년은 충선왕 자신이 1차 즉위하기 전의 숙위 기간부터 환국하기 직전까지를 말한 듯하다.

이어서, 충선왕 자신이 황제·황태후·황태자에 의지하여 사해四海를 숙청하고 본국의 아첨하는 무리들을 소탕하여 내외를 안정시켰다는 사실에 대해 특별히 자랑스럽게 언급하고 있다. 원 조정에서 새 황제 옹립이라는 큰 정치적 사건을 자신이 주도하고 즉위하게 되었으니 당연한 일일 것이다.

충선왕은 또한 황제의 명을 받아 즉위하게 되었다는 사실도 분명히 밝히고 있다. 1차 즉위 교서에서는 '황제의 명을 받아 즉위하게 되었다'는 그런 식의 직접적인 표현을 쓰지는 않았다. 1차 즉위는 원 황실이나 조정의 후원을 받아 즉위한 면이 더욱 강했고, 복위는 충선왕이 황제 옹립에 참여한 스스로의 공로 때문이었는데도 그랬다.

그런데도 충선왕이 '황제의 명을 받아 즉위하게 되었다'고 분명하게 명시한 것은, 고려 왕위가 이제는 황제의 승낙을 받아야만 계승이 가능하게 되었고, 또한 이를 거부할 수 없는 필수 과정으로 받아들이고 있다는 점을 그대로 보여준다. 그 길을 처음 열어준 왕이 부왕 충렬왕이었고, 그 길을 닦은 장본인은 바로 충선왕이었다.

충선왕 이후에는 고려 왕위 계승의 가장 강력한 정통성이 원 황실의 결정에서 나올 수밖에 없었다. 그래서 고려 국왕으로서 권위 또한 원 황실에서 찾을 수밖에 없게 된다. 이를 달리 말하자면 원 황실은 고려 왕위 계승권과 권위의 원천이었던 것이다. 고려 왕조의 자주성에 대한 큰 손상이었지만 피할 수 없는 현실이었다.

갈팡질팡 관직 개편

복위 교서에 언급한 (2)의 관청과 관직의 통폐합 문제는 복위하기 전에 충선왕이 대도에서 인사권을 행사하면서 이미 실행에 옮겨진 것이었다. 앞서 언급한 이·병·예 3부를 통합하여 선부를 발족시킨 관직 개편이 그 대표적인 예다. 그래서 관청과 관직의 통폐합 문제는 중요한 사안이었지만 이미 실행에 옮겨졌거나 진행 중에 있어 교서에서는 간략히 언급하고 있다.

고려의 관청과 관직에 할 일 없이 남설된 것이 많다는 것은 원 조정이 이전부터 지적해온 사항이었다. 노비제도를 개혁하라는 주문을 할 무렵이었는데, 실제 관원 수를 줄이라는 압력을 받아 관부를 병합하거나 명칭을 변경한 적도 있었다. 충선왕이 복위 교서에서 관부의 통폐합을 거론한 것은 이런 배경에서 나온 것으로 보인다.

하지만 충선왕의 중요한 의도는 그것보다는 다른 데 있었다. 그것은 충렬왕의 측근 세력들을 중심으로 지금까지 아첨하고 책동을 일삼았던 무리들을 표적으로 삼은 것이었다. 그들은 대부분 남설된 관직을 이용하여 관료집단에 대거 포진해 있었다. 충선왕은 그동안 자신을 음해하고 모략한 세력들에 대해서는 용인할 수 없다고 생각했다. 그래서 복위하기도 전에 대도에서 대대적인 인사명령과 동시에 관직 개편을 단행했던 것이다.

원에서 체류하는 동안 충선왕을 둘러싸고 일어났던 음해나 모략은 충선왕에게 본국의 관료집단 전체를 적대시하도록 만들었다. 자신에 대한 환국 반대 운동이나 공주 개가 책동에 꼭 가담하지 않았더라도 별반 다르지 않게 생각했다. 당연히 충선왕은 그런 책동에 적극적으로 반대한 극소수의 관료들만을 신뢰했다. 앞서, 충선왕이 복위한 직후 20여 명의 관리 이름을 특별히 거론하여, 이들 외에는 부르지 않는 한 입궐하지 못하도록 엄명을 내린 것도 이런 배경에서 나온 조치였다.

충선왕이 복위 교서에서 관청과 관직의 통폐합을 주문한 것도 바로 이런 문제와 관련 있는 것이었다. 즉 신뢰할 수 없는 고려의 관료집단에 대한 통제와 길들이기였다고 할 수 있다. 그것이 얼마나 효과가 있었을지는 모르겠지만 충선왕으로서는 다른 방도가 없었다.

그런데 이런 관직 개편이 수시로 이루어졌다는 데에 문제가 있었다. 충선왕이 복위하여 재임한 동안에도 여러 차례 단행되었다. 이는 중앙 관제에서 국정의 실무를 영역별로 분담하는 6부의 명칭과 직제 개편만을 놓고 봐도 드러난다.

6부	성종 14년	①충렬왕 1년	②충렬왕 24년	③충렬왕 34년	④충선왕 재위 중	공민왕 5년
이吏	이부 吏部	전리사 典理司	전조 銓曹	선부 選部	전리사	이부
병兵	병부 兵部	군부사 軍簿司	병조 兵曹	선부 選部	총부摠部→ 군부사	병부
호戶	호부 戶部	판도사 版圖司	민조 民曹	민부 民部	판도사	호부
형刑	형부 刑部	전법사 典法司	형조 刑曹	언부 讞部	전법사	형부
예禮	예부 禮部	전리사 典理司	의조 儀曹	선부 選部	전리사	예부
공工	공부 工部	폐지	공조 工曹	폐지	폐지	공부

고려 초 성종 때 확립된 6부가 ①충렬왕 1년(1275년)에 4사 체제로 강등 축소된 것은 원의 압력에 의한 것이었다. 이게 공민왕 5년(1356년) 반원 정책을 펼치면서 80여 년 만에 원상복구된 것이다. 그 사이 원 간섭기 때 관부의 명칭이 여러 차례 변경되었음을 알 수 있는데, 그 가운데 ② ③ ④ 시기의 개편은 모두 충선왕에 의해 이루어진 조치였다. ②의 개편은 충선왕의 1차 즉위 때의 일이고, ③의 개편은 복위 때, 그리고 ④는 복위하여 재위 중일 때의 일이다.

이렇게 관부의 명칭을 변경할 때는 당연히 각부의 직제 개편도 뒤따랐다. 본래 각 6부의 장관은 판사判事로서 2품 이상의 재상급 관료들이 겸직하였는데 이는 관부 명칭의 변경에 관계없이 변함없었던 것 같다. 하지만 그 바로 밑의 차관은 전임관으로 관부 명칭이 'ㅇ부'일 때는 상서尙書, ①'ㅇㅇ사'일 때는 판서判書, ②'ㅇ조'일 때는 다시 상서, ③'ㅇ부'일 때는 전서典書, ④'ㅇㅇ사'일 때는 다시 판서로 바뀌었다. 이들 각부의 최고 전임관은 모두 정3품이었지만 그 이하 관원의 품계와 인원 수는 관부 명칭이 변경될 때마다 바뀌었다.

그런데 위 관직 개편 표에서 충선왕에 대해 주목해야 할 것은 ③과 ④ 시기의 변화이다. 충선왕은 ③에서 본래의 6부를 3부로 축소했다가 불과 몇 년 후 ④에서 다시 이를 4사 체제로 복구한 것이다. 다시 말하자면 복위 직후 3부로 관청 통폐합을 과감하게 단행했다가 이를 충렬왕 1년 때의 4사 체제로 다시 되돌려버린 것인데, 충선왕 자신이 스스로 철회한 것이어서 그 이유가 무엇이었는지 몹시 궁금하다.

충선왕이 복위 직후 단행한 관청과 관직의 통폐합에는 많은 관료들의 희생이 뒤따랐다. 관직을 잃은 자, 강등된 자, 심지어 특별한 이유

없이 유배당한 자들도 있었다. 통폐합의 본래 목적이 그것이었으니 당연한 일이었지만 이게 관료집단의 반발과 저항을 사게 된 것이다.

충선왕은 ③에서 과감히 통폐합했던 관부를 1309년(충선왕 1년) 3월 원상복구했는데 그게 ④이다. 그래서 처음 원의 압력을 받아 강등된 ①의 모습으로 되돌아간 것이다. 여기에는 관청 통폐합으로 피해를 본 고려 관료집단의 반발이 단단히 한몫을 했다. 결국 충선왕의 관직 개편은 불과 1년도 못 되어 실패로 돌아간 것이니 갈팡질팡한 개편이 되고 말았다.

이 대목에서 충선왕이 1차 즉위 후 8개월 만에 갑자기 폐위되었다는 사실이 연상된다. 개혁에 대한 반발 때문에 그랬던 것인데, 충선왕이 앞으로 왕위를 어떻게 지켜나갈지 주목해보자.

반복되는 측근 챙기기

복위 교서 (3)에서 언급한 조종묘예祖宗苗裔와 공신 자손에 대한 서용敍用 문제는 즉위 교서에 일반적으로 보이는 사안이다. 조종묘예란 태조 왕건의 먼 후손들을 말하는데, 이들과 공신 자손들을 서용, 즉 관직에 등용하라는 주문이다. 이것은 왕위의 정통성을 강화하기 위한 정치적 조치로, 죄수에 대한 사면령과 함께 1차 즉위 교서에도 보이는 통상적인 예에 따른 것이었다.

주목할 것은 ⑷의 내용이다. 충선왕이 자신을 따르고 지켜준 인물들에 대한 포상과 서용을 명령한 것이다. 이것은 충선왕이 장기간 원

에 체류한 동안에 자신을 둘러싸고 일어났던 여러 문제에서 자신에게 도움을 준 인물들에게 내린 조치였다. 구체적인 사건과 시기로 나누어 인물 하나하나를 거론하고 이들을 포상·서용하라는 것인데, 교서에 나온 대로 네 부분으로 나누어 순서대로 살펴보겠다.

먼저, 충렬왕 16년(1290년)부터 동왕 23년(1297년)까지, 그리고 충렬왕 24년(1298년)부터 현재(1308년)까지 자신을 시종한 관리에 대해 포상·서용하라는 지시를 한다. 앞의 시기는 충선왕이 1차 즉위하기 직전까지 대도에서의 숙위 생활을 말하고, 뒤의 시기는 복위하기 직전까지의 숙위 생활을 말한다. 뒤의 시기 10년 동안은 온통 대도에서 머물렀고, 앞의 시기에는 두 번 잠깐 환국했다가 다시 원으로 들어갔었다.

이렇게 만 18년 동안, 충선왕의 나이로 말하면 성년이 된 16세부터 중년의 34세까지, 충선왕이 고려에 들어온 것은 딱 세 번이었고 그 머문 기간은 모두 합해도 1년 남짓밖에 안 되었다. 충렬왕 18년 결혼을 위해 환국했다가 2개월 머물다 돌아갔고, 충렬왕 23년 모후 제국대장공주의 죽음으로 환국했다가 3개월 후 다시 들어갔으며, 다음해 환국하여 재위 8개월 만에 폐위당하고 다시 원으로 들어갔던 것이다.

충선왕은 복위 교서를 통해 이 기간 동안 자신을 시종했던 관리들을 우선 챙긴 것이다. 이 부분에서 부왕 충렬왕이 세자 시절 부왕인 원종 폐립 사건으로 다시 원으로 들어갈 때 자신을 시종했던 관리들을 포상하고 공신으로 책봉했다는 사실이 떠오른다. 이들이 바로 충렬왕의 측근 세력으로 성장하여 충렬왕 전반기의 정치를 파행으로 몰고 갔는데 충선왕도 그 전철을 밟고 있는 것일까.

충선왕이 복위 교서에서 두 번째로 챙긴 인물들은 충렬왕 25년(1299

년)의 한희유 무고사건에 관련된 인물들이다. 충선왕은 그 사건의 가해자였던 인후와 김흔을 거명하여 포상·서용하라고 주문한 것이다. 한희유 무고사건에 대해서는 앞서 자세히 언급했지만, 그 사건은 원 조정으로 비화되었고 충선왕을 돕기 위해 일으킨 무고로 결론 나서 마침내 인후와 김흔 등이 죄를 받았었다.

인후·김흔 등은 충선왕이 대도에서 내린 인사발령에서 이미 고위 관직을 받았었다. 그럼에도 다시 충선왕이 이들을 챙긴 것은 무슨 뜻일까? 자신을 위해 목숨을 아끼지 않은 인물들에 대해서는 사후에 반드시 보상하겠다는 의지를 보여준 것이리라. 정치가 정상 궤도에서 벗어날수록 앞으로 그런 인물들은 필요할 터이니 말이다. 어쩌면 한희유 무고사건은 충선왕의 사주를 받아 일어났는지도 모를 일이다.

복위 교서에서 충선왕이 세 번째로 거론하여 챙긴 인물들은 지금까지 거의 알려지지 않은 일이다. 하지만 매우 특별하고 중요하니 조금 뒤에 따로 살펴보기로 하고, 순서를 바꾸어 네 번째로 거론한 문제를 먼저 살펴보겠다.

복위 교서에서 충선왕이 네 번째 거론하여 서용을 지시한 인물들은, 1305년(충렬왕 31년) 충렬왕과 그 측근들이 공주 개가 책동을 위해 입원했을 때 대도에서 충선왕을 도운 인물들이다. 이들은 바로 충선왕이 원으로 불러들인 홍자번·최유엄·유청신·김심 등인데, 자신의 환국을 위해 노력하고 종묘사직을 편안히 했으니 서용하라는 것이었다. 이 가운데 홍자번은 그때 대도에서 죽어 혜택을 보지 못했지만, 그 나머지는 모두 충선왕이 대도에서 발령한 인사명령에 의해 이미 재상급 이상의 요직을 받았다.

이렇게 충선왕은 복위 교서 (4)를 통해 그동안 자신을 따르고 지켜준 인물들에 대해 포상과 서용을 실천에 옮겼다. 복위 교서에서 이 부분은 매우 중요한 비중을 차지하고 있고, 모두 충선왕의 오랜 재원 생활과 관련된 사건과 인물들이었다. 이들에 대해 포상과 서용을 한다는 것은 충선왕의 처지에서는 당연한 일이었지만 자기 사람 챙기기라는 관료집단의 시선을 피하기 어려운 일이기도 했다.

다음에 설명할 복위 교서에서 세 번째로 포상과 서용을 언급한 인물은 그런 전형적인 예가 된다.

충선왕 살해 기도

복위 교서 (4)에서 충선왕이 세 번째로 서용을 거론한 문제는 지금까지 거의 드러난 적이 없는 아주 특별한 사건과 인물들이다. 그때 무슨 일이 일어났는지 사서에는 아무런 언급이 없고 복위 교서에서만 언급한 사건인데 그대로 인용해보겠다.

대덕 7년(1303년) 봄에 간신과 아첨하는 무리들이 향수원香水園에 있는 행재소에 이르러 나(충선왕)에게 불리한 짓을 꾀하거늘 박경량朴景亮·유복화劉福和·홍선洪詵·허유전許有全·이연송李連松·강융姜融·이진李珍·이유李蕤·조통趙通 등이 의를 떨쳐 생명을 잊고 힘써 간사한 모의를 막았으니 충성이 특이하다. 박경량은 마땅히 등록하여 서용하고 그 친자와 4촌 형제자매와 그 자손에 이르기까지 모두 양민으로 할 것이며, 유복화 이하는 더욱

서용하고 자손에까지 미치게 하라. 《고려사》 33, 충선왕 즉위년 11월 신미)

사건은 대덕 7년(1303년, 충렬왕 29년) 봄의 일이었다. 이 전년 충렬왕은 신년 축하를 위해 12월 1일 개경을 출발하여 원으로 향했으니 그때 원의 대도에 있었을 테고, 충선왕 역시 줄곧 대도에 있을 때였다. 사건이 일어난 향수원의 행재소는 충렬왕이 대도에 체류하면서 임시로 거처한 곳이며, 향수원은 원 황실에서 제공한 별장 같은 곳으로 짐작된다.

그 행재소에는 충선왕도 함께 있었다. 대도에 들어온 부왕을 영접하기 위해 충선왕이 마중나갔을 법도 하다. 이곳에서 간신들이 충선왕에게 불리한 짓을 꾀했다는 것이다. 충선왕은 그 불리한 짓이 무엇이었는지 구체적으로 밝히지 않고 있지만 보통 일은 아니었던 것 같다. 박경량 등이 생명을 걸고 막았다는 것으로 보아 단순한 모함이나 이간질 정도가 아닌 신체적 위해나 위협 같은 것이 아니었을까 생각된다. 그것은 혹시 충선왕을 구금 혹은 살해하려는 기도와 관련 있는 것이었는지도 모른다.

그게 사실이라면 그런 무모한 짓을 한 자들이 누구였는지 궁금하고, 또한 충선왕이 권력을 장악한 후 이들을 그냥 놔두지는 않았을 것이라는 생각이 드는데 사서에는 일언반구도 없다. 사건의 진상을 파악하기 위해서는 이 무렵 고려에서 어떤 일이 벌어지고 있었던가를 우선 살펴볼 필요가 있다.

이 무렵 고려 내정에서 정치적으로 가장 중요한 문제는 충렬·충선왕 부자를 이간질하여 충선왕을 견제하려는 움직임이었다. 그 중심에 오잠이라는 인물과 석주와 그 세 아들 석천보·석천경·석천기가 있었다. 이들은 이전부터 충렬왕을 유흥과 여색으로 이끌면서 충선왕측의 비난을 받게 되자 왕 부자를 이간질하기 시작했다. 이 일은 공주 개가 책동을 벌인 앞서의 왕·송의 무리와는 별도로 진행되었던 것 같다.

그 후 석천보·석천경 형제는 1303년(충렬왕 29년) 7월경 원으로 압송되고, 오잠은 홍자번·원충갑 등이 군사를 동원하는 쿠데타를 감행하여 그 해 8월경 원으로 압송된다. 이들은 모두 원 조정의 판결을 받아 안서 지방으로 귀양을 갔는데, 그 가장 큰 죄목이 바로 왕 부자를 이간질시켰다는 것이었다. 석씨 부자의 일이나 오잠 사건은 고려 국정을 뒤흔든 큰 사건으로 앞 장에서 모두 언급했다.

이러한 일련의 정치적 사건은 충선왕이 위 복위 교서에서 언급했던 자신과 관련된 그 사건과 무관치 않아 보인다. 또한 충선왕에게 어떤 위해를 도모했다면 그 배후 조종자는 오잠이라는 생각이 들고, 실행 하수인들은 바로 석주와 그 아들 3형제들이었다는 혐의를 지울 수 없다. 다음의 역사 기록은 그에 대한 방증이 될지도 모르겠다.

김세金世란 자가 원의 중서성에 고소하기를 "석주의 무리들이 전왕(충선왕)이 자신들을 해칠까 두려워하여 국왕을 받들고 장차 섬으로 도망칠 것을 꾀하여 비밀히 제주 등 여러 곳에 배를 만들고 양식을 비축한다"라고 하였다. 황제가 첨목아불화(원의 사신)를 보내와 석주와 석천보·석천경·석천기 그리고 김세를 데리고 대도에 가서 대변케 하고 천보·천경 형제를 매쳐 안서에 귀양 보냈다. (그 후에) 전왕이 원에 있다가 석주와 천기가 왕유소의 무리에 붙음으로 석주의 집을 몰수하고 천기를 매쳐 귀양 보냈다.《고려사》

125 석주 열전)

 석주의 무리들이 충선왕이 자신들을 해칠 것을 두려워하여 섬으로 도망칠 것을 꾀했다는 것이다. 석주의 무리는 석주와 그 아들 3형제를 말하는 것이 분명한데, 충선왕이 이들을 해치려고 했다면 그럴만한 이유가 있었을 것이다. 그런데 이들이 그것을 피하기 위해 국왕을 모시고 섬으로 도망칠 것을 계획할 정도였다면 그 죄는 보통 심각한 것이 아니었다.
 석천보·석천경 형제는 원 조정의 결정으로 먼저 안서로 귀양 갔는데, 앞서 언급했듯이 그때 오잠도 함께 처분을 받았었다. 석주와 석천기는 여기에서 일단 벗어났지만 나중에 왕유소의 무리에 붙었다가 충선왕에 의해 가산을 적몰당하고 장류되었다는 것이다. 여기 왕유소의 무리에 붙었다는 것은 바로 공주 개가 책동에 동조했다는 뜻이다.
 결국, 석주와 그 아들 3형제는 충선왕의 왕위 계승을 저지하기 위해 공주 개가 책동을 벌인 왕·송의 무리와 한 부류가 되었던 것이다. 충선왕에게 등을 돌린 그들로서는 다른 선택의 여지가 없었다. 그렇게 귀결된 계기가 충선왕이 복위 교서에서 지적한 바로 그 사건 때문이었다고 볼 수 있다.
 그런데 위의 복위 교서에서 충선왕은 자신에 대한 불측한 기도를 막은 인물로 박경량 외 8인을 하나하나 거론하여 포상·서용하고 자손에까지 미치게 하라고 했다. 충선왕이 위험에 처했을 때 그 신변을 지켜준 최고의 은인들이니 당연한 노릇이지만, 역시 측근 챙기기라는 비난을 피하기 어렵다. 이들 대부분은 충선왕의 측근이나 정권의 핵

심으로 성장하여 활약하는데, 그중 홍선·허유전·이연송·박경량은 충선왕이 대도에서 발령한 인사에서 이미 3품 이상의 요직을 제수받았다.

이 가운데 허유전은 유일하게 과거에 급제하여 관직에 나온 문관 출신 인물이다. 그는 앞 장에서 몇 차례 거론했던 인물로 충렬왕의 정치를 비판하다가 곤욕을 치렀었다. 허유전은 충선왕이 대도에서 발령한 인사에서 감찰대부 동지밀직사사(종2품)를 받아 재상급에 오르고, 후에 충선왕이 곤경에 처했을 때 몸을 사리지 않고 충선왕을 지킨다. 홍선·유복화·이연송은 모두 무관 출신으로 위의 사건 몇 년 전부터 대장군(종3품)으로 있으면서 원에 공물을 바치러 왕래하다가 충선왕과 가까워졌던 것 같다. 이 3인도 충선왕 재위 중에 재상급에 오른다. 그리고 조통·이진·이유 3인은 사건 당시 젊은 나이로 말단관리나 하급 장교로 있었다고 보이는데, 이후 특별한 활동이나 행적이 드러나지 않는다. 그리고 박경량과 강융은 노비 출신이었다는 점이 주목된다. 강융은 그 조부가 진주의 관노였는데, 자신은 궁중 내관으로 관직에 들어와 위 사건을 계기로 충선왕과 가까워졌던 것 같다. 강융은 그 사건 이후 충선왕을 충실히 따르다가 충숙왕 때에야 재상급에 오른다.

다음의 박경량도 노비 출신이었는데, 그는 충선왕이 하나하나 거론한 인물들 중에서 가장 주목해야 할 인물이다.

충선왕의 복심 박경량

박경량은 앞의 복위 교서에서 충선왕이 특별히 챙기고 있다는 점에서 그 총애가 나머지 8인과는 비교가 되지 않을 정도로 남달랐다는 것을 알 수 있다. 충선왕은 박경량을 특별히 거론하여 서용하라 했고 친자와 그 사촌 형제자매까지 모두 양민으로 하라는 지시를 내렸다. 이 대목에서도 그가 천민 출신이었음이 드러난다.

박경량의 처음 이름은 박선朴瑄으로 초노抄奴였던 박록대朴祿大의 아들이었다고 그의 열전에 나와 있다. 초노는 '노군별초奴軍別抄'를 말하는데 몽골과의 전쟁 시기에 노비로 구성된 특별 군대였다. 아비의 신분이 노비였지만 군인이었으니 박경량도 그 군역을 세습받아 말단 군졸로 사회 생활을 시작했던 것 같다. 그가 태어난 연대는 알 수 없으나 10대 중후반 무렵에 이미 군인의 길로 들어섰다고 보인다.

그런 박경량이 교위(정9품)로 역사 기록에 처음 등장한다. 교위는 가장 말단의 하급장교로 지금으로 말하면 소위 정도에 해당한다. 고려시대에 말단 군졸이 하급무관으로 승진하려면 무공을 세우는 수밖에 없었다. 박경량이 교위로 승진할 무렵은 몽골 침략의 막바지였으니 어쩌면 몽골과의 전투에서 조그만 무공을 세웠을 수도 있다. 혹은 당시는 최씨 정권의 막바지로 천민 출신이었던 최항崔沆이나 최의崔竩가 집권할 무렵이라 그들의 배려로 말단장교가 되었을 수도 있다.

그런데 교위로 있던 박경량에게 중요한 사건이 닥친다. 바로 1258년(고종 45년) 3월 김준·유경 등이 최씨 정권의 마지막 집권자였던 최의를 제거한 정변이 터진 것이다. 이때 교위 박경량은 몇몇 무장들과 함께 최의 편에 서서 정변 모의를 최의에게 밀고해버린다. 하지만 정변이 성공하여 최씨 정권은 붕괴되고, 당연히 박경량은 정변 성공 후 그 주역들에 의해 주살될 위험에 처했지만 불행 중 다행으로 귀양으로 그쳐 살아남는다.

이후 박경량의 행적은 드러나지 않다가 충선왕이 1차 즉위하여 재위할 무렵(1298년) 다시 등장한다. 바로 조비 무고사건이 일어날 때인데, 이 무렵 박경량은 벌써 충선왕의 측근으로 나타난다. 박경량이 그 동안 충선왕의 측근으로 성장할 수 있었던 것은 그의 혼인 때문이었다. 그는 바로 조인규의 딸을 아내로 맞아 충선왕과는 동서간이었던 것이다.

그런데 박경량과 조인규 딸의 결혼은 충선왕의 결혼보다 먼저 이루어진 것이 분명하지만 의문점이 있다. 박경량과 조인규는 나이 차이가 아무리 많게 잡아도 10년 이상 나지 않기 때문이다. 그런 연령차에서도 장인·사위관계가 성립 불가능한 것은 아니지만 아무래도 자연스럽지 못하다. 이런 의문은 조인규의 또 다른 사위로 언급된 박의와 최충소도 마찬가지다.

이곡李穀(이색의 부)이 쓴 조인규의 사당기에 의하면 조인규는 5남 4녀를 두었는데, 그 사위 넷은 위로부터 노영수盧穎秀, 충선왕, 백효주白孝珠, 염세충廉世忠뿐이었다. 하지만 《고려사》나 《고려사절요》 등의 관찬 사서에는 그들 외에 박의·최충소·박경량 3인도 조인규의 사위로 나타나 있다. 이게 어찌된 일인지 궁금한데 당대의 기록인 조인규의 사당기에 무게를 두는 것이 옳을 것 같다. 아마 박의·최충소·박경량 이들 3인은 조인규의 친사위가 아니라 서녀사위 혹은 조카사위가 아니었을까 싶다.

아무튼 박경량의 결혼관계는 충선왕과 가까워질 수 있는 중요한 계기가 되었다. 이런 관계 속에서 조비 무고사건이 일어나는데, 계국대장공주가 조비의 사랑받음을 시기하여 원의 황태후에게 조비를 무고하는 글을 위구르 문서로 올린 것이다. 이때 충선왕은 다른 사람이 아닌 바로 박경량을 시켜 이를 저지하면서 그 문서의 내용이 무엇인지 알아내려다 실패했다. 이후 조비 무고사건은 원 조정으로 번져 엄청난 파문을 일으키는데 앞 장에서 설명한 대로다.

충선왕이 그런 중요한 일에 박경량을 앞세웠다는 것은 최측근이었음을 말해준다. 박경량은 그 사건으로 조인규와 그 처자 그리고 최충소와 함께 원으로 압송당하였다. 그 후 조인규와 최충소는 원 조정의 판결로 중국에서 유배를 갔는데, 이때 박경량도 함께 유배를 갔는지는 역사 기록에 분명한 언급이 없다. 하지만 박경량만 제외되었다고 보는 것보다는 함께 유배를 받았다고 보는 것이 옳을 것 같다.

그 후 박경량이 다시 역사 기록에 등장하는 것은 원의 황제 계승 싸움에서 충선왕 측이 승리하고 그 공로로 충선왕이 심양왕에 책봉되면서다. 그 심양왕 책봉 사실을 고려에 최초로 알려온 인물이 바로 박경량이었다. 이런 사실은 박경량이 그때까지 줄곧 충선왕의 측근으로 있었다는 얘기다.

조인규를 비롯하여 조비 무고사건에 연루된 자들이 유배에서 풀려나 환국한 것은 1305년(충렬왕 31년) 12월경이었다. 박경량도 함께 유배를 받았다면 이때 풀려났을 것이다. 하지만 그는 조인규와 함께 환국하지 않고 대도에서 충선왕 곁을 지켰던 것 같다. 그 무렵은 바로 원에서 황제 계승 싸움과 공주 개가 책동이 동시에 진행되고 있을 때였다. 충선왕에게 최대의 위기였던 그때 박경량은 충선왕 곁에 있었던 것이다.

충선왕이 대도에서 위기에 처한 그때, 박경량과 함께 앞서 언급했던 권한공과 최성지도 충선왕 곁에 있었다. 이후 이 3인은 충선왕의 최측근으로 활동하며 정권의 핵심 세력이 된다. 이에 대해서는 차츰 이야기할 것이다.

왕실과 통혼할 수 있는 가문

복위 교서에서 다음으로 언급할 문제는 (5)의 왕실과 통혼할 수 있는 가문이다. 충선왕은 복위 교서에서 많은 분량을 할애하여 왕실과 통혼할 수 있는 15개 가문을 선정하여 발표한다. 이것은 일반적인 국왕의 즉위 교서에서는 볼 수 없는 가장 특별한 사항인데, 충선왕이 선정한 그 15개의 가문을 원문 순서대로 나열해 보겠다.

① 신라 왕손 김혼金琿 일가 ② 언양彦陽 김씨
③ 정안定安 임태후 ④ 경원慶源 이태후
⑤ 안산安山 김태후 ⑥ 철원鐵原 최씨
⑦ 해주海州 최씨 ⑧ 공암孔岩 허씨
⑨ 평강平康 채씨 ⑩ 청주淸州 이씨
⑪ 당성唐城 홍씨 ⑫ 황려黃驪 민씨

⑬ 횡천橫川 조씨　　　⑭ 파평坡平 윤씨

⑮ 평양平壤 조씨

　우선, 이 15개 가문을 선정한 기준이 무엇이었을까 궁금하다. 역대 태후 가문을 몇 개 들고 있는 것으로 보아 왕비를 배출했는지가 기준일 것 같은데 15개 가문 전체가 그렇지는 않다. 혹은 교서의 내용 중에 '재상'이라는 표현이 많이 나오는 것으로 보아 역대 재상을 많이 배출한 가문을 선정했다고도 생각되는데 이 또한 전부 다 그런 가문은 아니다. 그것도 아니라면 당대의 정치적 위상이나 지위를 기준으로 선정했을까 생각되지만 이것도 맞지 않는다.

　예를 들자면, ④ ⑤ ⑩ ⑭의 가문은 충렬왕대에 단 한 명의 재상도 배출하지 못했는데 여기에 포함되었다. 또한 ⑮의 평양 조씨 가문은 조인규의 가문으로, 조인규 이전에는 변변한 문관 하나 배출하지 못했지만 선정되었다. 이에 반해 안동安東 김씨 김방경 가문, 유주儒州 유씨 유경 가문, 원주元州 원씨 원부 가문, 광주光州 김씨 김주정 가문 등은 충렬왕대에 3명 이상의 재상을 배출했지만 여기에서 제외되었다. 이렇게 하나의 일관된 선정 기준이 없었다면 위 15개 가문은 몇 개의 다른 기준으로 선정되지 않았을까 생각된다.

　그렇게 본다면 먼저, 역대 왕비를 배출한 가문으로 ① ② ③ ④ ⑤ ⑩의 여섯 가문을 들 수 있다. ①의 김혼 일가는 경주 김씨를 말하는데 충선왕의 조모에 해당하는 원종의 왕비가 순경왕후로 김약선의 딸이었다. 김혼은 그 김약선의 조카로 충렬왕 때에 수상을 역임했다. ②의 언양 김씨는 고종 때 거란족을 물리친 명장 김취려 장군의 가문인데, 충렬왕에게 출가했던 숙창원비는 그 증손녀였고 김문연은 그 오라비가 된다. ③의 정안 임씨는 임원후任元厚 가문으로, 그 딸이 인종의 왕비가 되어 의종·명종·신종을 낳은 공예태후恭睿太后이다. ④의 경원 이씨는 유명한 이자겸李資謙 가문으로 고려 전기에 10명의 왕비를 배출했고, 이자겸의 딸은 예종과 인종 두 왕에게 출가하여 그 사이에서 다섯 임금이 나온다. ⑤의 안산 김씨는 김은부金殷傅의 가문으로 그의 세 딸이 현종에게 출가하여 덕종·정종·문종 세 임금이 나왔다. ⑩의 청주 이씨는 이가도李可道의 가문으로 그 딸이 현종의 왕비가 되었고 왕씨 성을 하사받았다.

다음, 충선왕 자신이 혼인한 가문으로 ⑧ ⑪ ⑮의 세 가문이 들어 있다. ⑧의 공암 허씨는 허공 가문으로 뒤에 언급하겠지만 충선왕은 그 딸을 왕비로 들였다. 또한 충선왕의 외동딸인 수춘옹주壽春翁主는 허공의 손자인 허종許琮과 결혼했으니까 충선왕은 공암 허씨 가문과 중첩된 혼인관계를 맺었다. ⑪의 당성 홍씨는 남양南陽 홍씨라고도 하는데 홍자번과 홍규의 가문으로, 충선왕은 홍규의 딸도 왕비로 맞았던 것이다. ⑮의 평양 조씨 가문은 바로 조인규의 가문으로 그 딸이 조비다.

그리고 나머지 ⑥ ⑦ ⑨ ⑫ ⑬ ⑭의 여섯 가문은 3대 이상 재상을 배출한 가문이었는데, 이들 가문 대부분은 충렬왕 이후에도 많은 재상을 보유했고 과거 합격자를 많이 배출한 가문으로도 유명했다. ⑥의 철원 최씨 가문은 무인 집권기 때 매우 번성한 가문인데 충렬왕대에 눈에 띄는 인물로는 최충소가 있다. ⑦의 해주 최씨 가문으로 유명한 인물은 최충·최자 등이 있었고 충렬왕대에는 최유엄이 있다. ⑨의 평강 채씨 가문도 여러 재상을 배출했는데 충선왕대의 인물로는 채홍철蔡洪哲이 있다. ⑫의 황려 민씨 가문도 여러 재상을 배출한 가문으로 충렬왕대의 인물로는 민지가 있다. ⑬의 횡천 조씨 가문은 신종 때 수상을 지낸 조영인趙永仁의 가문으로 그 자손들이 계속 재상을 배출했다. ⑭의 파평 윤씨 가문은 유명한 윤관尹瓘의 가문으로 충렬왕대에는 재상을 배출하지 못했지만 과거 합격자를 많이 낸 가문으로 유명하다.

그런데 이렇게 3가지 유형으로 나누어 보더라도 이 15개 가문의 선정 기준은 애매모호하다. 특히 안동 김씨 김방경 가문과 광주 김씨 김주정 가문은 충렬왕대에 3명의 재상을 배출했을 뿐만 아니라, 김방경의 아들 김흔, 김주정의 아들 김심 등은 충선왕 계열로 들어서서 현재 맹렬히 활동 중인데도 누락된 것은 이해되지 않는다. 반면에 ⑩의 청주 이씨는 현종의 왕비를 배출했다는 것 외에는 아무 것도 드러낼 것이 없는데도 선정되었다.

그래서 위 15개 가문에 대해서는 그 선정 기준이 무엇인가가 중요한 것이 아니라, 충선왕이 복위한 이 무렵 왜 이러한 가문을 선정하여 왕실과 통혼하도록 했는가가 중요하다. 다시 말해서 선정 기준보다는 선정 배경에 초점을 맞춰보자는 것이다.

먼저, 원에서 고려 왕실의 족내혼을 금지하도록 요구했다는 사실을 들 수 있다. 그런데 충선왕의 첫 결혼 상대는 종실인 서원후 영의 딸이었다. 이에 원에서는 고려 왕실의 족내혼을 다시 비난하는데 세조의 성지가 바로 그것이었다. 복위 교서에서도 충선왕이 그 세조의 성지를 언급하며 15개 가문을 선정했던 것이다. 이렇게 보면 왕실과 통혼하도록 15개 가문을 선정한 것은 원의 요구를 수용한 것으로 볼 수

있다.

하지만 그것만이 선정 배경의 전부라고 볼 수 없다. 왜냐하면 그러한 요구는 모두 충렬왕대에 있었던 것이니 충선왕이 복위한 후의 선정 배경은 달리 설명해야 한다. 여기서 충선왕이 조비 무고사건으로 곤욕을 치르고 왕위까지 빼앗겼다는 사실을 상기할 필요가 있다. 그 사건은 충선왕과 조비의 결혼관계를 부정하는 것이었고, 이를 달리 말하면 원 공주 출신 왕비와의 결혼만을 정통으로 인정한다는 뜻이었다.

사건의 핵심 인물이었던 조비는 그 후 충선왕과 결혼관계를 해소당하고 만다. 그 후 조비에 대한 정확한 기록은 없지만, 원의 관리에게 재가한 것으로 보이는데 폐비되었다는 기록도 없다. 처음부터 왕비로서의 정당성을 확고하게 인정받지 못했으니 당연한 노릇이었다. 조비뿐만 아니라 충선왕과 결혼한 나머지 고려 여성도 그 정당성을 제대로 인정받지 못하기는 마찬가지였다.

충선왕은 결혼 문제로 또 한 차례 곤욕을 치르는데 바로 충렬왕의 측근 세력들이 일으킨 공주 개가 책동이다. 이 사건은 반대로, 실질적인 결혼관계도 없었지만 원 공주 출신 왕비라는 이유 때문에 충선왕은 여기에 정치생명을 걸어야 했다. 이 사건은 또한 이전에 있었던 고려의 명문가 여성들과의 결혼관계를 무의미하게 만들어버렸다. 공주 개가 책동은 거꾸로 말하면 충선왕과 고려 여성의 결혼이 정당성을 인정받지 못했기 때문에 일어난 일이기도 했다.

이렇게 충선왕이 결혼 문제로 두 차례나 치른 큰 곤욕의 핵심은 고려 여성과의 결혼관계를 부정당했다는 것이다. 이는 부마국 체제가 깊어지면서 나타난 피할 수 없는 결과였다. 여기서 원 공주와의 결혼만이 정통성을 인정받는 부마국 체제 아래의 왕실 혼인에 대한 충선왕의 불만을 짐작할 수 있다. 복위한 충선왕은 이런 부마국 체제를 극복하고 싶었을 테고, 이것이 왕실과 통혼할 수 있는 가문의 선정으로 나타났다고 보인다.

또한 공주 개가 책동을 겪고 복위한 충선왕은 국왕으로서 권위에 큰 손상을 입었다고 생각했다. 충선왕은 그 권위를 회복하는 방법으로 조비를 비롯한 고려 여성과의 결혼도 정당한 결혼이었음을 선언할 필요가 있었던 것이다. 아울러 이 기회에 전통적으로 왕실과 통혼했던 가문이나 재상을 많이 배출한 정통 명문을 추가하여 그 통혼 범위를 확대했다. 이는 고려 왕실의 정통성을 되살리는 길이기도 했다.

결국, 위 15개 가문에서 충선왕이 가장 애착을 가지고 선정한 가문은 자신과 결혼관계를 맺은 ⑧공암 허씨, ⑪당성 홍씨, 그리고 ⑮평양 조씨 가문이라고 할 수 있다. 그중에서도 특히 평양 조씨 조인규의 가문에 대한 관심은 각별했을 것이다.

전농사 설치

복위 교서에서 마지막으로 살펴볼 문제는 (6)전농사典農司의 설치이다. 전농사는 복위 교서에서 유일하게 경제 분야의 문제를 언급한 것이다. 전농사는 고려 초에 그와 비슷한 기능을 하는 관리가 존재한 적은 있었지만 하나의 독립된 기구로 처음 설치된 것은 충선왕에 의해서였다. 충선왕은 왜 전농사라는 새로운 기구를 만들었을까?

당시 경제 사회 분야에서 가장 중요한 문제는 토지와 노비 문제였다. 이는 충선왕이 1차 즉위했을 때와 마찬가지로 권문세족들이 불법적으로 대토지 소유를 확대하고 양민을 노비로 만드는 문제였다. 10년이 지난 이 무렵에도 토지와 노비 문제는 그 폐단이 더욱 커졌으면 커졌지 줄어들지 않고 있었던 것이다. 이것은 복위한 충선왕이 척결해야 할 첫 번째 과제였다.

복위 교서에서 충선왕은 권문세족의 토지와 노비 문제를 거론했다. 복위 교서의 서두에서도 언급하고 있지만, 특히 제찰사提察司의 업무를 규정하면서 자세히 언급하고 있다. 제찰사는 지방을 순행 감독하는 안찰사按察使의 다른 이름이고 조선 시대 관찰사에 해당한다. 즉, 권세가들이 지방에서 사패를 받아 불법으로 타인의 토지와 노비를 빼앗아 피해자가 고소하는데도 수령이 이에 대한 처결을 하지 않고 있다면서, 제찰사는 감독권을 행사하여 그런 수령을 처벌하고 근무 성적을 보고하라는 내용이다. 이것은 충선왕이 1차 즉위 교서에서도 거론했던 바로 그 권문세족의 농장 문제였다. 전농사는 바로 이 문제를 해결하기 위한 기구였다는 생각이 우선 든다.

충선왕이 처음 설치한 전농사는 공민왕 때 전농시典農寺로 정착되는데 그 기능을《고려사》〈백관지〉에는 자성粢盛 공급을 관장한다고 되어 있다. '자성'이란 곡식을 비축하는 것을 의미하니 그 기능을 대강 짐작할 수 있을 것이다. 하지만 전농사는 충선왕이 처음 설치했으니 충선왕의 명령에 따를 수밖에 없는 기구였고, 그래서 충선왕이 어떤 목적으로 설치했는지를 알아보는 것이 더 중요하다.

그런데 전농사는 복위 교서에서 언급하기 전에 충선왕이 권력을 장악하면서 이미 설치되어 활동하고 있었다. 충렬왕의 장례가 끝난 직후에 충선왕은 각도의 무농사務農使를 불러 다음과 같은 훈시를 하고 있는데, 이를 보면 전농사가 복위 교서가 나오기 이전부터 활동하고 있었다는 것을 알 수 있다. 무농사는 각도에 파견된 전농사의 관리를 말한다.

> 내가 전농사典農司를 둔 것은 한漢의 상평창常平倉제도를 본받아 백성들의 위급함을 구하려는 것이지 사사로운 이득을 얻으려는 것이 아니다. 나라에 3년을 대비할 만한 저축이 없다면 나라가 나라답게 될 수 없다. 만약 위급한 일이 있어 갑자기 백성에게 갹출한다면 원망이 없겠는가. 무릇 백성으로 호세유력豪勢有力한 집에 붙은 자는 날로 부유하고 안일해지며, 외롭고 잔약한 백성은 조세와 부역에 곤란을 겪고 있다. 이것은 명령을 받들어 행하는 자가 사私를 따르고 공公을 버린 까닭이니 내가 매우 민망하게 여긴다. 너희들은 나의 뜻을 받아 그 폐단을 깊이 개혁하라. 따르지 않는 자가 있으면 그의 범행한 바에 따라 처단한 뒤에 첨의부에 자세히 보고하라.(《고려사절요》23, 충선왕 즉위년 10월)

충선왕이 설치한 전농사는 한의 상평창제도를 본받은 것으로 곡식을 비축하여 기근과 같은 위급함에 대비하려는 것이었다. 위 충선왕의 훈시에 의하면 곡식을 비축하는 방법에 대해서는 언급이 없는데, 갑자기 호세유력자, 즉 권문세족을 거론하고 있다. 이는 권문세족의 불법적인 대토지에서 조세를 징수하여 전농사의 비축 곡식을 마련하겠다는 것을 암시한다.

이와 관련해서 충선왕은 복위 교서에서 전농사에 다음과 같은 명령을 내리고 있다.

① 전농사에 비축한 미곡은 흉년에 대비한 것이니 어떤 경우에도 지출하지 말라.
② 사급전賜給田의 조세로서 전농사에 들어온 것은 환급하라는 명령이 있더라도 돌려주지 말라.
③ 선군船軍과 기인其人을 동원하여 동적창東積倉과 서적창西積倉을 만들어라.
④ 동적창·서적창은 하급무관으로 실직자들을 동원하여 지키게 하고 근태가 좋으면 서용할 것이다.

①과 ②는 전농사에 비축한 곡식을 함부로 지출하는 것을 미연에 막기 위한 조치였다. 충선왕은 이 복위 교서를 반포한 다음날 바로 원으로 들어가는데, 자신이 왕위를 비웠을 때 권세가들이 왕명을 빙자하여 전농사의 비축 곡식을 되돌려 받는 것을 막기 위한 조치였다. ②의 사급전은 바로 권문세족들이 사패를 받아 불법적으로 점유한 토지를 말한다. 이런 사급전의 조세를 징수하는 기구가 전농사였고, 그 임무를 띠고 각도에 파견되는 사신이 무농사였다.
③은 징수한 조세를 비축할 창고로 동적창과 서적창을 새로이 조영할 것을 지시하고, ④는 그곳을 지킬 군사까지 배정하여 철저한 단속을 주문한 것이다. 이렇게 보면 전농사는 충선왕에게 대단히 야심적이고 의욕적인 개혁 기구였다고 할 수 있다. 권문세족의 불법적인 토

지 소유를 단속하면서 곡식 비축까지 겸할 수 있었으니 말이다.

그런데 위와 같은 기능을 하는 전농사는 곡식을 비축하는 데 목적이 있었지 권문세족의 대토지 소유를 근본적으로 해결하려는 것은 아니었다. 그 과정에서 권문세족의 불법적인 사급전도 징세의 대상이 되어 규제할 수는 있었다. 하지만 이는 오히려 그런 불법적인 대토지의 소유권을 인정해주는 꼴이 되고 만 것이다.

앞 장에서도 언급했지만 당시 권문세족의 대토지 소유 문제는 그 폐단이 너무 깊고 광범위하여 간단히 해결될 문제가 아니었다. 그런 근본적인 문제까지 해결하기에는 시대적 한계가 분명한 것도 사실이다. 어쩌면 충선왕 정도 되니까 이 문제를 그나마 건드릴 수 있었는지도 모른다. 아무튼 충선왕에 의해 새롭게 설치된 전농사는 당시 사회 경제적 문제를 근본적으로 해결하기 위한 개혁 기구는 분명 아니라는 생각이 든다.

진짜 궁금한 문제는 따로 있다. 충선왕은 왜 그렇게 곡식을 비축하려고 했을까? 게다가 새롭게 창고를 조영하면서까지 말이다. 고려 시대는 국가의 창고로 대창大倉과 우창右倉·좌창左倉이 이미 존재하고 있었다. 이들 세 곳을 경창京倉이라 하고 우창은 풍저창豊儲倉, 좌창은 광흥창廣興倉이라고도 했는데, 위급한 기근 문제가 발생하면 대창에서 곡식을 지출했었다.

그래서 충선왕이 전농사를 설치하여 기근과 같은 위급한 상황을 대비하겠다는 것은 미심쩍은 점이 없지 않다. 기존의 관청이나 기구로도 얼마든지 할 수 있는 사업인데도 새로운 기구를 만든다는 것은 아무래도 다른 목적이 있지 않나 여겨지는 것이다. 혹시 전농사의 곡식

비축은 충선왕의 재원 활동 경비를 마련하기 위한 것이 아니었을까?

　새로운 기구 전농사를 관장한 인물이 충선왕의 비호를 받는 측근 배정지裵廷芝였다는 사실도 그런 점에서 주목된다. 그는 체격과 용력이 뛰어난 무장 출신으로 합단적 침입 때 용맹을 떨쳐 쿠빌라이로부터 상금과 찬사를 받았는데 치부에는 별 관심이 없었다. 이게 충선왕의 눈에 들어 측근으로 기용된 인물이었다. 충선왕이 그러한 배정지에게 새로운 전농사를 맡겼다는 것은 충선왕의 특별한 의도를 짐작케 하는 것이다.

3. 원격 통치

다시 원으로

복위 교서를 반포한 다음날 충선왕은 바로 원으로 향했다. 1308년 7월 충렬왕이 죽자, 그 해 8월 10년 만에 환국하여 고려 왕위를 계승하고, 그 해 11월 다시 원으로 들어간 것이다. 충선왕이 개경에 머문 기간은 3개월도 채 못 되었으니, 순전히 고려 왕위를 계승하기 위해 환국했다가 그 일을 끝내자마자 원으로 들어가버린 것이다.

충선왕은 환국할 때부터 고려에 체류할 생각이 없었다고 보인다. 왜 그랬는지 대단히 궁금한 문제인데 이 부분은 충선왕의 삶과 정치 사회 활동에서 가장 중요한 부분이다. 앞으로 자세히 언급하겠지만, 우선 충선왕은 고려 국정보다는 원 조정의 정치에 더 관심을 가지고 있었다는 사실을 지적하고 싶다.

충선왕이 원 조정의 정치에 관심을 가질 수밖에 없었던 것은 자신의 정치적 입지가 그곳에서 결정되었기 때문이다. 자신의 정치적 입지뿐만 아니라 고려의 중요한 국정도 거기서 이루어졌다. 충선왕은 몸소 그것을 지켜보았고, 심지어 자신이 지닌 고려 왕위조차도 원 조정의 결정으로 하루아침에 나가떨어질 수 있다는 것을 경험했었다. 그런 충선왕의 처지에서 개경의 궁궐에 눌러앉아 있기가 얼마나 초조했겠는가.

그렇다면 당시 원 조정에서 충선왕의 정치적 입지가 위태로운 상태였을까? 그건 아니었다. 앞에서 자주 언급했지만 현 황제인 무종과 그 태자 그리고 황태후로부터 절대적인 신임과 총애를 받고 있었다. 충선왕에게는 이 시기가 원 조정에서의 정치적 위상으로 말하자면 절정이었다고 할 수 있다. 하지만 오히려 그런 최고조에 다다른 위상이 충선왕을 불안하게 만들 수 있었다.

이것은 충선왕 자신뿐만 아니라 고려의 신료들도 충선왕을 그런 시선으로 바라보고 있었다. 원 조정에서 황제 계승 싸움이 막 정리된 직후 충선왕이 대도에 있을 때의 일인데 고려에서 다음과 같은 글이 올라왔다.

전법판서 이진李瑱이 전왕(충선왕)에게 글을 올리기를, "전하께서 황실皇室에 공훈을 세워 총애가 날로 높아가니 진실로 공이 있더라도 마땅히 자랑하지 말 것이며 총애를 받으면 놀란 것처럼 하십시오. 또한 원 조정의 신하들과도 더불어 화합하기를 물과 젖같이 하십시오"라고 하였다.(《고려사절요》 23 충렬왕 33년 8월)

392 • 혼혈 왕, 충선왕

이 글을 올린 전법판서(정3품) 이진은 충선왕이 1차 즉위 때 개혁의 선두로 내세웠던 4학사 중 한 사람이다. 충선왕이 황실에 공훈을 세웠다고 한 말은 설명할 필요도 없이 무종 옹립에 대한 공훈이었고, 이로 인한 충선왕에 대한 황실의 총애는 사실 그대로였다.

그런데 이진이 충선왕에게 올린 당부가 눈길을 끈다. 황실의 총애를 자랑하지 말 것이며 원 조정의 신하들과도 잘 화합하라는 것은, 이 문제가 충선왕에게 대단히 민감한 사안이었다는 뜻이다. 고려에 있던 신료가 그렇게 생각할 정도라면 충선왕 자신은 충분히 감지하고 있었을 것이다. 충선왕은 이진의 상서가 자신의 마음을 잘 헤아렸다고 생각했는지 정당문학(종2품)으로 승진시켜주었다.

특히 이진의 당부 중에서 원 조정의 신하들과 잘 화합하라는 내용은 예사롭지 않다. 이는 달리 말하자면 원 조정의 신하들과 자칫 잘못하면 불화가 생길 수 있다는 뜻이었다. 구체적인 사례를 들지 않더라도 이건 정치판에서 상투적인 일이 아니던가. 최고 권력자의 절대적인 신임과 총애는 반드시 모함과 시기를 동반한다는 사실 말이다.

충선왕은 황제 옹립의 공으로 황실의 총애만 받은 것이 아니고 실질적인 권한을 갖는 심양왕에도 책봉되었다. 전통 몽골족이 아닌 이방인이 황실로부터 제왕에 책봉되었다는 것은 범상한 일이 아니었다. 게다가 고려 왕위까지 계승하게 되었으니 일신상에 두 왕위를 겸한 것으로 대원제국의 역사에서 이런 왕이 또 있었는지 모르겠다.

충선왕에게 내려진 황실의 총애와 이러한 두 왕위는 원 조정의 정치 세력들로부터 모함과 시기를 받을 소지가 다분했다. 나중의 일이지만 실제 충선왕은 일신상의 두 왕위를 겸한 문제로 시달림을 당한

다. 아직 일어나지는 않았지만 충선왕의 처지에서는 이런 상황을 누구보다도 너무나 잘 알고 있었고 충분히 예견도 할 수 있는 일이었다. 이것을 인식한 충선왕이 고려에 눌러앉아 있을 수는 없었을 것이다.

더구나 당시 원 조정의 정치는 안정된 상태가 아니었다. 무종이 황제로 즉위하는 데 큰 무리는 없었지만 동생 황태자와의 권력 분점 문제나 황태후의 정치적 간섭 등으로 변수가 많아 정치 판도가 유동적이었다. 다행히 충선왕은 황실의 총애를 두루 받고 있어 당장 정치적 입지가 위태로워질 것은 아니었지만 불안하기는 마찬가지였다. 이러한 원 조정의 유동적인 정치 판세는 충선왕을 더욱 원으로 향하게 하는 요인이었을 것이다.

충선왕이 그렇게 신속하게 다시 원으로 들어간 데는 다른 측면으로도 설명할 수 있다. 그것은 고려에 대한 통치권 문제인데, 충선왕은 고려 왕위를 지니고 원에 있으면서도 고려에 대한 통치권을 충분히 행사할 수 있었다. 만약 충선왕이 원에 들어가서 고려에 대한 통치권을 유지할 수 없었다면 그 길을 선택하지 않으리라는 것은 자명하다. 충선왕은 복위해서 재위한 동안 줄곧 원의 대도에 머무르면서 전지傳旨를 통해 고려에 대한 통치권을 행사한다. 이를 원격 통치라고 부르겠다.

소금 전매제도

1309년(충선왕 1년) 2월 충선왕은 대도에서 전지를 통해 소금에 대한 전매제도專賣制度 실시를 명령한다. 원으로 들어간 충선왕이 제일 먼저 한 일이다. 아마 고려에 있으면서 우선 추진해야 할 과제였는데 서둘러 원으로 향하면서 미뤄졌던 듯하다.

　소금 전매제도는 각염법榷鹽法이라고도 하는데, 소금의 생산과 판매를 국가에서 통제 관리하는 것이다. 예로부터 소금은 생활필수품이었기 때문에 이에 대한 징세와 통제는 재정 확보책으로 대단히 유리하여 중국의 역대 왕조들은 대부분 이를 활용하고 있었다. 몽골 제국에 와서는 여기서 한 걸음 더 나아가 소금 전매제도를 전면 실시하여 중앙 정부 재정의 중요한 원천으로 활용하고 있었다.

　고려에서는 충렬왕대에 몇 차례 각 지방에 사신을 파견하여 염세 징수를 시도한 적이 있었지만 이는 전매라기보다는 단순히 과세하는 수준 정도였다. 이마저 과중한 징세라는 이유로 반대에 부딪혀 오래 지속되지 못했다. 그 후 충선왕은 1차 즉위 때 소금에 대한 과세에 큰 관심을 가지고 추진하려 했지만 짧은 재위로 실천에 옮기지를 못했다.

　충선왕은 우선 왕실이나 사원 혹은 권세가들이 사사로이 염분鹽盆을 설치하여 그 이익을 독점하고 있다는 사실을 지적하고 있다. 여기 염분이란 바닷물을 가마솥에 담아 불로 달여 소금을 생산하는 시설을 말한다. 지금은 바닷물을 염전에 가두어 증발시키는 천일염 방식으로 소금을 생산하지만 조선 시대까지만 해도 주로 불을 이용한 소금 생산이 주류를 이루었다고 한다.

　이어서 충선왕은 여러 개인이나 단체에서 소유하고 있는 소금 생산 시설인 염분을 모두 국가의 관청으로 편입시켜 일원화시키라는 명령을 내린다. 지금으로 말하면 완전 국유화 선언이나 다름없는 강력한 조치였다. 충선왕이 이러한 강력한 전매제도를 왜 갑자기 도입하려

했는지 궁금한데, 우선 권세가의 이익 독점을 막고 재정을 확보하기 위한 조치였다고 볼 수 있다.

그리고 소금을 필요로 하는 사람들은 의염창義鹽倉에서 매매하여 사용하도록 하였다. 이를 위해 소금의 매매 가격까지 통일시켰다. 은 1근으로는 소금 64석, 은 1냥에는 4석, 포 1필에 2석으로 정하였다. 이런 모든 전매 사업을 관장할 중앙 관청으로는 민부(호부)를 지정하였다. 또한 충선왕은 사적으로 염분을 설치하거나 몰래 매매하는 자는 엄벌하라는 명령을 내려 소금에 대한 철저하고 강력한 전매제도를 도입한 것이다.

그런데 충선왕이 구상한 이러한 전매제도를 전면적으로 실시하려면 몇 가지 전제 조건이 갖추어져야 했다. 우선 소금 공급이 원활하려면 생산 시설인 염분이 확대되어야 했다. 기존의 염분만 가지고는 수요를 충족시킬 수 없었기 때문이다. 이를 위해 충선왕은 각 지방에 염호鹽戶를 지정하고 백성을 징발하여 생산에 동원할 수 있도록 하였다.

이들 염호로 지정된 백성들은 각자 염분을 설치 생산하여 호구 수에 따라 일정량의 소금을 공물로 바치도록 했다. 공물로 바치는 이 소금을 공염貢鹽이라 했다. 아울러 염호로 지정된 백성들을 동원하여 판매를 담당할 염창도 전국 각 지방에 마련해야 했으니, 이렇게 강제 동원된 염호 백성들의 고통은 작은 것이 아니었다.

그리하여 전국 각 지방에서 염호로 지정된 백성이 892호였고, 염분은 616처가 마련되었다. 이곳에서 소금을 생산 판매하여 1년에 거두어들이는 세수가 해마다 4만 필이나 되었다. 그러니까 소금 생산량으로 말하면 연간 8만 석을 생산할 수 있는 기반을 갖춘 것이다. 충선왕 재위 동안 짧은 시간에 이만한 성과를 냈으니 국가 사업으로서는 일단 성공적이었다. 원 간섭기였던 그 시기에 충선왕만이 할 수 있는 사업이었는지도 모른다.

이와 같은 일사불란한 충선왕의 정책을 보면 소금 전매제도는 갑자기 생각한 것이 아니고 재정 확보책으로 상당히 고심한 결과로 보인다. 오랫동안 원에서 생활하면서 그곳의 전매제도를 지켜본 결과였음이 분명하다. 원 제국의 소금 전매제도가 어떠했는지를 알면 더 많은 정보를 얻을 수 있을 텐데 이 부분이 미진하여 조금 아쉽다.

그런데 소금 전매제도는 시간이 흐르면서 문제가 생기기 시작한다. 권세가들이 소금을 독과점하여 가난한 백성들에게는 소금이 돌아가지 않는 폐단이 나타났다. 이 문제를 해결하기 위해 민부에서 발급하는 증명서를 가지고 소금을 매매하도록 했지만 권세가들의 농간으로 근본적인 해결책이 못되었다. 예나 지금이나 돈이 되는 곳에는 권세가의 부정이 필수였던 모양이다.

근본적인 폐단은 염호의 백성 중에서 고역을 못 이겨 도망자가 속출했다는 점이다. 그럴 경우 도망자가 바쳐야 할 공염은 남아 있는 염호에 추가 징수하니 이것도 고역이었다. 또한 소금 판매를 담당하는 관리, 즉 염장관鹽場官이 백성들로부터 미리 포를 받아내고 소금을 내주지 않는 일도 생겨나기 시작했다. 이것은 소금과 교환할 포가 시간이 지나면서 백성들에게는 마치 세금처럼 인식되었다는 얘기다.

이러한 소금 전매제도는 여러 폐단과 우여곡절이 있었지만 고려 말까지 그 형식은 대강 유지된 것으로 보인다. 그러면서 소금 전매제도의 폐단이 끊이지 않았던 것은 백성들의 편리함이나 이익보다는 재정

확보가 목적이었기 때문에 생겨난 일이었다. 그 재정 확보도 충선왕이 통치권을 행사하는 동안에만 효력이 있었다고 여겨진다.

이 대목에서 충선왕이 왜 갑자기 소금 전매제도를 통한 재정 확보를 생각했을까 하는 궁금함이 다시 도진다. 앞서 언급했던 전농사의 설치와 마찬가지로 이것 또한 충선왕의 재원 활동 경비와 무관치 않다는 생각을 지울 수 없다.

수시로 행해지는 인사발령

충선왕이 원의 대도에 머무르면서 고려 국정을 통제하는 방법은 수시로 전지를 통해 발령하는 인사권이었다. 평범한 시기에도 인사권은 통치자가 관료집단을 길들이고 통제하는 수단이었지만 충선왕처럼 장기간 외지에 체류한 특수한 경우에는 더욱 유력한 수단으로 활용되었다.

충선왕은 복위하고 원으로 들어간 후 1309년(충선왕 1년) 4월 첫 번째 인사발령을 단행한다. 이때는 고위관리를 중심으로 인사를 단행하는데 눈에 띄는 몇 명만 살펴보겠다. 먼저 수상에는 최유엄을 그대로 유임시키고 대녕군大寧君으로 책봉해주었다. 앞서 조인규와 인후를 군君으로 책봉한 것에 이어 충선왕이 내려준 책봉으로 세 번째 봉군封君이었다.

이어서 박의를 찬성사(정2품)로 승진시켜 재상급으로 올렸다. 박의는 충렬왕 때부터 응방으로 득세하더니 충선왕의 1차 즉위 때도 도태되지 않았는데 마침내 원로대신의 반열에까지 오른 것이다. 충선왕과 동서간이라는 인척관계가 크게 작용했을 것이다.

그리고 권보가 첨의평리(종2품)로 다시 기용되었다. 권보는 충선왕의 1차 즉위 때 개혁 기구로 설치했던 사림원에 참여했던 인물로, 충선왕이 폐위당한 후에도 충렬왕에 의해 잠시 기용되었다가 이제 재상급으로 다시 돌아온 것이다. 이후 권보는 순탄한 승진을 이어가고 그의 안동 권씨 가문은 활짝 편다.

다음으로 조인규의 아들 조서가 지밀직사사(종2품)로 재상급에 올랐고, 그 동생 조연趙璉 역시 동지밀직사사(종2품)로 재상급에 들어와 형제가 모두 재상이 된 점도 주목된다. 조인규의 아들이라는 점으로 보나 조비의 형제라는 점으로 보나 충선왕으로서는 중용할 수밖에 없는 인물들이었다. 조인규의 장남 조서는 한창 활동할 무렵 1313년(충선왕 5년)에 일찍 죽는다.

이번 인사에서 누구보다도 눈에 띄는 인물은 이연송·이공보李公甫·박여朴侶, 세 사람이 모두 밀직부사(정3품)를 제수받은 것인데 여기에는 그럴 만한 내막이 있었다. 이연송은 앞서 한 번 언급했는데 1303년(충렬왕 29년) 충선왕이 대도에서 위기에 처했을 때 충선왕을 구해준 인물이다. 고위 무관으로 있다가 이때 처음 문관으로 승진 발탁되었다.

이공보는 환관으로 원에 들어가 활동하고 있던 이대순李大順의 아우라는 이유로 중용된 인물이다. 환관 이대순의 또 다른 아우인 이공세李公世 역시 충렬왕대에 형의 그런 배경으로 말단장교에서 중견무관으로 승진하기도 했었다. 이 시기 원 조정으로 들어간 환관들의 득세에 대해서는 따로 살펴보겠지만 여기 이공보의 기용은 그 이유뿐이었다. 박여도 같은 경우이다. 그는 환관 방신우方臣祐의 매부라는 이유로

제4장 _ 복위, 원격 통치 • 399

관직을 제수받은 인물이다.

그런데 이번 인사가 있은 지 1년 남짓 지난 1310년(충선왕 2년) 8월, 충선왕은 돌연 수상을 최유엄에서 유청신으로 교체한다. 이전부터 충선왕은 최유엄을 대녕군으로 책봉해주면서 그의 나이 많음을 들어 닷새에 한 번씩만 등청하라는 주문을 하고 유청신으로 대신 정무를 보게 했었는데, 마침내 수상 자리가 유청신에게 돌아간 것이다. 최유엄에게 충분한 예우를 해주면서 수상에서 물러나게 한 것이었다.

이것으로 끝이 아니었다. 한 달 후인 1310년(충선왕 2년) 9월, 복위 후 두 번째 인사발령에서 충선왕은 다시 최유엄을 수상으로 앉히고 유청신을 처음의 찬성사로 강등시켜버렸다. 무슨 내막이 있었는지 나타나 있지 않지만 충선왕이 인사권을 너무 남발한다는 혐의를 지울 수 없다. 다시 돌아온 최유엄이 수상으로서의 권한을 제대로 행사할 수 없음은 자명하다.

그 후 수상인 첨의정승은 1312년(충선왕 4년) 3월 홍규에게 돌아간다. 홍규는 충선왕의 장인으로 충렬왕대 내내 관직을 사양하고 담담하게 지내다 충선왕에 의해 수상에 발탁된 것이었다. 그리고 홍규의 뒤를 이어 유청신이 1313년(충선왕 5년) 3월 다시 수상에 오른다. 새로 수상에 발탁된 홍규나 다시 수상을 맡은 유청신 역시 수상으로서 큰 힘을 발휘하지는 못했다.

그런데 여기 두 번째 인사에서 강등된 자는 유청신 외에도 김심이 있다. 그는 찬성사(정2품)에서 밀직사(종2품)로 강등되었는데 여기에는 그럴 만한 이유가 있었다. 김심은 1309년(충선왕 1년) 3월에 원의 황제로부터 고려도원수高麗都元帥로 임명받았었다. 충선왕이 김심에게 찬성사를 제수했다가 이번에 밀직사로 강등시켜버린 것은 김심의 갑작스런 성장을 견제하려는 의도로 풀이된다. 김심은 그 후 충선왕의 뜻을 거슬렀다가 곤욕을 치른다.

두 번째 인사에서 주목해야 할 인물은 홍선·박경량·이공보·권한공 등이다. 홍선과 박경량은 앞서 언급했던 충선왕을 위기에서 구출한 인물인데 이들을 재상급으로, 그리고 이공보와 권한공을 동지밀직사사(종2품)를 제수하여 역시 재상급으로 기용했다. 한 달 후인 1310년(충선왕 2년) 10월에는 이공보를 다시 한 단계 승진시키고 앞서의 박여를 재상급으로 진입시킨다. 이것은 원 조정의 환관을 의식한 인사가 분명했다.

또 주목해야 할 인물로는 권준權準과 조위趙瑋가 있다. 권준은 앞서 첫 번째 인사에서 재상급에 오른 권보의 아들로 이때 밀직부사를 제수받는다. 여기에는 권준이 과거 대도에서 충선왕 곁을 지켰다는 인연이 작용했다. 그리고 조위는 조인규의 막내아들로 우부대언(정3품)을 제수받는데 이는 파격이었다. 조위는 음서로 관직에 나와 이때 20대 초반의 나이였지만 국왕의 대변인격인 중책을 맡은 것이다.

충선왕은 1311년(충선왕 3년) 4월 복위 후 세 번째 인사를 단행했다. 이때 눈에 띄는 점은 최성지가 동지밀직사사에 올랐다는 것인데, 이로써 충선왕의 최측근인 박경량·권한공과 함께 3인 모두 재상급에 진입했다. 이들 3인은 당시 대도에 머물며 충선왕 곁에 있었다.

이후에도 충선왕의 인사발령은 필요할 때마다 수시로 이루어졌다. 정기인사·임시인사가 따로 없었다. 좀 과격하게 표현하자면 마음 내키는 대로였으니 이런 사실도 부왕 충렬왕보다 더했으면 더했지 덜하

지 않았다. 관료집단에 대한 통제의 수단으로 인사권을 남발했던 부왕의 전철을 한 점 착오 없이 따르고 있는 것이다.

충선왕의 인사 문제에서 한 가지만은 꼭 짚고 갈 것이 있는데, 오잠이 1313년(충선왕 5년) 3월 밀직사를 제수받아 재상급에 오른다는 점이다. 이것을 어떻게 이해해야 할지 모르겠다. 오잠은 충렬왕을 유흥으로 이끈 주범이었고, 그 후에는 왕 부자를 이간질시키며 온갖 악행을 저지르다 원으로 끌려가 유배까지 당했었다. 충선왕으로부터는 증오의 대상이 될 만한 인물인데 다시 재기한 것이다. 이후에도 오잠은 건재를 과시하는데 알 수 없는 인사였다.

충선왕이 대도에 있으면서 고려 국정을 통제하는 또 다른 방법은 감찰 활동을 강화하는 일이었다. 1309년(충선왕 1년) 10월 충선왕은 도평의사사에 명령을 내려 각 지방을 순행하는 도제찰사와 지방 수령들의 과실을 염탐하도록 한다. 도제찰사는 본래 수령을 감독하도록 충선왕이 복위 교서에서 지시한 바 있었지만 이들 역시 믿을 수 없다고 생각한 듯하다.

이것으로도 부족하다고 느꼈는지 충선왕은 1311년(충선왕 3년) 1월 각도에 쇄권별감刷卷別監을 따로 파견하도록 했다. 쇄권별감은 지방 행정 문서를 감사하는 국왕의 특사쯤으로 생각되는데, 이들은 그 결과를 원의 대도에 있는 충선왕에게 직접 보고했던 것 같다. 충선왕은 그 결과를 보고받고 경상·전라·양광 3도의 제찰사와 각 지방의 수령 96인의 횡령과 축재를 들어 해당 재물을 환수하고 파직하라는 명령을 내렸다.

다음해 8월 충선왕은 쇄권별감을 다시 각도에 파견하였다. 이게 지방행정을 감독하는 데 효과가 있었다고 판단한 듯했다. 그런데 문제는 실질적인 통치자가 머나먼 타국에 있으니 그런 감찰 활동이 지속적으로 작동될 수 없었다는 점이다. 쇄권별감을 자주 파견했던 것도 지방행정에 대한 감독체계가 상시적으로 유지되지 않았다는 반증이다. 머나먼 타국에서 뾰족한 다른 수도 없었겠지만, 충선왕은 고려에 들어올 생각을 하지 않고 있었다.

그렇다고 대도에 있던 충선왕이 고려 국정에 태만한 것은 아니었다. 1310년(충선왕 2년) 11월 충선왕이 양전量田 사업을 생각했던 것은 그 좋은 예가 될 수 있다. 국가의 수입을 증대하고 부세를 고르게 하는 길은 그것밖에 없었다. 하지만 이 양전 사업은 기득권 세력의 반발에 부딪혀 실천에 옮기지도 못했다.

그렇게 시급하고 중대한 사업은 기득권 세력의 저항에 부딪혀 할 수 없었고, 충선왕이 대도에서 할 수 있었던 인사권 행사는 오히려 남발하여 문제였던 것이다.

득세하는 환관들

충렬왕대에도 국왕의 측근에서 여러 폐단을 일으키는 환관들이 있었다. 맨 앞 장에서 언급했던 도성기·최세연 등이 대표적인 인물이다. 이런 경우는 국왕의 의지만 있다면 얼마든지 통제할 수 있는 정도였다. 하지만 원 조정에서 활동하는 환관들은 국왕의 통제 밖에 있었다. 국왕의 통제 밖에 있는 정도가 아니라 아예 이 환관들이 국왕을 통제하려 들었다.

고려인으로 원 조정에 들어가 활동하는 환관들은 충렬왕 때부터 시작되었다. 충렬왕의 원 공주 출신 왕비였던 제국대장공주가 고자들을 쿠빌라이에게 바친 것이 그 시작이었다. 그때 고자들은 개나 짐승에게 생식기를 베어 먹히는 등 사고로 인해 생식 능력이 거세된 자들이었다. 이들이 원 조정으로 들어가 환관으로 황실의 살림살이를 맡아 실무 능력을 인정받기도 했고, 가끔 사신으로 고려에 들어와 친인척들의 부세를 면제해주거나 그들에게 벼슬을 내려주기도 하면서 힘없는 백성이나 천민들의 부러움을 샀다.

원의 황실에서 행정 능력을 인정받은 환관들은 고려인 출신 환관들의 인기를 높여 수요를 증가시켰다. 이에 요행을 바라는 무리들이 인위적으로 거세하는 일이 벌어진다. 아비가 아들을 거세하고 형이 아우를 거세하며, 심지어는 억울한 일을 당한 자가 스스로 거세하는 일도 생겨났다.

이렇게 출세를 꿈꾸는 환관의 수가 늘어나게 되는데, 이런 환관들이 원의 황실로 대거 진출할 수 있는 중요한 계기가 있었다. 성종 황제 시절 정치가 오랫동안 황후전에서 이루어지면서 환관의 수요가 갑자기 늘어난 것이다. 원의 황실에서 활동하는 고려인 출신 환관들은 대부분 이때 들어간 것으로 보인다. 고려인 출신 환관들이 실무 능력을 인정받은 것도 중요한 동기로 작용했을 것이다.

원으로 들어간 환관들은 그들의 활동이나 능력에 따라 황실의 총애를 받으며 성장했다. 이를 바탕으로 환관들은 황실로부터 저택이나 수레·의복을 하사받기도 했고, 때로는 원 조정으로부터 고려 관직을 제수받기도 했다. 이런 관직은 대부분 직무를 수행하는 실직이 아니라 직함만 띠는 것이었는데 이를 요수遙授라고 부른다. 환관들에게 이런 요수 관직이 중요한 것은 아니었지만 황실의 총애 정도를 가늠하는 징표였고, 환관에 대한 황실의 총애 정도는 바로 고려에 대한 영향력과 비례했다.

그런데 정말 중요한 사실은, 이렇게 원의 황실로 진출한 환관들이 고려 국정에 대해 혹은 고려 국왕에 대해 막강한 영향력을 행사했다는 점이다. 그렇게 할 수 있었던 것은 고려의 정치가 파행과 혼미를 거듭한 점도 중요한 원인이었다. 고려의 정치가 정상에서 벗어날수록 원의 황실에 진출한 환관들의 영향력은 커졌다. 국왕을 비롯한 정치 세력들은 그들의 어두운 목적을 달성하기 위해 환관들에게 줄을 대고자 안달했기 때문이다. 그 대표적인 사건이 공주 개가 책동이고, 여기에 부화뇌동한 환관이 바로 불루간 황후전에 출입하던 이복수였다.

이복수는 나중에 이숙李淑으로 개명하는데 공주 개가 책동 당시 충렬왕이 그 영향력을 무시할 수 없어 평창군으로 책봉했었다는 얘기는 앞서 했었다. 이것이 환관에 대한 최초의 봉군 책봉이었다. 여기 이숙은 공주 개가 책동이 실패로 끝나고도 살아남아 충선왕에 의해 평창군이라는 작위를 유지했다. 다만 이후에 이숙의 활동은 거의 드러나지 않고 있다.

복위한 후 원으로 다시 들어간 충선왕은 황제나 황태자 혹은 황태후의 곁을 지키는 환관들의 눈치를 보지 않을 수 없었다. 황실과 직접 통하는 그들의 말 한 마디 행동 하나는 고려의 국정뿐만 아니라 국왕인 충선왕의 입지와 위상에 결정적인 영향을 미쳤기 때문이다. 원 조정에서 오랫동안 활동한 충선왕은 누구보다도 이런 사정을 잘 알고 체감하고 있었다.

이런 사정을 잘 알고 있는 충선왕이 이들을 우대하는 방법으로 먼저 동원한 것은 바로 이들 친인척을 관리로 등용하거나 승진시키는 일이었다. 앞서 언급한 환관 이대순의 아우인 이공보와 이공세, 환관 방신우의 매부인 박여가 재상급으로 승진한 것이 대표적 사례이다. 환관 친인척에 대한 이런 관직 시혜가 다시 인사행정을 문란하게 만들었음은 물론이다.

충선왕은 환관들을 우대하는 또 다른 방법으로 이들을 봉군으로 책봉해주기도 했다. 환관 이대순은 태안군의 농민 출신인데 황실의 총애를 받고 있어 충선왕이 그를 태안부원군泰安府院君으로 책봉해주었고, 그 아우인 이공보는 재상으로도 부족하여 다시 태안군으로 책봉받는다. 이런 봉군 책봉은 환관들이 더욱 득세하는 계기로 작용하기도 했다.

환관 방신우는 상주(경북)의 농민 출신이었는데 제국대장공주를 따라 원으로 들어가 유성 황태후(성종의 모후)의 총애를 받으면서 망고태忙古台(망골타이)라는 몽골식 이름까지 하사받았다. 방신우를 그래서 방망고태라고 부르기도 한다. 그는 다시 흥성 황태후(무종의 모후)를 섬기며 계속 원 황실과 인연을 맺으니 충선왕은 그를 소홀히 할 수 없어 중모군中牟君으로 책봉해주었다. 이런 방신우의 음덕을 본 사람은 앞서 매부인 박여뿐만 아니라 박여의 아들, 그리고 아비 방득세方得世도 있다. 방득세는 상주의 향리였는데 현령을 제수받고 이어서 상주목사로까지 나아간다.

방신우는 이후에도 대대로 원 황실과 깊은 관계를 유지하는데, 세조 쿠빌라이 이후 7대 황제와 두 태후를 섬기면서 황실의 총애를 받아 국정에도 참여하는 등 대단한 실력자로 군림하다. 그는 원의 관직을 실직으로 제수받아 행정 능력을 인정받기도 했다. 또한 황실로부터 진귀한 보물을 선물로 받았고 중국 강남에는 광대한 토지까지 두고 있었다니 그의 출세를 짐작할 수 있을 것이다.

방신우는 이런 정치적 위상으로 고려에 어려운 일이 있을 때 적극 나서 문제를 해결해주기도 했다. 이러한 공로로 방신우는 충숙왕에 의해 후에 상락부원군上洛府院君으로 다시 봉군되고 마침내 국가 공신으로까지 책봉되었다. 방신우는 충선·충숙왕대 최고 권력을 누린 환관이었는데 지금으로 말하자면 평범한 한국인이 미국으로 건너가 백악관의 권력 실세가 되었다고나 할까. 그는 앞으로 자주 거론할 것이다.

또한 임백안독고사任伯顔禿古思라는 환관이 있다. 이 사람은 사노비였는데 스스로 거세하고 환관이 된 자였다. 그 역시 인종 황제가 황태자로 있을 때부터 섬겨 충선왕이 비인군庇仁君으로 책봉하여 우대하였다. 하지만 임백안독고사는 성품이 험악하고 불법을 많이 저질러 충선왕과 사이가 벌어진다. 결국 이 일로 충선왕은 큰 곤욕을 치르는데 이 부분은 뒤에 이야기하겠다.

이렇게 이숙, 이대순, 방신우, 임백안독고사 외에도 충선왕이 봉군을 하사한 환관들은 10여 명이 더 있다. 모두 원 황실의 총애를 받아 활동하는 자들로 충선왕이 눈치를 봐야 하는 환관들이었다. 국왕이 이들의 눈치를 볼 정도였으니 고려 관리들이야 더 말해 무엇하겠는가. 지방 수령이나 감독관인 제찰사들이 가끔 고향을 방문한 이들 환관을 잘못 대우했다가 곤장을 맞거나 파직당하는 것은 예사였다.

방만한 불교 행사

복위하고 원으로 들어간 충선왕은 불교에 빠져 있었다. 충선왕이 불교에 빠지게 된 계기는 분명치 않은데 원의 황태후에게 영향받은 바가 아닌가 한다. 그 황태후가 불교를 대단히 혹신했던 것이다.

황태후의 불교에 대한 정열은 대단했다. 그녀는 원의 대도에 거대한 사찰을 조성하기 위해 백두산의 재목을 이용할 생각까지 한다. 그 재목을 운송하는 게 보통 일이 아니었는데, 백두산의 재목을 뗏목으로 만들어 압록강으로 흘려보내면 이를 배에 실어 운송하겠다는 계획이었다. 이 사업을 위해 배를 건조하는 등 고려 정부의 부담이 문제가 되기도 했다.

이렇게 불교를 혹신한 황태후와 충선왕은 가까웠다. 1309년(충선왕 1년) 3월, 그 황태후가 산서성 오대산五臺山에 거둥하는데 충선왕이 여기에 동행한 것이다. 오대산이 중국 불교의 4대 영산 중의 하나인 점을 감안하면 이 행차가 불교 신앙 활동과 관련된 것은 분명하다. 충선왕이 황태후의 그런 불교 신앙 활동에 특별 동행했다는 것은 불교를 매개로 한 두 사람의 관계를 잠작하게 하는 것이다.

오대산에 다녀온 후 그 해 9월 충선왕은 고려에 명령하여 수녕궁에서 승려 1만 명에게 밥을 먹인다. 이것을 반승飯僧이라고 하는데, 불교 국가였던 고려 왕조에 들어와 성행했던 복을 구원하기 위한 일종의 불교 행사이다. 반승으로 그친 것이 아니라 충성왕은 그 수녕궁을 민천사旻天寺로 명명하여 사찰로 만들어 모후의 명복을 빌게 했다. 궁궐을 사찰로 만들었으니 좀 지나친 일이었지만 이 일에 누구도 반대하지 못했다.

반승은 충선왕이 통치권을 행사하는 동안 수시로 계속된다. 1311년(충선왕 3년) 1월, 충선왕은 매월 3,000명씩 그 해 연말까지 민천사에서 반승하라는 명령을 또 내린다. 모후의 명복을 빌기 위한 것이었지만 문제는 이를 준비하기 위한 재정이었다. 그 고충을 알았는지 충선왕은 반승의 비용으로 은 100근을 각 사찰에 나누어 주기도 했다.

충선왕은 평소부터 승려 108만 명에게 반승하고 연등 108만 개에 점등하는 것이 소원이었다. 그 소원을 이루기 위해 대대적인 반승 행사를 시작한다. 반승 장소는 연경궁延慶宮으로 잡았다. 반승은 대부분 사찰에서 하는 것이 보통이었지만 궁궐에서 하는 경우도 종종 있었다. 궁궐에서 반승하는 것은 왕실의 안녕과 복을 빌기 위한 것으로 그 주체가 왕실임을 드러내려는 것이다.

그런 반승을 하기 위한 목적 때문이었는지 충선왕은 복위하자마자 연경궁을 대대적으로 중건했다. 중건 공사를 위해서는 역졸과 재정이 필요했으니, 역졸은 개경과 가까운 각도에서 농민 수천 명을 징발하여 동원했고, 재정은 모든 문무 관료들에게 은이나 비단 저포紵布를 갹출하여 충당했다. 그렇게 중건된 연경궁은 건물이 총 410간이나 되었다.

불교 행사로는 반승뿐만 아니라 사경寫經과 전경轉經이라는 것도 있었다. 사경은 불경을 손으로 베껴 쓰는 것이고, 전경은 불경을 독송하

는 것이다. 이런 사경과 전경은 원의 황태후가 좋아하는 행사로 여기에 동원된 인물이 바로 환관 방신우였다.

1310년(충선왕 2년) 6월 황태후는 방신우를 고려에 파견하여 금자장경金字藏經의 사경을 감독하도록 했다. 금자장경은 금으로 사경하는 것인데, 아교풀에 고운 금 알갱이인 금박金箔을 개어 만든 이금泥金을 먹물처럼 이용하여 불경을 베껴 쓰는 것이다. 이를 위해서는 당연히 금이 필요했는데 황태후는 금자사경의 용도로 금박金薄 60정을 보내주었다.

황태후의 명령을 받고 고려에 온 방신우는 승속을 가리지 않고 300명을 동원하여 민천사에서 사경 행사를 벌였다. 한 달 뒤 방신우는 황태후의 복을 빌기 위한 전경을 신효사神孝寺에서 펼치고, 아울러 기복의 효험을 드러내기 위해 죄수 석방을 강요한다. 담당 관리는 받아들일 수 없었지만 황태후의 명령을 받고 온 방신우의 행동을 누가 저지할 수 있었겠는가.

방신우는 사경과 전경을 위해 고려에 머무는 동안 문무 관료들을 소집하여 연회를 베풀기도 했다. 그런 연회는 방신우를 위한 자리였으니 고위 관료들도 그의 비위를 맞추기에 급급했고 잘못 처신했다가는 망신 사기 십상이었다. 황태후가 불교를 혹신했고, 그러다 보니 그 황태후의 측근에 있는 환관이 고려에 파견되어 불교 행사를 주관하면서 환관 방신우의 위세가 커진 것이다.

금자장경은 그렇게 완성되어 1311년(충선왕 3년) 11월 방신우와 함께 권보가 원으로 가지고 들어갔다. 그런데 황태후의 이런 사경과 전경을 충선왕도 모방하여 벌인다. 다음해 1월 충선왕은 승려들을 연경궁에 불러들여 1년 동안 독경하라는 주문을 하고, 이어서 그 해 8월에는 민천사에서 모후의 명복을 빌기 위한 금자사경을 명령하기도 했다.

이렇게 불교 행사가 잦다 보니 승려들의 범죄도 잇달았다. 아마 불교 행사의 붐을 타고 승려들이 설친 탓이었을 것이다. 여러 사찰의 승려들이 개경으로 올라와 사람들을 현혹하여 축재하거나 추잡한 행동이 속출했다. 그중 하나만 예로 들자면 1313년(충선왕 5년) 2월 개경에서 이런 일이 있었다.

승려 효가曉可란 자가 스스로 견성見性하고 성불했다고 하면서 요술로 남녀를 현혹시키다 발각된 사건이다. 그는 꿀과 쌀가루를 섞어 만든 환약을 자기 몸에서 나온 감로사리甘露舍利라고 하면서, 이것을 먹거나 간직하게 되면 복을 얻게 된다고 하여 수많은 사람들에게 이것을 팔아 축재하였다. 이것뿐이 아니라 그는 자신이 법신法身으로서 분신하여 죽은 뒤에도 다시 살아난다고 사람들을 현혹하였다. 이를 증명하기 위해 장작더미 위에서 실제 분신을 시도하고 이레 뒤에 살아나오는 모습을 재현하기도 했다. 하지만 장작더미 밑에 사전에 굴을 파놓고 연출한 사기 행각이었다. 이게 들통나 그는 체포되어 순군옥에 갇히고 말았다. 충선왕이 불교 행사를 방만하게 치르면서 나타난 사회의 한 단면이었다.

충선왕의 여자, 숙비와 순비

여기서 잠깐 쉬어가는 의미로 충선왕의 여자에 대해 이야기하고 가

자. 충선왕은 모두 여섯 번 결혼했는데, 첫 번째가 종실 서원후의 딸, 두 번째가 홍규의 딸, 세 번째가 몽골 여성 의비, 네 번째가 조인규의 딸, 그리고 원 공주, 마지막이 허공의 딸이었다. 이 가운데 첫 번째와 두 번째 왕비는 아무런 행적이 없다. 세 번째 몽골 여성과 네 번째 조비에 대해서는 앞에서 얘기했다.

다섯 번째 원 공주에 대해서 짚고 가자면, 그녀는 공주 개가 책동이 실패로 끝나면서 결혼관계가 해소되지는 않았지만 왕비로서의 권력을 잃었던 것 같다. 원 공주 출신 왕비라는 위상은 겨우 유지했지만 남편 충선왕으로부터 우대받지 못했기 때문이다. 충선왕이 10년 만에 환국할 때에도 그녀를 데려오지 않고 원에 남겨두었다. 충선왕은 형식적으로만 그녀와의 결혼관계를 유지했다고 보인다.

그런데 충선왕은 10년 만에 환국하여 또 한번의 결혼관계를 맺는데 이게 마지막이다. 상대 여성은 뜻밖에도 과부로서, 충렬왕 재위 전반기에 수상으로 재임하다 죽은 허공의 딸이었다. 이 여성은 처음에 종실인 평양공平陽公과 결혼하여 3남 4녀를 두었으나 남편이 죽자 충선왕이 이를 들인 것이다.

이 결혼은 의문이 많다. 과부인데다 앞서의 숙비처럼 자태가 뛰어난 것도 아니고, 그렇다고 허공의 공암 허씨 가문이 대단한 정치 사회적 위상을 지닌 것도 아니었기 때문이다. 공암 허씨가 문벌 가문이기는 했지만 허공은 이미 죽은 뒤였고 게다가 그 자식들이 크게 득세한 것도 아니었다.

이 결혼은 정략적인 결혼이 분명한데 그 이유는 딱 한 가지였다. 이 허씨의 딸 하나가 원으로 들어가 바로 황태자의 동궁에서 시중을 들고 있었던 것이다. 아마 원 황실의 요구에 의해 어느 땐가 공녀로 들어갔다가 그리 된 것 같다. 충선왕이 과부가 된 허공의 그 딸을 들였던 것은 이런 관계 때문이었다.

충선왕이 이 허씨와 관계를 맺은 시기는 원에서 환국한 직후가 분명한데 정확히 나타나 있지는 않다. 환국한 직후였다면 충선왕은 원에 있으면서 이미 허씨에 대한 사정을 알고 있었고 그때 점찍었을 가능성이 많다. 그것은 충선왕이 황태자의 총애를 받아 동궁에 출입하면서 황태자의 시중을 들고 있던 그 딸을 통해 그 어미 허씨의 사정을 알고 있었다는 얘기다. 얘긴즉슨 충선왕이 10년 만에 환국하여 허씨를 선택한 것은 사전에 생각해둔 것으로 황태자를 시중들고 있던 그 딸이 중요한 계기로 작용했다는 뜻이다. 여러모로 쓸모가 많았을 것이다.

충선왕은 복위한 직후 1308년(충선왕 즉위년) 10월 이 허씨를 순비順妃로 책봉하여 정식 왕비로 맞는다. 그리고 원으로 들어가버렸다. 그런데 충선왕이 정략적으로 선택한 이 순비와, 사랑을 위해 결합한 앞서의 숙비와의 관계가 재미있게 전개된다. 당연히 두 여성은 사이가 좋을 리가 없었다. 누가 더 위세에서 앞섰을까? 고려 국왕의 사랑을 받고 있는 숙비와, 원 황태자를 시종하고 있는 딸을 둔 순비 가운데 말이다.

먼저 칼을 빼든 쪽은 순비였다. 자신을 정식 왕비로 들인 후에도 충선왕은 원으로 들어가기 직전까지 숙비와의 사랑에만 몰두하고 있었기 때문이다. 여성의 질투심이야 더 말해 무엇하랴.

충선왕의 정식 왕비도 아니면서 사랑을 독차지한데 질투심이 발동했던지 순비는 숙비에 대해 해코지를 생각한다. 그럴 힘도 있다고 생

각했으니 그녀가 믿는 구석은 바로 자신의 딸이었다. 어미의 울분을 전해 들은 그 딸은 숙비를 욕보이고자 황태자에게 호소하여 그녀를 원의 대도로 잡아들일 음모를 꾸민다.

이런 사태를 알아차린 충선왕은 조비 무고사건의 악몽까지 떠오르면서 걱정이 적지 않았다. 그 음모를 막기 위해 충선왕이 앞세운 인물은 윤길보였다. 윤길보는 맨 앞 장에서 설명했던 응방 4인방 중 우두머리였던 윤수의 둘째 아들로 격구를 매우 잘해 황태자도 그 이름을 알 정도였고, 이 때문에 충선왕으로부터 중랑장(정5품)을 제수받은 자였다. 그 윤길보가 마침내 동궁에까지 출입하자 충선왕이 그를 앞세운 것이다.

충선왕의 근심을 전해 들은 윤길보는 황태자를 설득하여 결국 숙비의 소환을 저지하는 데 성공한다. 충선왕이 얼마나 안도했겠는가. 당장 윤길보를 무반 서열 1위인 응양군 상장군(정3품)으로 승진시키려 하자, 윤길보는 너무 심하다 생각했는지 이를 사양하면서 자신의 형 윤길손에게 그 직책을 양보하고 자신은 대장군(종3품)으로 뛰어 승진했다. 충선왕의 사적인 보답이 자신에게 돌아올 것은 당연했으니, 형에게 양보하면서 형제가 모두 승진을 나눠 먹은 꼴이다. 1309년(충선왕 1년) 4월의 일이었다.

숙비 소환 문제가 잠잠해진 후 충선왕은 위기에 몰렸던 숙비를 달래려고 그랬는지 원의 황태후에게 고고姑姑를 하사해 주도록 요청했다. 고고는 몽골의 귀부인들이 머리를 장식하기 위해 쓰는 일종의 관冠, 즉 모자 같은 것이다. 그 생김새를 짐작할 수 있는 자료가 없어 어떻게 생겼는지 알 수 없지만 몽골 제국의 귀부인 사이에서 유행하는 사치였던 것 같다. 조선 시대 귀부인들이 머리에 얹었던 족두리가 여기서 기원했는지도 모르겠다.

충선왕을 총애하는 황태후인지라 그 요청을 애교로 받아들이고 황태후는 1311년(충선왕 3년) 2월 사신까지 파견하여 그 고고란 것을 보내주었다. 숙비가 그 고고를 머리에 얹고 원의 사신에게 향연을 베푸니 이에 모든 신료들이 선물을 들고 숙비를 축하하기 위해 모여들었다. 숙비는 충선왕의 정식 왕비도 아니었지만 그렇게 퍼스트레이디와 다름없는 역할도 했던 것이다.

충선왕의 관심과 비호를 확인한 숙비는 갈수록 방자해져갔다. 그녀는 얼굴값을 하느라 그랬는지 과시욕도 많았다. 어느 해 초파일엔가는 연등하면서 후원을 연등으로 뒤덮어 화산火山같이 만들고 관현악까지 갖추어 즐기는데, 황색 주렴과 비단 장막이 화려하기가 이를 데 없어 이를 구경하기 위해 모인 인파가 장을 이루어 사흘이나 계속되기도 했다. 그녀는 어미의 상에도 신료들을 불러 향연을 베풀었다고 하니 향연의 여신이었던 모양이다.

숙비는 사찰의 행차도 잦아 법회를 열기도 했고 불교 행사에도 빠지지 않았다. 바깥나들이에서는 명승지 유람도 즐겼는데 원의 사신이 오면 특히 박연폭포를 자주 찾았다. 그럴 때마다 그녀가 탄 수레와 의장의 화려함은 극에 달했고, 이런 숙비의 거동에는 항상 신료들이 뒤따랐다. 숙비의 오라비인 김문연도 그녀의 사치가 도를 넘었다고 생각했는지 이를 제지할 정도였다.

그런데 충선왕의 관심 속에서 날로 콧대가 높아지는 숙비에 대해 순비가 또 앙심을 품었다. 충선왕은 이런 순비가 다시 신경 쓰였다.

우선 순비의 앙심을 삭혀줄 필요가 있었다. 이에 황태자에게 요청하여 그녀에게도 고고를 하사해주도록 주선하여, 1311년(충선왕 3년) 12월 또 원에서 사신을 보내와 순비에게도 고고가 하사된다.

고고를 하사받은 순비는 그것을 머리에 얹고 숙비가 했던 바와 똑같이 자신의 저택으로 원의 사신을 불러 연회를 베풀었다. 한번으로 그치지 않고 순비는 보란 듯이 빈번하게 연회를 열었고, 그때마다 이를 축하하기 위한 관료들 역시 선물을 마련하여 연회장에 모여들곤 했다. 두 여성 어느 쪽에도 소홀히 할 수 없었던 관리들의 처지도 곤욕스러웠을 것이다.

문제는 숙비가 순비의 그런 연회에 함께하기를 좋아하지 않았다는 점이다. 누구보다도 숙비에게 화려한 연회 장면을 보이고 싶었을 순비가 이에 불만을 품은 것은 당연했다. 어느 때 연회에선가 마침내 문제가 터진다. 이 일은 충선왕이 양위하기 위해 환국하여 잠시 고려에 머무를 때의 일인데, 순비는 숙비가 참석하지 않은 것을 알고 충선왕에게 앙탈을 부린 것이다. 별 수 있었겠는가, 충선왕이 나서서 숙비를 설득하는 수밖에.

연회장에 마지못해 들어가는 숙비가 순비에게 밀릴 수는 없었다. 화려한 의상에 이전에 하사받은 고고까지 머리에 얹고 등장했다. 이를 지켜보던 순비가 뒤질세라 보다 더 화려한 의상으로 갈아입고 다시 등장했다. 이러기를 두 여성이 다섯 차례나 번갈아 반복했다니 이를 어쩌나. 충선왕에게 여복이 많았다고 해야 할지, 쌍과부의 욕심이 지나쳤다고 해야 할지.

세자를 죽이다

복위한 후 바로 원으로 들어간 충선왕은 고려 왕위를 지닌 채 1313년(충선왕 5년) 4월 환국할 때까지 계속 원에 체류하고 있었다. 그동안 고려에 대한 국정은 대도에서 전지를 통해 원격으로 이루어졌다. 이것은 당연히 원 조정에서나 고려 조정에서 문제삼을 만한 일이었다. 원격 통치가 원활하게 작동될 수 없기도 했지만 왕좌를 비우고 장기간 원에 체류한다는 것은 분명 정상이 아니었기 때문이다.

충선왕의 재원 체류를 맨 먼저 문제삼은 인물이 최유엄이다. 1309년(충선왕 1년) 4월 최유엄은 환국을 강력하게 요청하는 상소문을 충선왕에게 올린다. 상소문의 내용을 한마디로 요약하면 왕좌는 하루도 비울 수 없으니 속히 환국해주십사 하는 것이었다. 이때는 충선왕이 원으로 들어간 지 반년도 채 안 된 시점이었는데, 아마 충선왕의 장기 체류를 예감하고 올린 글로 보인다.

최유엄의 환국 요청을 받은 충선왕은 이를 받아들이지 않았다. 그 이유가 황제·황태후·황태자의 총애가 깊어 그랬다고 사서에 언급되어 있다. 아마 이 무렵까지는 원의 황실에서도 충선왕의 체류를 크게 문제삼지 않고 용인하고 있었던 모양이다. 그러니 충선왕으로서는 환국을 요청한 최유엄이 거추장스럽게 느껴질 수 있었다. 앞서 언급했던 최유엄이 갑자기 수상직을 유청신에게 넘겨야 했던 것은 이 일과 무관치 않았다고 본다.

그러다가 충선왕은 갑자기 고려 왕위를 세자에게 양위할 것을 생각한다. 1310년(충선왕 2년) 1월 황제에게 올리기 위한 양위 표문을 작성하라고 주문한 것이다. 충선왕은 왜 갑자기 양위할 생각을 했을까? 복위한 지 1년 남짓밖에 안 된 때였는데 말이다.

충선왕 자신도 시간이 흐를수록 환국해야 한다는 정치적 부담을 안고 있었던 것 같다. 아무리 생각해도 재위 중인 국왕이 장기간 원에 체류한다는 것은 정상이 아니고 환국을 계속 회피할 수만도 없었기 때문이다. 그런 부담에서 벗어나는 방법으로 고려 왕위에서 물러나면 환국하지 않아도 될 것이라는 판단에서 양위를 생각했을 것이다. 하지만 이 양위 계획은 주변에 있는 측근 인물들의 반대로 무위로 그쳤다.

그런데 충선왕은 고려 왕위를 물려주려 했던 바로 그 세자를 살해하고 만다. 1310년(충선왕 2년) 5월의 일인데, 물론 원의 대도에서 벌어진 사건이었다. 도대체 이 충격적이고 예기치 못한 사건을 어떻게 이해해야 할지 난감한데, 관찬 사서에는 사건의 경위를 알아낼 수 있는 아무런 단서가 없다.

부왕 충선왕에게 죽임을 당한 세자는 몽골 여성 의비懿妃와의 사이에 태어난 첫째 아들로 어려서 이름이 의충宜忠이었다. 그리고 그 동모 형제로 의효宜孝가 있었다. 여기 의비에 대해서는 앞 장에서 잠깐 언급했었는데, 충선왕이 세자 시절 원에 들어가 숙위 생활을 하면서 만난 몽골 여성이었다. 그녀는 평민 이하의 신분으로 생각되는데 아들이 세자가 된 후에도 충선왕으로부터 정식 왕비 대접을 받지 못했다.

왕자 의충은 후에 감鑑으로 개명하고 광평군廣平君으로 봉군되어 세자 책봉을 받았고, 동생 의효는 강릉군江陵君으로 책봉을 받았다. 세자로 책봉된 광평군이 부왕에게 죽임을 당할 때의 나이는 정확하게 알 수는 없지만 많아야 10대 후반 정도였다. 이 광평군이 언제 어떻게 세자로 책봉되었는지 전혀 나타나 있지 않은데, 아마 앞서 충선왕이 환국 요청을 회피하기 위해 양위를 계획했을 무렵 세자로 책봉되지 않았나 생각된다.

충선왕은 처음에 세자를 책봉할 때 두 왕자 중 누구를 세자로 할 것인가 망설였는데, 이에 대한 재미있는 일화가 있다. 충선왕은 4학사의 중심으로서 경사에도 능통하고 주역에도 밝은 박전지에게 세자 책봉을 물으면서 특이한 방법을 썼다. 두 왕자에게 각자 자신의 이름을 쓰게 하여 박전지에게 그 필체를 보이고 누가 왕위를 이을 것인지를 물은 것이다.

충선왕의 사부와 같은 위치에 있었지만 박전지의 처지에서는 두 왕자가 있는 자리에서 쉽게 대답할 사안이 아니었다. 박전지가 대답을 망설이자 충선왕은 재차 독촉했다. 박전지는 그 자리를 피해 한참 뒤에야 둘째 강릉군이 왕위를 이을 것 같다는 대답을 한다. 하지만 충선왕은 박전지의 대답과는 다르게 첫째 왕자 광평군을 세자로 책봉하였다. 그리고 몇 개월도 지나지 않아 충선왕이 그 세자를 죽인 것이다. 모두 원의 대도에서 있었던 일이다.

그러면, 충선왕은 그 세자를 왜 죽였을까? 우선 세자로 책봉된 광평군이 여러모로 보아 다음 왕위를 이을 인물로 적절하지 않다고 판단했을 수 있다. 처음에 박전지의 의견과 상반되게 세자를 책봉한 점은 그런 개연성을 암시하기도 한다. 하지만 아무리 그렇다고 세자를 부왕이 직접 죽인다는 것은 쉽게 납득할 수 없는 문제다. 이 사건을 사서에는 다음과 같이 간략히 기록하고 있을 뿐이다.

충선왕이 세자 감鑑과 그를 따르는 김중의金重義 등을 죽였다.(《고려사》 33. 충선왕 2년 5월 을사)

부왕이 자식을 죽일 정도의 사태는 당연히 그 정치적 배경에 대한 해석을 피해갈 수 없다. 위 기록에 의하면 그때 충선왕은 세자만 죽인 것이 아니고 세자를 따르는 몇몇 사람을 함께 죽인 것으로 나타나 있다. 김중의라는 인물은 그 중심에 있었던 것 같은데 그가 어떤 인물인지도 전혀 역사 기록에 드러나 있지 않다.

그러니 하는 수 없이 이 사건은 상상력을 발동시켜 유추할 수밖에 없겠다. 우선 이 사건은 충선왕과 세자의 갈등에서 시작되었다는 생각이 든다. 갈등의 원인은 말할 필요도 없이 권력을 둘러싸고 일어난 것이 분명하다. 왕과 세자 사이에는 그 문제 말고 다른 문제로 갈등이 일어날 일이 없기 때문이다. 물론 왕과 세자의 갈등에는 주변에서 이를 부추기는 세력이 항상 있다. 이런 왕 부자 사이의 갈등이 주변 인물들에 의해 증폭되어 걷잡을 수 없는 사태로 발전한다는 것은 공주 개가 책동 과정에서 여실히 드러났다.

바꿔 말하자면 국왕인 충선왕은 현재의 권력이고 세자는 미래의 권력인데, 양자 사이의 갈등은 필연이라는 뜻이다. 이게 정상적인 왕조에서는 현재의 권력이 더 우위에 있어 미래 권력을 누르고 갈등을 예방할 수 있지만 원 간섭기에는 얼마든지 이를 뒤엎을 수 있었다. 현재의 권력보다 절대 우위에 있는 원 조정과 황실이 있었기 때문이다. 세자의 측근 세력들이 원 조정과 황실을 잘만 활용하면 미래 권력이 현재 권력보다 우위에 설 수 있었던 것이다. 충선왕의 1차 즉위는 이 과정을 치르고 나타난 결과였다.

충선왕이 세자를 책봉했을 때 미래 권력인 세자 주변에는 새로운 권력의 향방을 좇아 사람들이 기웃거렸을 것이다. 그리고 그 세자에게 양위하려고 했을 때는 더욱 적극적으로 사람들이 모여들었음이 분명하다. 세자와 함께 살해당한 김중의라는 인물은 그 중심에 있었을 것이다. 양위 계획이 무위로 그친 것은 현재의 권력이 미래의 권력을 누른 결과였지만, 시간이 흐를수록 미래 권력 주변의 세력 확대는 막을 수 없는 추세였다고 보인다.

이 상황을 그대로 방치하면 왕 부자 사이의 갈등은 피할 수 없게 된다. 공주 개가 책동에서 여지없이 드러났듯이, 왕 부자 사이의 극단적인 대립과 갈등은 국정의 혼란과 파행을 불러온다는 것을 경험한 충선왕이었다. 결국, 충선왕이 세자 감을 죽인 것은 그런 사태를 미연에 방지하기 위해 고민 끝에 내린 극단적인 처방이 아니었을까? 그렇더라도 충격적인 사건임에는 분명하지만.

충선왕에게 죽임을 당한 세자 감의 시신은 그 두 달 후에 고려에 도착하여 장사지냈다. 개경의 남쪽에서 장례를 치르는데 모든 관리들이 소복을 하고 장송하였다. 장례를 지켜본 그 문무 관료들은 충선왕을 어떻게 생각했을까? 정나미 떨어지는 독한 군주라고 생각했을까, 아니면 가련한 연민의 정을 느꼈을까.

충선왕의 환국 문제

세자까지 죽이고 원에 계속 머무르던 충선왕에게 1312년(충선왕 4년) 1월 결국 환국하라는 황제의 명령이 떨어진다. 이때는 무종 황제가 갑자기 죽고 황태자로 있던 그 동생 아유르바르와다가 즉위한 지 10개월 정도 지난 무렵이었다.

황제가 무종에서 인종으로 바뀌었어도 충선왕의 정치적 입지에는 아무런 변화가 없었다. 충선왕과 두 형제의 관계 정도로 보면 오히려 더욱 굳건해졌다고 할 수 있다. 앞서 황제 옹립 과정에서 살펴보았듯이 충선왕은 숙위 시절부터 형 카이산(무종)보다 동생 아유르바르와다(인종)와 더 깊은 관계를 맺고 있었기 때문이다.

그렇다면 그 인종은 왜 충선왕을 환국하도록 종용했을까? 이 부분은 깊게 생각할 것 없이, 충선왕이 원에 장기간 체류하는 것은 고려 국정을 수행하는 데 분명 문제 있다고 본 것이다. 상식적인 면에서 말이다. 하지만 굳이 정치적인 해석을 해보자면 원 조정에서 충선왕의 정치적 역할이 끝난 때문으로 볼 수도 있다.

충선왕은 무종이 황제로 재위한 4년 동안 대도에 머무르면서 황제와 황태자 형제를 화합시키고 중재하는 역할을 하지 않았나 싶다. 충선왕은 두 형제와의 관계 속에서나 무종 옹립 과정에서나 충분히 그럴 만한 위치에 있었다. 그러다가 마침내 동생 아유르바르와다가 황제로 즉위하였는데, 충선왕이 입원 숙위하여 그와 관계를 맺기 시작한 1298년(충렬왕 24년) 이래 무려 14년 만의 일이었다. 그러니 원 조정에서 충선왕의 기나긴 정치 역정은 완성되었다고 볼 수 있다.

하지만 충선왕은 새 황제 인종의 환국 지시에도 응하지 않았다. 측근인 박경량을 시켜 원 조정의 실력자들에게 환국을 조금 뒤로 미뤄줄 것을 요청했는데 이것을 인종이 수용한 것이다. 이를 보면 인종은 충선왕의 의지를 완전 무시하고 환국을 강요할 생각은 없었던 것 같다. 또한 충선왕에 대한 환국 명령이 충선왕을 실각시키려는 뜻이 아니었음도 분명하다.

그런데 이렇게 충선왕의 환국이 미뤄지면서 관료집단 사이에서 갈등이 생기기 시작한다. 당시 대도의 충선왕 주변에는 수많은 고려 관리들이 머물고 있었다. 충선왕이 특별히 불러서 들어간 관리들도 있었지만 사신으로 갔다가 장기간 체류하는 경우도 있었고, 특별한 목적 없이 권력을 좇아 들어간 사람도 많았다. 재위 중인 국왕이 머물고 있는 곳으로 관리들이 모여드는 것은 당연한 일이었다. 바로 그런 대도의 고려 관료집단 사이에서 충선왕의 장기 체류 문제 때문에 갈등이 생기기 시작한 것이다.

충선왕의 장기 체류에 따른 문제는 크게 두 가지였다. 하나는 체류 경비를 조달하는 문제였는데, 충선왕이 원에 체류하는 경비는 모두 고려에서 보내졌기 때문이다. 매년 경상비로 베 10만 필과 쌀 400곡斛(1곡은 10두)을 운송하였고, 여기에 원의 황실이나 고관에게 바치기 위한 선물 등 특별한 목적의 지출을 위해 필요할 때마다 특산물을 운송했다. 당연히 이 모든 것은 고려의 재정 부담으로 떨어졌다.

베 10만 필은, 앞서 소금 전매를 실시하면서 1년에 세수가 4만 필이었다는 점을 감안하면 그 액수를 짐작할 수 있을 것이다. 소금 전매를 통해 거두어들이는 1년 세수의 2.5배가 해마다 원의 대도에 보내져

제4장 _ 복위, 원격 통치 • 423

지출되었던 것이다. 그러니 충선왕의 장기 체류에 따른 고려 정부의 재정 부담은 적은 것이 아니었다. 쉽게 말하자면 고려 정부의 재정에 심각한 문제가 생길 정도였다.

충선왕의 장기 체류에 따른 또 다른 문제는 인사행정이 올바로 서지 못한다는 점이었다. 충선왕이 대도에서 전지를 통해 내보내는 인사명령은 수시로 이루어졌는데 이게 공정하지 못해 인사 행정체계가 갈수록 문란해졌다. 관료집단 사이의 갈등은 이 문제가 더 중요하게 작용했다. 그런 갈등의 중심에 있는 인물이 충선왕의 측근으로서 줄곧 대도에 함께 체류하고 있던 권한공·최성지·박경량 등 3인이었다.

이들 3인은 충선왕의 측근에서 뇌물을 받고 인사를 주관하는 등 비리가 많았다. 시간이 흐를수록 그런 비리는 늘어갔고 충선왕의 환국이 지연되는 것은 이들이 장기 체류를 방조한 탓이 컸다. 충선왕의 장기 체류는 측근인 이들에게 축재나 권력 남용의 호재로 작용했기 때문이다. 특히 박경량의 축재가 가장 심했다. 당연히 이들 3인에게 비난이 집중되었는데 마침내 문제가 터진다. 이들 3인을 축출하고 충선왕을 환국시키자는 운동이 대도에서 벌어진 것이다.

그 중심에는 김심과 이사온李思溫이 있었다. 김심은 김주정의 아들로 앞서 여러 차례 언급했고, 이사온은 당시 밀직사사로 있던 인물인데 두 사람 모두 예전부터 충선왕 계열의 인물들이었다. 이 두 사람은 처음부터 충선왕의 환국을 성사시키기 위해 원으로 들어온 것이었다. 이들 외에도 당시 대도에 있던 많은 고려 관리들이 충선왕의 환국 운동에 동참하면서 사태가 커진 것이다.

김심·이사온 등은 충선왕을 환국시키기 위해서는 권한공·최성지·박경량 3인을 축출할 수밖에 없다고 판단하였다. 이에 원의 휘정원사徽政院使로 있던 실열문失列門에게 그에 대한 의견을 타진하였다. 휘정원은 태후궁의 사무와 재정을 담당하는 관청인데 황태후의 정치적 영향력이 크다 보니 그 장관인 휘정원사 실열문은 정권의 핵심이었다. 여기에 실열문이 충선왕의 체류를 못마땅해 하는 인물이어서 선이 닿았던 것 같다. 그 실열문이 김심과 이사온의 생각에 동의하면서 일은 급진전된다.

이에 김심과 이사온 등은 권한공·최성지·박경량 3인의 죄상을 갖추어 소장을 꾸미고 여기에 수백 명의 서명을 받아 휘정원에 제소하였다. 소장에 서명한 관리가 수백 명이나 되었다는 것으로 보아 당시 대도에 얼마나 많은 고려 관리들이 체류하고 있었는지 짐작할 수 있다. 아마 충선왕의 대도 체류가 장기화될수록 고려 관리들의 입원도 증가했던 것으로 보인다.

실열문은 고려 관리들이 서명한 소장을 근거로 권한공 등 3인을 하옥시켰다. 사태를 전해 들은 충선왕은 김심·이사온 등이 왕권에 도전한 것으로 간주하고, 자신에게 알리지도 않고 일을 벌인 것에 대노했다. 바로 황태후에게 요청하여 3인을 곧 석방해주도록 하고, 이와 함께 서명을 주도한 김심과 이사온 등을 오히려 하옥시켜버린다. 그러자 서명에 적극 참여했던 그 밖의 많은 관리들은 사태의 급반전에 놀라 모두 도망쳐버렸다. 1313년(충선왕 5년) 1월의 일이었다.

김심과 이사온 등은 한 달 뒤 원 조정에서 장형을 당하고 감숙성 임조臨洮로 유배를 떠나야 했다. 그리고 도망친 관리들에 대해서는 충선왕의 명령으로 그 부계와 모계를 추적하여 가산을 적몰하였다. 그 후 김심과 이사온은 5년의 유배를 마치고 돌아왔지만 충선왕은 다시 이들을 찾지 않는다. 이들의 실수는 충선왕의 의지를 잘못 읽었거나 아니면 자신들의 충성심을 너무 과신했던 탓이 컸다.

특히 김심은 충선왕이 왕위를 빼앗기고 원에 10년 동안 머물러 있을 때, 그리고 공주 개가 책동이 일어났을 때 충선왕편에 서서 적극 활동한 사람이다. 그의 딸은 원으로 들어가 무종 황제의 사랑을 받아 후궁에까지 올라 앞길이 활짝 열려 있었는데 잘 나가다 벽에 부딪힌 꼴이었다. 김심은 충선왕에 대한 충성심과 자신의 힘을 너무 과신했다가 오히려 괘씸죄에 걸려들었음이 분명하다. 김심은 나중에 충숙왕이 즉위한 한참 후에 수상에 오른다.

사건이 마무리된 후에도 충선왕은 자신의 환국 운동에 참여한 자들을 색출하여 가산을 몰수했다. 자신의 의지에 어긋나는 행동은 앞으로도 용서치 않겠다는 천명으로, 권한공·최성지·박경량 3인에 대한 총애가 굳건했음을 보여준 것이었다. 아울러 이 사건은 충선왕이 환국할 의사가 전혀 없었다는 것을 확인한 것이기도 했다.

고려 왕위를 벗어 던진 충선왕

충선왕이 자신에 대한 환국 운동을 저지하는 데는 일단 성공했지만 환국해야 한다는 정치적 부담감에서 벗어난 것은 아니었다. 오히려 환국 운동을 계기로 원에 체류하는 부담감은 더욱 커졌고 마냥 환국을 미룰 수 있는 명분도 없었다. 게다가 환국 운동이 실패로 끝난 후에는 원 조정에서도 충선왕의 환국을 종용하고 있었으니 회피할 길도 없었다.

방법은 딱 한 가지, 고려 왕위를 아들에게 넘겨주는 수밖에 없었다. 1313년(충선왕 5년) 3월, 마침내 충선왕은 고려 왕위를 아들 강릉대군 도燾에게 넘겨준다. 죽은 세자 감의 친동생인 강릉대군을 황제에게 보이고 양위를 청하자 인종 황제가 바로 수락한 것이다. 이를 보면 충선왕이 고려 왕위를 지닌 채 장기간 원에 체류한 것에 대해 원 조정에서도 문제가 있다고 판단했다는 것을 알 수 있다.

강릉대군은 황제로부터 국왕인國王印과 선명宣明을 받고 부왕 충선왕과 함께 즉시 환국하여 그 해 6월 고려 왕으로 즉위하였다. 이이가 고려 27대 충숙왕忠肅王으로 이때 20세였다. 고려 왕위에서 벗어난 충선왕은 이때 39세의 젊은 나이였고, 아직 심왕의 왕위는 지니고 있었기 때문에 심왕 혹은 상왕上王으로 불리운다.

충선왕이 고려 왕위를 아들에게 넘겨준 이유는 길게 설명할 필요도 없이 환국을 회피하기 위한 수단이었다. 이전에도 충선왕이 양위를 생각했던 점을 감안하면 이는 갑작스런 일도 아니었다. 중요한 점은 양위를 하면서까지 충선왕은 계속 원에 머무르려고 했다는 사실이다. 무엇이 그토록 충선왕을 원에 남아 있도록 유혹했을까? 이 문제에 대해서는 앞에서, 충선왕은 고려의 정치보다는 원의 정치에 더 관심이 많았던 탓으로 설명했는데 이것으로는 충분한 해명이 못 된다. 이 의문은 계속 머릿속에 남겨두자.

그런데 충선왕은 고려 왕위를 양위하면서 이때 그 세자까지 확정해두었다. 즉 충숙왕의 뒤를 이을 세자까지 자신이 미리 정해둔 것이다.

그 세자는 다름 아닌 자신의 조카 연안군 고延安君 暠였다. 세자 고는 충선왕의 이복형인 강양공 자江陽公 滋의 둘째 아들인데, 강양공은 맨 앞 장에서 언급한 충렬왕과 정화원비 사이에서 태어난 장남이었으나 원 공주 출신의 아들이 아니라는 이유로 왕위를 충선왕에게 양보해야 했던 비운의 왕자였다.

충선왕은 양위하면서 왜 세자까지 자신이 미리 정해두었을까? 다음 왕위를 이을 세자를 정하는 것은 양위받은 충숙왕의 몫이지 왕위에서 물러난 충선왕의 할 일이 아니었다. 게다가 충숙왕은 이때 결혼도 하지 않은 약관의 나이로 현재는 후사가 없지만 앞길이 창창한 국왕이었다. 그런 젊은 아들에게 양위해놓고 또 세자까지 미리 정해두었던 것은 충선왕에게 그럴 만한 이유가 있었을 것이다.

여기서 분명하게 드러나는 사실은 충선왕이 양위하기는 했지만 고려 국정에 대해 완전히 손을 놓겠다는 뜻은 아니었다는 점이다. 충숙왕 다음의 왕위 문제까지 자신이 개입한 셈이니까 말이다. 더구나 충선왕은 양위한 후에도 아들 충숙왕을 누르고 직접 고려 국정을 주도하였다. 그렇다면 충선왕이 세자까지 미리 정해두었던 것은 이 문제와 관련 있는 것이 아니었을까 생각한다.

이 대목에서 충선왕이 낙점한 세자가 조카인 연안군 고였다는 사실을 주목할 필요가 있다. 그 세자는 자신에게 왕위를 양보해야 했던 강양공의 차남으로, 충선왕이 매우 사랑하여 어려서부터 궁중에서 길렀다고 하니 충숙왕에게는 가장 강력한 라이벌이었다. 그런 자를 세자로 미리 정해두었던 것은 왕위를 이어받은 충숙왕을 견제하려는 상왕으로서 정치적 의도가 작용했다고 본다.

충선왕은 왕위를 물려준 후 원에 계속 머물고자 하였다. 양위의 본래 의도가 그런 것이었고 환국해야 한다는 부담에서 일단 벗어났다고 생각했기 때문이다. 하지만 원 조정에서는 충선왕이 양위했음에도 그의 체류를 허용하지 않았다. 아마 오랫동안 왕좌를 비웠으니 일단 환국하여 국정을 돌보라는 의미였을 것이다. 여기에 충선왕의 처지에서도 줄곧 원에 있었기 때문에 고려 국정을 직접 챙겨볼 필요가 충분히 있었을 것이다.

그렇게 원의 대도에서 고려 왕위를 물려준 충선왕은 그 해 1313년(충선왕 5년) 4월 충숙왕과 함께 환국한다. 이때 환국하는 왕 부자 일행의 행렬에는 전거傳車 142채가 동원되어 그 위용이 전례에 없었다. 뿐만 아니라 황제·황태후와 중서성을 비롯한 원의 주요 관청에서 관리를 선발하여 호송하게 했는데 그 인원이 100여 명에 달했다. 충선왕의 환국에 대해 원의 황실이나 조정에서 얼마나 신경 쓰고 있었는지 알 수 있는 장면이었다.

그런데 이때 충선왕비인 계국대장공주도 함께 고려에 돌아온다. 공주 개가 책동이라는 정치적 파란의 중심에 있었고 충선왕과 관계도 좋지 않았던 그 원 공주가 이제야 충선왕과 함께 환국한 것이다. 이 공주는 문무백관의 환대를 받으며 돌아왔지만 정치적 위력은 별로 없었다. 그런데도 충선왕은 웬일인지 이 공주를 소외시키지 않고 자신의 왕비로서 그런대로 대접을 해주었다. 그 덕분이었는지 신료들도 이 공주를 우대하는 데 소홀함이 없었다.

충선왕이 이 공주를 함께 데려온 이유나 그녀를 우대한 이유가 궁금하다. 지금까지의 왕과 공주의 관계를 떠올리면 잘 이해가 되지 않

기 때문이다. 여기에는 그녀에게 충숙왕의 모후 역할을 기대하려는 의도가 작용하지 않았나 생각한다. 충숙왕의 생모 의비는 몽골의 평범한 여성이어서 그녀에게 국왕의 모후 역할을 기대할 수는 없었기 때문이다. 그래서 충선·충숙왕 부자가 환국하면서 계국대장공주를 고려에 데리고 온 것은 충선왕이 그녀를 정치적으로 이용하려 했다는 혐의가 짙다.

충선왕을 따라 고려에 들어와 의례적인 연회에나 참석하던 이 공주는 2년 후인 1315년(충숙왕 2년) 9월 원으로 다시 들어갔다가 그 해 12월 갑자기 죽고 만다. 원 황실의 공주로 고려 왕비가 되었지만 고려에 머문 기간은 불과 수년도 못되었고 진정한 왕비 대접도 받지 못한 불운한 왕비였다. 그녀 역시 깊어가는 부마국 체제의 피해자가 아니었을까.

아무튼 충선왕이 고려 왕위를 충숙왕에게 넘겨주었던 것은 환국을 회피하기 위한 수단이었지 고려 국정에서 손을 떼기 위해 그런 것은 아니었다. 오히려 원에 계속 체류하면서 고려 국정도 계속 자신이 주도하는, 양자를 병행하려는 수단이었다고 보는 것이 옳다. 이런 자신의 정치적 의도를 관철하기 위해서는 왕위를 물려받은 충숙왕을 어느 정도 견제할 장치가 필요했던 것이니, 그게 세자까지 미리 자신이 정해두는 조치로 나타났던 것이다.

그 점을 보여주는 증거가 있다. 충선왕은 환국하는 도중에 세자로 정했던 연안군 고를 원에 계속 머물게 하라는 지시를 내렸던 것이다. 연안군 고를 다음 고려 왕위 계승자로 확실하게 해 두겠다는 조치였고, 이 세자를 통해 고려 왕위를 물려받은 충숙왕을 견제하겠다는 의도를 드러낸 것이었다. 이때 연안군 고의 나이는 정확히 나타나 있지는 않지만 충숙왕과 비슷했을 것이다.

　왕위를 물려받긴 했지만 충숙왕에게는 그 세자가 눈에 거슬렸을 것이다. 여차하면 그 세자에게 왕위를 넘겨주어야 하는 사태가 일어나지 않는다는 보장이 없었기 때문이다. 그 열쇠를 쥐고 있는 인물은 상왕, 즉 충선왕이었다.

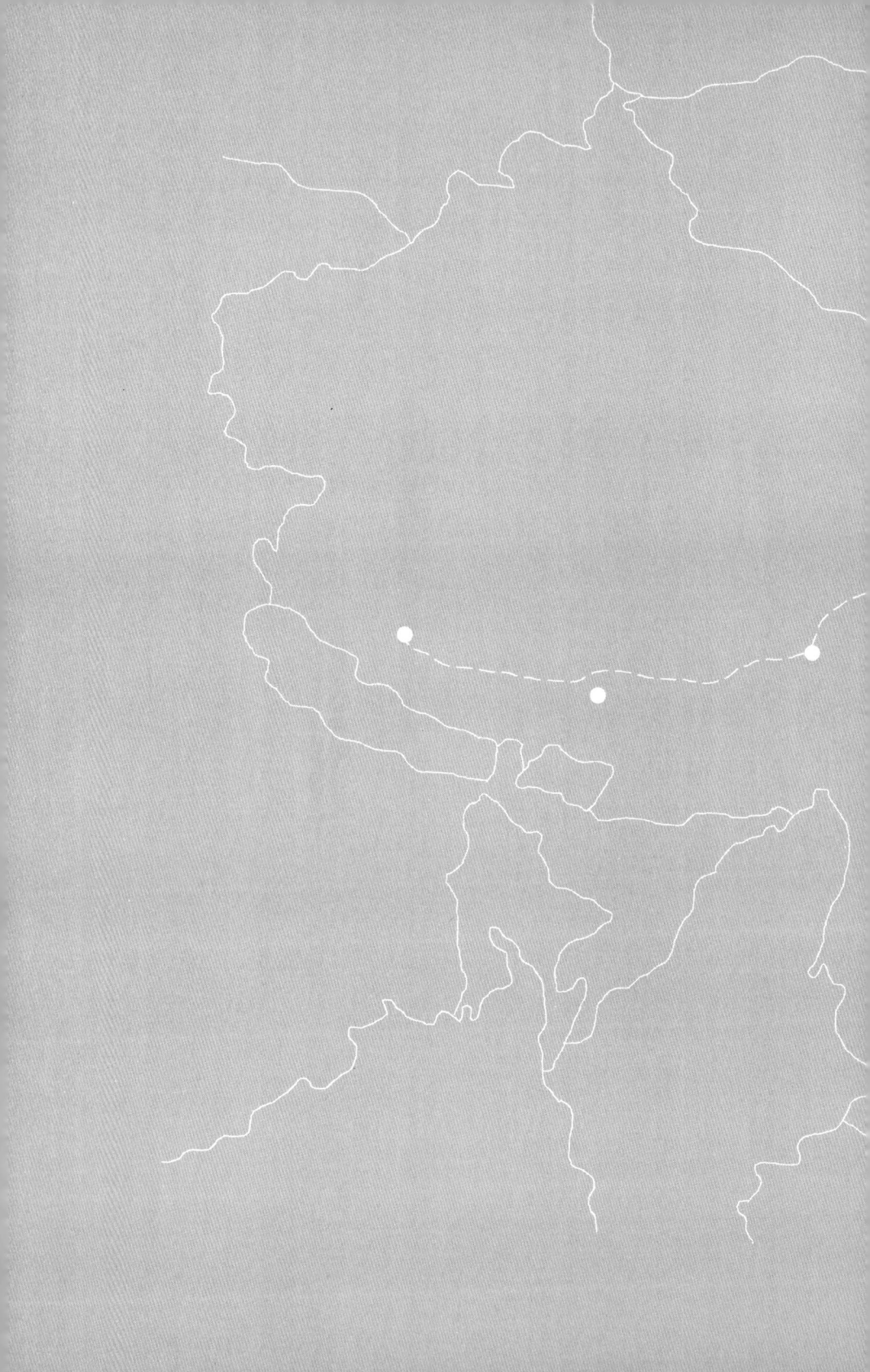

제 5 장
충선왕과 만권당

고려 왕위를 양위한 충선왕은 바로 원으로 들어가 대도의 저택에 만권당을 설치하고 원대의 저명한 문인·학자들을 초청하여 교유 활동에 전념한다. 그러한 만권당은 문인들과의 교유 활동 외에도 여러 가지 기능을 했는데 충선왕에게는 원 조정의 정치와 거리를 두기 위한 장치이기도 했다. 충선왕이 원 조정의 현실 정치에 직접 뛰어들기에는 여러 위험 부담이 따르는 일이었고 정치를 기피하고도 싶었기 때문이다. 결국 후원자인 인종이 죽고 영종이 즉위하면서 충선왕은 궁지에 몰리고 마침내 티벳으로 유배를 가야 하는 신세가 되고 만다.

1. 상왕 충선왕

충선왕과 충숙왕

고려 왕위를 물려받은 충숙왕은 모든 일에 상왕인 충선왕을 앞세운다. 정식 국왕이었지만 확고한 통치권을 발휘할 수 없는 상왕의 대리인, 혹은 국정 관리자에 불과했다. 충숙왕 스스로도 그런 자신의 위상을 너무나 잘 인식하고 있었으니 재위 초반에는 이 문제로 부자간에 아무런 마찰도 없었다.

충숙왕의 즉위 교서도 특별할 것이 없는 상왕을 우대하라는 내용이 전부였다. 당연히 국정은 상왕이 주도해나갔다. 5년 만에 환국한 충선왕이 한 일은 상왕의 이름으로 교서를 반포하여 민심을 다잡으면서 충숙왕을 동반하고 국정을 시찰하는 일이었다. 충선왕이 양위하고서도 환국한 이유가 그것이었고 상왕으로서 해야 할 가장 중요한 일이기도 했다. 원 조정에서 이미 양위한 충선왕의 환국을 재촉한 것도 바로 그런 국정의 공백을 오랫동안 방치할 수 없다는 판단 때문이었다.

충숙왕은 정식 국왕이니 우선 왕비를 맞아야 했다. 충숙왕은 환국하여 즉위한 1313년(충숙왕 즉위년) 그 해 8월에 처음으로 홍규의 딸을 왕비로 들이고 덕비德妃로 책봉한다. 재미있는 일은 여기 홍규의 딸 하나는 이미 부왕 충선왕의 왕비로 들어갔다는 점이다. 그러니까 홍규는 충선·충숙왕 부자에게 연거푸 딸을 들인 것이다. 이 결혼은 아마 부왕의 주선으로 이루어졌을 것 같은데, 왜 홍규 가문에서 다시 왕비를 취했을까?

홍규는 앞서 여러 차례 언급했듯이 권력에 초연한 인물이었다. 무인정권을 종식시키고 고려 왕실에 큰 공을 세워 권력의 중심에 설 수 있는 위상을 지녔지만 원종과 충렬왕대까지 정치의 중심에서 한참 벗어나 있었다. 충선왕이 복위한 후에는 그 위상을 인정받아 국가 원로로서 잠시 수상을 맡기도 했지만 권력에 초연하기는 마찬가지였다. 아마 이런 홍규의 성향이 왕실과 다시 혼인관계를 맺는 계기가 되었을 것이다.

양위한 상왕과 충숙왕이 고려에 함께 체류한 기간은 10개월도 채 되지 않았지만 상왕의 그늘 아래에 있는 충숙왕은 미약한 국왕이 될 수밖에 없었다. 부왕처럼 정치 활동의 결과로 왕위에 오른 것도 아니었고, 원 공주의 소생도 아니었으며, 게다가 원 공주 출신의 왕비를 들인 것도 아니었기 때문이다. 순전히 부왕의 정치적 의도에 따라 잠시 왕위를 맡고 있을 뿐이었다. 그렇다고 상왕에 맞설 수 있는 처지는 더더욱 아니었다.

그런데 충숙왕이 고려 국왕으로 그나마 행세를 하려면 원 공주와의 혼인이 이루어져야 했다. 1316년(충숙왕 3년) 2월 충숙왕은 원 공주와의 결혼을 위해 원으로 들어간다. 이 문제는 충선왕이 황제에게 요청하여 허락을 받아 이루어진 것이다. 이를 보면 충선왕이 아들 충숙왕을 정식 국왕으로 분명 인정은 하고 있었고 국정을 일임할 준비도 했다는 것을 알 수 있다.

원으로 들어간 충숙왕은 그 해 6월 황제를 알현하고 7월 영왕營王 야선첩목아也先帖木兒(에센 테무르)의 딸과 혼인을 한다. 여기 영왕은 세조 쿠빌라이의 손자로 아버지 운남왕을 세습하여 영왕으로 개봉된 자였다.

공교롭게도 충숙왕이 원 공주와 결혼한 지 딱 열흘 후, 그 생모인 의비가 원에서 죽는다. 아들이 왕위에 올랐지만 고려에 들어오지도, 모후의 대접도 받지 못하고 원에서 죽은 것이다. 죽은 의비의 영구는 그 해 8월 고려에 도착하여 상을 치르는데 조금 이상한 점이 있다.

의비가 몽골의 평범한 여성이었지만 분명 현직 국왕의 생모인데도 아들 충숙왕은 국상에 참여하지도 않고 원에서 머무르다 그 해 10월에야 환국한 것이다. 마치 모후의 상을 피하기 위해 그것이 끝나기를 기다렸다가 환국한 것처럼 보이는데, 그녀가 국왕의 모후로서 전혀 인정받지 못했다는 뜻이다. 이 의비에 대해서는 충선왕과의 결혼에서부터 불가사의한 점이 많지만 역사 기록이 미비하여 자세한 설명을 더 이상 할 수가 없다.

그런데 충숙왕의 왕비가 된 영왕의 딸은 국왕과 함께 결혼 직후 고려에 들어왔지만 생산을 못하고 1319년(충숙왕 6년) 9월 갑자기 죽고 만다. 이 왕비는 사후 복국장공주濮國長公主로 추증되었다.

복국장공주의 사인에 대해서는, 먼저 왕비로 들어온 덕비 홍씨를 투기하다가 충숙왕에게 구타당했다는 《고려사》〈후비 열전〉의 기록이 있다. 충숙왕이 공주를 구타했다는 것에 대해 모함이라는 설이 언급되어 있기도 한데 이는 우리의 호기심을 자극하는 부분이다. 국왕으로서 별 힘이 없는 충숙왕이었지만 원 공주 출신의 왕비를 구타할 정도였다면 이를 어떻게 받아들여야 할까? 최초의 원 공주 출신의 왕비였던 제국대장공주와 충렬왕의 관계를 생각하면 이는 상상할 수도 없는 일이기 때문이다.

이것은 충숙왕의 난폭함으로 해석하기보다는 원 공주 출신 왕비의 위상 추락으로 해석하면 어떨까 싶다. 죽은 복국장공주의 혈통이 원 황실에서 방계여서 지위가 낮은 측면도 있겠지만, 그보다는 고려 왕실에 출가한 원 공주 출신 왕비들의 위상이 예전 같지 않았다는 점을 주목하고 싶다. 이런 위상 하락은 충선왕의 왕비였던 계국대장공주에서 시작되었고 공주 개가 책동의 실패는 그 단서가 되었다고 할 수 있다.

사실, 원 공주 출신 왕비의 위상 추락은 충선왕이 무종·인종을 옹립하는 데 결정적인 공을 세우면서 이미 드러났다. 그 사건은 공주 개가 책동의 주인공이었던 계국대장공주를 실격하게 만든 것이었다. 충선왕이 자신의 왕비였던 계국대장공주를 끝까지 무시하면서도 자신의 정치적 위상을 제고할 수 있었던 것은 그 때문이었다.

이렇게 보면 충숙왕이 원 공주 출신 왕비를 홀대할 수 있었던 것도 부왕 충선왕의 영향 때문이라고 할 수 있다. 충숙왕은 이래저래 부왕 충선왕의 그늘 아래에 있었던 것으로 보인다.

불교에 빠진 상왕

5년 만에 다시 환국한 충선왕이 고려에 체류한 짧은 기간에 특히 관심을 가졌던 것은 만승회萬僧會였다. 충선왕은 재위 중 원에 있으면서도 여러 불교 관련 행사를 주도했지만 만승회는 환국하여 잠시 체류한 이때부터 본격적으로 시작된다. 만승회는 매일 승려 2,000명에게 닷새 동안 밥을 먹이는 반승을 하여 1만 명을 채우는 것이었는데, 충선왕은 이러한 만승회를 108번 반복하여 108만 반승을 하겠다는 결심이었다.

충선왕은 1313년(충숙왕 즉위년) 환국한 그 해 10월, 연경궁에서 승려 2,000명에게 5일 동안 반승을 개시한다. 충선왕이 손수 향로를 받들고 연등 2,000개에 점등하였으며 은병 100개를 부처에게 바쳤다. 충탄冲坦과 효정孝楨이라는 승려를 초빙하여 설법하게 하고 각 은 1근을 하사하였으며 승려 2,000명에게는 은 20근을 나누어주기도 했다. 한 달 후에는 다시 연경궁에서 승려 2,000명에게 닷새 동안 그런 반승을 반복했다. 이런 만승회를 108번 반복해야 108만 반승이 되는 것이니 그 비용이 이만저만한 것이 아니었다.

충선왕의 불교에 대한 심취는 당연히 승려에 대한 우대로도 나타났다. 만승회에는 반드시 고승들을 초빙하여 설법하게 했으며 이들에 대한 예우는 지나칠 정도였다. 어느 만승회 때는 송광사松廣寺의 승려 만항萬恒을 초대하였는데 함께 수레를 타고 점등하였으며 그가 돌아갈 때는 국왕이 타는 수레를 내주기도 했다.

환국한 그 해 11월 충선왕은 왕사王師로 있던 정오丁午를 무외국통無

畏國統으로, 대선사大禪師 혼구混丘를 왕사로 삼기도 했다. 불교 국가인 고려에서는 고승을 국사나 왕사로 책봉하는 경우가 있었지만 국통은 고려 초기 이후에는 없었다. 국통은 신라에서 있었던 제도로 국통─주통─군통이라는 승직僧職 단계에서 승정僧政의 국가 최고 책임자였다.

충선왕이 신라에 있었던 국통제도를 되살린 것은 몽골 제국의 영향을 받아 불교계를 띄워주려는 의도로 볼 수 있다. 몽골 제국은 모든 복속국의 종교만큼은 자유로이 허용하는 정책을 폈고, 더구나 무종과 인종 양대에는 황실에서조차 불교에 경도되어 있었다. 그 결과 불교의 부흥을 맞이하기도 했지만 시간이 흐를수록 세속화되는 경향도 피할 수 없었다. 충선왕의 불교에 대한 관심이나 방만한 불교 행사 역시 이러한 몽골의 분위기에서 영향을 받은 바가 컸을 것이다.

충선왕이 임명한 무외국통 정오는 아마 기존의 국사·왕사보다 우위의 존재로 현실적인 막강한 권한을 행사하는 고려 승정의 최고 책임자 위치에 있었을 것이다. 국통 정오와 왕사 혼구는 그 해 팔관회 때(11월 15일) 상왕인 충선왕과 동석하여 풍악을 관람할 정도였다. 앞서 송광사의 만항도 후에 국사로 책봉되는데, 정오·혼구와 함께 이들 3인은 충선왕의 후원을 받아 이 시대 불교계를 이끈 권승權僧이었다.

불교에 빠진 충선왕은 승려를 우대하는 정책 때문에 인사행정에서도 관리들과 마찰을 빚곤 했다. 고려 시대에는 승려들에 대한 승계僧階 수여도 일반 관직 제수와 마찬가지로 대간臺諫의 서경권署經權을 거쳐야 했다. 충선왕이 사적으로 총애하는 승려들이나 대궐에 자주 드나드는 승려들에게 승계를 수여하는 과정에서 대간의 관리들이 저항했던 것이다.

충선왕의 배려로 궐내를 무상으로 출입하는 경린景麟과 경총景聰이 라는 승려가 있었다. 충선왕이 이들에게 선종 계통에서 최고의 승계인 대선사를 제수하려 하자 대간의 관리들이 여기에 반발한 것이다. 충선왕은 이들 대간의 관리들을 불러 꾸짖어도 봤지만 통하지 않자 곤장까지 치려 했다. 이에 대간의 관리들은 오히려 충선왕의 잘못된 인사를 정면으로 거론하며 강경하게 나왔다. 충선왕도 이런 정론에는 어쩔 수 없었는지 한발 물러서고 만다. 하지만 이들 대간의 관리들은 결국 유배와 삭직 혹은 좌천을 당하고 말았다. 1314년(충숙왕 1년) 1월의 일인데, 충선왕이 사적으로 승려들을 우대하려는 욕심에서 돌출한 사건이었다.

그런 와중에도 충선왕이 결심하고 있던 만승회는 계속되었고 이 108만 반승에 대한 상왕의 의지는 강했다. 고려에 잠시 머물다 다시 원으로 들어가는 순간까지도 연경궁의 만승회에 들러 이 행사를 직접 챙기고, 은 130근을 그 비용으로 보시할 정도였다. 원으로 들어간 후에도 충선왕은 충숙왕에게 불법을 숭상하라고 하면서 만승회를 이어가도록 했으니, 충선왕의 불교에 대한 심취 정도는 보통 이상이었다.

충선왕의 불교에 대한 그런 심취는 무엇 때문이었을까? 불교 국가인 고려 왕조에서 국왕이 불교 행사에 대해 관심을 갖거나 불교에 빠져드는 것이 특별히 이상할 것은 없지만 충선왕이기에 좀 생각해볼 대목이 있다. 승려들에게 밥을 먹이는 반승은 선대의 국왕들도 가끔 왕실에서 주최하여 실시하는 경우가 있었지만, 충선왕의 의지가 반영된 만승회는 아주 특별한 것이었다.

충선왕이 그렇게 불교에 빠진 이유는 우선, 앞서 언급한 바 있지만 원 제국의 영향이나 숙위 시절의 황태후에게 영향을 받은 면이 분명히 있다. 하지만 이것만 가지고는 충분한 해명이 못 되고 좀 더 적극적인 설명이 필요하다.

　우선, 모후 제국대장공주의 갑작스런 죽음이 충선왕을 불교에 빠져들게 했다고 보인다. 일찍 죽은 모후에 대한 충선왕의 효심과 정은 크고 깊었다. 원에 장기 체류하고 있다가 고려에 환국할 때면 가장 먼저 들르는 곳이 모후의 진영眞影이 안치된 묘련사妙蓮寺였다. 수녕궁을 희사하여 민천사로 만든 것도, 방대한 재정을 쏟아 부은 만승회의 목적도 실은 모후의 명복을 비는 것이 주 목적이었다. 모후에 대한 그런 추모의 정은 충선왕이 불교에 빠져든 첫 번째 계기였을 것이다.

　여기에 공주 개가 책동과 같은 사건은 승패 여부를 떠나 마음의 상처가 깊었을 것이고 어쩌면 충선왕에게 정치에 대한 혐오나 염세주의 경향마저 품게 했을지도 모른다. 부자간에, 부부간에 벌어졌던 그 치열하고 졸렬한 권력 다툼에서 마음의 상처가 없었다면 그게 오히려 이상한 일일 것이다. 나아가 고려 왕위를 두 번이나 차지했지만 자신의 손으로 아들 세자 감을 죽일 수밖에 없었던 충선왕의 처지에서는 권력의 비정함만을 더욱 실감케 했을 것이다.

　그런 파란만장한 경험을 한 충선왕에게 불교는 또 다른 위안이나 현실 도피처 같은 것이 아니었을까. 강고한 현실 정치를 외면할 수 없었지만 여기서 벗어나고픈 마음 또한 컸으리라. 충선왕이 고려 왕위를 스스로 내던지고 마침내 심양왕까지 버린 것도 이해득실에 따른 여러 정치적인 해석을 할 수도 있겠지만, 충선왕 내면에 자리 잡고 있는 이러한 의식의 흐름과 무관치 않았다.

하지만 제국과 변경에서 벌어지는 현실 정치는 충선왕을 불교에 안주하게 가만 놔두지 않았고, 충선왕 역시 그런 현실 정치를 외면만 할 수도 없었다. 이게 충선왕이 출생부터 타고난 운명 같은 것은 아니었을까? 이렇게 말한다면 너무 비역사적인 생각이라고 지적할지 모르겠지만, 충선왕에게는 자신의 의지대로 마음대로 할 수 없었던 어떤 운명 같은 불가항력적인 힘이 작용했다고 느껴진다.

다시 원으로

환국한 충선왕은 충숙왕과 동반하여 고려 국정을 잠시 둘러보고 1314년(충숙왕 1년) 1월 다시 원으로 들어가버린다. 이때 고려에 머문 기간은 딱 8개월 정도였다. 이 5개월 전에도 충선왕은 입조를 요청했지만 황제가 허락하지 않아 성사되지 않았었다. 이때는 5년 만에 환국한 지 두 달도 채 안 된 시점이었는데 충선왕이 얼마나 원으로 들어가기를 원했는지 알 수 있다.

1314년(충숙왕 1년) 1월, 충선왕은 연경궁의 만승회를 둘러보고 원으로 향하면서 충숙왕과 개경 교외 금교역에서 전별식을 갖는다. 여기서 충숙왕이 상왕에게 전별의 술잔을 올리는데 이때 충선왕은 국정을 왕과 재상들에게 부탁하면서 끝내 눈물을 흘리고 만다. 이 눈물의 의미는 무엇이었을까?

여러 회한이 겹친 눈물이었을 것이다. 고려를 뒤로 하고 다시 원으로 들어가야 하는 불가피한 선택을 할 수밖에 없는 자신의 처지를 한

탄하는 눈물이 아니었을까. 이 눈물 속에는 당시 고려 왕조가 처한 운명과 자신의 지난 정치 역정이 함께 녹아들어 있었을 것이다. 고려 국정을 생각하면 발길이 떨어지지 않았을 테지만, 그렇다고 고려에 눌러앉아 있기는 뭔가 불안한 자신의 처지를 되돌아본 눈물이었으리라.

이후 충선왕은 다시는 고려에 돌아오지 못하고 죽을 때까지 원에서 격동의 인생 후반기를 보낸다. 이 부분은 뒤에 자세히 살펴볼 것이다.

그런데 재미있는 일은 충선왕이 다시 원으로 들어가기 직전에 자신의 공덕을 원 조정에 올리도록 했다는 사실이다. 자신이 잘한 일 10여 조목을 장황하게 적어 식목도감에 내려주고 이를 다시 표전表箋으로 작성하여 원 조정에 올리도록 했다. 원의 황실이나 조정이 자신을 좋게 보도록 미리 조치를 취한 것인데, 이를 보면 충선왕이 원 조정을 얼마나 예민하게 의식하고 있었는가도 알 수 있다.

환국하여 잠시 고려에 머무르고 있었지만 충선왕은 원 조정의 동향에 무심할 수 없었다. 자신의 장래 정치적 운명은 원에서 결정되리라는 것을 너무나 잘 알고 있었기 때문이다. 그가 지금까지 해온 정치 활동이나 원 황실과의 관계를 볼 때 원 조정에서 정치적 향방은 충선왕의 전도에 가장 중요한 변수였다. 그것을 충분히 인식하고 있는 충선왕은 다시 원으로 들어갈 수밖에 없는 처지였다. 그래서 충선왕이 자신의 공덕을 적어 원 조정에 올렸던 것은 다시 원으로 들어가 활동하기 위한 사전 포석이었다고 보인다.

충선왕은 원 조정을 무시하고 고려 국정에만 전념할 수도 없었지만, 고려 국정을 방치하고 원 조정의 활동에만 매달릴 수도 결코 없었다. 당연히 원으로 들어간 후에도 고려 국정은 충선왕에 의해 주도되었다. 아들 충숙왕은 아무 저항도 없이 여기에 적극적으로 부응해주었다. 시간이 흐를수록 충숙왕에게도 측근 세력이 생기면서 부왕에 저항하는 모습이 나타나기도 하지만 당분간은 그랬다.

충선왕은 원으로 들어가기 직전 핵심 측근인 박경량·권한공·최성지 3인에 대해 포상을 명령한다. 지금까지 좌우에서 잘 보필했다는 명목이었지만 앞으로도 이들을 총애하겠다는 뜻이었다. 이들 3인은 이후에도 충선왕의 측근으로서 원에 머물면서, 혹은 고려와 원을 자주 오가며 충선왕의 명령과 의지를 고려에 전달하는 역할을 충실히 한다.

방치할 수 없는 고려 국정

충선왕은 1314년(충숙왕 1년) 3월 원에 도착한 후에야 황제로부터 대도에 체류할 것을 허락받았다. 이것은 아마 원으로 들어가기 전에 사전에 허락받은 것이 아니라 사후에야 인정받은 것으로 보인다. 그리고 충선왕은 자신의 사저에 만권당萬卷堂을 짓고 활발한 재원 활동을 본격적으로 시작한다. 만권당에 대해서는 장을 달리하여 구체적으로 살필 것이다.

황제의 허락을 받고 대도에 활동 근거도 마련했지만 충선왕에게는 고려 국정이 못내 안 잊혔다. 아들 충숙왕은 미덥지 못하고, 특히 인사권만은 자신이 통제하고 싶었다. 충선왕은 상왕으로서 다시 원격통치를 생각했다.

원에 도착하자마자 충선왕은 윤신걸尹莘傑·윤선좌尹宣佐·백원항白元恒에게 명령하여 국왕을 모시고 통감을 강의하도록 한다. 여기 통감은 《자치통감》을 말하는데 역대 제왕들의 정치학 필수교재였다. 이것은 부왕으로서 아들 충숙왕을 제왕 감으로 가르쳐 진정 자립할 수 있는 국왕으로 만들어보겠다는 의지의 표현이었다.

통감의 강의를 맡긴 이 3인은 충숙왕에게 사부격인 인물이라고 할 수 있으니 당연히 충숙왕의 후원 세력으로 성장할 가능성이 컸다. 윤신걸은 경주 출신으로 과거에 급제하여 관직에 나왔는데 특히 5경에 능통했다. 이후 그는 충숙왕 편에 섰다가 충선왕에게 미움을 받기도 하고, 충선왕편에 섰다가 충숙왕에게 미움을 받기도 하면서 우왕좌왕했다. 윤선좌는 그의 7대조가 수상까지 역임한 가문 출신으로 과거 급제로 관직에 나왔는데 그 역시 충선왕에게 한때 미움을 받지만 대체로 충숙왕 편에 섰다. 백원항도 이상 두 사람과 비슷한 성향의 인물로 보인다. 이들 3인의 공통점은 정도의 차이는 있지만 정치적 부침을 피할 수 없었다는 것인데, 모두 국왕 위에 상왕이 존재하는 권력구조의 피해자였다고 보인다.

충선왕은 당연히 충숙왕의 인사권에도 간섭하여, 신천辛蕆과 안규安珪에게 전주銓注(인사행정)를 맡겼다. 신천은 그 출신에 대해서는 잘 드러나 있지 않지만 앞서 윤선좌와 함께 안향의 문생으로 과거에 급제한 인물이었고, 안규는 충숙왕을 세자 시절부터 모신 인물로 나타난다.

충선왕이 인사행정을 맡긴 이 두 인물은 충숙왕의 의사를 반영하여 선정했다. 이는 충선왕이 인사권에 간섭하면서도 가능하면 빨리 충숙왕이 직접 국정을 주도할 수 있도록 하기 위함이었다. 이를 감안하면 충숙왕의 추천으로 인사행정을 맡은 이 두 사람은 앞서 충숙왕의 사부격인 3인보다 더욱 충숙왕의 측근으로 성장할 가능성이 컸다.

하지만 충숙왕과 이들의 인사권은 중·하급관리의 인사에 그쳤다. 2품 이상의 재상급 관리나 중요 관직에 대해서는 원에 체류하고 있는 충선왕이 직접 통제하지 않았나 생각된다. 최소한 충선왕의 의사에 반하는 요직이나 고위 인사는 충숙왕이 마음대로 할 수 없었다. 이런 속에서 지방의 관직은 충선왕의 측근 세력들에 의해 뇌물로 이루어지는 경우가 많았다. 이러한 정치 환경은 시간이 흐를수록 왕 부자를 따르는 각각의 파벌 형성에 중요한 배경이 되었다.

1316년(충숙왕 3년) 3월 충선왕은 식목도감에 전지를 보내 전국 5도에 사신을 파견하라는 명령을 내리기도 했다. 이때는 충숙왕이 결혼을 위해 왕좌를 비우고 원으로 들어간 시기로, 국정의 공백을 틈 탄 권세가의 지방 주현에 대한 수탈을 막기 위한 조치였다. 원에 체류하고 있는 충선왕이 얼마나 고려 국정에 대해 노심초사했는지 알 수 있는 일이기도 하지만, 틈만 나면 탐학을 저지르는 당시 관리들의 생태를 짐작할 수도 있다.

충선왕은 원에 있으면서 고려에서 일어나는 중요한 사건에 대해서도 직접 챙겼다. 제주도에서 일어난 반란 사건이 대표적이다. 1318년(충숙왕 5년) 2월, 제주도에서 김성金成이란 자가 흉도를 모아 반란을 일으키고 제주 성주星主와 왕자王子를 내쫓은 사건이 일어났다. 축출된 성주와 왕자가 이를 고려 정부에 알려오자 곧장 안무사를 파견하였다.

그런데 충선왕이 이 사실을 알고 그 해 4월 특별 지시하여 당시 제주에 주둔했던 대장군 장공윤張公允과 제주부사 장윤화張允和를 하옥시키고 후에 섬으로 유배를 보낸다. 제주의 반란 사건은 이 두 사람의 탐학 때문이라고 본 것이다. 그리고 5월에는 충선왕의 측근인 상장군 배정지를 탐라 존무사로 다시 파견하여 제주를 진정시켰다. 충선왕이 원에 있으면서 이렇게 제주 반란 사건에 직접 간여했던 것은 이 사건이 중대할 뿐만 아니라 원 조정을 의식하지 않을 수 없었기 때문이다.

제주는 고려 중엽 의종(1146~1170) 때 최초로 수령이 파견되어 고려 통치 체제 속에 편입되는데 성주·왕자로 불리는 토착 지배 구조는 그 후로도 계속 유지되었다. 그런 제주가 삼별초난과 일본원정을 치르면서 동아시아의 새로운 국제 질서 속에서 중요한 지정학적 위치로 떠오른다. 삼별초난을 진압한 후 대원제국은 제주를 직속령으로 편입하여 군대를 주둔시키고 목마장으로 육성했다. 그 후 고려에 잠시 환부되기도 했지만 탐라총관부·탐라군민만호부 등으로 이름을 바꿔가며 지배하다가 1305년(충렬왕 31년) 고려에 환속되었다.

제주가 고려에 환속되면서 탐라에서 제주로 지명을 바꾸고 행정 단위를 목牧으로 승격시키지만 목마장은 계속 남아 있어 원의 지배가 완전히 사라진 것은 아니었다. 그래서 이 무렵 제주는 토착 지배 세력과 고려의 지방행정, 그리고 원의 목마장이라는 이중 삼중의 지배구조 속에서 다른 지역보다 착취가 심했는데, 제주의 반란 사건은 이러한 착취 구조와 무관치 않은 것이었다.

게다가 제주에는 원의 황족들이 유배를 오기도 했으니 1317년(충숙왕 4년) 1월에는 위왕魏王 아목가阿木哥(에무케)란 인물이 제주에 온다. 이런 몽골 황족들의 유배는 이들에 대한 접대 문제 등으로 토착 세력이나 지방관들에 의해 제주에 대한 착취를 더욱 심화시켰다. 충선왕

이 이번 사건에 직접 나선 것은 제주의 지정학적 위치 때문이었지만 이는 달리 말하자면 원을 의식한 조치였다. 제주가 진압된 수개월 후에 원에서는 사신을 파견하여 위왕을 우대한 일과 제주의 반란에 대해 힐책하기도 했다.

그런데 제주뿐만 아니라 다른 지방에서 일어나는 반란도 원격 통치하고 있는 충선왕에게는 매우 신경 쓰이는 문제였다. 고려에서 일어나는 지방 반란은 그 자체로 중대한 문제였을 뿐만 아니라 제국의 중앙 정부에서 고려의 국정을 가늠하는 척도 같은 것이었다. 당연히 원 조정에서는 고려 지방 사회의 변화에 대해 예의주시했으니, 원에 체류하고 있는 충선왕에게도 민감한 문제가 아닐 수 없었다.

다시 토지 문제

충선왕은 1차 즉위 때부터 고려의 토지 문제에 대해 관심을 갖고 있었다. 그의 즉위 교서에 나타난 여러 개혁 조치들은 거의 대부분 토지 문제와 관련된 사회 경제적 폐단이었다. 하지만 개혁에 대한 반발과 짧은 재위 기간으로 근본적이고 지속적인 해결책을 마련할 수 없었다. 2차 즉위 때도 충선왕은 토지 문제에 대해 관심을 갖고 있었지만 기득권 세력의 저항과 왕위에 있으면서도 줄곧 원에 체류한 관계로 실천에 옮기지 못했었다.

왕위까지 양보하고 원으로 들어간 충선왕은 다시 또 토지 문제를 꺼내든다. 그만큼 토지 문제가 국정의 중요한 과제였다는 뜻인데 그게 양전量田 사업으로 나타났다. 양전 사업은 당시 반드시 해야 할 국가적 숙원 사업으로 충선왕의 마지막 개혁 작업이었다. 그것 없이는 토지 문제나 조세 공납 등 수취제도를 해결할 수 없었기 때문이다.

양전 사업은 토지의 소유자와 면적을 측량하고 형질이나 토지의 비옥도를 실사하여 수취의 근거로 삼기 위한 토지 조사 사업이다. 근대적인 토지 소유권 확립의 계기가 되었던 일제 강점기의 토지 조사 사업과는 질적으로 다르지만 나름대로 전통적인 방법으로 이루어지는 국가적인 중대한 사업이었다. 이때 호구 파악도 함께 병행하는 경우가 많았는데, 가장 중요한 일은 새로이 개간된 토지와 실소유자를 파악하여 토지 대장에 등록하는 일이었다. 그렇게 작성된 토지 대장을 양안量案이라 하며 이게 수취제도의 근간이 되는 문서였다.

이 무렵에서 가장 가까운 시기의 양전 사업은 1269년(원종 10년)에 있었던 기사양전己巳量田이었다. 대몽 항쟁을 위해 천도했던 강화도에서 개경으로 환도하기 1년 전의 양전 사업으로 환도를 위한 사전 준비 작업이라고 볼 수 있다. 하지만 이 양전 사업은 이후 수년간 이어지는 삼별초의 항쟁 등 여러 여건으로 보아 충실한 양전 사업은 아니었던 것 같다.

다음은 1310년(충선왕 2년) 11월에 충선왕이 원에 있으면서 시도했던 양전 사업인데, 이때는 기득권 세력의 반발로 실천으로 옮기지도 못한다. 불법적으로 토지를 탈점했거나 새로 개간하여 토지를 소유한 권세가들이 자신들의 조세 부담이 늘어나는 것을 꺼려했기 때문이다. 여기에 왕위를 지닌 채 원에 체류하고 있던 충선왕의 처지에서도 강력하게 추진할 의지가 부족했던 것 같다.

그리고 1314년(충숙왕 1년) 2월, 충선왕은 다시 양전 사업을 명령한 것이다. 이를 갑인양전甲寅量田이라고 한다. 이때는 원으로 들어간 직후인데 이보다 한 달 전, 즉 원으로 들어가기 직전에 충선왕은 각도에 전민계정사田民計定使를 보내 기사양전에서 정한 부세 액수를 고집하지 말라는 지시를 내린 적이 있었다. 이는 기존의 경작지가 황폐화되어 경작하지 못하는 토지가 많았는데 이를 이전의 양안대로 징수하면 백성들에게는 부당하다는 뜻이었다. 다시 말해 기사양전이 시간이 흐르면서 부실해져 다시 양전할 필요가 생긴 것이다.

충선왕은 갑인양전을 추진하면서 채홍철蔡洪哲을 오도순방계정사五道巡訪計定使로 임명하여 경지 측량의 총책임을 맡겼다. 갑인양전의 총책임을 맡은 여기 채홍철은 과거에 급제한 후 유유자적하다가 충선왕에 의해 갑자기 밀직부사(정3품)로 발탁된 인물이다. 그는 충선왕에 의해 양전 사업을 맡은 후 재상에까지 오르는데 권한공·최성지 등과도 가까운 충선왕의 측근 그룹에 속했다고 볼 수 있다.

양전의 책임을 맡은 채홍철은 1년 남짓 전국을 돌며 토지를 측량하고 양안 작성을 마쳤다. 하지만 신구 문서간의 부세 차이가 많아 백성들의 불만이 많았고, 채홍철이 토지를 실사하는 과정에서 백성들의 토지를 탈점하는 등 부정과 탐학도 개입하여 비판이 적지 않았다. 결국 이 갑인양전에서도 충실한 양전 사업은 이루어지지 못한 것 같다. 충선왕의 양전 사업에 대한 의지야 확고했을지 모르겠지만 원에 체류하면서 측근을 통한 개혁 작업이 성공할 수 없었던 것이다.

그래도 갑인양전에서 한 가지 의미를 찾는다면 충선왕이 비록 원에 체류하고 있었지만 고려 국정에 대해 손을 놓지 않고 적극적인 개혁

의지를 보였다는 점이다. 다만 그게 충선왕의 측근 세력들에게 비리나 탐학의 계기를 만들어 주었다는 점에서는 비난을 면하기 힘들었다. 재위 중인 충숙왕도 이런 점에서 갑인양전에 대해 불만이 컸다.

충숙왕은 갑인양전에서 채홍철의 부정을 알고 있었지만 상왕의 측근이라 마음대로 내칠 수도 없었다는 점이 더욱 큰 불만이었다. 이에 충숙왕은 나름대로 색다른 조치를 취하는데, 1318년(충숙왕 5년) 5월 관리 감찰을 담당하는 사헌부의 관리들을 각도에 파견하였다. 이들에게 백성들의 고통을 살피게 하고 지방 수령들에 대한 규찰을 엄중히 하여 보고하도록 하였다. 하지만 이들도 큰 성과를 내지 못해 충숙왕에 의해 파직당하고 만다.

충숙왕의 사신 파견이 성공을 거두지 못한 이유는 지방에서 비리를 저지르는 인물들이 대부분 충선왕의 측근 세력들과 연결되어 있었기 때문이다. 이들은 권한공·최성지 등이 뇌물을 받고 인사에 간여하면서 관직에 나온 인물들이었다. 충숙왕의 불만은 바로 이 문제에서 출발했다.

사신 파견이 실패한 직후 충숙왕은 다시 제폐사목소除弊事目所라는 특별 기구를 설치하여 도전한다. 제폐사목소는 한 달 후 찰리변위도감拶理辨違都監으로 개칭하는데, 이는 충선왕의 측근 세력들과 그들에 빌붙어 관직에 나온 인물들의 토지나 노비에 대한 비리를 감찰하고 적발하겠다는 뜻이었다. 이런 특별 기구가 설치되었다는 것은 충숙왕을 따르는 세력들이 이미 형성되고 있었다는 뜻이다. 아무리 힘이 없다 해도 재위 중인 현직 국왕이니 그게 없었다면 오히려 이상한 일일 것이다.

그런데 이 특별 기구는 폐지와 복구를 반복했다. 충선왕의 측근 세

력들은 상왕의 뜻을 내세워 폐지를 주장하여 관철시키면, 충숙왕 측에서는 백성들의 불만을 등에 업고 다시 복구했다가, 그 후 또다시 폐지된다. 바야흐로 충선왕을 따르는 세력과 충숙왕 측의 힘겨루기가 시작된 것이다. 이러한 모습은 이전 충렬왕과 충선왕 부자의 정치를 다시 반복하는 것 같은 모습이었다. 이렇게 반복되는 정치는 이것으로 끝나지 않는다. 충숙왕과 그 아들 충혜왕 사이에 또 벌어진다.

아무튼 현직 국왕인 충숙왕의 처지에서는 시간이 흐를수록 충선왕의 원격 통치로 인한 측근 세력들의 득세와 횡포에 대해 불만이 커져갔다.

2. 만권당

만권당의 설치

원으로 들어간 충선왕은 인종 황제로부터 대도에 체류할 것을 허락받았다. 그리고 대도의 사저에 만권당을 설치하는데, 이 만권당은 충선왕의 재원 활동에서 가장 중요한 부분이니 우선 이에 대한 역사 기록부터 살펴보겠다.

> 원의 황제가 상왕(충선왕)에게 대도에 머무를 것을 명령하였다. 이에 상왕은 대도의 사저에 만권당萬卷堂을 짓고 염복閻復·요수姚燧·조맹부趙孟頫·우집虞集 등 문인 유학자들을 초청하여 그들과 교유하면서 연구하는 것으로 즐거움을 삼았다. 고려에서 들어온 신하들은 윤번으로 교대하게 하였다.《고려사절요》 24, 충숙왕 원년 3월)

충선왕의 만권당 설치와 그곳에 초청된 당시의 문인·학자들, 그리고 활동 내용을 간략하게 보여주는 기사이다. 여기에 초청된 원대의 문인·학자들에 대해서는 조금 뒤에 살펴보기로 하고, 먼저 만권당의 설치 문제부터 짚어볼 필요가 있다.

이 기사 내용에 의하면 만권당은 대도에 있는 충선왕의 사저에 설치되었음을 알 수 있다. 이는 만권당이 원 조정의 공식 기관이 아니라 사설 기관이라는 것을 말해준다. 당연히 그 주인은 충선왕이며 그 운영이나 활동도 충선왕이 주도하는 것이었다. 문인·학자들을 초청하는 것도 물론 충선왕의 몫이었다.

충선왕이 만권당에서 하는 활동은 문인·학자들과 교유하며 연구하는 것이었다. 그래서 만권당은 충선왕이 원대의 문인·학자들과 교유하기 위해 만든 사설 연구 기관이라 할 수 있겠다. 만권당이라는 이름도 직역하자면 '만권의 책을 모아 놓은 집'이니 그러한 분위기를 엿볼 수 있다. 충선왕은 자신의 사저에 수많은 전적을 모아 놓고 당대의 명사들을 초청하여 연구 토론하면서 교유하는 것을 즐겼던 것이다.

그런데 위 기사에 의하면 만권당은 1314년(충숙왕 1년) 3월에 설치한 것으로 나타나 있다. 그러니까 그 해 1월 개경을 출발하여 원으로 들어간 충선왕이 3월에 대도에 도착하여 원의 황제로부터 체류할 것을 허락받고 바로 만권당을 설치했다는 뜻이다. 하지만 충선왕이 자신의 사저에서 문인·학자들을 초청하여 교유 활동을 했던 것은 이보다 훨씬 이전이었을 것이다.

아마 위 기사에 나타난 1314년(충숙왕 1년) 3월이라는 만권당 설치 연대는, 충선왕의 사저를 중심으로 그 이전부터 이루어지던 활동에 대해 인종 황제로부터 공식적으로 인정받은 때가 아닌가 한다. 인종 황제가 충선왕의 입조를 한차례 거절했다가 이때 다시 대도 체류를 허락한 것도 만권당의 활동을 허락한다는 뜻이었을 것이다. 그러니까 충선왕은 사저에서 문인 학자들과 그 이전부터 교유 활동을 했다고 봐야 한다.

그러면 충선왕은 언제부터 자신의 사저에서 그러한 활동을 했을까? 대도에 충선왕의 사저가 만들어진 것은 정확한 시기가 나타나 있지 않지만, 충선왕이 1차 즉위 후 8개월 만에 폐위당하고 원으로 들어간 1298년(충렬왕 24년) 이후라고 보인다. 그리고 1305년(충렬왕 31년) 충렬왕이 공주 개가 책동을 위해 원으로 들어갔던 그때, 충렬왕은 대도에 있는 충선왕의 사저에 거처를 정했었다. 그렇다면 대도에 충선왕의 저택이 마련된 것은 그 사이 어느 때였을 것이다.

하지만 대도에 충선왕의 사저가 마련된 그 직후부터 바로 원대의 문인·학자들이 충선왕의 사저에 드나들지는 않았을 것이다. 위 기사에 언급된 문인·학자들은 원 제국을 망라한 당대의 뛰어난 일급 명사들이었다. 이들과 교류할 정도라면 충선왕의 정치 사회적 위상도 거기에 걸맞아야 한다. 그 시기는 바로 충선왕이 무종 황제를 옹립하는 데 결정적인 공을 세웠던 1307년(충렬왕 33년) 이후이다. 이 사건으로 원 조정에서 충선왕의 정치 사회적 위상은 일거에 높아져 주목을 받게 되었다. 충선왕이 자신의 사저를 중심으로 원대 문인·학자들과 본격적인 교류를 시작했던 것은 바로 이 무렵이었다.

그 무렵 충선왕은 당대의 명사들을 자신의 사저에 부러 초청할 필요도 없었다. 수많은 인사들이 제 발로 찾아들었을 것이다. 문인·학

자들뿐이었겠는가, 그중에는 권력이나 관직을 좇는 무리도 있었을 것이다. 충선왕의 처지에서 그때 권력을 누리자면 못할 것도 없었다. 하지만 충선왕의 관심은 속세의 권력보다는 문인들과의 교류와 학문 쪽으로 기울었다. 충선왕의 본래 성향이 그랬는지, 아니면 권력 추구에 대한 위험을 느껴 그랬는지 모르겠지만 이후에도 원 조정의 정치권력과는 일정한 거리를 둔다.

요컨대, 대도의 충선왕 사저에 원대의 문인·학자들이 출입하면서 충선왕과 본격적인 교유를 했던 것은 1307년(충렬왕 33년) 무렵부터였다. 그러다가 충선왕이 고려 왕위를 양위하고 입원하면서 1314년(충숙왕 1년) 3월 충선왕의 사저에서 만권당이라는 이름을 걸고 공식 출범한 것이다. 어쩌면 이때쯤 사저에 새 건물도 조영되어 만권당이라는 편액이 현판으로 걸렸을 법도 하지만, 충선왕의 사저와 만권당을 반드시 구분할 필요도 없을 것으로 본다.

만권당과 한중 문화 교류

충선왕이 원대 문인 학자들과 사저에서 본격적인 교류를 시작하던 그 무렵, 1307년(충렬왕 33년) 11월 충선왕은 고려 왕조의 선대 실록을 가져오라는 명령을 내린다. 당시 고려에서는 역대의 실록을 타국에 보내는 것에 대해 여러 사람들이 부당함을 주장했지만, 결국 사관이 직접 《고려왕조실록》 185책을 가지고 충선왕의 사저로 들여보냈다. 충선왕의 사저로 들어간 《고려왕조실록》은 어떤 용도였을까?

현재《고려왕조실록》이 남아 있지 않은 상태에서 185책은 그때까지 편찬된 선대의 실록 전체의 분량인지 일부분인지 알 수 없는데, 충선왕의 사저로 들어간 실록은 특별한 용도가 있었다고 보인다. 이 실록은 5년 후인 1312년(충선왕 4년) 5월 고려에 그대로 다시 반환되었다. 이것으로 보면 단순한 열람용이 아니었을까 싶은데 누구를 위한 열람용이었는가 하는 점이 궁금한 것이다.

또한 충선왕은 1314년(충숙왕 1년) 1월 민지와 권보에게 명하여《고려왕조실록》을 약찬略纂하라는 지시를 내린다. 이때는 충선왕이 고려 왕위를 양위하고 환국했다가 다시 원으로 들어가기 직전인데, 아마 방대한 분량의 실록을 누구나 열람하기 쉽게 요약하려는 것으로 보인다. 이렇게 요약된 실록이 그 후 원으로 보내졌는지는 기록에 없지만, 국가의 중요한 기록물인 실록이 장기간 국외에서 방치되는 것을 피하려는 것이었다면 보내졌을 가능성이 많다.

충선왕의 사저, 즉 만권당에 5년 동안 소장된《고려왕조실록》이나 그 뒤 보내진 요약본은 원대 문인·학자들에게 보이기 위한 것으로 해석된다. 충선왕은 만권당에 출입하는 문인·학자들에게 고려 역사를 알릴 필요가 있었을 것이다. 아니, 원대 문인·학자들이 충선왕과 교유 활동을 하면서 고려 역사에 대해 먼저 궁금해 했다고 보는 편이 옳겠다. 충선왕은 이를 회피하지 않고 적극적으로 고려를 소개하는 방법으로 실록을 사저의 만권당에 5년 동안 비치했고 또 그 요약본도 마련했던 것이다.

충선왕 자신도 우리 역사에 관심이 많았다. 특히 고려 역사에 관심이 많았는데, 이제현을 만권당에 불러들여 태조 왕건 이래의 고려 역사에 대해 궁금한 점을 집중적으로 질문하고 자신의 의견을 제시하곤 했다. 충선왕의 우리 역사에 대한 이런 관심도 원대 문인·학자들과의 교유 속에서 질문과 대화를 통해 깊어졌을 것이다. 이를 보면 실록이나 그 요약본은 충선왕이 가까이 두고 항상 참고 열람하려는 목적도 있었을 것이다.

한편, 충선왕은 중국의 서적을 사들여 고려에 보내주기도 했다. 1314년(충숙왕 1년) 6월 중국의 강남에서 경서 1만여 권이 고려에 반입된 일이 있었다. 만권당이 공식 출범한 직후이다. 우선 이 방대한 분량의 서적이 어떻게 고려에 들어오게 되었는지 궁금한데, 여기에도 충선왕과 만권당이 관련되어 있었다.

처음에, 서적을 구입하기 위해 성균관의 교수직에 있는 두 학자를 강남에 파견하였다. 이들은 서적을 배에 싣고 강남을 출발하자마자 파선하여 겨우 목숨만 부지할 수 있었다. 그 후 홍약洪淪이라는 인물이 태자부의 참군으로 남경에 있다가 보초(원의 지폐) 150정을 두 학자에게 주어 경서 1만 8백 권을 다시 구입하여 돌아올 수 있었다고 한다.

이런 서적 구입 경위에서 그 주체가 누구였는지 궁금한데, 아무래도 즉위한 지 얼마 안 되는 충숙왕은 아닌 것 같고 충선왕으로 보는 것이 옳을 것 같다. 서적 구입에 적극적으로 나선 홍약의 관직인 태자부 참군은 원의 태자부에 속한 무관직이다. 그런 그가 남경에 머물렀던 것은 인종 황제의 배려 속에서만 가능한 일이고, 여기에는 반드시 충선왕의 의지가 개입했다고 본다.

그런데 그때 홍약은 전교시典校寺의 장관인 판전교시사(정3품)라는 고려 관직도 지니고 있었다. 전교시는 경서와 전적을 관장하고 교감하는 관청인데 홍약이 그 장관직에 있었다는 것은 놓칠 수 없는 부분이다. 그런 그에게 원의 태자부 무관직을 주어 강남에 파견한 것은 충선왕의 특명을 받은 것으로 판단된다. 간단히 말해서 강남에서의 서적 구입은 인종 황제의 배려 속에서 충선왕이 홍약에게 특별히 지시하여 이루어진 일이라는 뜻이다.

그렇게 고려에 반입된 강남 서적은 권보·이진·권한공 등이 성균관에서 열람하고 이를 바탕으로 경학經學을 시험보기도 했다. 고려에서 전통적으로 발달한 유학은 창작 위주의 사장학詞章學이었지만 바야흐로 유교 경전에 대한 해석과 이해를 중심으로 하는 경학이 크게 유행한 것이다. 이 대목은 강남에서 발달한 신유학인 성리학의 수용과 밀접한 관련이 있다.

그런데 강남에서 그렇게 서적이 반입되고 한 달 후에 다시 인종 황제가 4371권의 전적을 고려에 보내준다. 이번 일도 홍약이 황제에게 주청하여 이루어진 것인데, 여기에도 인종 황제의 배려가 있었고 충선왕의 특별한 의지가 반영되었을 것으로 본다. 더 중요한 점은 이때 반입된 서적이 모두 멸망한 남송의 황실 비각秘閣에 감추어졌던 전적이라는 사실이다. 이런 전적을 반입하려면 황제의 승낙이 없고서는 불가능한 일이다.

남송의 황실에 비장된 서적은 남송의 학문을 이해하고 수용하는 데 중요한 바탕이 되었다. 몽골족이 비록 남송을 무력으로 정복하기는 했지만 그 남송의 학술 문화까지 정복할 수는 없었다. 그래서 멸망한 황실 소장의 서적들은 사장될 처지에 놓였는데 이를 고려에서 반입하게 되었던 것이다. 바야흐로 남송의 학술과 문화가 고려에서 유행할 계기를 마련했고 이 역시 성리학의 도입과 수용에 중요한 역할을 했다고 보인다.

충선왕이 강남의 전적을 그렇게 대량으로 반입할 수 있었던 것은 남송의 문화에 대한 이해와 접근이 없고서는 불가능한 일이다. 그 계기는 바로 만권당에 출입하며 교유했던 문인·학자들에게 영향을 받은 바가 아닌가 한다. 그 문인·학자들은 다음에 살펴보겠지만 남송의 성리학을 이해하고 수용했던 사람들이 많았다. 그렇다면 만권당은 남송의 성리학이 본격적으로 고려에 수용 정착되는 발판을 마련했다고 볼 수 있다. 이는 대단히 중요한 역사적 의미를 갖는다.

충선왕의 사저에 문인·학자들이 출입하며 고려 역사가 원대 사회에 알려지고, 남송의 새로운 유학이 고려에 수용되는 문화 교류가 이루어지면서 만권당은 이 무렵 벌써 확고하게 자리를 잡았다. 충선왕은 만권당을 통해서 그런 양국의 문화 교류에 중요한 의미를 찾았던 것이다. 만권당은 고려 문화와 역사를 중국에 소개하는 창구였고, 중국의 새로운 사상과 문화를 고려에 보급하는 디딤돌 같은 곳이었다.

충선왕이 고려 왕위에 있으면서도 줄곧 대도에 체류했고, 환국하라는 원 조정의 압력에도 차일피일 회피하면서, 결국에는 고려 왕위까지 양위하고 대도에 머무르고자 했던 가장 중요한 이유는 바로 이 만권당에 있었다. 만권당의 설치와 이곳에서의 여러 활동은 충선왕을 대도에서 떠나지 못하게 했던 것이다. 원 조정의 정치 동향이나 자신의 정치적 입지에 대한 관심은 부차적인 것이었다.

그렇게 만권당에 대한 충선왕의 애착은 무엇으로도 막지 못할 정도로 크고 강렬했다. 1314년(충숙왕 1년) 3월, 충선왕이 고려 왕위까지 벗어던지고 다시 입원하자 인종 황제도 그 점을 인정하고 만 것이다. 이제 만권당은 충선왕의 재원 활동에서 중요한 기반이 되었고 자신에게 남겨진 삶의 목적이었다.

만권당에 참여한 원대의 명사들

만권당에는 원대의 저명한 문인·학자들이 참여했는데, 앞의 사료에 나타난 염복閻復·요수姚燧·조맹부趙孟頫·우집虞集 외에도 원명선元明善·장양호張養浩·소구蕭璵 등이 있었다. 이들이 충선왕의 만권당과 어떤 관련이 있는지 궁금해진다. 우선 이들의 성향을 알아보기 위해《원사》와《신원사》에 나타난 이들의 열전을 중심으로 간단한 프로필을 살펴보자.

● 염복(1236~1312)
염복은 그의 조부가 금金에 벼슬하던 중 몽골의 침략으로 왕의 죽음을 지켜보았고, 부친은 이런 병화를 피해 산동 지방으로 피신하여 가정을 지켜낸다. 이런 출신 가계로 보면 염복은 몽골 제국에 순순히 봉사하기 힘든 처지였을 것이다. 그래서 그랬는지 염복은 세조 쿠빌라이가 집정이라는 고위직을 제의했지만 사양한다.

성종 때에는 주로 한림원의 학사직을 역임하다가, 무종에 의해 평장정사를 제수받고 사양했지만 허용되지 않았다. 그 후 인종이 즉위하여 다시 불렀지만 병을 칭탁하고 사양한 것으로 봐서 벼슬에는 별 뜻이

없었던 것 같다. 하지만 그의 경력에서 한 가지 주목되는 점이 있다.

1300년(대덕 4년, 충렬왕 26년)에 성종이 그를 비밀리에 불러 중서성의 좌승상을 맡길 인물을 묻자 염복이 하루가순을 추천했다는 사실이다. 이때는 성종이 병환으로 정치에서 멀어지면서 불루간 황후가 정치를 주도할 무렵이다. 하루가순은 성종 사후 안서왕 아난다를 반대하고 충선왕과 함께 인종을 추대했던 인물이다. 이것으로 보자면 염복은 인종측에 동조했을 것이고, 아울러 여기서 충선왕과 염복, 하루가순이 서로 연결되는 단서를 엿볼 수도 있다.

또 하나 중요한 사실은 만권당이 공식 출범하는 1314년 무렵에 염복은 이미 죽고 없었다는 점이다. 따라서 충선왕이 염복과 교류했다면 만권당이 공식 출범하기 이전의 일이었을 것이다. 이것은 충선왕이 대도의 사저에서 원대의 문인·학자들과 교유 활동을 시작했던 시기가 1314년 훨씬 이전으로 거슬러 올라간다는 뜻이다.

어쩌면 염복은, 충선왕이 인종의 모후와 그 잠저에서 숙위 생활을 할 때부터 교류가 있었다고 보인다. 즉 성종 황제 시절부터 교류가 있었던 것인데, 위에서 언급한 염복에 의한 하루가순 추천이 그 점을 짐작케 한다. 다음의 요수도 염복과 마찬가지로 충선왕과 숙위 시절부터 교류가 있었다고 여겨지는 인물이다.

● 요수(1238~1313)

요수는 어려서 아버지가 죽고 정이程頤와 주희朱熹의 성리지학에 심취한 백부 요추姚樞에 의해 양육되면서 저명한 유학자 허형許衡에게 사사한다. 38세 때에야 처음으로 벼슬길에 나가는데 세조·성종 때에 문한직뿐만 아니라 지방관이나 일반 행정직도 두루 거친다. 무종 때에는 주로 태자 빈객, 태자 소부 등 태자(후의 인종)와 관련된 직책을 맡았고 한림학사승지에까지 오른다.

요수가 태자 빈객 태자 소부를 맡은 것은 충선왕이 당시 태자의 최측근으로 있으면서 천거한 덕분이었다. 이 부분에서 충선왕과 요수의 교류도 앞서 염복과 마찬가지로, 충선왕이 인종의 잠저에서 숙위하던 시절부터 있어 왔다는 것을 알 수 있다.

그런데 요수의 경력에서 조금 이상한 점은 인종이 황제로 즉위한 후에는 벼슬을 사양하고 귀향해버린다는 사실이다. 추측에 불과하지만 이것은 인종의 즉위와 관련된 모종의 정치 상황과 관계 있을 듯하다. 이 문제와 관련 있는지 모르겠지만 그는 충선왕이나 고려에 대해서는 좋은 인상을 갖고 있지 않았다.

요수는 시문 사곡詞曲의 대가로 원대 유명 인사들의 행장이나 실기 비문 등 전기문은 모두 그의 손에서 나왔다고 할 정도로 문장의 대가였다. 충선왕은 요수의 시문을 얻기 위해 그에게 선물 공세를 펴는데, 요수는 충선왕이 보내온 금은 폐백 등의 선물을 하나도 받지 않고 모두 관청에 들였다고 한다. 그러면서 변방의 작은 나라가 재물만 중시한다고 비난했다는 이야기가 그의 열전에 나온다.

이런 부정적인 인식으로 보면 충선왕과 요수의 교유관계는 깊지 않았을 것이다. 어쩌면 요수는 충선왕을 대하며 문화적 우월감에 젖어 있었는지 모른다. 또한 그는 자신의 재주를 너무 믿고 다음에 설명할 조맹부·원명선 같은 무리들을 가볍게 여겼다는데, 이 대목에서도 그는 충선왕의 만권당에 적극 참여했을 것 같지 않다.

● 소구(1241~1318)

소구는 30년 동안 독서에 매진하여 천문·지리·법률·역법·산수 등 정통하지 않은 분야가 없었고, 그의 문하에서 수학한 제자가 매우 많았다고 한다. 하지만 세조와 성종 때 집현원·국자감 등의 문한직을 내려주면서 불렀지만 모두 고사했다니 초야의 학자로 일생을 보낸 것으로 보인다.

그는 특히 제자를 가르칠 때 주자의 저서인 《소학小學》을 최우선으로 했다는데, 이를 보면 주자의 학문을 중심에 두고 있었다고 할 수 있다. 그를 당시 사람들은 진정한 유학자로 불렀다고 한다.

● 조맹부(1254~1322)

조맹부는 송宋 태조의 후예로 시문과 서화에 능숙하여 바로 송설체松雪體라는 독특한 서체를 이룩한 주인공이다. 그는 세조 때 송의 종실이라는 이유로 주변의 반대를 받았지만 병부랑중·집현직학사 등을 역임하고, 중서성의 정사에 참여하라는 권유에는 고사한다. 무종과 인종 때는 한림원과 집현원의 문한직을 주로 역임하다가 인종 때 한림학사승지에 오른다.

인종은 조맹부를 총애하여 당唐의 이백에 비유할 정도로 칭찬이 자자했다고 하니 의심할 여지없이 인종과 가까운 인물이었다. 하지만 인종 말년에는 귀향하여 황제가 불러도 병을 칭탁하여 오지 않았다고 하는데, 아마 정세의 변화를 읽은 탓이 아닌가 한다.

특히 조맹부는 충선왕과도 매우 친분이 두터운 사이였다. 충선왕과 이별을 아쉬워하는 다음의 〈유별심왕留別瀋王〉이라는 시가 이를 말해준다.

> 진중하신 왕문에서 늦게야 알아 주셨네珍重王門晚受知
> 일 년 내내 찾아 뵈올 때를 기다린 끝에一年長恨曳裾遲
> 단지 가득 인삼 술을 함께 나눠 마시고分甌共酌人蔘飲
> 길을 돌아 작약 꽃을 같이 구경하였네遶徑同看芍藥枝
> 고운 방에 향불 사르니 연침과 같아라華屋焚香凝燕寢
> 그림 병풍 구절 따서 오사란에 적었네畵屛摘句寫烏絲
> 오나라 배를 타고 동남 만리 가리니吳船萬里東南去
> 부평초 꽃 캐는 것은 님 생각뿐일세采盡蘋花有所思

이 시가 쓰인 시점은 충선왕이 조맹부와 헤어지고 대도를 떠난 때인데, 이에 해당하는 시기가 두 차례 있었다. 1313년(충선왕 5년) 4월과 1319년(충숙왕 6년) 3월이다. 전자는 충선왕이 고려 왕위를 양위하고 충숙왕과 함께 환국하기 위해 대도를 떠난 때이고, 후자는 인종 황제의 어향御香을 받들어 절강성의 보타산으로 출발한 때이다. 이 가운데 이 시의 시점은 후자, 즉 1319년으로 보인다. 그 이유는 시의 마지막 두 번째 연에서 '오나라 배를 타고……'라고 한 데서 알 수 있다. 충선왕의 보타산 여행은 배를 주로 이용했지만 고려로 환국할 때는 배를 이용하지 않았기 때문이다.

이때 충선왕 45세, 조맹부는 66세로 상당한 나이 차이가 있었지만 나이를 뛰어 넘는 각별한 이별의 정을 드러낸 것이다. 어쩌면 조맹부는 다른 인사들보다 충선왕과의 대면이 늦었다고 보이는데, 첫 번째와 두 번째 연에서 충선왕에 대한 존경의 표시나 충선왕과의 대면을 고대했다는 표현에서 양인의 관계를 충분히 엿볼 수 있다. 송설체가 고려에 전파되고 후세까지 그 서체가 유행한 배경에도 양인의 이런 관계가 단단히 한몫을 했다고 할 수 있다.

● 원명선(1269~1322)
원명선은 선비족 탁발위拓跋魏의 후예로, 《춘추》에 정통했다고 한다. 그는 추밀원의 하급관리로 있을 때 도적의 반란을 잘 진정하여 탁월한 행정가의 면모도 보이지만, 인종 때부터 한림원의 학사직을 주로 역임하면서 성종과 무종실록 편찬을 주도한다.

인종 때 과거의 2차 시험인 회시에서 고시관으로 참여하고, 공씨종법孔氏宗法을 바로잡았으며, 영종 때는 인종 실록 수찬에도 참여하여 영종의 신임도 받는다. 그는 정주의 신유학보다는 한당漢唐의 선진유학에 치중했는데, 이 문제로 다음에 설명할 우집과 학술적인 논쟁을 벌이기도 했다.

그런데 원명선이 회시의 고시관을 역임했다는 사실에서 그가 인종 때 과거 시행에 중요한 역할을 했다고 볼 수 있다. 이 부분은 충선왕의 만권당 교유 활동과 무관치 않은 일이었다. 충선왕도 바로 이때 과거 시행을 적극적으로 주장했기 때문이다.

● 장양호(1270~1329)
장양호는 산동성 제남 출신으로, 인종이 태자로 있을 때 감찰어사를 맡았다. 그가 상서성 설치에 반대했다는 것으로 보아 인종에 적극 봉사한 인물로 보인다. 상서성은 태자의 권력을 견제하면서 중서성을 약화시키려는 의도로 무종이 설치한 것이기 때문이다.

그는 인종 때 진사과가 설치되면서 예부시랑으로 고시관을 맡았고 후에 예부상서에까지 오른 것으로 봐서, 그 역시 원명선이나 다음의 우집과 함께 인종대의 과거 시행에 주도적으로 참여했다고 보인다. 하지만 영종이 즉위하고서는 여러 관직을 사양한다.

● 우집(1272~1348)

우집은 남송南宋 재상의 후손으로 성리학에 심취한 유학자였다. 그는 남송 출신으로 일찍부터 주자의 신유학을 접하여, 한당의 선진유학을 주장한 원명선과 유학에 대한 견해 차이로 학술적인 논쟁을 벌인 것으로 유명하다.

우집은 성종 때 국자조교·국자박사 등 국자감의 교수직을 주로 역임하다가 인종이 즉위한 후에는 국자감의 책임을 맡았고, 과거가 시행될 때는 지방 학교 설립을 주장하여 그 바탕을 마련하였다. 그는 또한 태정제 때 과거제의 시험 과목을 고치자고 주장했으며, 국자사업 비서소감을 맡아 경연經筵제도를 정착시키고, 문종 때는 경연을 직접 담당한다. 이어서 한림직학사 국자좨주를 맡았고, 경연을 담당할 규장각이 설치되면서 규장각학사를 맡았다.

우집은 또한 《경세대전經世大典》 수찬에도 중심적인 역할을 하는데, 이 책은 원대의 전고典故를 모두 수집하여 편찬한 800질에 달하는 책이다. 그의 경력에서 주목할 대목은 역시 인종대의 유학 교육과 과거 시행에 주도적으로 참여했다는 점이다.

충선왕과 인종 그리고 만권당

충선왕의 만권당에서 교유 활동을 했다고 알려진 7명의 문인·학자들의 경력을 대강 살펴보았다. 그런데 원측 기록에는 이들이 만권당에서 충선왕과 교유했다는 직접적인 이야기가 전혀 없다. 이는 충선왕의 사저에 있었던 만권당이 극히 사적인 교유 장소여서 그랬을 수도 있고, 그런 교유 활동이 생각보다 원 제국의 정치 사회에 미친 영향이 미미해서 그랬을 수도 있는데 전자일 가능성이 많다.

이들 가운데 염복·요수·소구 등은 충선왕과의 나이가 30년 이상 차이 나 활발하고 깊은 교유를 했을 것 같지는 않다. 아마 이들은 충선왕이 인종과 그 모후의 잠저에서 숙위하던 시절에 그 잠저를 출입하며 교류하는 정도가 아니었을까 한다. 하지만 요수의 경우 앞서 살펴보았듯이 비록 부정적인 인식이었지만 충선왕과 교류가 있었던 것은 분명하게 드러난다.

그런데 이제현의 저술에 의하면, 충선왕이 인종의 태자 태사로 있으면서 이들을 천거하여 궁관宮官에 제수했다는 말이 나온다. 그렇다면 이는 무종 때의 일이다. 위의 인물들은 무종 때 대부분 관직을 역임하고 있어 그럴 가능성이 크지만, 한편 조금 미심쩍은 점도 없지 않다. 충선왕과 나이 차이가 많이 나는 염복·요수·소구 등의 경우에 특히 그렇다.

그래도 한두 가지 면에서 특별히 주목할 점은 있다. 우선 이들이 모두 무종과 인종 때에 한림원翰林院·집현원集賢院·규장각奎章閣 등에서 문한이나 학술 연구직을 거쳤다는 점이다. 이 세 관청은 원 제국에서 중국적 사상의 발원지로 자문기관의 역할을 하는 곳이었다. 그래서 이들 문인·학자들은 몽골 제국이 유목 사회 전통에서 중국의 유교 사회 전통으로 바뀌는 데 중요한 기여를 했다고 볼 수 있다. 그런 전환기를 마련한 최초의 황제가 세조였고 이를 정착시킨 황제가 인종이었는데, 그런 과정에서 만들어진 대표 관청이 한림원이다.

한림원은 한림국사원翰林國史院의 약칭인데 세조 때 처음 설치되었다. 그 장관인 한림학사승지는 정3품의 직책으로 만들어졌다가 인종 때는 종1품까지 격상된 원 제국의 학술 연구직에서 최고의 관직이었다. 인종 때 한림원이 이렇게 격상된 것은 이들 문인·학자들에게 영향을 받은 인종이 제위에 오르면서 나타난 결과로 보인다. 여기에는 충선왕과 이들 문인·학자들의 교유 활동이 영향을 미쳤을 것이다.

이렇게 보면 이제현이 언급한 바, 충선왕이 이들을 천거했다는 이야기는 조금 과장되기는 했지만 전혀 근거 없는 헛소리는 결코 아니라는 생각이 든다. 다음에 살펴보겠지만 이제현은 충선왕의 만권당에 참여하여 원대 문인·학자들과도 직접 교유하면서 충선왕의 의도에 충실했고 사랑을 받았던 학자였다. 그런 이제현의 처지에서는 충분히 그렇게 말할 근거가 있었던 것이다.

위의 인물들을 통해서 다음으로 주목할 점은 인종 때 처음 실시된 과거제 문제이다. 위의 인물들 가운데 이 과거 시행을 직접 주관한 인물이 바로 원명선·장양호·우집 등이었다. 이들 3인은 충선왕과 비슷한 연배로 다른 문인·학자들보다는 좀 더 가까이 지낼 수 있는 처지였다. 그런데 바로 원대 이러한 과거 시행에는 충선왕의 역할이 중요하게 작용했다.

원의 과거제 도입

원 제국에서 과거제가 처음 논의된 것은 2대 황제인 태종 우구데이 (1229~1241년) 때였다. 우구데이는 중원을 정복하고 야율초재耶律楚材라는 명재상을 등용하여 과거제 실시를 논의했지만 무위로 그쳤다. 그 후 5대 세조 쿠빌라이(1260~1294) 때는 좀 더 활발한 논의가 있어 과거의 격식과 입법까지 마쳤지만 결국 실시하지 못했다. 과거제를 이렇게 논의만 하고 실시하지 못한 것은 유목 전통의 몽골족이 반대했기 때문이었다. 시험을 통한 관리 선발에는 당연히 그들이 불리했던 탓이다.

그러다가 1314년(충숙왕 1년) 과거 시행을 선포하는데, 유목 왕조에서 유교 사회로 전환하는 역사적인 사건으로 바로 인종 황제가 즉위한 지 4년째 해였다. 그 해 1월 원에서는 과거를 실시한다는 조서를 반포하면서 이를 고려에 알려오고, 이어서 3월에는 원의 중서성에서 과거의 정식程式까지 마련하여 고려에 이첩한다. 그리고 첫 과거 시험은 그 다음해인 1315년에 실시되었다.

여기서 원대의 과거제에 대해 자세히 언급할 여유는 없지만, 인종 때의 과거제 실시에는 충선왕의 입김이 크게 작용하였고 만권당이 그 배후에 있었다는 점을 강조하고 싶다. 다음 기록에서 알 수 있다.

> 과거의 시행은 상왕(충선왕)이 일찍이 요수姚燧의 말로 황제(인종)에게 아뢰어 허락받았다. 이맹李孟이 평장정사로 있으면서 과거의 시행을 다시 주청하여 실행하게 되었는데 그 근원은 상왕으로부터 나온 것이었다.《고려사절

요》 24, 충숙왕 1년 3월)

여기에 요수와 이맹이 다시 등장한다. 요수는 앞서 살펴본 대로 인종이 태자였을 때 태자 소부의 직책을 맡았었는데, 이때 충선왕도 무종 옹립에 공을 세우고 태자 태사의 직책에 있었다. 양인 모두 태자의 스승으로 충분히 대면하고 교류할 수 있었을 것이다. 그리고 이맹은 인종과 그 모후의 잠저에서 충선왕과 숙위를 함께했던 인종의 최측근 인물이다. 아마 그 시절에 충선왕을 중심으로 두 사람은 과거 시행에 뜻을 같이했다고 보인다. 그리고 인종이 즉위한 후 위와 같은 경로를 거쳐 과거가 시행되었던 것이다.

원 제국에서 과거제가 처음 실시된 때는 만권당이 공식 출범한 바로 그 해였다. 그리고 과거 시행 과정에서는 앞서 살펴보았듯이 만권당에서 충선왕과 교유했던 원명선·장양호·우집 등이 직접 주관하였다. 이렇게 볼 때 인종 때의 과거 시행에는 충선왕을 중심으로 만권당에 참여한 문인·학자들이 그 배후에서 힘을 발휘하고 있었음을 알 수 있다.

그런데 원대의 과거 시행은 고려 유학자들의 동향이나 학문 경향에도 영향을 주었다. 원의 과거에 응시하려는 사람들이 생겨난 것이다. 원의 과거는 이민족이나 복속 국가의 선비들에게도 제도적으로 응시할 기회를 열어주었는데, 고려에서는 이러한 원의 과거를 '제과制科'라고 불렀다.

원의 과거에는 지역 선발 1차 예비시험인 향시鄕試와 대도에서 보는 2차 본시험인 회시會試가 있었다. 향시는 원의 11개 지방 행성과 각

민족에서 300명을 할당하여 선발하였고, 회시에서는 이들 가운데 100명을 선발했다. 그 향시에서 고려 정동행성에는 3명을 할당하여 선발하였는데 이들이 회시에 응시한 것이다.

원의 제과에 응시한 고려의 문인·학자들은 모두 고려의 과거에 이미 합격하여 관리 생활을 하는 자였다. 이들이 다시 제과에 합격하면 원의 관직이 실직으로 주어지기도 했지만 대부분 지방의 한직이어서 크게 매력적인 것은 못 되었다. 그럼에도 불구하고 원의 제과에 응시하려 했던 것은 명예와 특혜 때문이었다. 원의 제과에 합격했다는 우월의식과 고려의 관직 승진에서 유리한 점이 많았던 것이다.

또한 원의 과거 시행은 고려의 성리학 수용 문제와도 관련되어 있었다. 원의 과거 시험에서는 《사서집주四書集註》가 중요한 시험 과목이었는데, 《사서집주》는 대학·논어·맹자·중용의 4서에 대한 주자의 해석을 모아놓은 것으로 선진유학과는 다른 신유학新儒學으로 주자의 새로운 주석서였다. 이게 과거 시험의 필수과목이 되다 보니 고려의 제과 응시자들은 당연히 주자의 학문을 연마해야 했고, 이것이 고려의 성리학 보급과 정착에 중요한 발판을 마련한 것이다.

제사 파스파와 라마교

대도의 충선왕 사저에 설치된 만권당은 학문적인 교류가 주목적이었지만, 충선왕은 이를 통해 원 조정의 정치 사회 문제에도 개입하는 경우가 가끔 있었다. 만권당이 공식 출범할 무렵 원 조정에서 이런 일이 있었다.

 선비족 출신의 어느 승려가 파사파八思巴(파스파, 1239~1279년)의 사당을 천하에 세워 공자와 마찬가지로 존숭해야 한다는 건의를 하였는데 충선왕이 이를 반대한 것이다. 파스파는 티벳 출신의 라마 승려로서 파스파 문자를 창제한 유명한 인물이다. 몽골족은 문자가 없어 위구르 문자를 차용하다가 이 파스파 문자가 만들어지면서 공식 몽골 문자를 대신하게 되었으니 그의 공로가 작은 것이 아니었다.

 파스파의 사당 건립 문제 이전에, 우선 파스파와 라마 불교에 대해 살펴볼 필요가 있다. 몽골 제국에서는 여러 종교에 대해 매우 포용적인 태도를 취하면서 특정 종교에 대한 탄압은 거의 없었다. 그런 속에서 불교가 융성하였고 불교 중에서 특히 티벳 불교가 발달했는데 이게 라마Lama(喇嘛) 불교이다. 라마교는 인도의 대승불교가 티벳에 전파되면서 티벳 전래의 민속신앙과 융합되어 형성된 독특한 티벳식 불교를 말한다. 이 티벳 라마 승려를 '바하스八哈師'라고 부르는데 고려에도 몇 차례 이런 승려들이 들어온 적이 있었다.

 파스파는 바로 그 티벳 출신의 유명한 라마 승려였다. 그는 어려서부터 경전 수십만 어를 암송할 정도로 천재 성동聖童으로 알려져 15세에 벌써 제위에 오르기 전의 쿠빌라이를 알현하고 가까이 지낸다. 이후에도 그는 불교뿐만 아니라 토론과 학문에도 뛰어난 철인哲人으로 소문나 쿠빌라이의 제사帝師로 불리며 총애를 한몸에 받았다. 쿠빌라이는 티벳 지방에 대한 통치를 파스파에게 일임할 정도였다. 파스파는 쿠빌라이로부터 대보법왕大寶法王이라는 작위까지 받았으니 몽골 제국에서 그의 위상을 짐작할 수 있을 것이다.

특히 쿠빌라이는 불교 정책을 총괄하는 선정원宣政院이라는 관청을 만들어 파스파에게 일임하였다. 이로 인해 원대 선정원은 불교 관계뿐만 아니라 티벳 지방을 통치하는 중요한 관청으로 부상하였다. 여기에는 티벳 지방을 효과적으로 관리하고 통치하려는 쿠빌라이의 정치적 의도가 작용하고 있었다. 쿠빌라이 재위 30여 년 가운데 10년 동안 파스파는 제2인자의 위치에 있다가 1279년(지원 16년, 충렬왕 5년) 죽는다.

티벳에서는 현재 달라이 라마Dalai Lama처럼 이 라마교의 교주가 라사Lhasa에 거주하면서 전통적으로 정치 사회의 절대권을 행사하고 있다. 이런 전통은 쿠빌라이가 파스파를 우대하고 티벳 정책에 이용하면서 확립된 것 같다. 《원사》〈파스파 열전〉에는 파스파 이후 라마교 후계자들이 나열되어 있는데, 아마 이들이 파스파의 뒤를 이은 라마교의 교주격인 인물들이 아닐까 생각한다.

여기서 잠깐 《열하일기熱河日記》에 나타난 라마교에 대해 소개하고 싶다. 만권당이 출범하고 충선왕이 활동하던 때로부터 약 480년 후에, 연암燕岩 박지원朴趾源도 북경을 방문하고 이 책에 라마교에 대한 깊은 인상기를 남겼기 때문이다. 《열하일기》 안에 있는 〈황교문답黃敎問答〉, 〈반선시말班禪始末〉, 〈찰십륜포札什倫布〉라는 세 개의 글이 그것이다.

당시 청淸에서는 라마교를 황교黃敎라고 불렀는데, 박지원은 〈황교문답〉에서 라마교에 대한 비상한 호기심을 보이며 라마교를 허황한 사교 정도로 생각하였다. 박지원은 종교란 무엇인지 어떤 기능을 하는지 강렬한 문제의식을 가지고 라마교를 생각하면서 만나는 주변 사람들을 통해 궁금한 점을 끈질기게 추궁한다. 인과설과 윤회설에 대한 문답은 그중 압권이다. 활불活佛 혹은 법왕法王이라 부르는 라마교의 교주격인 존재가 다른 사람의 몸을 빌려 태어난다는 이야기가 믿을 만한 것인지, 이것이 윤회설과는 어떻게 다른지 의문을 제기하고 있다.

〈찰십륜포〉는 '법왕이 거처하는 곳'이란 뜻의 티벳어의 음역인데 열하 근처에 있었다. 박지원은 라마교의 법왕, 즉 활불을 실제 만나 보기 위해 사신 일행을 따라 이곳을 찾아갔다. 〈찰십륜포〉에는 법왕이 거처하는 전각의 모습이나 구조, 법왕의 의상과 용모 그리고 법왕을 접견하는 의식과 절차 등이 그림을 그리듯이 자세히 묘사되어 있다. 특이한 점은 전각에서 법왕을 모시는 자들이 모두 몽골인이라는 사실이다. 라마교가 원대 이후 몽골인에게 깊게 자리 잡은 결과일 것이다. 또한 일개 티벳 승려에게 머리를 조아리는 예를 올려야 한다는 요구에 사신 일행은 법왕 접견을 거부하지만 황제도 스승의 예로 대한다는 말에 물러섰다는 얘기도 눈길을 끈다. 연암 선생은 법왕을 보고 뚱뚱하고 미련스러운 물귀신 화상 같다고 비하하는데 이를 보면 라마교의 위상이 원대에 비해 추락했음도 알 수 있다.

연암이 〈찰십륜포〉에서 본 법왕의 실제 이름이 반선 액이덕니班禪額爾德尼였다. '광명'·'지혜'를 뜻하는 역시 티벳어의 음역인데, 〈반선시말〉은 그 활불이자 법왕인 반선에 대해 연암이 여러 사람들로부터 들은 이야기를 옮긴 것이다.

그런데 이 반선의 전신이 바로 위에서 언급한 라마 승려인 파스파였고, 반선은 파스파로부터 열네 번째 환생한 법왕이라는 것이다. 이어서 원 세조 쿠빌라이와 파스파의 관계, 파스파의 활동이나 이력, 원대에 파스파교(라마교)가 황실에서 대단히 번성했음도 언급하고 있다. 이 부분은 대체로 《원사》에 언급된 내용과 비슷한데, 어쩌면 연암은 《원사》의 〈파스파 열전〉을 읽고 미리 참고했을 수도 있다. 그리고 명대의 라마교와 그 승려들에 대해서도 들은 바를 언급하고, 라마교가 명대 중엽부터 시작되었다는 말이나, 라마교는 실상 도교나 별반 차이가 없다는 말도 인용하고 있다. 그러면서 환생에 대한 사람들의 의문이나, 반선이 보였다는 영험한 요술이나 도술에 대한 이야기를 흥미롭게 거론하였다.

 이상과 같이 박지원은 《열하일기》에서 상당히 많은 분량을 할애해서 라마교에 대해 언급하였는데, 여기서 몇 가지 중요한 점을 알 수 있다. 그 하나. 원대에 파스파에 의해 확립된 라마교가 명대를 거쳐 청대에까지 고스란히 그 명맥을 유지하고 있었다는 것. 둘. 그렇지만 그 라마교의 위상은 원대에 비해 많이 쇠락했다는 것. 셋. 쿠빌라이가 제사 파스파와 라마교를 이용해 티벳 지방을 통치하면서 비롯된 전통이 청대에도 그대로 유지되었을 가능성이 크다는 점. 넷. 그러면서도 청대 라마교는 몽골에 대한 회유와 통제책도 겸하고 있었다는 점이다.

 결국 박지원은 당시 청조가 라마교라는 이 사교를 정치 도구로 삼아 이민족들을 회유 통제하여 통치 체제를 강화하는 데 이용하고 있지 않나 하는 의문을 제기하고 있다. 아무튼 원대 파스파의 화려한 등장과 라마교의 융성은 세조 쿠빌라이에 의해 주도되었고, 이런 전통이 명·청대에 이어 그리고 현재까지 그 명맥이 유지되고 있는 것이다.

파스파의 사당 건립 문제

그런데 파스파가 새로운 몽골 문자까지 창제했으니 이게 파스파 문자이다. 파스파의 새로운 몽골 문자 창제는 쿠빌라이의 명령을 받아 이루어진 것이었다. 문자 창제 사업은 쿠빌라이가 황제로 즉위하자마자 시작되어 1269년(원종 10년)에 완성 반포된다. 약 10년 소요된 사업이었다.

《원사》〈파스파 열전〉에는 이 새로운 문자에 대한 간략한 설명이 있다. 모음 41개를 포함하여 모두 1,000여 개의 철자로 이루어졌고, 2~4개의 철자가 끈처럼 연결되어 문자가 완성된다고 한다. 특히 《신원사》〈파스파 열전〉에는 모음 41개의 철자 형상이 모두 나열되어 있고 글자를 완성하는 간단한 사례가 몇 가지 소개되어 있다. 하나의 모음으로 글자가 완성되기도 하고 두 세 개의 모음이 합쳐 글자가 완성되기도 했다. 주목되는 점은 글자 완성의 사례에서 천·지·인天地人을 소개하고 있는 점이다. 이 대목에서 우리 훈민정음의 창제가 갑자기 연상된다. 양쪽 문자에서 비슷한 모양도 몇 개 눈에 띄는데, 혹시 훈민정음은 파스파 문자를 참고하지 않았을까 해서 말이다.

이 파스파 문자는 현재는 말할 필요도 없지만 당대에도 널리 이용되지 못한 것 같고, 지금까지 이 문자에 대한 연구도 충분히 이루어지지 못하고 있어 더 이상의 설명을 할 수 없으니 아쉽다. 다만 이런 새로운 문자 창제에는 쿠빌라이의 강력한 요청이 있었다는 점과, 여기에서 파스파의 다양한 학술적 재능과 관심사를 엿볼 수 있다는 점은 분명하다.

라마 승려인 제사 파스파가 몽골 제국의 불교 정책과 티벳 문제를 총괄하고 쿠빌라이의 요청으로 몽골 문자까지 창제했으니, 그의 정치 사회적 위상은 그가 죽은 뒤에도 결코 허물어지지 않았던 모양이다. 여기에는 원대에 크게 융성한 라마교와 그에 따라 확장된 불교 세력도 한몫 했다. 충선왕은 1차 재위 때 라마 승려 바하스를 19명이나 고려에 초청한 적도 있었는데 라마교의 영향력이 고려에까지 미쳤음을 알 수 있다.

쿠빌라이 사후 파스파를 공자에 비견하며 천하에 사당을 세워 그의 공을 기리자는 주장은 그러한 배경에서 나왔을 것이다. 라마교나 그와 관련된 정치 세력의 입에서 나왔을 것이란 점은 말할 필요가 없다. 이것은 대단히 중요한 정치적 사안이고 큰 문제였다. 파스파 한 개인에 국한된 문제만이 아니고 원 제국의 정치 사회적인 문제로 통치 이념과도 관련된 것이기 때문이다.

파스파의 사당을 천하에 세우자는 주장은 승려들의 입에서만 나온 것이 아니었다. 원 조정에서는 국공國公 양안보楊安普라는 인물도 그런 주장을 펼쳤다. 승려들의 주장에 원 조정에서도 이렇게 동조한 사람이 있었다는 것은 쿠빌라이 사후 인종 때까지도 라마 불교의 확대나 위상이 계속되었음을 보여준다. 이에 인종 황제는 원로대신들에게 그 문제에 대한 논의를 주문하였는데 여기서 충선왕이 반대 주장을 내세운 것이다.

"제사 파스파가 문자를 만들어 국가에 공로가 있다면 옛 법전을 따라 제사를 받들어야 하는 것이지 어찌 공자에 견주어야 합니까? 공자는 모든 제왕의 스승으로 그를 천하에서 제사를 받들어 모시는 것은 공이 있어서가 아니라 덕이 있기 때문입니다. 파스파를 공자에 견주어 천하에 사당을 세우자는 것은 후세에 다른 의론이 있을까 두렵습니다."

한 점 어긋남이 없는 논리였지만 충선왕의 이런 주장은 받아들여지지 않았다. 충선왕의 주장이 받아들여지지 않았다는 것은 당시 라마 불교의 위세나 이를 배후로 한 세력이 만만치 않았다는 뜻이다. 그런데 충선왕은 파스파를 공자에 견주어 숭배하는 것을 왜 반대했을까? 다시 말해 당시의 대세를 거스르는 주장을 무엇 때문에 했을까 하는 의문이다.

여기에는 충선왕의 만권당 교유 활동과 관련이 있었다. 만권당에 출입하는 원대 문인·학자들은 모두 유학자들이었다. 그들은 유학자로서 파스파를 공자에 견주어 천하에 사당을 세우고 제사를 모시는 것에 당연히 찬성할 수 없었다. 어쩌면 이들은 유교 사회의 전통이 정착되어 가는 그 무렵에 라마 불교의 융성이나 세력 확대를 못마땅하게 생각했을 것이다. 하지만 이들은 정치적 영향력에서 큰 힘이 없었다. 이에 충선왕이 나선 것이다. 그래서 충선왕의 파스파 사당 건립에 대한 반대 의견은 만권당에 출입하는 이들 문인·학자들의 의사를 대변한 것이었다고 할 수 있다.

그런데 인종 황제가 죽고 아들 영종 황제가 즉위한 후에 결국 황제의 명령으로 전국 각 주현에 파스파의 사당을 세우고 제사를 모시게 된다. 그리고 다음 태정제가 즉위한 후에는 파스파의 초상을 그려 전국 각 행성에 보내고 그 소상塑像을 제작하도록 했다. 이쯤 되면 파스파를 공자에 비견할 만큼 숭배했다고 하겠다.

여기서 주목해야 할 점은 인종 황제가 재위 중일 때는 파스파를 위한 사당 건립과 숭배가 이루어지지 않았다는 점이다. 이는 충선왕의 의견을 적극 수용하지는 않았지만 반대로 완전히 묵살할 정도도 아니었다는 뜻이다. 그렇다면 인종 재위 동안에는 원 조정에서 충선왕이나 만권당의 영향력이 어느 정도 살아있었기 때문이 아닐까? 어쩌면 인종은 충선왕의 주장이나 만권당의 여론에 내심 동조했는지도 모른다.

그렇다면 인종 재위 연간의 만권당은 충선왕과 문인·학자들이 단순히 학문적인 교유만 하는 그런 장소가 아니었다고 할 수 있다. 정치 사회적 현실 문제에 원하건 원치 않건 분명히 개입하고 있었다.

제국의 수상을 제의받다

만권당이 공식 출범한 후, 과거 시행이나 파스파 논쟁 같은 굵직한 정치 사회 문제를 통과하면서 만권당의 주재자 충선왕에게 뜻밖의 제안이 들어온다. 다른 게 아니라 인종 황제로부터 제국의 수상을 맡아달라는 주문이었다. 인종의 잠저 시절부터 충선왕과 함께 숙위 생활을 했던 이맹을 사저로 보내 제의한 것이다.

충선왕은 무종을 옹립한 직후에 원 중서성의 정사에 참여한 적이 있었다. 이때는 공식 관직을 띤 것이 아니라 원 조정의 재상회의 같은 회의에 참여하는 정도였고 특별히 드러낼 만한 행적도 없었다. 충선왕 자신도 여기에 적극적으로 반응하지 않았고 별다른 성의를 보이지도 않았으니 의미도 찾기 힘들다.

하지만 이번에 충선왕에게 제의된 것은 중서성의 장관이자 수상인 우승상右丞相이었다. 원 제국은 좌左보다 우右를 높여 우승상(정1품)이 수상이고 좌승상(정1품)이 아상이 된다. 우승상 위에 황태자가 맡는 중서령中書令이 제도상 존재하긴 했지만 공석인 경우가 많아 실질적인 수상은 우승상이었다.

그 우승상이 하는 일은 정치적으로 황제를 보좌하여 만기萬機를 다스리고, 행정적으로는 중서성 산하의 6부와 백사百司를 통솔하는 것으로 말 그대로 일인지하 만인지상이었다. 그 권한은 원 제국 본토뿐만 아니라 고려와 같은 주변의 복속 국가에까지 두루 미쳤다. 특히 고려는 그 중서성의 관할 밑에 있어, 중요한 국가 현안 문제가 있을 때마다 고려의 재상들은 원의 중서성으로 달려가 해당 관리들에게 매달리곤 했으니 그 영향력을 짐작할 것이다. 심지어는 고려 국왕마저도 때로는 그런 일에 나서야 했으니 중서성의 영향력과 수상의 권한은 고려의 운명을 좌우할 정도였다.

실없는 여담이지만 고려 국왕과 제국의 우승상, 누가 더 높았을까? 법적·제도적으로는 우승상이 더 높았다. 왜냐하면 원 제국의 통치 질서 속에서 고려 국왕은 정동행성이라는 지방 행성의 일개 장관에 불과했기 때문이다. 그래서 고려 정동행성은 중서성 산하의 하급기관에 불과하였고, 우승상은 지방 행성의 장관인 고려 국왕을 통제하고 관리하는 직속상관이었다.

하지만 고려 국왕이 원 황제의 부마를 겸하고 있다면 사정이 전혀 달라진다. 세조 쿠빌라이의 부마였던 충렬왕의 경우가 그랬다. 충렬왕은 고려 국왕으로서 정동행성의 장관을 겸하고 있었지만 황제의 부마

로 그런 직책에 구애받지 않고 초월했다. 그래서 황제 다음의 몇 번째 안 가는 최고의 서열을 지녔다. 세조 쿠빌라이 시절의 이야기이다.

그럼 충선왕의 경우에는 어땠을까? 충선왕도 부마이긴 했지만 현직 황제의 부마가 아니었다. 그래서 충렬왕보다 높은 서열은 갖지 못했는데, 충선왕의 경우에는 부마라는 지위보다 무종·인종의 옹립이라는 공로로 인해 정치적 지위가 높았었다. 무종 재위 시절 고려 왕위를 지니고 원에 체류하던 충선왕은 아주 특별한 위상을 지니고 있었다고 보인다. 그때는 우승상과 고려 국왕 가운데 어느 쪽이 높았는지 가늠하기 어렵다는 얘기다.

그렇다면 충선왕 자신은 이 문제를 어떻게 생각했을까? 이에 대한 충선왕 자신의 인식이 있었다. 충선왕은 인종의 우승상 제의를 결국 사양하는데, 이런 재미있는 답변을 한다.

"신은 소국의 정치를 맡는 것도 두려워 아들에게 넘겨주기를 빌었는데 하물며 조정의 상상上相이겠습니까? 어찌 감히 영화를 탐내어 폐하의 밝음에 누를 끼치겠습니까? 감히 죽기를 맹세하고 이에 벗어나기를 청합니다."

완전히 신하가 임금에게 하는 말씀이다. 그랬던 것이다. 충선왕은 제국의 우승상을 고려 국왕보다 그렇게 높은 자리로 판단하였다. 충선왕이 이렇게 고사하자 인종은 다음과 같이 코멘트를 던진다.

"그대가 권력을 잘 피한다는 사실은 이미 알고 있다."

충선왕의 고사에 대한 인종의 반응은 의외로 쉽게 수용하는 자세였다. 이에 충선왕이 오히려 서운할 정도로 두 번 다시 제의하지 않고 싱겁게 끝났지만, 충선왕은 무종 옹립 이후 애써 권력을 피하고 있었던 것은 사실이다. 그래서 충선왕의 고사도 속뜻을 감춘 겸양의 말이 아니라 진실이었고 인종도 이를 수용한 것이다.

그런데 인종은 왜 하필 충선왕에게 수상을 제의했을까? 먼저, 말할 필요도 없지만 충선왕의 공로와 그와의 관계 때문이었다. 충선왕은 인종이 어렸을 때부터 그 모후와 더불어 잠저에서 기거를 함께했고, 이 결과로 무종과 인종 형제를 황제위에 오르게 했으니 사적인 관계나 공로를 따져 보면 제국 내에서 그보다 우위에 있는 사람은 없었다. 동서고금을 막론하고 이런 사람이 최고 통치권자의 보좌를 맡아 권력의 중심에 서는 것은 당연한 일이기도 했다.

다음, 충선왕은 능력 면에서도 제국의 수상을 맡을 만하다고 본 것이다. 그 능력은 황제 옹립 과정에서 이미 검증되었다고 보지만, 이 대목에서 보다 중요한 것은 바로 만권당이었다. 만권당에 원대의 문인·학자들이 출입하고 교유 활동이 이루어지면서 충선왕의 능력이 새롭게 드러난 것이다. 그게 바로 앞서 얘기했던 파스파와 관련된 논쟁이었고 역사적인 과거제 도입이었다.

인종은 어쩌면 충선왕이나 만권당의 인물들을 정치의 전면에 내세워 유교 사회로의 전환을 확립하고 이를 계속 밀어붙이고자 했을지도 모른다. 충선왕이나 만권당에 그럴 만한 힘이 있다고 본 것이다. 그럴 경우 파스파 논쟁에서 보았듯이 원 조정에서 정치적 갈등이나 대립은 피할 수 없었을 테고, 충선왕이나 만권당이 여기에 휘둘리는 상황을 충분히 예상할 수 있다.

충선왕이 만권당을 통해 원 조정의 정치 사회에 영향력을 행사하고 싶었다면 우승상을 사양할 필요가 없었다. 하지만 충선왕이 만약 우

승상을 맡았다면 그의 정치 생명이나 만권당의 운명은 더욱 단명으로 끝났을 것이다. 이것은 충선왕이 의도하는 바가 결코 아니었고 만권당을 설치한 목적도 그게 아니었다. 그래서 충선왕이 우승상을 사양한 것은 당연한 일이었다고 본다.

그럼 충선왕이 만권당을 설치한 진정한 목적은 무엇이었을까? 다시 말해 정치적인 목적이 없었다면 순수한 학술 문화적인 목적뿐이었을까 하는 점이다. 아마 대강 그랬을 것으로 본다. 그렇다면 파스파 논쟁이나 과거제 도입 같은 정치적 문제에 왜 충선왕이 나섰냐고 반문할 수 있다. 이것은 충선왕이 만권당의 학문 교유 활동을 통해 부수적으로 나타난 것이지 그가 처음부터 정치적 목적을 가지고 그 문제에 접근한 것은 아니었다.

그럼에도 불구하고 이런 면은 충분히 생각해볼 수 있다. 만권당을 정치적 보호 장치로 생각하지 않았을까 하는 점이다. 충선왕이 자신의 재원 활동에서 정치권과는 일정한 거리를 유지한다는 것을 보여주면서, 나아가 반대 세력의 정치적 공격으로부터 자신을 방어하기 위한 목적 말이다. 충선왕이 그 점을 노리고 만들었다면 만권당은 최소한의 정치적 목적은 분명 있었다고 봐야 한다. 수상 자리를 고사한 것은 그런 만권당의 설치 목적과도 통하는 것이었다.

만권당과 제미기덕당

충선왕이 정치와 거리를 두기 위해 만권당을 설치했다면 그 안에서 어떻게 일상을 보냈는지도 궁금하다. 이와 관련하여 이제현이 쓴《익재난고益齋亂藁》에는 재미있는 내용이 있다.

> 왕(충선왕)이 두 왕위를 사양하고 경사(대도)의 저택에 머물면서 병을 칭탁하고 조회의 요청도 받지 않았다. 거처하는 곳을 제미기덕당濟美基德堂이라 이름하고서 깔끔하게 소제한 후 문을 닫고 향을 사르며 해가 지도록 무릎을 꿇고 앉아 술을 많이 마셨다. 그러나 평소에는 한 잔 술도 들지 않고 오직 말 한 필을 먹였으며, 음악 가무나 매사냥 놀이는 조금도 생각하지 않았다.(《익재난고》권9 상, 세가)

충선왕이 살았던 대도 사저에서 일상생활의 한 단면을 보여주는 기록이다. 해탈을 구하는 불제자의 모습 같기도 하고, 세상에 대한 불만으로 두문불출하는 처사의 모습 같기도 하다. 혹은 하루하루의 일상을 깊이 성찰하는 수도자의 모습 같은 것도 엿볼 수 있다. 하지만 술을 많이 마셨다는 말에서는 전혀 다른 분위기도 느낄 수 있다. 술을 많이 마시는 것은 특별한 날에 그랬던 것 같다.

충선왕은 대도 사저에서 문을 닫고 외부 출입을 거절하며 가끔 폭음을 했다. 무엇이 그토록 폭음하도록 했을까? 폭음이라는 것은 보통 어떤 불만이나 울분에 찼을 때 나타나는 행동이다. 충선왕의 불만이나 울분은 무엇이었을까? 자신의 의지대로 할 수 없는 현실에 대한 울분이 아니었을까. 예를 들자면 제국의 수상을 맡고도 싶지만 사양할 수밖에 없는 현실 같은 것 말이다.

충선왕은 대도의 사저를 뛰쳐나가 원 조정을 활보하고 싶었지만 그럴 수 없었다. 음악 가무도 즐기지 않았고 당시 지배층 사이에서 유행했던 매사냥에도 전혀 관심이 없었다. 술도 평소에는 입에 대지도 않았던 모양이다. 그렇다고 사저에서 두문불출하면서 향이나 사르는 구도자처럼 살자니 너무 답답했을 것이다. 충선왕이 가끔 폭음했던 것은 그런 자신에 대한 울분 때문이 아니었을까.

충선왕의 정치적 위상이나 황제와의 관계로 보면 제국의 수상을 충분히 맡을 수 있었지만, 그랬다가는 원 조정의 정치적 표적이 되어 당장 화가 미칠 것만 같은 불안한 처지였다. 그렇다고 환국하여 고려 국정에만 전념할 수도 없는 처지였다. 원 조정을 쳐다봐도 시원치 않고 고국 고려를 돌아봐도 답답한, 이럴 수도 없고 저럴 수도 없는 강고한 현실이 충선왕을 억누르고 있었을 것이다.

구도자의 모습도 폭음하는 모습도 모두 충선왕의 대도에서의 삶을 보여주는 진실일 것이다. 어느 쪽이든지 충선왕이 현실 정치와 애써 거리를 두고자 하는 그의 억눌린 욕망은 충분히 상상할 수 있다. 이럴 경우 환락이나 유희에 빠질 법도 한데 음악 가무나 매사냥에는 관심도 없었다. 이런 것을 즐기기에는 현실이 너무 강퍅했던 것일까. 충선왕은 철저하게 사저 안에 자신을 격리시키고 가끔 꿈을 꾸듯 자신의 지난 삶을 되돌아보며 내면으로 침잠해 들어갔던 것이다.

그런 점에서 '제미기덕'이라는 당호가 주목된다. 이게 만권당과 어떻게 다른지 궁금하다. 만권당과 같이 충선왕의 대도 저택 안에 있는 건물임에는 분명한데 만권당이 바로 제미기덕당인지, 아니면 만권당과 별도의 생활공간을 그렇게 불렀는지 궁금하다. 대개, 만권당은 속칭이고 그 본래 명칭이 제미기덕당이라고 보는 것이 보통이다.

충선왕의 대도 저택을 상상해보면 건물이 하나만 있지는 않았을 것이다. 크게 보아 숙식을 하는 주거 공간이 있을 것이고 외부 인사를 만나는 접대 공간이 따로 있었을 것 같다. 제미기덕당이라는 당호는 그 이름으로 보아 공적인 공간보다는 사적인 공간을 부르는 이름으로 더 적절해 보인다.

이에 반해 만권당은 공적인 영역을 가리키는 의미가 더 분명하게 드러나 있다. 만권당이 원대 문인 학자들과 공적인 교유 장소였다면 제미기덕당은 충선왕의 사적인 주거 공간이 아니었을까. 그래서 제미기덕당은 충선왕이 철저하게 외부로부터 자신을 격리시킨 공간이었다고 할 수 있다. 충선왕에게는 구도자처럼 자신의 지난 삶을 성찰하기도 하고, 그러다가 가끔 폭음으로 울분을 삭혀야만 하는 그런 특별한 장소가 필요했던 것이다. 제미기덕당이 그런 사적인 공간이었다면 만권당은 충선왕에게 밖으로 향한 유일한 출구였으리라.

충선왕의 대도 3인방

충선왕은 만권당을 공식 출범시키면서 고려에서 들어온 신하들에게 교대로 번番을 서게 했다고 《고려사절요》에 언급되어 있다. 아마 숙위 등을 비롯한 일상 잡무를 맡긴 것으로 보인다. 이런 만권당에서의 숙위 활동은 대도에 자신의 사저를 마련하면서 이미 시작했을 것이다.

그 뒤 원대의 문인·학자들이 이 사저에 출입하고 교유가 이루어지면서 숙위는 좀 더 활발해지고 그들의 여러 가지 다양한 활동이 이루어졌을 것이다. 이를테면 숙위뿐만 아니라 충선왕과 함께 원대의 문인·학자들과 동석하여 교유에 참여한다든지, 혹은 만권당의 전적 관리나 일상적인 업무 관리 등의 행정사무가 추가되었을 것이란 뜻이다. 이러한 업무는 만권당의 활동을 뒷받침해주는 중요한 일과였다.

그러면 충선왕의 대도 사저 혹은 만권당에서 그런 활동에 참여한 고려인은 누구였을까? 가장 먼저 떠오른 인물이 앞 장에서 충선왕 측근으로 거론했던 권한공·최성지·박경량 3인이다.

● 권한공(? ~ 1349)

권한공이 언제 원으로 들어가 충선왕과 함께했는지는 잘 드러나 있지 않지만, 충렬왕이 공주를 개가시키기 위해 입원하는 1305년(충렬왕 31년) 무렵이 아닐까 한다. 확실한 것은 1307년(충렬왕 33년) 충선왕이 무종 옹립에 공을 세우고 정권을 장악했을 때 권한공은 분명히 대도의 충선왕 곁에 있었다. 그때 권한공은 최성지와 함께 충선왕 사저에서 인사 사무를 주도하고 있었기 때문이다.

그 후 권한공은 고려 왕위에 오르기 위해 환국하는 충선왕을 따라 고려에 잠시 들어왔다가, 고려 왕위를 지닌 채 다시 입원한 충선왕을 모시고 1308년(충선왕 즉위년)부터 대도의 사저에 머문다. 이후 충선왕이 왕위를 지닌 채 대도에서 원격 통치를 하는 5년 동안 줄곧 대도의 사저에서 충선왕과 함께했다. 이때 김심 등이 충선왕을 환국시키기 위해 권한공·최성지·박경량 등 측근 3인을 축출하려다 오히려 자신들이 당했다는 이야기는 앞서 했었다.

그리고 충선왕이 왕위에서 물러나고 원에 체류한 이후의 권한공은 고려에 있으면서 중요한 일이 있을 때마다 사신의 사명을 띠고 원을 수시로 왕래한다. 사신이라지만 실제는 대도에 있는 충선왕의 지시나 명령을 고려의 충숙왕에게 전달하는 구실이 더 중요했을 것이다. 사신으로 가서 길게는 2년 넘게 대도에 머문 경우도 있었으니까, 정확히 말하자면 만권당에서의 활동을 더 중요하게 여겼다고 보는 것이 옳다.

또한 권한공은 1319년(충숙왕 6년) 3월 충선왕이 황제의 어향을 받들고 절강성의 보타산에 여행할 때 이제현과 함께 충선왕을 특별히 호종하기도 했다. 이 한 달 전에 성절사로 원에 들어갔다가 충선왕의 여행에 동반한 것인데, 이런 활동은 그가 만권당에 직접 참여했음을 보여주는 일이다. 이 여행에서 충선왕은 이제현과 권한공에게 산천의 명승지를 시와 산문으로 기록한 《행록》 1권을 저술하도록 했다. 이런 일 또한 만권당의 중요한 활동 내용이었다.

권한공은 고려의 과거에도 급제했으니 학식이나 문장력으로 봐도 만권당에서 원대 문인·학자들과 교유 활동을 하는 데 참여하지 못할 이유가 없었다. 그는 한때 원 황실의 선대왕을 추증하는 조서를 찬술하여 인종 황제로부터 후한 상금을 받은 적도 있었다. 이 역시 만권당에 참여한 교유 활동과 무관치 않았다고 보인다.

● 최성지(1265~1330)

최성지는 대도에서 충선왕과 함께한 기간이 앞의 권한공보다 길다. 그는 재상 가문의 후손으로 약관이 못 된 나이에 과거에 급제하여 충선왕의 세자 시절부터 곁에 있었다. 충선왕이 왕위를 빼앗기고 입원한 1298년(충렬왕 24년)에 충선왕과 함께 입원하여 대도의 사저에 머

문다. 그 후 충선왕이 원에서 무종을 옹립하는 과정에서도 적극 보좌하였다.

충선왕이 무종 옹립으로 정권을 잡으면서 최성지는 권한공과 함께 대도의 사저에서 고려의 관리 인사를 주관하였다. 이후 환국했다가 고려 왕위에 오른 충선왕을 따라 다시 입원한 후에도 대도의 사저에서 계속 관리 인사를 주관하는 등 권한공과 거의 비슷한 활동 행적을 보인다. 이 무렵의 만권당은 충선왕이 대도에서 고려 조정을 통제 관리하는 원격 통치의 지휘부 같은 기능도 했을 것이다.

최성지 역시 과거에도 급제하여 문장에도 볼 만한 것이 있었으니 권한공과 함께 문인들과의 교유 활동에도 참여했을 것이다. 하지만 충선왕이 고려 왕위를 양위하고 입원한 이후에는 권한공만큼 자주 원에 왕래하지 않았는데, 그 차이 때문인지는 모르겠지만 권한공과 분명하게 한 가지 다른 점은 있다. 충선왕이 곤경에 처하면서 권한공은 충숙왕에게 여지없이 축출당하지만 최성지는 계속 등용된다는 사실이다. 최성지는 아마 권한공보다 충숙왕의 눈에 덜 거슬렸던 모양인데 그의 유연한 성품 때문이었을까.

그런데 최성지의 경력에서 주목할 점이 하나 더 있다. 그가 원대의 수시력授時曆을 고려에 소개 보급하는 데 큰 기여를 했다는 점이다. 그런데 여기에는 또 충선왕의 적극적인 지원이 작용하고 있었다. 충선왕은 수시력의 정밀함을 보고 역법에 밝은 최성지에게 재원까지 마련하여 배우도록 하여 이를 고려에 도입했던 것이다. 이 수시력이 조선 세종 때 칠정산이 만들어지기까지 우리의 책력으로 사용되는데, 이런 수시력 도입 과정에도 최성지나 만권당은 중요한 기여를 했다.

● 박경량(1240?~1320)

박경량은 천민으로 하급장교 출신이었다. 그는 조비 무고사건에 연루되어 1298년(충렬왕 24년)에 원으로 끌려갔던 인물로, 또한 1303년(충렬왕 29년)에는 충선왕을 사지에서 구한 인물로 앞 장에서 자세히 언급했었다. 1303년 이후 박경량은 대도의 충선왕 사저에 머문 것으로 보인다.

그 후 박경량은 원에서 무종이 옹립된 직후 1308년(충렬왕 34년) 충선왕보다 한발 앞서 환국하였다. 그리고 고려 왕위에 오른 충선왕을 따라 다시 입원한 후에는 앞의 권한공·최성지와 더불어 재위 5년 동안 줄곧 대도의 사저에서 함께 있었다. 이때 충선왕의 심복으로서 여러 문제를 일으켰다는 것은 앞서 언급했다.

그런데 충선왕이 고려 왕위를 양위한 후 대도에 체류하는 동안에도 박경량은 권한공·최성지와 달리 충선왕의 곁을 한시도 떠나지 않았다. 이를 보면 박경량은 권한공·최성지보다 충선왕에게 훨씬 밀착된 인물이라는 것을 알 수 있다. 그는 최소한 1298년 이후부터 죽을 때까지 충선왕 곁을 떠난 적이 별로 없는, 알기 쉽게 말해서 충선왕 사저의 집사격이었고, 바로 말하자면 충실한 복심이었다.

박경량은 무관 출신으로 대강 충선왕의 경호원 역할도 겸한 것으로 보이는데 대도에서 충선왕이 움직일 때마다 당연히 그림자처럼 따랐다. 그런 박경량의 위상이나 성향으로 보면 과거에 급제한 권한공·최성지와는 만권당에서 역할이 달랐을 것이다. 문인들과의 학문·교유 활동은 그의 능력 밖이었을 것이란 얘기다.

그 밖에 만권당에 참여한 사람들

● 이연송(? ~ 1320)

이밖에 충선왕의 사저에 참여한 사람으로 무관 출신의 이연송이 있는데, 그는 1303년(충렬왕 29년) 충선왕 살해기도 사건에서 박경량과 함께 앞에서 언급했었다. 그 사건 이후 이연송은 충선왕의 대도 사저에 머물며 박경량과 같이 집사나 경호인 같은 역할을 했을 것으로 본다. 이연송은 그 성향이나 활동 경력 면에서 박경량과 비슷했다고 보면 크게 틀리지 않을 것이다.

하지만 한 가지 차이가 분명히 있었다. 박경량이 충선왕의 심복으로 많은 치부 사건에 연루되어 정치 사회 문제를 일으키는 중심에 있었지만 이연송은 그런 문제와는 거리가 멀었다는 점이다. 아마 박경량의 보조 역할에 머문 탓이 아닌가 싶다.

이연송은 사서에 자주 등장하지 않아 고려에 왕래한 자세한 기록이 없다. 장담할 수 없지만 충선왕 곁에서 박경량과 함께 생을 마감했다는 점에서 죽을 때까지 줄곧 충선왕의 곁을 떠나지 않았을 것이다. 이런 점으로 봐도 그는 박경량과 거의 같은 길을 걸었다고 할 수 있다.

● 이광봉(? ~ ?)

이광봉李光逢은 처음 언급하는데 위 네 사람에 비하면 만권당에 늦게 참여한 후발주자였다. 그는 1314년(충숙왕 1년) 4월 상장군(정3품)의 계급을 지니고 연호 개정 축하 사신으로 처음 원에 들어갔다가 충선왕의 눈에 들어 그대로 만권당에 머문 것으로 보인다. 그리고 5년 후 재상급의 관직을 제수받는데 이 무렵 환국했을 것으로 추측된다.

무관 출신인 그 역시 박경량·이연송과 만권당에서의 역할도 거의 동일했을 것이다. 한 가지 특별한 점은 후발주자였던 그가 충선왕의 사저에서 권한공·최성지와 함께 수뢰를 통해 인사권에 농간을 부리면서 충숙왕의 원한을 샀다는 사실이다. 그때는 만권당이 공식 출범한 이후인데, 아마 박경량·이연송이 나이 들면서 이 두 사람의 역할을 이광봉이 대신하며 갑자기 부상한 때문이 아닌가 한다.

● 홍약(?~?)

홍약은 앞서 충선왕의 강남 서적 반입 문제에서 언급했었다. 그런데 그가 만권당에서 활동했다는 확실한 증거가 더 있다. 앞서 권한공이 만권당에 참여하면서 원 황실의 선대왕을 추증하는 조서를 찬술하여 인종 황제로부터 후한 상금을 받은 적이 있다고 얘기했었는데, 사실 그 일에는 홍약도 함께했던 것이다. 홍약이 권한공과 함께했다면 만권당에서 그를 제외할 수 없다.

또 하나, 홍약을 얘기하면서 꼭 언급해야 할 것은 충선왕의 보타산 기행에 권한공·이제현과 함께 그도 충선왕을 호종했다는 사실이다. 그렇다면 홍약은 대도 사저 3인방만큼 드러나지는 않았지만 그들 못지않게 충선왕의 신임을 받은 인물이 아닌가 한다. 그러면서도 그는 아무 비리가 없었으니 호기심이 가는 인물이다. 홍약에 대한 역사 기록이 너무 소략하여 아쉬운데 그가 만권당에 참여했던 것은 분명해 보인다.

홍약은 만권당이 공식 출범한 1314년(충숙왕 1년) 이후에 참여했을 것으로 보인다. 그 후 강남 서적을 반입하는 데 중심 역할을 했고, 1317년(충숙왕 4년) 2월에는 사신으로 원에 들어가는 것으로 봐서 그 이전 언젠가 환국했을 것이다. 그리고 만권당에 계속 체류하다가 1319년(충숙왕 6년) 충선왕의 보타산 기행에 호종했다고 보인다. 만권당의 활동이 정지된 후에 홍약은 주로 원을 왕래하는 사신으로 활동하는데 구체적인 행적은 잘 드러나지 않는다.

● 왕고(?~?)

왕고王暠는 충선왕이 충숙왕에게 양위하면서 고려 왕세자로 삼았던 연안군이다. 그는 또한 1316년(충숙왕 3년) 3월에 심양왕의 왕위를 충선왕으로부터 물려받았다. 충선왕이 고려 왕위를 양위하고 다시 심양왕의 왕위까지 조카 왕고에게 양위한 것은 현실 정치에서 손을 떼겠다는 의미로 볼 수 있다. 하지만 고려 왕과 심양왕 양 왕위를 모두 버렸지만 충선왕이 고려에 미치는 현실적인 힘은 여전했다.

왕고는 고려 세자로 책봉될 때부터 대도에 주로 체류하고 있었다. 충선왕이 독노화로 삼아 그렇게 조치했던 것이다. 그렇다면 왕고는 충선왕의 대도 사저에 함께 있었을 것이다. 그런데 고려 세자는 원 조정에서 숙위 생활을 거쳐야 했다는 점을 감안하면 대도에 있긴 했지만 충선왕의 사저는 아니었다는 생각도 든다. 하지만 심양왕을 물려받은 왕고는 충선왕의 사저 혹은 만권당에 분명히 참여하고 있었다.

그 점을 보여주는 것이 충선왕의 보타산 기행에 권한공·이제현·홍약과 함께 여기 왕고도 호종했다는 사실이다. 그가 충선왕의 총애를 받으면서 대도의 사저에 있었다면 충선왕을 따르는 것은 당연한 일이었다. 충선왕이 곤경에 처한 후 여기 왕고는 충숙왕과 고려 왕위를 놓고 다투면서 왕조의 위기를 불러오는데, 이 부분은 다음 책에서 언급할 것이다.

충선왕의 자긍심 이제현(1287~1367)

만권당에는 순수한 문인 학자로서 참여한 고려인도 있었다. 이들은 순전히 문인 유학자로서의 자질을 높이 사 충선왕이 일부러 만권당으로 초빙한 사람이었다. 대표적인 인물이 익재益齋 이제현李齊賢이다.

이제현은 충선왕의 1차 즉위 때 개혁을 이끌었던 4학사 중의 한 사람인 이진의 아들로, 15세 어린 나이에 과거에 급제한 수재였다. 그는 문학·역사·유학에 두루 관심을 가지고 연마하여 문사철文史哲에 정통하였고, 고려 전 시대를 통해서도 첫 손에 꼽을 정도의 뛰어난 학자요 탁월한 문장가였다. 그의 문장은 당대에 벌써 중국인에까지 회자되었는데 그 계기가 바로 충선왕의 만권당과 인연을 맺으면서 시작되었다.

충선왕은 만권당을 출범시키면서 원대의 명사들과 대적할 만한 고려의 문인·학자가 없는 것을 매우 안타까워했다. 아마 권한공·최성지로는 흡족하지 못했던 것 같다. 이제현은 그런 충선왕의 의도에 딱 맞는 인물로 1314년(충숙왕 1년) 정식으로 초빙을 받고 만권당에 들어간다. 이때 이제현은 28세의 젊은 나이였다.

이제현은 만권당에 참여하면서 요수·염복·조맹부 등 쟁쟁한 원로 명사들과 어울리며 더욱 학문이 깊어졌다. 나이로 치면 이들 명사들과 3, 40년 이상 차이가 나니 교유라기보다는 사사받는 위치였다고 해도 괜찮을 것 같다. 어쩌면 충선왕이 이제현을 만권당에 불러들인 것은 원대 명사들의 학문과 문장을 넘어서보라는 의도였는지도 모른다. 이제현은 충선왕의 그런 의도에 충실히 부응하여 중원에 이름을 날렸고 충선왕은 그런 이제현을 아끼고 신뢰했다.

그래서 이제현은 충선왕이 원대 명사들과 어울리는 좌석에는 반드시 참석했고, 또한 충선왕이 우리 역사에 대해 궁금한 점이 있을 때는 성심껏 답변해주기도 했다. 충선왕이 보타산에 여행할 때는 권한공과 함께 동반하게 하여 많은 기행 시문을 남겼다는 얘기는 앞서 했었지만, 그 전에 충선왕은 이제현에게 독자적으로 중국을 여행할 기회를 제공해주기도 했다.

1316년(충숙왕 3년) 사천성의 아미산峨眉山 여행이 그것이다. 아미산은 절강성의 보타산, 안휘성의 구화산, 산서성의 오대산과 함께 중국 불교의 4대 명산이다. 이제현이 아미산 여행길에 나선 것은 명산대천에 제사지내기 위한 인종 황제의 봉명사신奉命使臣에 동반하여 간 것이었다. 그러니까 원 조정의 공무 여행에 동반했던 것인데 여기에는 충선왕의 배려가 없고서는 불가능했다.

이제현은 이 여행길에 조맹부·장양호·원명선 등에게 시를 지어 보내기도 했는데, 그 가운데 원명선에게 보낸 시 한 수 감상해보자.

옛날에도 초면에 친구 할 수 있었으니 昔從傾蓋眼能靑
술을 싣고 함께 낙양성 두루 놀았노라 載酒同遊遍洛城
채찍도 잡겠다던 공자를 본받고자 하니 直欲執鞭如魯叟

버선 끈 메어 달라던 왕생만을 따르랴豈惟結襪比王生
촛불 아래 자정 넘게 얘기하던 그 감격이感公燈火三更話
만리 너머 변경 가는 나의 고생 위로한다慰我關山萬里行
더구나 새 글 지어 종이 봉지에 넣었으니更得新詩入囊褚
검각 남쪽에서도 여남 인물평을 알리라劍南人識汝南評

이 시는 이제현이 아미산으로 떠나기 직전에 원명선에게 받은 이별시에 대한 답시이다. 세 번째 연의 '채찍'이나 네 번째 연의 '왕생', 마지막 연의 '여남' 등의 표현은 중국 고사에 등장하는 이야기로 원명선과 이제현의 관계를 엿볼 수 있는 표현이다. 이제현은 아직 젊은 나이에도 불구하고 만권당을 통해서 그렇게 원대 명사들과 어울렸던 것이다. 그만한 수준에 있었다는 뜻이다.

이제현은 조맹부·장양호 등에게도 이렇게 답시를 지어 보냈는데, 이런 시들은 역참의 급체포急遞鋪를 이용하여 대도의 만권당으로 보내졌다. 만권당에서는 충선왕이 이를 받아 원대 명사들이 모인 자리에서 이제현의 시들을 발표했음 직하다. 이제현은 아미산 여행을 다녀와서 그때 쓴 시들을 묶어 《서정록西征錄》이라는 제목으로 편찬했다. 그러면서 이제현의 명성도 중원에 드러나기 시작했을 테니, 충선왕은 '우리에게는 익재가 있다'고 자부하지 않았을까. 이제현은 충선왕에게 자랑이었고 고려 왕조의 명예였다.

충선왕은 원대 명사들과 교유하면서 고려의 문화에 대해 처음에는 열등감을 가졌을지도 모른다. 충분히 상상할 수 있는 일이겠지만 그들에게는 고려의 문화 수준이나 인물들을 무시하려는 경향도 없지는 않았으리라. 앞서 요수라는 인물이 그랬다. 이제현을 만권당에 불러들인 것이나,《고려왕조실록》을 만권당에 비치한 것은 모두 그에 대한 충선왕의 대응이었다고 보인다.

　이제현은 만권당에 머무르는 동안 가끔 고려를 왕복했는데 충선왕의 신변에 중요한 일이 있을 때마다 대도를 향했다. 원에 머물고 있을 때는 충선왕이 가는 곳마다 그 곁을 떠나지 않았다. 이에 대해서는 뒤에 다시 언급할 것이다.

제과 응시자와 만권당

한편, 원의 과거 시험인 제과에 응시하는 고려 관리들도 대도에 머물면서 만권당의 활동에 참여하는 경우가 있었다. 충선왕이 곤경에 빠지고 만권당의 활동이 정지되는 1320년(충숙왕 7년)까지 그 기간이 길지 않은 탓에 제과 응시자로서 만권당에 참여하는 고려인이 많지는 않았지만 분명 있었다. 다음의 박인간朴仁幹(?~1343)이 그런 경우다.

　박인간은 나중에 이름을 박문충朴文忠으로 바꾸는데, 그의 출신이나 인적 사항은 잘 알려져 있지 않다. 박인간은 1315년(충숙왕 2년) 고려의 과거에서 장원으로 급제하였고, 그 해 곧바로 원으로 들어가 원의 회시에 응시하였으나 낙방하였다. 원에서 실시하는 최초의 과거 시험에 응시한 것으로, 이때 그의 나이를 얼추 20대 중반쯤으로 보면 이제현보다 몇 년 후배쯤으로 보인다.

　원의 과거에 낙방했지만 박인간은 귀국하지 않고 충선왕의 사저에 머물렀다. 아마 충선왕이 붙잡은 것으로 보인다. 과거에 장원으로 급제했고 최초로 실시한 원의 과거에 고려 학자를 대표해서 응시한 박인간은 그런 점에서 충선왕에게 달리 보였을 것이다. 어쩜 충선왕은 그에게 이제현에게 걸었던 기대와 같은 소망을 걸었는지도 모른다.

이후 박인간은 대도의 만권당에 눌러앉고 만다. 만권당에서 그의 활동 내용은 드러나 있지 않지만 이제현과 같은 문학적 명성을 드러내지는 못했던 것 같다. 박인간과 이제현의 다른 점은, 이제현이 만권당에 참여하면서도 자주 고려를 왕래한데 반해 그는 충선왕 곁을 한시도 떠나지 않았다는 점이다. 충선왕이 티벳으로 떠나는 고통스런 유배 여정에도 그는 동행했으니 충선왕에게 몸과 마음을 다 바친 사람이었다.

박인간 외에도 만권당이 존속하는 동안 원의 과거에 응시한 사람은 안목安牧·안진安震·최해崔瀣·안축安軸·조렴趙廉·이연종李衍宗 등이 있다. 이 가운데 급제자를 급제 순으로 나열하면 안진·최해·안축·조렴 등인데, 특히 안진은 1328년(충숙왕 5년)에 급제하여 원의 제과에 합격한 최초의 고려인이었다. 하지만 이들 모두 만권당과는 특별한 인연이 없었던 것 같다. 그 가운데 최해는 이제현과 동갑으로 여러 차례 시문을 주고받는 사이였다. 이를 보면 최해가 만권당과는 직접 인연은 없었지만 만권당의 분위기는 전해 받았을 것이다. 최해가 제과에 응시하러 간 때는 충선왕이 티벳으로 유배를 떠난 뒤였으니 인연이 닿지 못했던 것이다.

그런데 만권당은 원의 제과 응시자들에게 거류지 같은 역할을 하지 않았을까 하는 생각이 든다. 제과에 응시하러 대도로 들어간 그들은 충선왕을 대면하고 만권당에서 숙식 정도는 하지 않았을까. 그러면서 충선왕과 특별한 인연을 맺는 계기를 마련할 수 있었을 것이다. 제과에 응시하러 갔던 박인간이 충선왕의 눈에 들어 돌아오지 않고 만권당에 눌러앉게 된 것은 그런 정황을 말해준다. 또한 원의 과거 시행에 확실한 기여를 했던 충선왕으로서는 제과에 응시하는 고려 관리들을 적극 후원도 했을 법하다. 제과에 합격한다는 것은 고려의 학문수준을 알리는 자랑거리로도 여겼을 테니까.

3. 티벳 유배

보타산 기행

원 조정의 정치와 거리를 두면서 만권당을 중심으로 활동하던 충선왕은 1319년(충숙왕 6년) 3월 보타산寶陀山으로 여행을 떠난다. 충선왕은 이 여행에서 이제현과 권한공을 함께 동반시켜 산천의 명승을 기록한 기행 시집을 편찬하도록 했다는 얘기는 앞서 했었다.

보타산은 현재 절강성 영파의 동쪽 바다 주산군도의 한 섬에 있는 산이다. 그 섬은 남북 8.6킬로미터, 동서 3.5킬로미터 해발 291미터 자그마한 섬으로 그 산은 중국 불교 4대 명산 중의 하나이다. 섬 안에는 전성기 때 200여 개가 넘는 암자와 사찰이 있었는데 현재는 많이 줄었지만 어느 정도 유지되고 있어 중국은 물론 세계 각지에서 참배객들이 찾아온다고 한다.

충선왕의 이번 보타산 기행은 인종 황제의 명을 받고 강향降香하러 가는 길이었다. 강향은 황제가 내려주는 어향御香을 받들고 명산대천에 가서 향을 피우며 기원하는 불교의식의 황실 행사이다. 대체로 황제의 건강이나 황실의 안녕과 국태민안을 비는 황실의 중대한 행사였다. 충선왕이 이런 행사에 나선 것은 인종의 총애와 신뢰를 받고 있었다는 뜻이기도 하다.

보타산 기행은 수참水站을 통한 대운하의 수로를 주로 이용한 것으로 역마를 이용한 육로 여행보다 안락하고 여유로운 것이었다. 대도에서 그곳까지 왕복 4,000여 킬로미터의 거리를 10개월 정도 여행하고 그 해 연말쯤에 대도에 도착한 것으로 보인다. 여행 중에 충선왕은 불교 유적지를 참배하거나 재齋를 올리고 고승들도 만나는데, 항주杭州는 가면서 오면서 모두 경유하여 가장 오래 머물렀다. 남송의 수도였으니 볼 만한 곳도 많았으리라.

그런데 이번 기행에서 몇 가지 주목할 만한 일이 있었다. 하나는, 충선왕이 항주에서 화가를 불러 이제현의 초상화를 그리게 하였다는 점이다. 이제현은 이 초상화를 받아 대도로 귀환하던 중에 분실했다가 30여 년 뒤 대도에서 다시 기적적으로 찾았는데, 현재 국보 110호로 국립중앙박물관에 소장되어 있다. 충선왕이 이제현의 초상화를 그리게 했다는 것은 두 사람의 관계를 엿볼 수 있는 대목이다.

또 하나는, 호주(항주 바로 위)에서 조맹부를 직접 만나 글을 주고받았다는 점이다. 조맹부의 고향은 태호太湖 남쪽의 오흥으로 당시 그는 부인상을 당하여 내려와 있었다. 조맹부의 부인 관씨管氏는 시문서화에 능하다고 이제현의 글에 언급된 것으로 보아 교류도 있었을 것으로 짐작되는데, 충선왕이 조맹부를 만난 것은 그 부인상을 조문하기 위한 것이었다. 조맹부는 원대 문인·학자들 중에서 충선왕과 가장 친밀한 관계였다는 것을 여기서 다시 확인할 수 있다.

마지막으로 주목할 점은, 이 여행에서 충선왕을 호종한 이제현과 권한공은 여러 유적지를 둘러보며 서로 시를 주고받는데 범려范蠡라는 인물을 자주 거론하여 시제로 삼았다는 점이다. 이제현이 쓴 '범려'라는 제목의 시 한 편을 살펴보자.

공을 논하자면 어찌 오나라를 친 것뿐이랴論功豈啻破强吳
첫째는 오호에 일엽편주 띄우는 것이거늘最在扁舟泛五湖
이해할 수 없느니 서시를 데리고 가다니不解載將西子去
월나라 궁전에도 또한 고소대가 있거늘越宮還有一姑蘇

충선왕이 여행하고 있는 강소성·절강성 지역은 춘추전국시대 오·월이 이웃하며 전쟁이 많았던 곳이다. 범려는 기원전 473년 월越나라의 재상으로 있으면서 오吳나라 왕을 죽여 앞선 패전의 치욕을 갚은 인물이다. 그는 공을 세운 뒤에 미련 없이 은퇴해버렸는데, 위 시의 첫째, 둘째 연이 그 점을 칭찬한 것이다. 이제현이 충선왕을 배행하면서 이런 시를 통해 범려를 자주 거론하고 기렸다는 것은 평범치 않아 보인다.

이제현이 범려를 생각한 것은 공을 세우고도 은퇴한 그의 처신을 높이 산 것이다. 이는 충선왕을 향한 이제현의 바람이 아니었나 생각한다. 이제현이 충선왕을 배행하며 그런 바람을 시로써 드러냈다는 것은 충선왕의 마음을 읽고 있었다는 뜻이다. 그래서 충선왕의 보타

산 기행은 대도를 떠나 애써 권력과 거리를 두겠다는 의지의 표현이 아니었을까 여겨진다.

그런데 충선왕의 보타산 강향은 충선왕이 황제에게 요청하여 이루어진 일이었다. 수동적으로 황제가 내린 명령을 그대로 따른 것이 아니라 자신이 먼저 적극 요청했다는 말이다. 이게 조금 이상하게 느껴진다. 왜 충선왕이 먼저 황제에게 강향을 요청했을까 하는 의문이다. 물론 충선왕은 인종 황제와 친밀한 관계였으니 못할 것도 없지만.

인종 황제는 충선왕이 보타산으로 강향을 떠난 후 1년도 채 못 되어 죽는다. 충선왕이 보타산 기행을 마치고 대도에 귀환한 직후 죽은 것이다. 그 뒤를 이어 아들이 즉위하고 정세는 급변하여 충선왕은 궁지에 몰리게 되는데, 충선왕의 보타산 강향은 이런 일련의 사태와 무관치 않아 보인다. 말하자면 충선왕이 인종에게 보타산 강향을 요청했던 것은 이러한 정세 변화의 징후를 예감하고 대도를 떠나려 한 뜻이 아니었을까 하는 생각이 든다.

인종의 죽음과 그의 치세

충선왕이 보타산 기행을 마치고 대도에 귀환한 직후인 1320년(충숙왕 7년) 1월 인종이 죽었다. 재위 9년에 35세의 아직 젊은 나이였다. 뒤를 이어 그 해 3월 아들 시데발라碩德八剌가 18세의 나이로 제위에 오르는데 9대 황제 영종英宗이다. 이에 흥성태후 다기는 무종과 인종 두 아들에 이어 이제 손자까지 황제가 된 것을 본 것이다.

흥성태후는 태후에서 태황태후太皇太后로 격상하여 계속 권력을 장악하였다. 무종의 즉위로 시작된 흥성태후의 시대가 계속된 것이다. 따지고 보면 6대 황제 성종 테무르가 병상에 누운 1300년 무렵 불루간 황후가 권력을 잡은 이후부터 7, 8, 9대 황제 무종·인종·영종 3대 동안 권력을 잡은 이 흥성태후 다기 때까지, 무려 20여 년 동안 몽골제국은 여성이 통치하던 시대였다.

앞선 황제 무종 때도 다기의 영향력은 황제를 능가했지만 특히 인종 때는 더욱 그랬다. 카이산을 황제로 즉위시키면서 동생 아유르바르와다를 태자(인종)로 책봉하여 다음 황제를 미리 확정한 것이나, 뒤이어 인종의 즉위 과정에도 그녀의 힘이 결정적으로 작용한 것이었다. 당연히 인종 재위 동안의 정치에서도 그녀의 영향력은 계속되었다. 그렇게 인종의 정치적 성장과 재위 동안의 치세는 모두 흥성태후 다기의 통제 안에서 이루어졌으니 그녀의 영향력은 인종 때 최고조에 달했다고 할 수 있다.

인종의 치세를 보통 중국식 유교화를 추진하여 한인들이 우대된 사회였다고 긍정적으로 평가하는 경우도 있다. 과거제 시행이 그 대표적인 예다. 과거제는 시험에 의한 합리적인 관리 선발 제도로 그 자체로 정치 사회 문화 분야에 미친 영향이 적지 않기 때문이다. 아마 충선왕의 만권당 설치나 이를 통한 원대 문인·학자들과의 활발한 교유 활동도 인종 때의 이런 정치 사회 분위기 속에서 가능했던 일이라 생각한다.

하지만 이러한 평가는 중국측의 한문 사료에 나타난 바를 그대로 따른 것이고, 다른 측면으로 보자면 긍정적인 평가만 할 수는 없다고

도 말한다. 유목 사회 전통의 진취적인 기상은 사라지고 몽골 제국이 쇠퇴의 길로 접어드는 시기였다는 것이다. 이런 면에서 보자면 인종의 역사적인 과거제 시행도 달리 평가할 수 있다.

인종 때의 과거제 시행은 인종의 적극적인 의지보다는 어쩔 수 없이 받아들였다는 것이다. 중국 한족 출신이나 문인·학자들의 요구를 수용하지 않을 수 없을 정도로 인종 때의 정권은 위축되고 약체였다는 뜻이다. 이런 평가는 하나의 사실에 대한 양면적인 관점의 차이일 수도 있겠지만 몽골 제국이 이 무렵부터 쇠퇴의 길로 들어섰다는 것은 분명한 것 같다.

몽골 제국이 중원을 정복하고 세계 제국으로 발전하는 과정에서 중국화는 피할 수 없는 대세였다. 관료 조직이나 운영, 유교적인 통치 이념 등 중국식 통치 방식은 방대한 제국을 경영하는 데 가장 효율적이고 합리적인 체제로 다른 대안이 없었다. 중국의 역대 모든 유목 정복 왕조도 그 길을 갔다. 몽골 제국도 세조 쿠빌라이 때부터 이미 그런 중국화 작업은 시작되었던 것이다. 그래서 중국식 유교화가 몽골 제국이 쇠퇴하게 된 가장 중요한 원인이라고는 말하기 힘들다.

하지만 홍성태후가 집권하고 인종이 재위하던 때는 여기에 정치적 무능과 안일함이 더해졌다. 홍성태후의 성향 탓이었는지 모르겠지만 인종도 소심하고 유약한 황제로 정치의 중심에 서지를 못했다. 이 무렵 제국의 쇠퇴는 여기에 더 큰 원인이 있을 것이다. 홍성태후는 편애하는 측근들과 통하면서 유흥과 불교 행사에 재정을 낭비하였고, 특히 라마 불교와 오대산 신앙에 깊이 빠져 있었다. 오대산은 문수신앙文殊信仰 중심지로 홍성태후는 이곳에 자주 행차했는데 충선왕도 태후의 이런 오대산 행차에 함께하기도 했었다.

그런데 충선왕은 바로 이런 성향의 흥성태후와 인종의 가까운 최측근이었다. 당시 원 조정의 정치 세력 판도를 크게 보자면 한쪽에는 흥성태후의 섭정에 동조하면서 인종에 가까운 세력이 있고, 다른 한쪽은 흥성태후의 섭정에 반발하거나 동조하지 않는 세력으로 대강 양분해볼 수 있다. 충선왕은 생각할 여지없이 전자에 속해 있었다.

인종 재위 동안 양측의 갈등이나 알력은 충분히 예상할 수 있다. 중국측 역사 기록에는 이런 현상을 정확히 포착하여 기록하고 있지 않지만, 상식적인 수준에서 판단할 수 있는 일이고 어느 시대에나 보편적으로 나타나는 현상이기도 하다. 하지만 양측의 갈등이나 알력은 황제인 인종이 모후의 섭정을 긍정적으로 수용하는 한 큰 문제가 없었을 것이다. 다시 말해서 흥성태후의 섭정은 인종 재위 동안에는 큰 장애 없이 계속되고 갈등이나 알력은 잠재되어 겉으로 크게 드러나지는 않았을 것이란 얘기다.

충선왕이 앞서 인종의 수상 제의를 거절한 것은 이런 정치 분위기를 읽은 결과였다. 아니, 이렇게 말하는 것이 사실에 더 맞을지도 모른다. 흥성태후의 섭정이 계속되는 속에서 누구도 맡기 꺼려 하는 수상을 충선왕에게 제의했지만 사양했다고 말이다. 수십 년을 대도에 살면서 원 조정의 정치를 지켜본 충선왕이 이를 몰랐다면 바보일 것이다.

또한 앞서 충선왕이 보타산 강향을 요청하여 대도를 훌쩍 떠나버린 것도 뭔가 이상한 기류를 감지하고 급변하는 정치 상황에서 벗어나기 위한 것이었다는 생각이 다시 든다. 그래서 인종 사후 충선왕이 곤경

제5장 _ 충선왕과 만권당 • 507

에 빠진 것은 피할 수 없는 일이었다.

영종의 즉위와 충선왕

인종이 죽고 영종이 즉위한 직후인 1320년(충숙왕 7년) 5월, 충선왕은 새 황제에게 강남으로 강향을 또 한번 요청한다. 이것은 새 황제 즉위로 인한 정세의 변화를 읽고 피신하기 위한 것이 분명했다. 새 황제 영종은 이를 달갑지 않게 생각했지만 흥성태후 다기의 배려로 충선왕은 강남을 향해 출발할 수 있었다.

황태후가 강향 사찰로 지정해준 곳은 경원로(지금의 절강성 영파) 사명산四明山에 있는 천동사天童寺였다. 이전 보타산 강향과 비교하면 바다만 건너지 않을 뿐 거의 같은 코스였고, 사명산도 이전 기행에서 잠깐 들른 적이 있었다. 황태후가 충선왕의 강향을 적극 주선한 것은 나름대로 충선왕을 보호하기 위한 조치였고, 이런 익숙한 길로 잡은 것도 황태후의 배려였다. 하지만 새 황제 즉위에 따른 정치 동향에 충선왕의 마음은 초조했을 것이다.

그런데 충선왕이 금산사金山寺에 이르렀을 때 마침내 일이 벌어지고야 만다. 금산사는 지금의 강소성 진강시의 서북쪽 장강과 면한 금산에 있는 사찰로 충선왕 일행이 이전 보타산 기행 때도 방문한 곳이었다. 금산은 현재 장강 남안에 붙어 있지만 당시는 모래가 쌓여 만들어진 장강 안의 섬이었다. 금산사는 절 속에 산이 있다고 할 정도로 산 전체가 사찰이라고 한다.

이 금산사에서 충선왕은 영종 황제의 압송 명령을 받는다. 충선왕을 대도로 소환하기 위한 황제의 사신과 군사들이 들이닥쳤던 것이다. 대도를 출발한 지 한 달 정도 지난 그 해 6월로 드디어 올 것이 오고야 만 것이다. 이때 충선왕을 호종하며 따르던 고려 신하들은 모두 도망하여 숨어버렸고, 그중 박경량과 이연송은 독약을 먹고 자살해버린다. 당시 충선왕을 따르던 고려 신하들이 누구누구였는지 드러나 있지 않지만, 박경량과 이연송의 자살은 사태의 심각성을 그대로 보여준다.

박경량과 이연송은 충선왕의 대도 사저나 만권당에서 경호원 겸 집사 노릇을 하는 충선왕의 그림자와 같은 존재들이었다. 이들은 충선왕과 함께 대도로 압송되었을 때 죽음을 면치 못하리라는 것을 알았기에 자살했을 텐데, 무엇이 그토록 충선왕에게 위태로운 상황이었는지 궁금하다.

여기에는 환관 바얀투구스(백안독고사)와 충선왕의 악연이 작용하고 있었다. 바얀투구스는 앞서 원대 환관들의 득세를 얘기하면서 언급했던 인물인데, 인종을 잠저에서부터 모셔온 사악한 환관으로 불법을 많이 저질러 충선왕과는 가까이 있으면서 늘 부딪쳤던 인물이다. 일찍이 그는 충선왕을 무례하게 대하다가 장형을 당하면서 충선왕과 원한이 깊어졌다.

그리고 충선왕이 이번 강남 강향을 떠나기 2개월 전에는 바얀투구스가 고려에서 불법으로 탈취한 토지와 노비를 충선왕의 명령으로 모두 본주인에게 돌려주어야 했다. 충선왕이 바얀투구스를 이렇게 제압할 수 있었던 것은 모두 인종과 흥성태후의 지원이 있었기 때문이었

제5장 _ 충선왕과 만권당 • 509

다. 즉, 인종과 흥성태후는 바얀투구스보다 충선왕을 더 후원하는 태도를 취했던 것이다.

하지만 충선왕을 후원하던 인종이 죽으면서 사정이 달라졌다. 충선왕은 힘이 빠지고 반대로 바얀투구스는 힘이 커지고 있었다. 바얀투구스는 이미 새 황제 영종과 조정의 실력자에게 한발 앞서 줄을 대고 있었다. 그는 영종 황제에게 요청하여 이전에 빼앗겼던 토지와 노비를 다시 찾기도 했다. 이것을 보면 일국의 국왕이었던 충선왕보다 일개 환관이었지만 황제를 모시는 바얀투구스의 활동이 더 강력하고 빨랐던 모양이다. 여기에는 충선왕을 음해하기 위해 바얀투구스가 호시탐탐 기회만 노렸던 탓도 있을 것이다.

하지만 바얀투구스와의 이런 악연만 가지고 충선왕이 처한 위급한 사태를 모두 설명할 수는 없다. 그런 개인적인 관계도 물론 하나의 원인이나 계기는 되었지만 더 근본적이고 중요한 배경은 영종이 즉위한 후의 정치 상황의 급변에 있다. 당시 급변하는 정치 상황의 핵심 사안이 바로 흥성태후의 섭정 문제였다.

영종이 즉위한 후에도 흥성태후는 태황태후로서 그 힘을 계속 발휘하고자 하였다. 그럼에도 충선왕이 위급한 사태를 맞지 않을 수 없었던 것은 새로운 황제 영종의 정치적 지향과 관련이 있다. 흥성태후의 후원으로 즉위한 황제 영종은 즉위하자마자 할머니의 섭정에 반발하는 세력과 손을 잡았다. 여기에는 흥성태후의 장기간 섭정에 대해 불만을 가진 세력이 점차 성장하여 정치 세력화하고 있었다는 배경이 작용하고 있다.

흥성태후는 이에 정치에서 한발 물러서는 태도를 취한다. 아니 그럴 수밖에 없었다. 자신의 섭정에 동조하고 협력했던 세력들이 하나 둘씩 제거당하고 있었기 때문이다. 충선왕이 직면한 위급한 사태는 바로 이런 정치 국면의 급격한 전환에서 비롯된 것이었다. 이렇게 보면 인종 사후 홍성태후가 아직 생존해 있음에도 충선왕이 궁지에 몰리게 된 배경을 이해할 수 있을 것이다.

그래서 충선왕이 강향을 명목으로 강남으로 피신한 것은 홍성태후가 충선왕을 위해 베푼 마지막 배려였다. 사태가 위급하니 일단 몸을 피하고 보라는 뜻으로 말이다. 아마 그 무렵 홍성태후의 측근 인물들은 하나 둘 제거되고 있었을 것이다. 박경량과 이연송이 자결한 것은 그런 상황을 충분히 알고 있었기 때문이다. 강남 가는 도중에 대도로 압송 명령이 떨어졌으니 대세는 충선왕 편이 아니었고 홍성태후의 후원도 거기까지였다.

환국 거부, 티벳 유배

충선왕이 금산사에서 소환될 무렵 고려에서도 충선왕의 신변에 변화가 왔다는 것을 알아차렸다. 1320년(충숙왕 7년) 7월 고려에서는 원에 사신을 보내 충선왕의 근황을 물었던 것이다. 그만큼 충선왕의 거취에 대해 관심을 기울이고 있었다는 것인데, 아마 인종이 죽고 영종이 즉위하면서 이미 예측했을 것이다.

금산사에서 새로운 황제 영종의 소환 명령을 받은 충선왕은 1320년(충숙왕 7년) 9월 대도로 돌아온다. 대도의 상황은 살벌했지만 충선왕에게는 뜻밖의 선처가 내려졌다. 충선왕을 호송하여 고려에 안치하라는 것이었다. 충선왕이 이때 어떤 처분을 각오했는지는 모르겠지만 의외의 조치였다. 하지만 충선왕은 즉시 환국하지 않고 머뭇거린다.

충선왕에게 그런 완화된 조치가 내려진 것은 충선왕이 그동안 정치권력과 거리를 두고 지냈던 덕분이었다. 만약 충선왕이 인종의 수상 제의를 받아들여 정치 전면에 나섰더라면 소환되자마자 극단적인 처분이 기다리고 있었을지도 모를 일이다. 그래서 처음부터 충선왕에게는 그런 조치가 내려질 만큼 위급한 사태는 아니었다는 생각도 든다. 소환 명령이 떨어지자 박경량과 이연송이 지레 겁을 먹고 자살한 것은 사태를 너무 비관적으로만 본 탓일 수도 있었다.

그런데 본국으로 환국 조치를 받은 충선왕이 즉시 대도를 떠나지 않고 머뭇거린 이유는 무엇일까? 이 문제 역시 앞의 문제와 관련해서 사태를 너무 낙관적으로 본 탓이 컸다. 여기에 영종이 즉위한 직후의 홍성태후는 정치에서 물러나 영향력은 예전 같지 않았지만 여전히 죽지 않고 건재하고 있었다. 다시 말해서 언제라도 재기가 가능한 상태였던 것이다. 충선왕이 즉시 환국하지 않은 것은 그런 홍성태후를 중심으로 다시 상황이 유리하게 개선되기를 기대한 탓도 있었다고 보인다.

또한 충선왕이 지금까지 만권당을 중심으로 활동해온 기반을 잃는 것에 대한 아쉬움이나 두려움도 있었을 것이다. 만권당은 충선왕에게 현실 정치에 대한 도피처이기도 했지만, 살아가는 의미였고 희망이었으며 여생의 남은 목표이기도 했다. 따지고 보면 충선왕을 호송하여 본국에 안치하라는 것은 추방 명령이나 다름없는 것으로 그것만으로도 충선왕에게는 정치적 사형 선고나 다름없는 조치일 수 있다. 그러니 환국하기를 주저했던 것은 당연한 일이 아니었을까.

하지만 충선왕의 선택은 잘못된 것이었다. 환국을 머뭇거리자 원 조정에서는 충선왕을 형부刑部에 회부한 것이다. 그리고 곧바로 충선왕의 머리를 깎고 대도 교외에 있는 석불사石佛寺라는 사찰에 구금해 버린다. 형부는 형벌을 관장하는 관청이니 요즘 식으로 말하자면 죄인으로서 기소되어 구속당한 것이었다. 이제 그 형량이 어떻게 떨어질지가 문제였다.

만약 충선왕이 원 조정의 조치를 받아들여 순순히 환국했다면 이런 조치를 면할 수 있었을까? 그렇지는 않았으리라 본다. 그가 고려에 있든지, 강향을 핑계로 강남으로 피신해 있든지 소환되어 구금당하는 것은 피할 수 없었을 것이다. 여기에 바얀투구스의 끈질긴 음해가 더해진다면 말할 필요도 없는 일이다. 광대한 제국 어느 곳에도 충선왕이 숨을 곳은 없었다.

마침내 구금당한 충선왕에게 유배형이 떨어지고 만다. 유배지는 토번吐藩 살사결撒思結이었다. 지금의 티벳 사스캬Sa-skya인데 라사에서도 서쪽으로 수백 킬로미터 떨어진 곳이었다. 대도에서 1만 5천 리의 거리였으니 가는 데만도 몇 년이 걸릴지 알 수 없는 먼 곳이었다. 아니, 온전히 목숨부지하고 그곳에 도착이나 할지 알 수 없는 험난한 길이기도 했다.

충선왕에게 그런 유배지를 정해준 것은 불경을 배우라는 명목이었다. 티벳 사스캬는 바로 제사 파스파의 고향으로 원대 티벳 라마 불교의 성지 같은 곳이니 그런 명목에는 잘 맞는 곳이었다. 머나먼 변방 유배에 대한 괜한 구실이었는지는 모르겠지만 이 부분도 심상치 않

제5장 _ 충선왕과 만권당 • 513

다. 왜냐하면, 충선왕은 앞서 언급했듯이 만권당 문인 학자들의 여론을 등에 업고 파스파의 사당을 천하에 건립하자는 주장에 반대 의견을 적극 제시했다는 사실이 떠오르기 때문이다.

그래서 충선왕의 티벳 유배는 불교(라마 불교) 세력의 후원을 받는 영종 황제의 추종 세력들이 충선왕에게 일부러 그런 방식의 조치를 내린 것은 아닐까 하는 생각도 든다. 파스파의 사당 건립이 인종 때를 지나서 영종 때에야 이루어졌다는 사실도 영종의 추종 세력과 라마 불교의 연계를 짐작하게 하는 대목이다.

그런데 충선왕의 유배형은 그나마 다행이었다고 할 수도 있다. 극형을 받을 뻔 했는데 유배에 그쳤다는 뜻이다. 극형에는 충선왕을 향한 바얀투구스의 결사적인 음해가 작용하고 있었다. 사실 충선왕을 가장 증오할 자는 바로 그자였기 때문이다. 영종의 추종 세력들이야 충선왕에게 극형까지 내려야 할 이유가 없었다. 충선왕이 인종과 흥성태후의 측근이긴 했지만 그동안 정치에서 손을 떼고 권력과는 거리를 두고 있었기 때문이다.

하지만 바얀투구스는 처지가 달랐다. 충선왕이 살아있는 한 그 보복은 피할 수 없는 것이었기 때문이다. 바얀투구스는 충선왕을 죽음으로 몰아가는 수밖에 없었다. 그런 바얀투구스의 공격으로부터 충선왕을 보호해준 인물이 좌승상인 바이주拜住였다. 여기 바이주는 흥성태후의 섭정에 불만을 품고 영종 황제의 친정을 추진했던 핵심 인물이다. 그래서 충선왕이 그런 바이주의 도움을 받아 유배형에 그쳤다는 것은 천만다행이었지만 실제보다 가혹한 처분이었다는 생각도 든다.

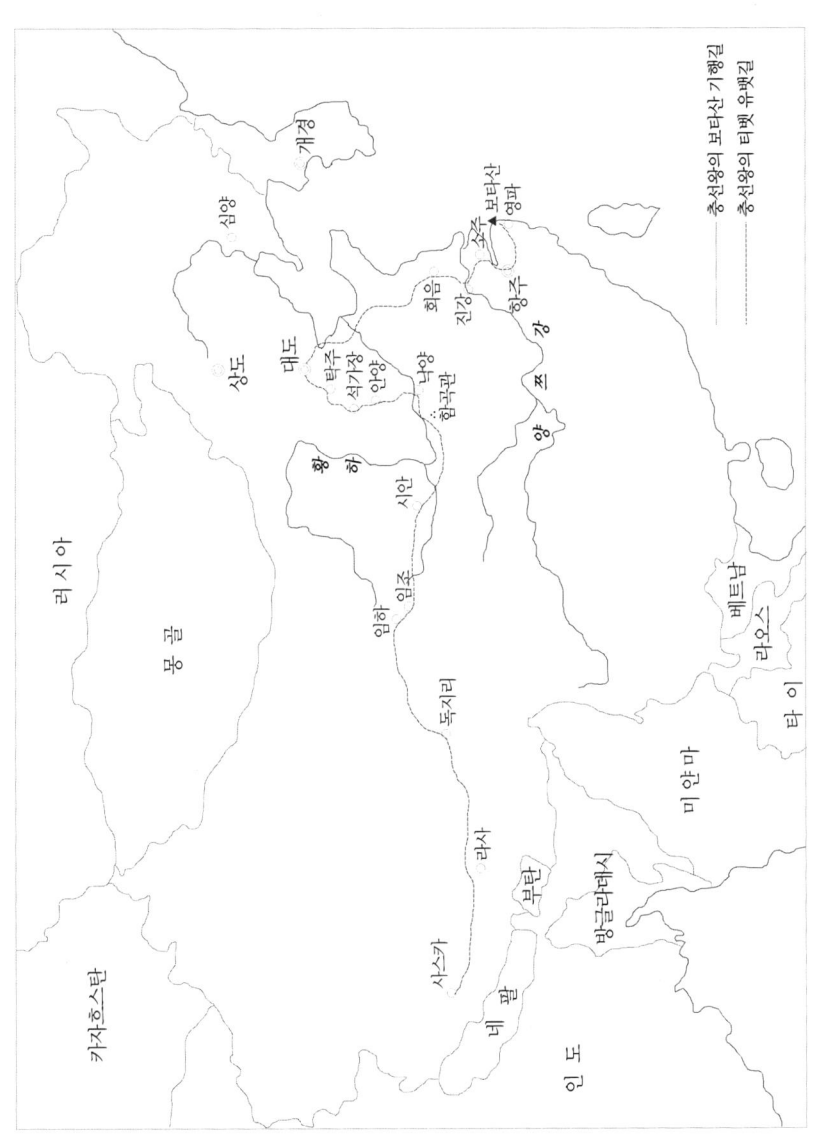

제5장 _ 충선왕과 만권당 • 515

고난의 유배 길

충선왕은 1320년(충숙왕 7년) 12월 4일 대도를 출발하여 유배지 티벳으로 떠난다. 이때 충선왕의 대도 3인방 중 박경량은 강남에서 이미 자결하여 없었고, 권한공은 고려에 있었으며, 대도의 사저에는 최성지가 있었는데, 최성지는 대도에 있던 몇몇 재상들과 함께 도망쳐버린다. 그래서 충선왕이 티벳을 향해 출발할 때 그동안의 핵심 측근들은 곁에 하나도 없었다.

그런데 최성지의 묘지명에 의하면, 최성지는 충선왕이 티벳으로 유배를 떠나자 그의 아들과 함께 관서關西까지 뒤쫓아갔다고 한다. 관서는 함곡관函谷關의 서쪽 지역을 말하는데, 함곡관은 중원에서 장안으로 들어가는 길목으로 현재 하남성 영보시 북쪽에 있다. 최성지는 여기 관서까지 갔다가 군사들에게 길이 막혀 더 이상 앞으로 나아가지 못하고, 사태가 진정된 후에야 임조(감숙성)까지 충선왕을 뒤쫓았지만 따라잡지 못했다고 한다. 최성지는 결국 충선왕을 만나지 못하고 임조에서 반년을 머무르다 돌아왔다고 그의 묘지명에 그렇게 언급되어 있다.

충선왕이 티벳으로 유배를 떠나자 최성지가 도망갔다는 관찬사서의 기록과 충선왕의 뒤를 쫓았다는 그의 묘지명의 기록이 상반되는데 양쪽 모두 맞는 얘기일 것 같다. 최성지가 처음에는 화가 자신에게 미칠까 두려워하여 도피했다가 나중에야 충선왕을 뒤따랐으나 만나지 못한 것으로 보인다. 여기서 충선왕이 티벳으로 향하는 경로를 대강 파악할 수 있지만, 아무튼 충선왕이 티벳으로 떠날 때 측근들은 곁에 아무도 없었다.

충선왕과 함께 유배를 따라간 자들은 모두 18인이었다. 이들 18인은 모두 충선왕의 대도 사저나 만권당에 있었던 사람들로 보인다. 그 18인 가운데 역사 기록에 확실하게 이름이 드러난 자는 박인간, 장원지張元祉, 김심, 방연方連, 방원方元 등 5인뿐이다.

박인간은 앞서 언급했듯이 원의 과거에 응시하러 들어갔다가 충선왕에 의해 그대로 만권당에 눌러앉았던 인물인데 충선왕의 유배 길에 함께한 것이다. 장원지는 무장 출신으로 대도의 사저나 만권당에서 시위나 경호 책임을 맡고 있던 인물로 보인다. 장원지 같은 그런 무장은 충선왕의 대도 사저에 많이 있었을 것이다.

김심은 1313년(충선왕 5년)에 권한공·최성지·박경량 등을 축출하고 대도에 있던 충선왕을 환국시키려다가 오히려 자신이 화를 입은 인물이다. 그는 감숙성 임조로 유배를 갔다가 5년 후 풀려났지만 고려로 환국하지 않고 대도에 머물렀던 것 같다. 그러다가 충선왕이 티벳으로 유배를 떠나자 그 길을 함께한 것으로 보인다. 도망쳐버린 최성지에 비하면 그의 충선왕에 대한 지조는 변함없었던 것 같다.

방연과 방원은 같은 형제로, 방연은 하급장교였고 방원은 환관이었다. 이들은 충선왕의 대도 사저나 만권당에서 잡무나 경비를 보던 사람들로 보인다. 이들이 충선왕의 유배 길을 따르는 것은 당연한 일이었다. 몇 년이 걸릴지 알 수 없지만 충선왕의 유배 생활에 수발을 들어야 했기 때문이다.

하지만 이들 방연과 방원 형제는 유배 길의 시중드는 일을 어렵게 여겼던지 극단적인 일을 저지르고 만다. 유배 가는 도중에 충선왕을

시해하려고 밤중에 장막에 불을 지르고 도망치려다 발각된 것이다. 사전에 제지할 수 있어 다행히 충선왕의 신상에 큰 피해는 없었지만 아찔한 순간이었다. 티벳까지의 여정이 고난의 길이었음을 말해주는 것이리라. 이들 형제는 충선왕이 유배에서 풀려난 후 고려에 압송되어 하옥되었다.

한편, 고려에서는 충선왕이 유배를 떠나기 직전 여비를 마련하여 충선왕에게 전달한다. 이전부터 충선왕의 오랜 대도 생활에 필요한 재정은 고려에서 조달하고 있었다. 이를 위해 반전도감盤纏都監이라는 특별 관청까지 두어 운영해오고 있었다. 충선왕이 티벳으로 가는 동안과 유배 기간 내내 고려에서는 그런 식으로 여비를 공급할 것이었다. 그러니 이런 문제 또한 얼마나 번거로웠겠는가.

티벳을 향해 대도를 출발한 충선왕 일행은 다음해 7월 서번西蕃의 독지리獨知里에 도착했다. 여기 서번의 독지리가 정확히 지금 어느 지명인지 잘 모르겠는데 대강 티벳으로 들어서는 길목쯤으로 짐작된다. 충선왕의 대도에서 티벳까지의 경로가 정확히 드러나지 않아 잘 알 수 없지만, 서번의 독지리는 지금의 청해성에서 서장 자치구로 막 들어선 티벳의 초입쯤으로 보면 될 것 같다.

대도에서 여기 독지리까지는 목적지인 티벳 사스캬까지 얼추잡아 3분의 2정도의 거리이다. 대도에서 여기까지 7개월이 걸린 것이다. 그러니까 대도에서 사스캬까지 전체 1만 5천 리, 약 6,000킬로미터 여정에서 4,000킬로미터를 지나는 데 7개월이 소요된 것이니, 1개월에 600여 킬로미터 정도 가는 속도였다. 현재의 도로에서는 북경에서 사스캬까지 4,200킬로미터로 1만 여 리 정도인데 당시의 도로 상태에서는 좀 더 멀었다고 봐야 한다.

고려의 수도 개경에서 대도까지는 1,500킬로미터 정도로 당시 이 거리를 가는데 보통 1개월 남짓 걸렸다. 이를 기준으로 보면 충선왕의 여정은 매우 더딘 것이었다고 할 수 있다. 물론 개경과 대도 사이는 왕래가 빈번하여 역참이나 도로도 잘 발달되어 있어 티벳 여정보다는 여러 조건이 좋았을 것이다. 충선왕의 티벳 여정이 그렇게 더딘 것은 그만큼 고난의 길이었다는 뜻이다.

충선왕은 서번의 독지리에 도착하여 고려에 서신을 띄운다. 최유엄·권부·허유전 등 믿을 만한 원로대신들에게 자신을 구원하라는 다음과 같은 내용이었다.

> 내가 운명이 기구하여 이 환난을 당하였다. 외로운 한 몸이 1만 5천 리 길을 산 넘고 물 건너 토번으로 들어가니 우리 사직에 욕됨이 많다. 잠을 자도 베개가 편안치 아니하고 음식을 먹어도 맛을 모르겠다. 여러 국로들도 역시 노심초사할 것을 생각하니 더욱 황당하고 부끄럽다. 국왕(충숙왕)이 나이가 어려 철을 모르므로 나를 꺼리던 여러 소인배들은 내가 이 지경에 이른 것을 다행이라 여기고 간교한 짓을 함부로 할 것이니 우리 부자 사이를 이간질하지 않는다고 어찌 알겠는가. 여러 국로들은 동심협력으로 황제께 진정하여 나를 빨리 돌아갈 수 있게 하면 다행일 것이다.(《고려사》 35, 충숙왕 8년 7월)

어찌 황당하고 부끄러운 일이 아니었겠는가? 티벳 유배는 충선왕 자신에게 황당한 일이었고 고려 신하들에게는 부끄러운 일이었다. 고려가 제국의 변방에 있는 작은 나라지만 한때의 국왕을 유배 보낸다는 것은 그 한 몸에 그치지 않고 종묘사직에도 치욕이 아닐 수 없었다.

충선왕 개인이 겪는 풍찬노숙이야 말할 필요도 없다. 수없이 많은 산과 물을 건너면서 천길만길의 벼랑길을 만나면 죽음을 무릅써야 했고, 빙판과 눈길에서는 비틀거리며 기어가야 했다. 장막을 치고 이부자리 속에서 잘 수만 있었으면 더 바랄 게 없었으나, 토굴이나 소 외양간 같은 곳에서 노숙도 마다할 수 없었다. 준비해간 보릿가루가 떨어지면 구걸도 사양하지 않았을 것이다. 충선왕을 따르는 18인 모두 왕과 신하의 관계를 떠나 그 험한 여정에서 생사고락을 함께해야 했을 것이다. 충선왕을 시중들던 방연과 방원이 장막에 불을 지르고 도주하려다 발각된 사건은 이들의 유배 길이 얼마나 험난한 것이었는가를 말해준다.

그나마 다행인 것은 그 유배 여정이 봄과 여름을 주로 관통했다는 점이다. 겨울 끝자락에 대도를 출발하여 봄과 여름에 중원을 경유하고 가을에 접어들어 티벳에 들어섰던 것이다. 중원의 더위나 습한 날씨도 만만치 않은 고통이었겠지만 풍찬노숙에서 추위보다야 덜하지 않았겠는가. 이제 남은 티벳 고원의 추위가 마지막 고비였다.

고난의 여정을 계속한 충선왕 일행은 1321년(충숙왕 8년) 10월 6일 마침내 티벳 사스캬에 도착한다. 겨울로 들어서기 직전에 목적지에 도착한 것인데 티벳 고원을 통과하면서 길을 더욱 재촉한 것 같다. 대도에서 목적지까지 정확히 10개월이 걸린 유배 길이었다.

사스캬에 도착한 충선왕은 최유엄·권부·허유전 등에게 다시 서신을 보낸다. 유배지에 도착했음을 알리고 황제께 요청하여 빨리 돌아갈 수 있도록 하라는 또 한번의 당부였다. 이제 황제의 사면만을 학수고대하며 티벳의 사스캬에서 얼마나 긴 유배 생활을 해야 할지 알 수 없는 새로운 삶의 시작이었다.

감형, 도스마

충선왕이 유배를 떠나자 고려에서는 그동안 비리가 많았던 권한공·이광봉·채홍철·배정지 등 충선왕의 측근 인사들을 잡아들이고 귀양 보낸다. 이어서 문무백관들이 서명하여 중서성에 충선왕의 억울함을 호소하는 글을 올리기도 했다. 그런가 하면 충숙왕은 민천사에서 승려들을 모아놓고 충선왕의 무사환국을 위한 기도를 올리기도 했다.

충숙왕은 그동안 부왕의 측근들이 저질렀던 비리에 대해서 눈감아줄 수 없었을 것이다. 그러면서도 충선왕이 티벳으로 유배를 간다는 것은 자신에게도 위태로운 일이었기에 무사환국을 외면할 수도 없었다. 원의 황실과 인연이 없는 충숙왕에게 충선왕은 바람막이와 같은 존재였기 때문이다.

과연 충숙왕은 충선왕이 유배를 떠난 직후 원 황제의 입조 명령을 받는다. 그리하여 1321년(충숙왕 8년) 4월 충숙왕은 입원하는데 이후 4년 동안이나 원에 억류되어 돌아오지 못한다. 게다가 고려 왕위까지 심양왕을 세습한 왕고에게 넘겨야 하는 위기에 봉착한다. 이 동안 고려의 정치에 대해서는 다음 책에서 자세히 언급하겠지만, 충숙왕과 심양왕 양편으로 나뉘어 극도의 혼돈으로 빠져든 것이다.

이런 사태는 원에서 영종이 즉위하면서 나타난 정치적 격변 때문이었지만 그 단서는 충선왕의 유배에서 비롯된 것이다. 사실 따지고 보면 충숙왕과 왕고가 고려 왕위를 놓고 다투게 된 것은 그 책임이 충선왕에게도 없지 않았다. 애초에 충숙왕에게 양위하면서 그 세자 자리를 왕고에게 넘겨주고 마침내는 심양왕까지 왕고에게 넘겨주면서 생긴 사단이었기 때문이다.

상왕 충선왕은 티벳으로 유배를 갔고 충숙왕은 원으로 소환되어 국정의 중심도 없었지만 고려에서는 충선왕의 귀환을 위해 여러 방면으로 노력을 경주하였다. 사신을 원에 보내 충선왕에 대한 노자를 전달하기도 하고, 대신들이 원으로 들어가 방환을 요청하기도 했다. 원으로 들어가 충선왕의 방환을 요청한 인물은 민지·허유전·최성지·이제현 등이었다.

민지와 허유전은 앞 장에서 여러 차례 거론했던 인물로 1323년(충숙왕 10년) 1월 원으로 들어가 충선왕의 방환을 요청하였다. 민지는 충선왕의 세자 시절에 충렬왕쪽에 기울었던 인물이고, 허유전은 일관되게 세자 시절부터 충선왕쪽에 섰던 인물이다. 이때 민지는 75세, 허유전은 81세의 고령이었지만 나이를 잊고 원으로 들어갔다.

민지는 충선왕의 방환을 요청하는 글을 황제한테 표문으로 작성하여 올리기도 하고, 원 조정의 해당 관리에게 탄원서를 보내기도 했다. 민지와 허유전은 대도에서 반년 동안이나 체류하면서 백방으로 충선왕을 구원하려 하였으나 성과를 보지 못하고 환국한다. 원 조정의 정국이 바뀌지 않는 한 어려운 일이었을 것이다.

최성지는 충선왕이 유배를 떠나자 감숙성의 임조까지 뒤쫓았으나 따라잡지 못하고 다시 대도에 돌아와 그대로 그곳에 머물렀던 것 같다. 권한공 등이 고려에서 귀양당한 상태에서 충선왕의 측근 중에서 그는 유일하게 대도에 남아 자유로운 몸이었지만 몸을 던져 충선왕을 구원하겠다는 희생적인 자세는 아니었던 것 같다. 최성지는 나중에 입원한 이제현과 함께 충선왕의 방환을 요청하는 탄원서에 동참하는 정도였다.

고려에 있던 이제현은 충선왕의 신변에 어떤 변화의 징조를 예감하고 원으로 향했지만, 충선왕이 유배를 떠난 직후에야 대도에 도착하여 간발의 차이로 대면하지 못했다. 이제현의 〈황토점黃土店〉이라는 제목의 시에 그 안타까운 심정이 잘 드러나 있다.

> 세상일 갈수록 차마 들을 수 없어라世事悠悠不忍聞
> 낡은 다리에 말 세우고 할 말을 잊네荒橋立馬忽忘言
> 언제쯤 밝은 해가 속마음을 밝혀줄까幾時白日明心曲
> 여기저기 청산이 눈물로 어른거리고是處靑山隔淚痕
> 잔도 불사른 자방이 어찌 신의를 저버릴까燒棧子房寧負信
> 예상의 영첩도 은총을 이미 알았거늘翳桑靈輒早知恩
> 아아, 이 몸에 새처럼 날개가 있다면傷心無術身生翼
> 하늘로 올라가 소리치고 싶어라飛到雲霄一叫閽

황토점은 대도 바로 북쪽에 위치한 곳으로 고려에서 대도로 들어갈 때 마지막으로 하룻밤을 묵는 곳이다. 여기 황토점에서 이제현은 충선왕이 티벳으로 유배를 떠났다는 소식을 듣고 이런 안타까운 시를 지은 것이다. 다섯째 연의 '소잔자방……' 은 한 고조의 신하 장량張良의 고사에서 나온 말로 신의를 저버리지 않는다는 뜻이고, 여섯째 연의 '예상영첩……' 은 임금의 은혜를 잊지 않는다는 춘추시대의 고사에서 따온 말이다.

황토점에서 하룻밤을 묵고 대도에 입성한 이제현은 만권당으로 들어갔다. 충선왕이 유배를 떠난 후 대도의 사저나 만권당은 주인을 잃고 찾는 인사도 없었다. 사람들은 뿔뿔이 흩어져 황량하게 변한 그 만권당을 지킬 사람은 충선왕의 학문적 총애를 받았던 이제현뿐이었을 것이다. 어쩌면 원에 머물고 있던 최성지도 이제현과 함께 만권당에 있었을지 모르겠다.

이제현은 만권당에 있으면서 충선왕의 방환을 요청하는 탄원서를 원 조정에 두 번이나 올렸다. 하나는 원 조정의 해당 관리에게 보낸 것이었고 또 하나는 수상인 바이주에게 보낸 것이었다. 앞의 것은 민지·허유전이 탄원서를 올린 그 무렵이었고, 뒤의 것은 이게 효과가 없자 조금 뒤에 다시 올린 것 같다.

충선왕의 방환을 요청하는 탄원서의 내용은 대동소이했다. 민지의 탄원서나 이제현의 탄원서에 항상 빠지지 않고 들어가는 내용이 몇 가지 있다. 하나는 고려가 그동안 원 제국에 충성을 다했다는 것, 또 하나는 충선왕이 세조 쿠빌라이의 외손이라는 것 등이다. 탄원서에서 한 가지 주목되는 점은 충선왕이 무종과 인종을 옹립하여 황실에 공로를 세웠다는 내용은 전혀 언급하지 않고 있다는 사실이다. 아마 그런 내용은 당시 정국에서 큰 도움이 되지 않을 것으로 판단하여 넣지 않은 것 같다.

그런데 충선왕은 1323년(충숙왕 10년) 2월 타사마朶思麻(도스마)로 양이量移된다. 양이라는 것은 유배형이 감형되어 좀 더 가까운 곳으로 옮기는 것을 말한다. 도스마는 현재 청해성과 감숙성 경계 부근으로 당시 행정 수읍은 임하臨夏였고 지금의 장족자치구 지역이다. 대도에서 도스마까지는 현재의 도로로 2,000여 킬로미터로 대도와 유배지 사스캬 사이의 중간쯤 되는 곳이다.

충선왕이 이렇게 감형받을 수 있었던 것은 이제현이 수상인 바이주에게 올린 탄원서 때문이었다고 한다. 충선왕에 대한 감형이 수상 바이주의 배려 때문이었다는 것은 생각할 부분이 많다. 바이주는 영종 황제의 친정을 추진한 핵심 인물로 인종이나 홍성태후의 측근들을 숙청하는 데 앞장섰던 인물이기 때문이다. 그런 바이주에 의해 배려를 받았던 것은 아마 충선왕이 홍성태후의 섭정이나 현실 정치로부터 거리를 둔 덕택이었을 것이다. 그게 아니라면 이 무렵 영종 황제의 친정체제 구축이 반대 세력의 벽에 부딪혀 원활하게 추진되지 못하고 있었다는 뜻으로도 해석된다.

아무튼 도스마 양이는 티벳의 유배지에서 고난을 겪던 충선왕에게 서광이 비친 것이다.

도스마로 향하는 이제현

대도의 만권당에 머물고 있던 이제현은 충선왕이 감형을 받아 도스마로 옮겼다는 소식을 듣고 1323년(충숙왕 10년) 4월 도스마로 향했다.

이제현은 충선왕이 티벳으로 유배를 떠난 직후인 1320년 그 해 연말 대도에 들어갔으나 만나지 못하고 이때까지 만권당을 지키며 그대로 머물고 있었다.

이제현이 충선왕의 뒤를 밟아 티벳까지 쫓아가기는 엄두가 나지 않았을까? 그에 대한 충선왕의 신뢰와 총애를 생각하면 당장 쫓아가야 했을 것이다. 하지만 아무도 없는 만권당을 지키는 것도 이제현에게는 중요한 일이었다. 이제현은 2년 남짓 만권당에 머물다 충선왕을 만나기 위해 도스마로 향했던 것이다.

도스마를 향해 출발한 날 이제현은 다음과 같은 시를 남겼다. 〈계해년 4월 20일 대도를 떠나며至治癸亥四月二十日發京師〉라는 제목의 시다.

태산 같은 님의 은혜 아직도 보답 못했으니主恩曾未答丘山
만리 길 달려가기 어렵다 할 수 있으랴萬里驅馳敢道難
칼을 치면서 아녀자의 이별처럼 하지 않고彈劍不爲兒女別
술잔을 들어 친구와 마음껏 즐겨야겠지引盃聊盡故人歡
오색구름은 휘돌아 금궐을 에워싸는데五雲廻首籠金闕
조각달은 정도 많아 옥관을 비추네片月多情照玉關
머리 허연 늙은 어머니만을 생각하면唯念慈親鬢如雪
두 줄기 맑은 눈물 말안장에 떨어지네數行淸淚洒征鞍

유배당한 주군을 찾아가는 착잡한 마음과 그리움이 묻어나는 시로 보인다. 그러면서도 고국을 떠나 가족과 이별한 이제현 자신의 쓸쓸함도 숨기지 않고 있다.

첫째 연의 님의 은혜에 대한 보답 이야기는 충선왕에 대한 충성만을 말하는 것이 아니다. 이제현은 충선왕에 의해 만권당에 특별히 초빙된 인물이었다. 이는 충선왕이 그의 문학적 재능을 높이 산 것으로 중원의 문인들과 교유하면서 우리 고려에도 이만한 인재가 있다는 자긍심을 보여주려는 것이었다. 첫째 연은 이에 충분히 부응하지 못한 이제현의 안타까움과 미안함이었다.

이제현은 대도를 출발하여 유비의 고향인 탁군涿郡(현재 하북성 탁주시)을 지나 석가장石家莊(현재 하북성 석가장시), 상주相州(현재 하남성 안양시), 그리고 맹진孟津에서 황하를 건너고 낙양洛陽을 지나 함곡관(현재 하남시 영보시 북쪽)을 거쳐 장안長安(현재 섬서성 서안시)으로 들어섰다. 이런 경유지는 충선왕이 티벳으로 향하는 길을 그대로 쫓았을 것이다.

이제현이 장안에서 쓴 〈장안 여관에서題長安逆旅〉라는 시를 소개한다. 오언율시 1수와 칠언율시 3수로 이루어진 연장 시 4편 가운데 세 번째 시다.

바다 건너 기자가 찾은 의례의 고향인데海上箕封禮義鄕
일찍부터 직공 닦아 중국 황제 환한 얼굴曾修職貢荷龍光
강산은 만세토록 이어갈 동맹을 맺었으매河山萬世同盟國
세 조정에 은혜 가득하고 성 다른 임금이니雨露三朝異姓王
참소하는 자는 누가 호랑이에게 던질까貝錦誰將委豹虎
창끝이 형제 사이 불화를 헤집고 드니干戈無奈到參商
함께 돕는다면 여러 조종 음덕도 있으리니扶持自有宗祧力
송도 문화 다시 번창하는 것을 꼭 보리라會見松都業更昌

이 시는 충선왕을 만나러 가면서 느낀 역사적인 소회라고 보인다. 고려와 원 제국의 특수한 관계를 들어 양국이 맹방임을 생각한 것이다. 충선왕의 유배를 놓고 양국의 관계가 소원해져 충선왕에게 더 큰 위험이 닥칠 것을 경계한 것일까? 아니면 그러한 불상사가 있어도 앞으로 양국의 관계는 변함없으리라는 위안이었을까?

다섯째 연의 참소하는 자는 바로 환관 바얀투그스를 말하는 것이고, 여섯째 연의 형제 사이의 불화는 충숙왕과 왕고 사이의 고려 왕위 다툼을 말하는 것이다. 충선왕의 유배를 계기로 일어난 이런 일들은 이제현에게 참담하게 느껴졌을 것이다. 하지만 마지막 연에서 고려 왕조의 무궁한 발전을 다짐한 것으로 보아, 이런 어려움을 극복하고자 하는 이제현의 의지를 읽을 수 있다.

이제현은 도스마에 도착하여 충선왕을 만났을 것이다. 그런데 좀 이상한 것은 이제현이 도스마까지 가서 충선왕을 대면하고도 이에 대한 소회를 적은 글이 없다는 점이다. 너무나 감격스러워 글이 나오지를 않았을까? 가장 중요한 대목에서 시가 없었으니 그 점이 좀 아쉽다.

방환, 다시 대도로

티벳 유배에서 감형되어 도스마로 양이된 충선왕은 1323년(충숙왕 10년) 11월 10일 대도에 돌아온다. 도스마로 옮겨진 지 1년이 채 못 되어 갑자기 방환되었던 것이다. 정확한 기록은 없지만 이때 이제현도 충선왕과 함께 귀환했을 것으로 보인다. 그런데 충선왕이 이렇게 방환되어 대도로 돌아올 수 있었던 것은 영종이 죽고 새로운 황제가 즉위했기 때문이다. 영종의 죽음과 새로운 황제의 즉위는 거의 쿠데타에 가까운 정변에 의한 것이었다. 영종은 즉위한 후 할머니 흥성태후의 섭정에 반대하면서 친정 체제를 구축하려 했다는 이야기는 앞서 했었다. 흥성태후가 살아있는 한 그 과정이 순조롭지 않았으리라는 것은 충분히 예상할 수 있을 것이다. 흥성태후 섭정에 동조했던 세력들의 반발이 만만치 않았기 때문이다.

영종이 친정을 추진하면서 양측이 대립하고 있는 가운데 흥성태후가 1322년 9월 죽어 그녀의 시대는 마감된다. 말할 필요도 없이 흥성태후의 죽음은 영종 황제가 친정 체제를 밀어붙이는 결정적인 계기가 되었다. 영종은 친정 추진의 핵심인 좌승상 바이주를 수상인 우승상에 임명하고 흥성태후의 섭정 세력을 제거하는 데 박차를 가한다. 바로 이때 섭정 세력을 궁지로 몰면서 오히려 친정 세력이 역습을 당한 것이다.

1323년 8월, 황제 영종은 여름 수도인 상도에서 겨울 수도인 대도로 이동하고 있었다. 이동 도중 남파점南坡店에서 야영하는데 어사대부 테구시鐵失를 비롯한 고위 관료들의 책모에 의해 영종이 암살된 것이다. 수상인 바이주와 함께. 물론 정변을 주도한 테구시와 여기에 가담한 자들은 흥성태후의 섭정 세력이었다.

영종이 죽고 정변 세력에 의해 그 해 9월 새로운 황제가 즉위했는데 몽골 제국의 10대 황제인 태정제泰定帝 이순 테무르也孫鐵兒이다. 당시 31세였던 태정제는 충선왕의 장인인 진왕 카말라의 아들로 충선왕과는 처남 매부 사이였다. 하지만 이런 인척관계를 연유로 충선왕이

제5장 _ 충선왕과 만권당 • 529

방환된 것은 아니었다. 태정제의 정변에 의한 즉위는 영종의 친정 체제 구축이 실패로 돌아갔음을 의미하는 것이었다. 이는 다시 말하자면 인종과 흥성태후의 섭정 세력이 재기할 수 있는 전기가 마련된 것이다. 이런 배경에서 인종이나 흥성태후와 가까웠던 충선왕이 유배에서 풀려날 수 있었다고 할 수 있다.

태정제가 1323년 9월에 즉위하고 충선왕은 그 해 11월 대도에 들어와 새 황제를 대면했다. 충선왕이 도스마에서 대도까지 오는 시간을 감안하면 새 황제 즉위와 동시에 충선왕에 대한 방환 조치가 즉시 이루어졌다고 보인다. 어쩌면 새 황제의 즉위 이전에, 즉 영종이 시해되고 정변이 성공하면서 이미 충선왕에 대한 방환 조치는 이미 결정되었을지도 모른다.

영종이 시해되는 정변은 그 정치적 효과가 즉각적으로 나타났다. 그것은 충선왕과 원수지간이었던 환관 바얀투구스의 처형을 통해서 알 수 있다. 그는 새 황제 태정제가 즉위하기 전에 벌써 처형되고 가산을 적몰당했던 것이다. 영종의 친정 체제에 적극 동조했던 탓이었다. 이로써 보면 충선왕에 대한 방환 조치도 새 황제 즉위 이전에 결정되어 충선왕에게 전달되었다고 짐작할 수 있다.

충선왕은 티벳 유배에서 왕복 기간까지 합하여 약 3년 정도 대도를 떠나 있었다. 그동안 순수하게 티벳에 머문 기간은 1년 남짓 정도였고, 감형되어 도스마에 머문 기간은 약 반년 정도였다. 그 나머지 기간은 왕복에 걸린 시간이었다. 대도에서 1만 5천 리 떨어진 험난한 원거리 유배였지만 새로운 황제의 즉위로 즉시 방환되어 그 기간은 다행히 길지 않았던 것이다.

죽어서야 고려에 돌아오다

대도로 돌아온 충선왕은 자신의 사저로 들어갔지만 만권당을 통한 교유 활동은 더 이상 할 수 없었다. 충선왕이 유배에서 풀려 대도로 귀환했을 때는 만권당을 찾는 인사도 없었지만, 예전에 교유했던 문인 학자들 가운데 우집과 장양호를 제외하고는 모두 죽고 없었다. 여기에 충선왕 자신도 의기소침하여 만권당의 활동을 새롭게 재개할 의욕도 나지 않았을 것이다.

원 조정에서도 충선왕의 위상은 예전 같지 않았다. 영종이 죽고 태정제가 즉위하면서 충선왕에게 적대적인 정치 국면은 일단 해소되었지만, 후원자였던 인종과 홍성태후가 없는 상태에서 충선왕의 위상 추락은 피할 수 없었다. 그래서 원 조정에서도 충선왕이 운신할 수 있는 여지는 거의 없었다고 보인다.

그러면서도 충선왕은 고려의 혼미한 정국에 대해서는 방관할 수 없었다. 고려 왕위를 둘러싼 충숙왕과 왕고의 다툼은 새 황제의 즉위로 충숙왕이 왕위를 그대로 유지하는 것으로 일단락되었다. 하지만 그 후유증은 컸다. 관료집단은 지리멸렬되었고 혼미한 정국은 가닥을 잡기 힘들 정도였다. 게다가 충숙왕마저 아직도 환국하지 못하고 있었으며, 왕고를 고려 왕으로 추대하려는 세력들은 책동을 멈추지 않고 있었다. 충선왕 자신이 나서지 않을 수 없는 상황이었던 것이다.

우선 충선왕은 새로운 관리 인사를 단행한다. 역시 대도의 사저에서 이전과 같이 전지를 통한 원격 통치였다. 최유엄과 김심을 수상으로 앉히고 이제현·박인간·장원지 등을 재상으로 승진시켰다. 그동

안의 공로를 인정한 것이다. 그리고 왕고에게 붙어 책동을 자행한 자들은 모두 파면했다. 아울러 특별히 경계해야 할 인물들을 지목하여 관직에서 배제하기도 했다.

그러나 충선왕의 이러한 노력에도 불구하고 불안하고 혼미한 정국은 쉽게 가라앉지 않았다. 충선왕이 누렸던 권위는 예전 같지 않았고, 위상도 추락하여 원격 통치의 명령이나 지시가 쉽사리 먹혀들지 않은 탓이다. 영악한 정치 세력들은 충선왕의 힘이 빠졌다는 것을 이미 알아차리고 이해득실에 따라 각자 도생의 길을 찾았다.

이런 속에서 충선왕이 해야 할 무엇보다도 중요한 일은 충숙왕 스스로 국왕으로서 권위를 세우고 왕권을 확립하도록 돕는 일이었다. 그 최선의 길은 충숙왕과 공주와의 결혼을 추진하여 원 황실의 후원을 받도록 하는 것이었다. 충숙왕은 이전에 영왕營王 에센 테무르也先帖木兒의 딸과 결혼을 했었지만 그녀가 일찍 죽어 다시 혼인을 추진하려는 것이다.

이에 충숙왕은 1324년(충숙왕 11년) 8월 다시 위왕魏王 에무케阿木哥의 딸 금동金童공주를 맞아 다시 결혼한다. 충숙왕이 원에 체류한 상태에서 충선왕이 적극 주선하여 이루어진 것이다. 여기 위왕 에무케는 무종 인종과 이복형제로 1317년(충숙왕 4년)에 제주에 유배를 왔다가 뒤에 대청도로 옮겼는데, 태정제가 즉위하면서 유배에서 풀려나 원으로 돌아간 인물이다. 이를 보면 원 황실에서 그의 정치적 위상은 그리 높지 않았다고 보인다.

충숙왕이 원 공주와 결혼한 그 해 11월, 충선왕은 고려의 문무 관료들에게 간곡한 효유문을 보낸다. 충숙왕의 왕위는 황제께서 이미 인정했으니 더 이상 형제 사이에서 이간질하지 말고 국왕을 잘 보필하라는 당부 겸 경고였다. 충선왕의 효유문이 보내진 후 1325년(충숙왕 12년) 3월 충숙왕은 비로소 4년 만에 환국하기 위해 대도를 출발하였다.

그 해 5월 충숙왕이 개경에 도착하는 날, 공교롭게도 충선왕은 대도의 사저에서 죽는다. 티벳 유배에서 풀려나 대도로 돌아온 지 1년 반 만의 일이다. 문무 관료들에게 보냈던 효유문이나 원 공주와 결혼을 성사시킨 것은 충숙왕의 왕권을 확립해주기 위한, 혹은 고려 국정을 안정시키기 위한 충선왕의 마지막 노력이 되고 만 것이다.

충선왕의 시신은 대도에서 입관되어 1325년(충숙왕 12년) 7월 문무백관이 현관소복으로 맞이하는 가운데 개경에 도착한다. 이어서 그 해 11월 덕릉德陵에 장사하는데, 소란스럽지도 화려하지도 않은 평범한 장례였다. 이로써 충선왕은 파란만장한 51년의 생애를 마감한다. 생애 대부분을 원에서 보내다가 죽어서야 이렇게 돌아온 것이다.

그런데 아직도 충선왕에 대해 풀리지 않는 의문이 있다. 충선왕은 티벳 유배에서 방환되어 대도로 돌아온 후 왜 고려로 환국할 생각을 하지 않았을까? 인종과 황태후는 이미 죽어 후원 세력도 없었고, 이로 인해 만권당의 활동은 더 이상 기대할 수 없었으며, 고려의 국정에 대해서는 그리도 안 잊혀 하면서도 말이다. 사실 이 문제는 지금까지 충선왕의 재원 활동을 살피는 내내 떠나지 않는 의문이었다. 왜 그리 원에 머물려고만 했는지 말이다.

어쩌면 이런 질문은 우문일 수도 있다. 성년 이후 일생의 대부분을 원에서 생활했던 충선왕의 처지에서는 원에 머무는 것이 너무나 당연한 일일 수 있기 때문이다. 그래서 충선왕이 고려에 환국하는 것에 대해 오히려 의문을 제기하는 편이 더 순리적으로 보인다. 원에서 생활하는 것은 당연한 것이었고, 고려에 돌아온다는 것이 더 특별한 일이었기 때문이다.

　그렇다면 줄곧 원에서만 생활했던 충선왕의 정체성Identity은 무엇이었을까? 쿠빌라이의 외손자·제국의 정치가, 혹은 고려 국왕·고려인, 어느 쪽이 그의 진정한 모습이었을까? 혼혈 왕으로서 충선왕은 혹시 정체성의 혼란을 겪지는 않았을까?

에필로그
충선왕 약전

낭만적 망명을 택한 경계인

충선왕을 '혼혈 왕'이라고 표현한 것은 시대착오적인 말이다. 그 시대에는 그런 표현이 없었을 뿐만 아니라 충선왕 자신도 그에 대해 특별한 자기 인식이 없었다. 또한 그 혼혈이라는 이유 때문에 고려 왕위를 계승하는 데 걸림돌이 되었다거나 원에서 활동하는 데 한계로 작용하지도 않았다. '혼혈 왕'이라는 표현은 지금의 시각으로 충선왕의 정체성을 드러내기 위해 동원한 말일 뿐이다.

하지만 충선왕은 분명히 혼혈이었다. 그 모후는 원 제국의 5대 황제 세조 쿠빌라이의 딸 제국대장공주로 정통 몽골족이었기 때문이다. 그런데 그 혼혈의 의미는 혈통적인 면에서보다는 문화적인 면에서 더 중요한 것이었다. 충선왕은 고려인으로 원 간섭기 80여 년 동안 그 시대를 살았던 어느 누구보다도 몽골 제국의 문화와 습속을 깊이 받아들인 인물이었기 때문이다.

충선왕이 고려인으로 일생의 대부분을 원에서 생활했던 것은 그러한 문화적 혼혈의 바탕이었다. 성년이 된 이후 충선왕은 원에서 활동하면서 고려에는 특별한 경우에만 들어왔다. 그러면서도 원 제국의 정치와 사회 속에 온전히 투신하지 못했고 고려의 국정에도 처음부터 끝까지 완전히 전념하지 못했다. 고려에 있을 때는 제국을 지향했고 제국에서 밀어내면 고려에 잠시 머무르기를 반복했지만, 이쪽 사회에서나 저쪽 사회에서나 진중하게 마음을 붙이지 못했다.

또한 충선왕은 고려 왕위에 있으면서도 원에서 활동했고, 원에서 자유롭게 활동하기 위해 고려 왕위까지 양위했다. 마음은 고려에 있었지만 몸은 원에 있었고, 고려를 잊지 못하면서도 원 제국을 지향했다. 충선왕의 활동 무대는 고려와 원 제국 양쪽에 걸쳐 있었지만 그의 삶은 양쪽 어디에도 뿌리를 내리지 못했던 것이다. 그 선택이 자의에 의한 것이든 타의에 의한 것이든 충선왕의 일생을 결산해보면 그렇다.

충선왕은 말년에도 끝내 고려에 돌아오지 않고 원에서 죽음을 맞이했다. 살아서는 고려에 돌아올 수 없었던 것일까. 아니면 미처 삶을 정리하지 못하고 갑자기 죽음을 맞이했던 것일까. 그래서 충선왕의 재원 활동과 삶은 결국 자발적인 망명의 결과가 아니었을까 하는 생각이 들었다. 혹은 낭만적 망명이라 해도 괜찮다. 충선왕을 '경계인'이라고 표현한 것은 이 때문이다.

여원관계 속의 충선왕

충선왕이 태어난 1275년(충렬왕 1년) 무렵은, 안으로는 무인정권의 잔재에서 벗어나 왕권의 정상화와 확립을 요구하는 때였고, 밖으로는 막강한 세계 제국과의 새로운 관계를 설정할 때였다. 충렬왕은 나라 안팎의 이 두 가지 과제를 함께 해결하는 방법으로 제국대장공주와의 결혼을 선택했다.

그런데 이 두 가지 과제는 서로 상충하는 경향이 있었다. 왕권의 정상화를 도모하려면 새로운 제국과의 관계에서 자주 독립적인 관계 설정이 필요했고, 막강한 세계 제국과 불가피하게 복속관계를 수용한다면 왕권의 확립이나 정상화는 기대하기 어려웠다. 충렬왕과 제국대장공주의 결혼은 불가피한 복속관계를 받아들인 측면이 강했지만, 당시로서는 상충되는 두 가지 과제를 만족시키는 데 그만한 선택을 하기도 힘든 일이었다. 충선왕은 그런 상충되는 과제를 숙명적으로 한 몸에 안고 태어났다.

충선왕이 다시 부왕처럼 원 공주 출신의 왕비를 맞은 것은 부마국 체제라는 제국과의 관계 설정을 이제 돌이킬 수 없게 만들었다. 다만 부마국 체제를 어떻게 평가할 것인가는 좀 더 생각할 대목이 있다. 복속관계를 더욱 심화시켰다고 볼 수도 있지만, 한편으로는 그런 관계를 설정할 수 있었기에 고려의 독자성이 그나마 지켜질 수 있었다고 평가할 수도 있다. 중요한 점은 어느 쪽으로 평가하든지 세계 제국과의 관계는 충선왕과 원 공주의 결혼 이후에 변화의 여지없이 확고해졌다는 사실이다.

그래서 왕권의 정상화와 확립은 부마국 체제 속에서 추진할 수밖에 없었다. 부마국 체제를 어떻게 받아들이고 대응하느냐에 따라 그것의 한계가 분명한 것일 수도 있고 그 한계를 극복할 수도 있었다. 충선왕은 부마국 체제를 이용하여 그 한계를 극복하고 왕권의 정상화와 확립을 기대할 수 있다고 믿었다. 충렬왕의 측근 정치에 불만을 품은 세력들도 그런 충선왕을 지원하였다.

충선왕이 왕권의 정상화와 확립에 뜻을 두었던 것은 쿠빌라이의 외손이라는 개인적인 자부심도 크게 작용했다. 청소년기에 쿠빌라이를 직접 대면하고 가르침을 받았던 충선왕은 세계를 통치하고 지배하는 외조부 쿠빌라이의 모습에서 자신의 미래 모습을 투영하기도 했다. 충선왕은 자신도 외조부 쿠빌라이와 같이 강력한 통치자가 될 수 있다고 믿었고 또 그렇게 하고 싶었던 것이다.

충선왕의 1차 즉위는 그러한 목표를 가지고 스스로 뛰어든 일이었다. 충선왕은 모후 제국대장공주의 죽음 무렵부터 부왕 충렬왕과 그 측근 세력들을 적대적으로 대했지만 즉위 후에는 이들을 확실한 개혁의 대상으로 삼았다. 그래서 고려 왕위에 오른 충선왕이 해야 할 제일 목표는 내정 개혁이었다. 하지만 야심차게 시작한 그 개혁은 충렬왕이 그동안 양성했던 측근 세력들에 의해 발목이 잡히고 결국 충선왕이 왕위까지 빼앗기는 사태까지 불러왔다.

이 사건은 여원관계의 역사에서 가장 나쁘고 고약한 선례가 되고 말았다. 원 조정의 결정에 의해 고려 왕위가 얼마든지 교체될 수 있다는 선례가 되었고, 고려의 정치 세력들은 책동을 통해 원 조정의 결정에 충분히 영향을 미칠 수 있다는 사실을 경험한 것이다. 이제 고려 왕위는 세습하여 죽을 때까지 역임하는 종신직이 아니라 제국의 필요에 따라 수시로 교체될 수 있는 지방 장관직에 불과했다.

충선왕의 폐위와 충렬왕의 복위는 고려 내정에서도 분열과 갈등의 시작이었다. 충렬왕파와 충선왕파로 나뉘어 대립과 갈등이 일어나고 상대 세력을 해치려는 음해와 모략, 책동이 판을 쳤다. 한희유 무고사건, 송분 사건, 오잠 사건, 공주 개가 책동 등은 모두 그런 속에서 일어난 사건들이었다. 그 절정이 바로 공주 개가 책동이었다.

왕위를 빼앗기고 원으로 들어간 충선왕은 10년 동안 환국하지 못하고 대도에서 생활했다. 이 기간 동안 충선왕은 고려의 국정을 멀리하고 황실의 일원으로서 제국의 정치 사회 분위기를 섭렵하는데, 이때는 20대 초반에서 30대 초반의 나이로 인생에서 가장 혈기 왕성한 시기이기도 했다. 그렇게 대도에서 활동하던 충선왕을 충렬왕 측근 세력들은 가만 놔두지 않았다.

충선왕을 축출하기 위한 공주 개가 책동이 강력하면서도 집요하게 진행되면서 양측 모두 사생결단의 치졸한 싸움을 마다하지 않았다. 여기에 원의 황제 계승 다툼이 복잡하게 얽혀들면서 양국의 정치는 한몸처럼 움직였다. 이 속에서 충선왕이 무종과 인종 황제를 옹립하는 데 결정적인 공로를 세움으로써 원과 고려 양쪽에서 충선왕의 권력과 위상은 최고조에 이르렀다. 하지만 그 과정에서 충선왕은 너무 깊게 원 조정의 정치에 발을 들여놓고 만다.

두 번째 고려 왕위를 차지한 충선왕은 안팎의 적대 세력을 일거에 잠재우면서 1차 즉위 때보다 더욱 강력하고 확실하게 국정을 장악할 수 있었다. 그래서 내정을 개혁할 절호의 기회를 맞이했지만 고려 국정에 전념하지 못하고 대도에 계속 체류하였다. 어쩌면 이 무렵부터 충선왕에게는 고려보다는 원의 대도가 활동하기에 더 편하고 적합했을지도 모른다. 그래서 고려 국정보다는 원 조정의 정치를 더 중요하게 여겼을 것이다.

하지만 고려 왕위에 있으면서 장기간 대도에 머문다는 것은 원에서나 고려에서나 수용하기 힘든 일이었다. 양위하려다 세자를 손수 죽이고, 결국 고려 왕위를 양위하면서 다시 조카를 세자로 세워 볼모로 삼았던 것은 충선왕의 욕심이 지나친 일이었다. 원 조정에서 그동안 쌓은 활동 기반도 떠나기 싫었던 것이고, 고려 국정도 놓치기 싫었던 탓이었다.

그 후 만권당을 통한 원대 문인·학자들과의 교유 활동은 충선왕에게 정치보다 훨씬 신선하고 매력적인 것이었다. 충선왕은 이 무렵 진정으로 정치에서 손을 떼고 중원의 명사들을 만나 새로운 학문과 문학을 이야기하면서 여생을 보내고 싶었을 것이다. 황태후가 섭정하는 제국의 파행적인 정치나 그것에 종속된 고려의 정치에 충선왕은 더 이상 발을 들여놓고 싶지 않았기 때문이다. 그런 충선왕에게 만권당은 현실 도피처이기도 했다.

그러나 충선왕이 도피할 곳은 없었다. 그는 자신이 원하지 않았을지라도, 혹은 애써 기피했을지라도 이미 제국의 정치인이었고 고려 국정의 최고 책임자였다. 충선왕 자신은 원 조정의 정치와 거리를 두려고 노력했지만 그 자장에서 도저히 벗어날 수 없었다. 충선왕의 티벳 유배는 그 점을 여실히 보여준 것이다. 그 티벳 유배 3년 동안 충선왕은 만감이 교차했을 것이다.

충선왕과 부마국 체제

충선왕은 어려서부터 부왕이나 그 측근 세력들과 갈등을 일으켰다. 여기에는 충선왕 자신의 타고난 성향도 관련되어 있었고 모후 제국대장공주의 영향도 없지 않았지만 당시의 시대 상황도 무시할 수 없었다. 막강한 세계 제국과 부마국 체제라는 새로운 관계를 맺어가는 속에서 여기에 부화뇌동하는 세력이 변칙적으로 성장하여 부왕을 에워싸고 있었기 때문이다. 외세의 간섭과 영향력이 심해질수록 변칙적으로 등장하는 세력은 급성장하는 법이다.

충선왕은 부왕과의 갈등 속에서 모후쪽에 더 강한 애착과 친밀성을 드러냈다. 여기에 쿠빌라이의 외손자라는 자긍심이 더해지면서 외가가 몽골의 황실이라는 자부심은 충선왕의 내면의식에 깊게 자리 잡았다. 충선왕은 유년 시절부터 원에 자주 드나들었고 한번 원에 들어가면 몇 년씩 지내기도 했으니 원의 황실이 결코 낯선 곳도 아니었다. 그의 유년 시절은 부마국 체제의 성공적인 안착을 보여주는 것으로 황제를 비롯한 몽골 황족들의 사랑과 관심도 적지 않았다. 원의 황실은 유년 시절의 충선왕에게 편안한 외갓집 같은 곳이었고 그의 일생에서는 가장 안락하고 행복한 순간이었을 것이다.

충선왕은 청소년 시절에 이미 몽골 문화에 익숙했고 제국의 조정을 통해서 여러 민족과 접촉의 경험도 가졌을 것이다. 몽골어나 한어도 충분히 익혔고 장성해서는 통역 없이도 누구하고나 대화가 충분히 가능할 정도로 능숙했으니 손색없는 국제인이고 세계인이었다. 제국의 정치도 가까이서 지켜보았고 여기에 학문적 자질도 부족함이 없어 장차 고려 왕위를 이를 재목으로 외조부 쿠빌라이의 관심도 남달랐다. 이 시절 충선왕은 두려울 것도 더 이상 부러울 것도 없는 거침없는 시기였다고 할 수 있다.

성년이 된 충선왕은 야심만만했다. 자신도 부왕처럼 원 공주를 맞아 결혼했지만 그 공주도 별로 중요하게 여기지 않았다. 충선왕이 그 공주를 홀대하고 몽골의 평범한 여성인 예수진과의 사이에 두 아들을 두었다는 것은 부마국 체제를 부정하고 싶은 심리가 작용하고 있었다. 이것은 부마국 체제 속에서 출생하고 성장한 충선왕에게는 자가당착 같은 일이었다. 쿠빌라이의 외손자라는 것만으로도 충분하다고 자만했는지 모를 일이지만, 원 공주와의 소원한 관계는 충선왕 자신을 괴롭혔고 부마국 체제를 극복하기보다는 오히려 왜곡시키는 계기가 되었다.

충선왕은 모후의 죽음을 계기로 실의에 빠진 부왕을 밀어내고 고려 왕위까지 차지했다. 이어서 개혁의 기치를 내세우고 부왕과 그 정치 행태를 부정하면서 반면교사로 삼았다. 충선왕은 부왕이 즐겼던 매사냥이나 음주가무를 겸한 연회는 애써 멀리했는데, 이후 고려에 있을 때나 원에 있을 때나 그가 대도에서 죽을 때까지 이를 지켜나갔다. 하지만 열정을 가지고 추진했던 내정 개혁은 양국관계를 긴장 속에 빠뜨렸고 부마국 체제와 충돌을 피할 수 없게 만들었다.

1년도 못 채우고 고려 왕위에서 물러난 충선왕은 원으로 들어가 본격적인 재원 생활을 시작한다. 왕위를 빼앗겨 실의에 빠지기도 했고 공주 개가 책동에 시달리기도 했지만, 원 조정의 황제 계승 싸움에 뛰어들어 결정적인 공로를 세운 것은 충선왕의 재원 정치 활동에서 가장 중요한 사건으로 이후 재원 활동의 중요한 바탕이 되었다. 하지만 이 사건은 여원관계를 기형적으로 밀착시키는 계기가 되기도 했다.

이제 충선왕에게 고려 왕위는 별 의미가 없었다. 제국의 큰 정치판도 안에서 고려의 정치가 좌우되었고 왕위가 있든 없든 고려 국정은 충선왕의 손안에 있었다. 하지만 이즈음 정치에 대해서 회의가 들기 시작하면서 1차 즉위 때보다 고려 국정에 대해서 소극적이었고 예전과 같은 개혁 의지도 부족했다. 오히려 고려 왕위는 원에서 활동하는 충선왕에게 거추장스러웠다. 당연히 고려 왕위를 벗어던지는데 이 과정에서 충선왕 자신이 세자를 죽이는 비극을 저지르고 만다.

이 사건은 크게 보면 여원간의 왜곡된 정치 구조 속에서 일어난 것이지만 좁게 보면 충선왕의 철저한 자기 관리 성향 탓도 있다. 부마국 체제가 정착되면서 야기되었던 세자 시절의 자신과 부왕의 불편한 갈등관계를 다시 반복하기 싫었던 것이다. 악순환하는 왜곡된 부마국 체제의 고리를 끊고 싶었겠지만 세자를 죽인다고 그런 문제가 해소될 수 없는 일이었다.

충선왕은 고려 왕위를 벗어던졌지만 본국의 정치를 외면할 수 없었다. 본국의 정치를 안 잊혀 했던 것은 충선왕이 죽을 때까지 변함없었는데, 시간이 흐를수록 대도의 생활에 깊게 빠져들면서 본국의 정치에 대해서도 점차 멀어졌다. 그러면서도 원의 정치에 개입하는 것은 일부러 회피했다. 충선왕이 대도의 사저에 설치했던 만권당과 이를 통한 교유 활동은 그에 대한 보상이었다고 볼 수 있다.

대도의 만권당은 충선왕에게 은신처이기도 했다. 예측불허의 원 조정에 매달리거나 파행적인 정치에 개입하는 것보다는 안정적이고 편안하기도 했다. 여기에 인종과 그 모후의 후원은 더 없이 좋은 조건이 되어 만권당의 활동에 활기를 더해주었다. 원 조정의 정치와도 거리를 두고 싶은 충선왕에게 안성맞춤이었던 것이다. 충선왕으로서는 만권당을 통해 세계 제국의 명사들과 학문적인 교유 활동을 하면서 인생 후반기의 새로운 삶도 시작되었다.

원 제국과 고려 양국에 걸쳐 극단적인 대결과 치열한 정치를 경험했던 충선왕은 말년에 정치에 대한 회의를 느꼈음이 분명했다. 고려 국왕을 두 번이나 역임하고 황제 계승 싸움에도 적극 참여하여 제국의 정치판에도 뛰어들어 보았지만 권력의 무상함은 떨칠 수 없었다. 세계를 통치하고 지배하는 권력의 핵심에도 근접해보았지만 또 다른 높은 권력의 벽을 실감하면서 오히려 허무했다. 인생이 무상하다는 허전함만 나이를 먹을수록 다가왔다. 그런 충선왕에게 만권당은 지친 영혼의 안식처 같은 곳이 아니었을까?

만권당의 활동을 통해 충선왕은 고려 문화의 정체성을 새롭게 인식하기도 했다. 혼혈이면서 경계인으로 살았던 충선왕은 문화적 정체성의 혼란을 겪었을 것이다. 그런 충선왕이 고려 문화에 대한 정체성을 인식한다는 것은 대단히 중요한 문제였다. 그래서 중원의 문인·학자들과의 교유 활동은 고려 문화와 역사에 대한 새로운 자각의 계기가 되었던 것이다. 문화적 정체성은 역설적이지만 다른 문화와 교류 속에서 더욱 깊게 자각할 수 있다. 이제현을 만권당으로 불러들인 것은 고려 문화의 정체성을 확인하고 드러내기 위한 것이었다. 그런 점에서 만권당은 충선왕에게 마지막 자존심의 산물이면서 여생의 목표이고 희망일 수 있었다.

충선왕은 만권당의 활동을 통해 부마국 체제에서 벗어나보고도 싶었을 것이다. 하지만 모든 일은 제국의 정치판도 안에서 움직였고 부마국 체제의 구조 속에서만 허용되었다. 만권당을 통한 충선왕의 활동도 그 틀을 도저히 벗어날 수 없었다. 충선왕은 그것에서 벗어나기 위해 만권당을 선택했지만 무망한 일이었다. 인종이 죽고 영종이 즉위하자마자 충선왕이 곤경에 처했던 것은 그 점을 정확히 보여준 것이었다.

충선왕의 티벳 유배는 그동안 제국의 정치에 너무 깊게 발을 들여놓은 충선왕 자신의 탓이었지만, 기형적으로 밀착되었던 여원관계 구조 속에서 필연적으로 일어난 사건이다. 기형적으로 밀착된 여원관계는 다름아닌 부마국 체제의 변형이고 산물이었다. 충선왕의 삶과 활동은 그 체제를 벗어나려고 노력했을지 모르겠지만 그 속에서 한 치도 한 순간도 벗어날 수 없었던 것이다.

부마국 체제 속의 저항

충선왕의 일생을 결산해볼 때 가장 중요한 사건은 원의 황제 계승 싸움에 뛰어들어 결정적인 공로를 세운 일이었다. 이 사건은 공주 개가 책동과 동전의 양면처럼 같이 붙어 있는 부마국 체제의 소산이었으며 동시에 부마국 체제에 대한 저항이기도 했다. 또한 충선왕 개인에게만 중요한 사건이 아니라 양국관계의 변화에서도 매우 특별하고 중요한 사건이었다.

고려의 내정 문제였던 공주 개가 책동이 원으로 비화되어 황제 계승 싸움과 중첩되면서 충선왕은 이 두 사건 양쪽에서 중심에 있었다. 충선왕은 본의 아니게 고려의 내정 문제와 원의 황제 계승 싸움을 중첩시켜 한 사건처럼 만든 역할을 한 것이다. 여기서 양국 정치를 불필요하게 밀착시켜 왜곡시키는 부작용을 가져오는데, 이것이 부마국 체제의 변질이었다.

충선왕이 원의 황제 계승 싸움에 뛰어들어 승리한 것은 공주 개가 책동에서의 승리도 보증했다. 충선왕은 황제 계승 싸움에서 승리하여 독자적인 왕권을 확립할 수 있었고, 공주 개가 책동에서도 승리하여 자신의 왕비인 계국대장공주를 제압할 수 있었다. 그래서 충선왕은 이 두 사건에서 승리함으로써 부마국 체제에 저항하고 이를 극복할 수 있다고 믿었는지도 모른다. 하지만 그런 왕권 역시 기형적으로 밀착되어 변질된 부마국 체제의 산물일 수밖에 없었다.

결국 충선왕이 원의 황제 계승 싸움에 뛰어들어 공로를 세웠다는 것은 부마국 체제를 더욱 심화시킨 꼴이었고 양국관계를 더욱 왜곡시키는 결과를 가져왔다고 할 수 있다. 그래서 이 사건은 이후 양국관계의 전개에서 나쁜 영향을 미친 결정적인 계기였다고 보인다. 충선왕이 티벳으로 유배를 당한 것도 그 사건에서 원인을 찾을 수 있다.

충선왕은 부마국 체제 속에서 출생 성장하고 그것을 기반으로 수혜를 받으면서 활동했다. 그러면서 충선왕은 그 부마국 체제를 거부하고 저항하려 했던 것이다. 이것이 충선왕의 태생적 한계였다면 너무 비역사적인 평가일까? 이런 평가가 불편하다면, 충선왕이 살았던 그 시대의 한계였다고 하면 좀 더 그를 편한 마음으로 생각할 수 있을까?

충선왕의 티벳 유배 후 고려의 정국은 극심한 혼돈으로 빠져들었다. 그것은 심양왕 때문이었는데 황제 계승 싸움에서 그 승리의 부산물인 심양왕이라는 새로운 왕위가 그런 역기능을 했던 것이다. 충선왕이 결코 이를 의도하지는 않았겠지만 말이다.

심양왕과 고려 왕이 대결 투쟁하는 '심왕 옹립 책동'은 고려 국정을 혼미한 상태로 빠뜨리고, 여기에 고려를 원 제국의 일개 행성으로 만들자는 '입성 책동'까지 일어나면서 고려 왕조는 국가의 존립마저 위협받는 풍전등화의 위태로운 지경에 이른다. 다음 책에서는 충선왕 유배 후에 일어났던 이러한 고려 왕조의 위기에 대해서 살펴보겠다.

2012. 10. 30. 이승한

〈참고문헌〉

A. 사료

1. 《高麗史》: 조선 초에 편찬된 기전체의 관찬사서. 동아대학교 고전연구실에서 1965~1971년에 펴낸 번역본《譯註 高麗史》가 있음.
2. 《高麗史節要》: 조선 초에 편찬된 편년체 관찬사서. 민족문화추진회에서 1968년에 펴낸 번역본《국역 고려사절요》가 있음.
3. 《元史》: 원이 망하고 명이 건국된 직후에 편찬된 기전체 사서. 중국 정통 25사 중에서 소략하고 부실하기로 이름이 높음.
4. 《新元史》:《원사》의 미흡한 부분을 보완하기 위하여 다시 개수 편찬한 것.
5. 《集史》: 일 칸국의 재상으로 있던 페르시아 역사가 라시드 앗 딘Rashid ad-din이 14세기 초에 페르시아어로 저술한 역사. 김호동의 역주로 3권의 번역본이 최근에 나와 있음.
6. 《益齋亂藁》: 이제현의 시문집으로 그 후손들이 흩어진 원고를 모아 정리하여 1362년(공민왕 11년) 이색李穡이 서문을 써서 편찬함.
7. 《櫟翁稗說》: 이제현이 1342년(충혜왕 3년) 잠시 관직에서 물러나 사저에 칩거하고 있을 때 쓴 책.
8. 《益齋集》: 앞의《익재난고》·《역옹패설》을 비롯한 이제현의 글과, 이제현의 연보와 묘지명 등을 한데 모아 편찬한 것인데, 조선 세종 때 초간본이 나오고 그 후에도 조선조에서 수차례에 걸쳐 중간본이 나옴. 민족문화추진회에서 1980년 그 한글 번역

본이《국역 익재집》Ⅰ·Ⅱ 두 권으로 나옴

9. 《熱河日記》: 박지원이 1780년(정조 4년) 6월 24일 압록강을 건너서부터, 북경과 열하를 거쳐 같은 해 8월 20일 다시 북경에 이르기까지의 기행문. 이에 대한 여러 번역본이 있는데, 여기서는 북한의 리상호가 번역하여 문예출판사에서 1991년《조선고전문학선집》66·67·68 세권으로 편찬한 것을, 남한의 보리출판사에서 수입하여 2004년《겨레고전문학선집》1·2·3《열하일기》상·중·하)으로 다시 편찬한 것을 참고함.

B. 연구서

1. 고병익,《동아교섭사의 연구》, 서울대 출판부, 1970.
2. 변태섭,《고려정치제도사 연구》, 일조각, 1971.
3. 고병익,《동아사의 전통》, 일조각, 1976.
4. 허흥식,《고려과거제도사 연구》, 일조각, 1981.
5. 홍승기,《고려귀족사회와 노비》, 일조각, 1983.
6. 변태섭 편,《고려사의 제문제》, 삼영사, 1986.
7. 박용운,《고려시대사》상·하, 일지사, 1987.
8. 강진철,《한국중세 토지소유 연구》, 일조각, 1989.
9. 국사편찬위원회 편,《한국사》19·20, 탐구당, 1994.
10. 14세기 고려사회 성격연구반 편,《14세기 고려의 정치와 사회》, 민음사, 1994.
11. 장동익,《고려후기 외교사 연구》, 일조각, 1994.
12. 조동일,《한국문학통사》2, 지식산업사, 1994.
13. 김당택,《원간섭하의 고려 정치사》, 일조각, 1998.
14. 지영재,《서정록을 찾아서》, 푸른역사, 2003.
15. 이종서,《제국속의 왕국, 14세기 고려와 고려인》, 울산대출판부, 2005.
16. 역사학회 역음,《전쟁과 동북아 국제질서》, 일조각, 2006.
17. 김호동,《몽골제국과 고려》, 서울대 출판부, 2007.
18. 민현구 편집,《한국사 시민강좌》40, 2007.
19. 이승한,《쿠빌라이칸의 일본원정과 충렬왕》, 푸른역사, 2009.
20. 장동익,《고려시대 대외관계사 종합연표》, 동북아역사재단, 2009.
21. 보르지기다이 에르데니 바타르,《팍스몽골리카와 고려》, 혜안, 2009.

C. 번역서

1. 룩 콴텐 저, 송기중 역,《유목민족 제국사》, 민음사, 1984.
2. 스기야마 마사이키 지음, 임대희 등 옮김,《몽골 세계제국》, 2004.
3. 잭 웨더포드 지음, 정영목 옮김,《칭기스 칸, 잠든 유럽을 깨우다》, 사계절, 2005.
4. 라시드 앗 딘 지음, 김호동 역주,《칸의 후예들》, 2005.
5. 모리스 로사비 지음, 강창훈 옮김,《쿠빌라이 칸, 그의 삶과 시대》, 천지인, 2008.

〈찾아보기〉

ㄱ

각염법 395
감찰사 45, 46
감황은 132, 133
갑오개혁 224
갑인양전 450, 451
강릉군(의효) 419
강릉대군 도(강릉군) 427
강수형 64
강양공 자 29, 30, 429
강융 376
강향 501, 504, 508, 511
강후 90
개경 환도 19, 20
겁령구 31
경령전 294
경릉 361
경린 440
경사교수도감 259
경산부 48

《경세대전》 467
경수사 310, 311, 352
경원 이씨 382
경주 김씨 381
경총 440
계국대장공주 243, 244, 273, 291, 379, 429, 430, 437
고고 415
《고려사》 23, 378
《고려사절요》 378
《고려왕조실록》 456, 457
고릉 360
고종수 58~60, 79
공녀 98, 99, 218
공암 허씨 382, 385, 412
공염 396, 397
공예태후 382
공음전 150
공주 개가 책동 243, 384
과거제 470, 506
과전법 161

관찰사 153
관현방 210
광평군(의충) 419
광흥창 389
교지국 106, 107
국자감 258
군량별감 155
군부사 352, 367
군부판서 37
권무정 232
권문세가(권문세족) 149
권보 174, 197, 399, 457, 459
권부 519, 520
권세가(호세가) 149, 193, 194
권영 173, 174
권의 155
권준 401
권한공 351, 360, 380, 401, 424~426, 444, 459, 488, 489, 501, 516, 521, 523
규장각 469
금동공주 532
금산사 508, 509, 511
기사양전 448
김경손 233
김구 65
김문연 307, 308, 311, 349, 361, 382, 416
김방경 77, 78, 80, 81, 99, 126, 205

김부윤 226, 227
김성 446
김심 77, 236, 238, 239, 252, 268, 287, 349, 371, 400, 424~426, 489, 517, 531
김약선 56, 381
김원상 209, 237, 238
김은부 382
김의광 53, 55, 57
김자정 53, 55, 56
김주정 49~51, 77
김준 18, 377
김중의 420
김지숙 180, 182, 226
김취려 308, 381
김혼 205, 233, 236, 266
김홍수 310, 311
김흔 78, 204, 206~208, 350, 371, 381

ㄴ, ㄷ, ㄹ

나얀(내안) 270
나유 78
나인(내료) 52
남반 53
남양 홍씨 99
남파점 529
낭사 44~46

내관 54
내관(내료) 52
내료 52, 53
내안 78
《노걸대》 68
노영 31, 32
노영수 378
농장 157, 161
다기(홍성태후) 281, 282, 320, 322, 505
달라이 라마 474
답라한 279
당성 홍씨 382, 385
대간 45, 46
대궁려 86
대녕군 398
대녕총관 64
대도 85
대보법왕 474
대부시 55
대성전 260
대정 165, 232
대창 389
덕릉 324, 533
덕비 홍씨 435
덕수 장씨 32
덕자궁 147
도당 50~52, 59, 60, 151
도라산 137
도병마사 50, 151

도성기 61, 62, 89, 138
도스마 525, 526, 528
도제찰사 402
도평의사사 50, 402
독노화(똘루케) 42, 43, 77
독지리 518
동경부사 56
동경총관 64
동녕부 31, 70
《동방견문록》 74, 218
동적창 388
두타산 48, 49
똘루케(독노화) 41, 317, 431
라마 불교 473~475, 477, 513, 514
라사 513

ㅁ

마가발국 108
마가타국 108
마르코 폴로 218
만권당 453~458, 444, 460, 461, 487, 524, 531
만승회 438, 440, 442
만항 438, 439
만호 31, 79
망갈라 271, 281, 329
망골타이(망골태) 406

묘련사 441
무노지 310
무농사 387
무비 137, 138
무외국통(정오) 438, 439
문생 81, 82
문수신앙 506
문하시중 80
문한서 173
문헌공도 258
민부 354, 367
민지 102~104, 106, 126, 142, 383, 457, 522
민천사 409, 411, 441

ㅂ

바얀투구스(백안독고사) 509, 510, 513, 514, 528, 530
바이주 514, 524, 529
바하스 473
박경량 375~380, 401, 423~426, 444, 491, 492, 509, 511, 512, 516
박록대 377
박문충 499
박선 377
박여 399, 406
박의 37, 38, 88, 181, 378, 398, 517

박인간(박문충) 499, 531
박전지 166, 167, 236, 349, 419
박지원 474, 476
《박통사》 68
반선 액이덕니 475
〈반선시말〉 474, 476
반승 409
반전도감 518
반정 232
방득세 406
방망고태(방신우) 406
방신우 400, 406, 407, 410
방연 517, 520
방우선 82
방원 517, 520
배정지 390, 447, 521
백문절 44
백백 253, 256
백원항 445
백이정 44
백지 밀서 사건 249, 253, 261, 280
백효주 378
번국 26
범려 503
별감 155
보타산 465, 489, 494, 501, 502, 504, 507
보탑실련 132
《보한집》 182

복국장공주 436, 437
봉명사신 497
부곡 200
부두연 276
부마국 24
부마국 체제 25, 27, 28, 35, 134, 193, 196, 228, 384, 385, 430
불루간(복로한) 황후 277~284, 287, 291~293, 306, 307, 322, 326~329, 331, 333~335, 352

ㅅ

사경 410
사급전 388, 389
사롱 212
사림원 17~176, 179, 187, 197, 399
사명산 508
《사서집주》 472
사장학 459
사전 157
사패전 157, 159
산원 164
삼궁정립 346
삼별초 77, 78
삼장 211
상도 85, 334
상락부원군(방신우) 407

상서 368
상서성 344, 346
상수형 71
생성고 188
서경권 44
서번 518
서원후 영 98, 294, 383, 412
서적창 388
《서정록》 498
서흥후 243, 244, 276, 291~295, 311
석가장 527
석불사 513
석주 210, 234, 237, 374, 375
석천경 209, 234, 235, 254, 374, 375
석천기 234, 374
석천보 209, 234, 235, 240, 242, 253, 254, 256, 258, 280, 374, 375
선군별감 155
선부 354, 367
선정원 474
설경성 74
섬학전 258, 259
성리학 260, 459, 460, 472
성절사 69
《세대편년절요》 102
세자 감(의충) 419, 420, 421
소구 464, 468
소목위차논쟁 295
《소학》 464

속요 211
송광사 438, 439
송균 245, 249, 250, 252, 253, 256, 261, 283, 290, 298, 299, 310, 311
송린 225, 245, 249~252, 254~257, 262, 265, 267, 280, 283, 290, 298, 299, 310, 311
송방영 225, 245, 249~251, 252, 254~257, 262, 264~267, 280, 283, 290, 298, 299, 310, 311
송분 198, 218, 224~226, 230, 231, 233, 242, 245~248, 257, 262, 311
송서 225
송설체 464
송송례 199
송염 265
송유 225, 248
쇄권별감 402, 403
수강궁 209, 210, 212
수녕궁 128, 408
수시력 491
수역 109
수참 502
수춘옹주 382
숙비(숙창원비) 362, 413~416
숙위 42, 316, 317, 318
숙창원비 김씨(숙비) 138, 266, 308, 361~363, 381, 382
순경태후 56, 233

순마소 60, 156, 200, 205
순마천호 58
순비 413, 416
순화원비 99
승선 52
승지방 175
시데발라(영종) 504
시양후 243, 294
시종 보좌 공신 54, 58, 69, 93, 152
신문색 51, 52, 55, 57, 60, 170
《신원사》 23
신유학 472
신주 294
신천 445
실열문 425
심양 48
심양왕(충선왕) 339~342, 379, 393, 521
심왕(심양왕) 343
쌍연곡 218
쌍화점곡 210~212

ㅇ

아난다(아난답) 271, 272, 281
아미산 496
아유르바르와다(애육려발력팔달) 281, 284, 311, 320, 322~328, 330~332, 334~340, 345~347, 350, 422

아쿠타이(아홀태) 291, 292, 297, 306, 330, 331, 333
《악장가사》 211
안규 445
안렴사(안찰사) 155, 163, 169
안목 500
안산 김씨 382
안서왕(아난다) 281~284, 309, 326, 329, 330, 332, 334, 335, 340, 341
안진 500
안찰사 153~155, 386
안축 500
안향 180, 182, 197, 258, 259
야수진(아속진가돈) 23
야율초재 470
야율희일 216, 227, 228, 260
양안 448
양안보 478
양전 448
양천교혼 219, 223
양현고 258
어사대 45
어향 465, 489, 502
언부 354, 360, 367
언부의랑 359
언양 김씨 381
에무케(아목가) 447
에센 티무르(야선첩목아) 436
역관 63

《역옹패설》 82
연경궁 409, 411, 438
연안군 고 429~431, 494
연왕(칭킴) 342
《열하일기》 474, 476
염복 461, 462, 468, 496
염분 395
염세충 378
염승익 75, 91, 232
염장관 397
염창 396
염호 396, 397
영도첨의사사 123
영왕(에센 티무르) 436, 532
영종 504, 529
예수진(야속진) 101
오대산 408, 506
오도순방계정사 450
오위 165
오윤부 73, 74
오잠 209, 233, 236~240, 242, 251, 253, 258, 280, 374, 375, 402
오잠 사건 235, 237, 239, 251
오한경 166, 167, 349, 359
오형(오한경) 168
와지사용별감 40
왕거 141
왕경만호부 58
왕고 494, 495, 522, 531, 532

왕약 251~253
왕유소 232, 265, 266, 290, 298, 299, 310, 311, 375
왕지사용별감 155
왕태형 228, 230
왕토사상 158
요동수정도 109
요수 462, 463, 468, 471, 496
요추 462
우구데이 270
우승상 481
우집 467, 470, 471, 531
우창 389
우탁 362
원경 37, 38, 204~207
원명선 466, 470, 471, 497
원부 38, 81~83
《원사》 23, 25
원종 폐립 사건 19, 54
원충갑 236, 238, 239, 242
위구르 문자 66
위왕(에무케) 447, 448, 532
유경 81, 83, 377
유복화 376
유성 황태후 273, 311, 318, 319
〈유심별왕〉 465
유청신 72, 73, 130, 180, 206, 216, 224, 225, 237, 246, 247, 256, 268, 287, 349, 371, 400, 418

윤관 383
윤길보 37, 414
윤길손 37, 414
윤선좌 445
윤수 37, 41, 46~49, 414
윤신걸 445
음서 34, 37, 38, 40~42, 44~46, 49, 64, 65, 88, 91, 150, 56, 207
응방도감 37
응양군 37, 41
의비 101, 418, 430
의염창 396
의충 196, 418, 419
의효 196, 418
이가도 382
이곡 378
이공보 399, 401, 406
이공세 399, 406
이광봉 493, 521
이대순 399, 406
이맹 325, 332, 333, 335, 337, 471, 481
이복수 250, 252, 262, 263, 265, 280, 291, 405
이사온 424~426
이숙 405
이순 테무르(태정제) 321, 529
이승휴 48, 49, 170, 173
이실 55
이연송 376, 399, 492, 509, 511, 512

이연종 500
이영주 75, 76, 198, 204~206, 226, 227
이유 376
이자겸 382
이장용 20, 167
이정 37, 38, 151
이제현 82, 168, 174, 457, 468, 495~498, 501, 502, 522~528, 531
이지저 53~55, 57, 58, 75, 79, 152, 159, 180
이진 166, 168, 174, 259, 349, 376, 392, 393, 459
이현신궁 363
이혼 59, 60, 128, 261, 349
《익재난고》 339, 485
익지례보화 87
인물추고별감 76, 155
인승단 32
인종 505
인후 31~35, 49, 62, 64, 79, 122, 180, 204, 205, 207, 208, 350, 371, 398
일본원정 21, 25, 33, 36, 72, 77, 78, 80, 87, 111, 122
일수왕(충렬왕) 141, 147, 342
일천즉천 219, 223
임연 18~20, 22, 99
임원 257, 260, 265
임유무 99, 199
임하 525

ㅈ

자정원 177, 183
장공윤 446
장순룡 31, 33, 34, 38, 64, 79
장양호 467, 470, 471, 497, 498, 531
장원지 517, 531
장윤화 446
전경 410
전교시 458
전농사 385~390
전리사 352, 367
전매제도 395, 397
전민계정사 450
전민변정도감 230, 231
전법사 367
전서 368
전송 159
전시 47
전시과 161
전혜 254
전호 158, 159
정가신 102~108, 110, 126, 127, 139, 142~145, 147, 180, 188, 351
정동행성 198, 217, 218, 224, 225, 253, 254
정방 51, 172

정비 98
정승오 53, 57
정오 438
정의황후 281
정인경 69
정화원비 29, 30, 171, 429
제과 472
제과 499, 500
제국대장공주(쿠툴룩켈미쉬) 56, 92, 125,
　　130~132, 135~140, 142, 146, 185,
　　198, 207, 216, 404, 441
제미기덕당 485, 487
《제왕운기》49
제찰사 386
제폐사목소 452
조렴 500
조맹부 464, 466, 496~498, 502, 503
조비 무고 사건 72, 195, 199, 205, 214,
　　275, 378, 379, 384, 414, 491
조서 214, 350, 399
조연 399
조영 46~48
조영인 383
조위 401
조인규 70~73, 75, 79, 83, 100, 124,
　　129, 146, 160, 180, 185~189, 214,
　　268, 350, 378, 379, 381, 398
조종모예 369
조준 72

조통 376
종묘 294
좌주 82
좌창 200, 389
중모군(방신우) 406
중서령 481
중서성 346
중조 355
중찬 178, 189
지손연 217, 276
진금 87
진변 만호부 31, 49, 54
진왕(카말라) 132, 134, 269, 342, 287
《집사》 270
집현원 469

ㅊ

차득규 53, 55, 56
차신 31, 32, 180, 216
착응별감 40, 41, 155
찰리변위도감 452
〈찰십륜포〉 474, 475
참직 61, 150
창극 212
채방사 210
채우 200
채홍철 383, 450, 521

처간 160
처용가 211
천동사 508
천문도 74
《천추금경록》 102, 103
철리 186, 188
철원 최씨 382
첨의부 44, 187
첨의중찬 80, 81
첩목아불화 234
청주 이씨 382, 383
총신 36
최성지 351, 360, 380, 401, 424~426, 444, 490, 491, 516, 517, 522, 524
최세연 61, 62, 89, 138
최승 43, 44
최연 310
최유엄 180, 182, 216, 226, 237, 256, 268, 287, 294~299, 349, 353, 371, 382, 398, 400, 417, 418, 519, 520, 531
최의 377
최이 18, 172
최자 182
최중경 53, 57
최참 166, 167
최충 258
최충소 146, 180, 186, 188, 214, 350, 378, 379, 382

최항 377
최해 500
추적 199, 200
충선왕 378
충숙왕(강릉대군) 427~430, 434, 435, 442, 531~533
충탄 438
치사직 81
친종행리 152, 153
칠재 258
칠정산 491
칭기스 칸 25, 105
칭킴(진금) 269

ㅋ, ㅌ, ㅍ

카라코룸 333
카말라 270~276, 287, 318~320, 323
카이두(해도) 270~272, 274, 319, 322
카이산(무종) 271, 272, 281~284, 309, 311, 320~322, 324, 326, 330~340, 344, 345, 347
쿠게진 270, 273
쿠릴타이 270, 333
쿠빌라이 22~24, 26, 30, 32, 33, 64, 67, 70, 83, 85, 86, 87, 103, 105~114, 123, 177, 221, 474
쿠툴룩켈미쉬(홀도노게리미실) 23

타르마발라 269, 271, 320
타사마 525
타쉬(덕수) 281, 284
탐라 116
탐라 존무사 447
탐라군민만호부 447
탐라총관부 447
탑찰아 228, 230, 250, 252, 253
탕구트 32
태부 323
태안부원군 406
태정제 529, 530
테구사 529
테무르 115, 131, 269~271
토번 살사결(티벳 사스캬) 513
통문관 64, 65, 66, 67
티벳 516
티벳 사스캬 513, 518, 520, 521
파스파 문자 473, 477
파스파(파사파) 473, 474, 476, 477, 478, 479, 480, 513
파평 윤씨 383
팍스 몽골리카 344
판도사 367
판사 368
판서 368
팔도마신 291, 292, 297
편민 18사 84
평강 채씨 382

평양 조씨 381, 382, 385
평양공 412
평장정사 198
폐행 149
풍저창 389
필도적 49~52, 54, 55, 60, 72, 75, 172, 175, 178

ㅎ

하루가순(합라합손) 277~279, 284, 287, 293, 297, 298, 309, 328, 330~333, 335~338, 462
하정사 69
한림국사원 257, 469
한림원 172, 173, 469
한림학사승지 469
한중희 359
한희유 77, 78, 124, 125, 189, 204~206, 208, 214, 226, 227, 233, 237, 256, 257, 266, 287, 300, 301
한희유 무고사건 207, 209, 216, 228, 247, 371
함곡관 516, 527
합단 78
합단적 83, 105, 107
합덕 부곡 200
합산 198, 206, 209

항주 502
해도 78
해주 최씨 382
《행록》 489
향각 128
향수원 373
향시 472
향하 85, 86
허공 82, 382, 412
허유전 58, 59, 128, 170, 376, 519, 520, 522
허형 462
형사취수제 281
호두금패 77~79, 208
호세가(권세가) 149
혼구 439
홀도노게리미실(제국대장공주) 23
홀련 257, 260, 264, 265
홀치(홀적) 41~46, 156, 266
홍군상 111, 124, 131
홍규 99, 100, 102, 126, 139, 382, 400, 435
홍다구 111
홍복원 111
홍선 376, 401
홍성태후 529, 530
홍약 458, 459
홍약 493, 494
홍자번 83, 84, 99, 111, 124, 129, 180,

189, 199, 226, 231, 233, 236, 238, 239, 242, 245, 246, 248, 265, 266, 268, 287, 289, 298, 300~302, 307, 371, 382
환관 53, 61~63
활리길사 216~218, 220, 223~225, 227, 228, 231, 237, 244, 246, 247
활활출 198
〈황교문답〉 474
황려 민씨 383
황석양 200
황토점 524
〈황토점〉 523
회녕왕(카이산) 341
회시 472
회주 284, 327, 329, 336~338
횡천 조씨 383
효가 411
효정 438
《효행록》 174
휘정원 425
흥성태후(다기) 327, 345, 346, 504, 506~508, 510, 512, 514

몽골제국과 고려 ❷
혼혈 왕, 충선왕 – 그 경계인의 삶과 시대

- ⊙ 2012년 11월 29일 초판 1쇄 발행
- ⊙ 2023년 5월 12일 초판 4쇄 발행
- ⊙ 글쓴이   이승한
- ⊙ 발행인   박혜숙
- ⊙ 디자인   이보용
- ⊙ 펴낸곳   도서출판 푸른역사
  우 110-040 서울시 종로구 통의동 82
  전화: 02) 720-8921(편집부) 02) 720-8920(영업부)
  팩스: 02) 720-9887
  전자우편: 2013history@naver.com
  등록: 1997년 2월 14일 제13-483호
- ⓒ 이승한, 2023

ISBN   978-89-94079-72-1   03900

· 잘못 만들어진 책은 교환해드립니다.